高等学校"十三五"经济管理类专业规划教材

人力资源开发与管理项目化教程

主　编　李旭穗　倪春丽
副主编　潘城文　章　义　匡娉婷　丘俏玲
主　审　黄少斋

华南理工大学出版社
·广州·

内容介绍

本书共分 8 个学习情境，分别是人力资源管理职业认知、人力资源规划和岗位分析、员工招聘与录用、员工关系管理、培训与职业生涯规划、绩效管理、薪酬与福利、人力资源日常事务管理。学习情境以人力资源管理职业抽象工作活动为创设逻辑，以人力资源管理岗位说明书为岗位要求的参照，以项目和任务为驱动，以基本理论和技术技能知识为支撑，具有实践性强的特点，体现"教学做一体化"的教学模式。

本书适合作为高职和应用型本科院校经济管理类专业的教材，还可以作为企业培训及管理人员的参考资料。

图书在版编目（CIP）数据

人力资源开发与管理项目化教程/李旭穗，倪春丽主编．—广州：华南理工大学出版社，2018.2（2022.12重印）
 ISBN 978-7-5623-5420-8

Ⅰ.①人… Ⅱ.①李…②倪… Ⅲ.①人力资源开发－教材 ②人力资源管理－教材 Ⅳ.①F241

中国版本图书馆 CIP 数据核字（2017）第 256998 号

人力资源开发与管理项目化教程

李旭穗　倪春丽　主编

出 版 人：**柯　宁**
出版发行：华南理工大学出版社
　　　　　（广州五山华南理工大学17号楼，邮编510640）
　　　　　http：//hg.cb.scut.edu.cn　E-mail：scutc13@scut.edu.cn
　　　　　营销部电话：020-87113487　87111048（传真）
策划编辑：毛润政
责任编辑：毛润政
印 刷 者：广州小明数码快印有限公司
开　　本：787mm×1092mm　1/16　印张：22.25　字数：553 千
版　　次：2018 年 2 月第 1 版　2022 年 12 月第 2 次印刷
定　　价：49.00 元

版权所有　盗版必究　印装差错　负责调换

前言
Preface

在当今社会，知识化、网络化、经济全球化已将人力资源管理工作推向前台，人力资源管理职能成为企业组织各级各部门管理人员必须履行的责任和义务。作为一个管理者，除了需要掌握本部门的专业知识和技能之外，对于人力资源管理技能的熟悉与实践也是必不可少的，而作为一名专业的人力资源管理领域的从业者，掌握相应的理论和实务知识更是当务之需。因而，人力资源管理理念、知识和技能已经成为管理类专业教学和培训的核心内容之一。

高校作为人才输出地，承担着充分满足社会经济发展需要和企业需求、培养高素质人才的使命。就人力资源管理教学领域而言，我们历经多年的教育教学改革探索，在教育理念、人才培养模式、课程体系、教学模式、教学方法等方面不断寻求突破，渴望能培养出真正符合社会需求的专业人才。改革成果的呈现是多维的、立体的，其中非常重要的一项工作就是将研究成果与实践经验转化为教材。为此，我们以高校教育改革方向为引领，吸纳人力资源管理教育教学成果，整合企业人力资源管理高管资源，联合多个院校教学团队，共同编写了这本实务性教材。我们希望这本教材能为老师们提供人力资源管理领域的基于工作过程系统化、以成果为导向的教学指引，能为学生们提供体察企业用人要求、熟悉岗位职责、历练职业能力的有力工具。这本教材记录着一众教育领域耕耘者对职业教育的孜孜探求，也寄托着我们为提高人才培养质量尽一份绵薄之力的诚挚之心。

本教材在以下方面力求有所突破与精进：

第一，以人力资源管理工作过程的逻辑构建教学内容

作为一个新入职者，我们需要对人力资源管理是做什么的、有什么用，任职要求是怎样的，职业前景如何等形成初步的认识，为全面开展人力资源管理工作做好准备，因此，我们先进行"人力资源管理职业认知"。之后，我们要根据组织的发展规划和经营目标审视人力资源的筹备情况，这就需要开展人力资源规划与岗位分析工作。接着，人力资源管理工作者会对接到具体的部门与人员，开展招聘、员工关系、培训、绩效管理、薪酬管理等系列工作。在开展各项职能工作时，日常事务管理贯穿于全过程，这也是人力资源管理工作人员必须具备的入门技能。由此，我们抽象出人力资源管理工作活动过程，在此基础上构建八大学习情境，形成教材的内容框架。

第二，以成果为导向开展反向设计

成果导向的教学设计遵循反向设计原则。所谓反向设计，是指课程设计从顶峰成果（培养目标）反向设计，以确定所有迈向顶峰成果的教学的适切性。对于人力资源管理基础实务教学而言，顶峰成果能够养成人力资源管理岗位应具备的职业能力和综合素质，即要能通过教学输出合格的人力资源管理从业者。为实现这一目标，我们进行了以下工作：

一是梳理了8个人力资源管理助理级岗位说明书，分布在各个学习情境的开篇，为学生理解人才输出要求形成直观指引；二是将岗位的胜任能力转化为知识目标和技术技能目标，指引教学知识点的设计；三是以教学目标为指引、以职业活动为参照设计教学项目与任务，并提供焦点式的技术技能知识点以支持任务开展，同时，辅以必要的网上练习、课后思考与训练，如此形成合力，提高未来人力资源管理从业者的能力与素质。

第三，加强情境式教学，开展体验式操练

在教材中，岗位说明书的引入、任务情境的设置、贴近实践的案例等都有助于再现企业管理的真实情境，克服人力资源管理教学缺少情境、缺乏氛围的问题。就任务情境的设置而言，我们认为作为学习载体的任务并非纯粹的实际工作中的任务，而应当将工作任务转化为适合课堂教学的学习任务。这类学习任务既有情境感受鲜明、职业体验充分的特点，又能兼顾高职和应用型本科学生的学情，有利于学习对象对于知识技能的吸收与接纳。例如，学习情境"薪酬与福利"中，我们贴近企业工作实际设计了编制工资单的训练任务，该任务可以让学生熟悉企业常用的薪酬结构，学会计算住房公积金、社会保险的缴费额和个人所得税，增强了人力资源从业者的专业技能。而对于学习情境"人力资源规划和岗位分析"，考虑到在校学生缺少工作经验，对企业岗位的认知不足，我们设计了撰写班委工作说明书的训练任务，任务难度比较适中，同时可以引导学生分析、解决身边的管理问题，让学生体会到将知识运用于实践的快乐，达到举一反三的教学效果。

第四，直面时代转型要求，探讨人力资源管理新趋势

身处产业转型升级的时代大背景，人力资源管理领域正经历公司平台化、员工创客化、招聘社会化、去绩效考评等变革，我们在感到兴奋的同时，也意识到挑战重重。学生们作为未来职场的生力军，他们理应是时代的见证者、参与者乃至推动者，因此，我们在教材的各个学习情境中特别设置了"新知新技"部分，撷取当下最新的、业界推崇为管理趋势的内容以飨读者。另外，值得一提的是，本书主编李旭穗和主审黄少斋曾分别担任大型外资企业人力资源总监和证券公司人力资源部总经理，实战经验丰富，教材参编老师们也多具有企业工作经验，在编写过程中我们不断征求企业管理人员的意见，力求编写出符合企业用人需求和富有时代气息的实务教材。

本教材作为一种探索，希望有助于搭建具有"工学融合"氛围的专业课程学习平台，鼓励学生由被动的学习者转变为主动的实践者。正如著名学者、教育家谢觉哉所说的："善于想、善于问、善于做的人，其收效则常大而且快。"希望学生在投入的学习状态下，真正获得知识、掌握技能，成为善学习、常动手、会做人、能适应和快发展的应用型人才。

本教材由李旭穗（华南理工大学广州学院）、倪春丽（广东工贸职业技术学院）担任主编，黄少斋（广东岭南职业技术学院）担任主审，潘城文（中山火炬职业技术学院）、章义（肇庆工商职业技术学院）、匡婷婷（广东岭南职业技术学院）、丘俏玲（广东岭南职业技术学院）担任副主编。各学习情境的具体写作分工是：倪春丽负责撰写各个学习情境的岗位描述、任务解析、学习目标，编写学习情境一以及学习情境二、三、四、八

"新知新技"内容；丘俏玲（广东工贸职业技术学院）撰写学习情境二；学习情境三和学习情境四由黄少斋撰写；匡娉婷撰写学习情境五；章义撰写学习情境六；陈胜荣（深圳银盛金融集团）撰写学习情境七；潘城文撰写学习情境八；李旭穗负责全书主要框架结构的搭建、内容体系的构建和把握。在本教材的编写过程中，还得到了华南理工大学出版社的大力支持，原侨鑫集团培训总监杨明军先生、仲衡保险公估公司总经理管仲华先生也多次参与本教材的讨论修改，在此深表感谢。

限于水平，书中难免有错误和不足之处，敬请各位同行、专家和读者批评指正。

编 者

2017年6月

目 录

学习情境一　人力资源管理职业认知 ……………………………………… (1)

 任务1　认识人力资源管理 ……………………………………………… (2)
  一、人力资源的含义 …………………………………………………… (4)
  二、人力资源管理的含义 ……………………………………………… (5)
  三、人力资源管理的功能与职责 ……………………………………… (6)
 任务2　认识人力资源管理的组织、部门与岗位 ……………………… (13)
  一、人力资源管理服务的组织 ………………………………………… (15)
  二、人力资源管理部门与岗位 ………………………………………… (17)
 任务3　认识人力资源管理者的职业素质要求 ………………………… (24)
  一、职业素质的内涵 …………………………………………………… (25)
  二、人力资源管理专业人员的素质要求 ……………………………… (26)
 新知新技：人力资源三支柱体系（COE·BP·SSC）……………………… (33)

学习情境二　人力资源规划和岗位分析 …………………………………… (35)

 任务1　制定人力资源规划 ……………………………………………… (36)
  一、人力资源规划概述 ………………………………………………… (38)
  二、人力资源规划的技术方法 ………………………………………… (40)
  三、人力资源规划的编写 ……………………………………………… (49)
 任务2　编制人力资源预算 ……………………………………………… (53)
  一、人力资源费用的构成 ……………………………………………… (54)
  二、人力资源费用预算的原则 ………………………………………… (55)
  三、人工成本预算编制的程序和方法 ………………………………… (55)
  四、编制人力资源管理费用预算 ……………………………………… (57)
  五、编制人力资源预算表 ……………………………………………… (58)
 任务3　编写岗位说明书 ………………………………………………… (60)
  一、岗位分析的概念 …………………………………………………… (61)
  二、岗位分析的基本程序 ……………………………………………… (62)
  三、工作信息的收集方法 ……………………………………………… (65)
  四、编写岗位说明书 …………………………………………………… (73)
 新知新技：移动互联时代的组织创新 …………………………………… (82)

1

录 目

学习情境三　员工招聘与录用 ·· (85)
 任务1　制订招聘计划 ·· (86)
  一、员工招聘 ··· (87)
  二、编制招聘计划 ·· (89)
 任务2　招聘信息发布 ·· (96)
  一、招聘广告的制作 ·· (96)
  二、招聘广告的发布 ·· (97)
  三、设计应聘申请表 ·· (98)
  四、设计面谈评价表 ·· (99)
 任务3　员工选拔与录用 ·· (101)
  一、招聘渠道 ·· (105)
  二、员工的甄选 ·· (108)
  三、员工的录用 ·· (112)
  四、招聘效果评估 ·· (113)
 新知新技：五种创新招聘方式 ······································· (117)

学习情境四　员工关系管理 ·· (119)
 任务1　劳动合同的订立与管理 ······································ (121)
  一、劳动合同的订立 ·· (122)
  二、劳动合同的管理 ·· (126)
 任务2　社会保险与住房公积金办理 ·································· (135)
  一、社会保险的办理与缴纳 ·· (136)
  二、住房公积金办理与缴费 ·· (140)
 任务3　劳动争议的处理 ·· (142)
  一、劳动争议处理 ·· (143)
  二、劳动争议处理法律文书写作 ···································· (151)
 任务4　员工沟通管理 ·· (158)
  一、管理沟通 ·· (159)
  二、满意度调查 ·· (161)
 新知新技：企业未依法缴纳社会保险费用存在的法律风险 ················ (165)

学习情境五 培训与职业生涯规划 ………………………………………………… (170)
 任务1 认识员工培训 ……………………………………………………… (171)
  一、员工培训的概念 ……………………………………………………… (173)
  二、员工培训的类型 ……………………………………………………… (174)
  三、员工培训的特征 ……………………………………………………… (175)
  四、员工培训的意义 ……………………………………………………… (176)
 任务2 培训需求分析与培训计划的制订 ………………………………… (178)
  一、培训需求分析 ………………………………………………………… (180)
  二、培训计划撰写 ………………………………………………………… (184)
 任务3 培训的组织实施 …………………………………………………… (191)
  一、落实培训组织工作 …………………………………………………… (192)
  二、培训课程的实施 ……………………………………………………… (194)
  三、培训回顾与总结 ……………………………………………………… (195)
 任务4 培训评估 …………………………………………………………… (199)
  一、培训评估 ……………………………………………………………… (200)
  二、培训工作中的误区 …………………………………………………… (203)
  三、培训成本控制 ………………………………………………………… (204)
 任务5 员工职业生涯管理 ………………………………………………… (207)
  一、职业生涯管理相关概念 ……………………………………………… (209)
  二、职业生涯管理的意义 ………………………………………………… (210)
  三、职业发展阶段理论 …………………………………………………… (210)
  四、个人职业生涯管理 …………………………………………………… (211)
  五、组织职业生涯管理 …………………………………………………… (213)
 新知新技：慕课（MOOC）时代 ……………………………………………… (219)

学习情境六 绩效管理 …………………………………………………………… (223)
 任务1 设计绩效考评方案 ………………………………………………… (224)
  一、绩效、绩效管理与绩效考评的概念 ………………………………… (225)
  二、绩效考评的指标、权重与标准 ……………………………………… (226)
  三、绩效考评的方法 ……………………………………………………… (228)
 任务2 实施绩效管理 ……………………………………………………… (237)
  一、绩效管理的基本流程 ………………………………………………… (239)

二、实施绩效管理应注意的问题 ………………………………………………… (245)
新知新技：OKR、移动社交化……绩效管理新趋势解析 ……………………… (249)

学习情境七　薪酬与福利 …………………………………………………… (252)
任务1　确定薪酬策略 …………………………………………………… (253)
一、薪酬水平策略选择 …………………………………………………… (256)
二、影响薪酬水平策略选择的因素 ……………………………………… (257)
任务2　岗位评价 ………………………………………………………… (259)
一、岗位评价的概念 ……………………………………………………… (260)
二、岗位评价的方法 ……………………………………………………… (261)
任务3　薪酬调查 ………………………………………………………… (271)
一、调查的内容 …………………………………………………………… (272)
二、调查渠道 ……………………………………………………………… (272)
三、调查的步骤 …………………………………………………………… (273)
任务4　薪酬体系设计 …………………………………………………… (278)
一、薪酬体系设计原则 …………………………………………………… (285)
二、薪酬体系设计思路 …………………………………………………… (286)
三、编制工资表 …………………………………………………………… (288)
任务5　薪酬调整 ………………………………………………………… (291)
一、薪酬调整原因 ………………………………………………………… (293)
二、薪酬体系调整 ………………………………………………………… (293)
三、员工薪酬调整 ………………………………………………………… (294)
任务6　员工福利方案设计 ……………………………………………… (297)
一、员工福利工作 ………………………………………………………… (298)
二、福利活动策划 ………………………………………………………… (300)
三、企业福利体系设计原则 ……………………………………………… (302)
新知新技：员工持股时代到来了吗 ……………………………………… (304)

学习情境八　人力资源日常事务管理 ……………………………………… (307)
任务1　人事异动管理 …………………………………………………… (309)
一、员工变动调整 ………………………………………………………… (310)
二、员工辞职、辞退 ……………………………………………………… (311)

  三、员工退休 …………………………………………………………… (314)
任务2　考勤管理 ……………………………………………………… (316)
  一、日常用工出勤管理流程 …………………………………………… (316)
  二、加班、请假、休假 ………………………………………………… (318)
任务3　统计报表管理 ………………………………………………… (322)
  一、基本人力资源统计报表 …………………………………………… (323)
  二、人事异动统计报表 ………………………………………………… (323)
  三、其他人力资源统计表格 …………………………………………… (324)
任务4　人事档案管理 ………………………………………………… (326)
  一、人事档案的主要内容 ……………………………………………… (326)
  二、人力资源档案归档 ………………………………………………… (327)
  三、人事档案的整理 …………………………………………………… (327)
  四、人事档案的调转 …………………………………………………… (328)
任务5　企业管理制度建设 …………………………………………… (333)
  一、企业管理制度体系 ………………………………………………… (333)
  二、员工行为规范 ……………………………………………………… (335)
新知新技：人力资源管理信息系统之应用 ………………………… (337)

参考文献 ……………………………………………………………………… (341)

学习情境一 人力资源管理职业认知

岗 位 描 述

【岗位名称】

人事助理。

【岗位职责】

根据公司的经营发展战略,在主管的领导下,组织和开展公司内的招聘、培训、薪酬、绩效考核、员工关系等方面的人力资源管理工作,为各部门提供人力资源管理服务。

(1) 招聘管理:协助制订招聘计划、组织开展招聘实施工作、按时按质为公司招聘人才,满足公司对人才的需求;

(2) 员工关系管理:协助控制劳动关系风险,处理劳动关系的各种纠纷,妥善管理劳动合同及人事档案;

(3) 培训管理:协助拟定培训管理制度,制定、组织实施培训工作并进行培训效果评估;

(4) 绩效管理:负责按标准组织实施绩效考核工作;

(5) 薪酬管理:根据地区、行业薪资情况提出建议,按时制作工资报表;

(6) 基础工作:考勤、入离职、社保等;

(7) 行政:协调行政服务各项工作。

任 务 解 析

亲爱的同学们,大学毕业走入职场时,"人事助理"成为很多管理类专业同学青睐的职位,以上有关岗位职责的描述告诉了我们人事助理通常要负责的工作。随着信息经济和知识经济的到来,人力资源管理已经成为最具前景、最受期待的职业之一。如果你希望能够了解这一职业,或立志从事人力资源管理工作,请尝试从现在起建立"人事助理"的角色意识,开始"人力资源管理职业认知"学习情境的学习。正像许多职业活动一样,人力资源管理活动本身也有一定的工作逻辑。本情境要求你在理解人力资源管理含义的基础上,了解人力资源管理职业活动过程,进而认识人力资源管理职业,为人力资源管理职业系统学习打下基础。

本学习情境包含以下任务:

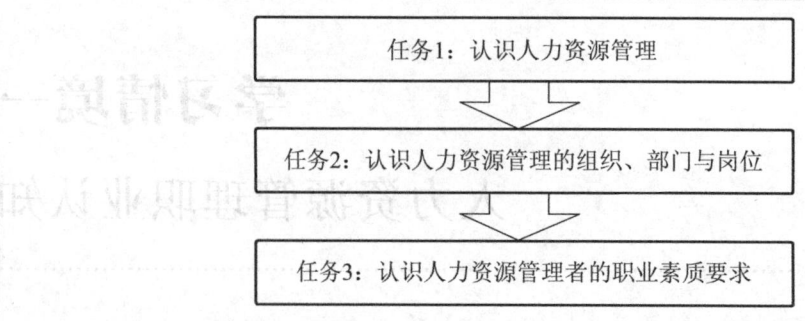

学习目标

【知识目标】

☞ 理解人力资源与人力资源管理的含义、功能和职责;
☞ 了解人力资源管理的发展阶段与面临的挑战;
☞ 了解人力资源服务行业的发展状况;
☞ 了解人力资源管理领域的就业单位、部门、岗位,在组织中的地位与角色及其所承担的活动;
☞ 了解人力资源管理从业人员的素质要求及职业技能。

【技术技能目标】

☞ 能阐述人力资源管理的基本概念、主要功能和具体职能;
☞ 能对新产生的人力资源管理理论与实践进行理解,提出自己的见解;
☞ 能对人力资源管理就业单位与岗位进行选择,设计自己的职业生涯规划;
☞ 逐步掌握人力资源管理者的基本职业技能。

任务1 认识人力资源管理

【任务情境】

梦想还是要有的

1994年冬天某日,在管理学界还属于"无名小辈"的时年36岁的吉姆·柯林斯在完成《基业长青》这部管理学重要著作之后,首先做的事情是驱车到加利福尼亚州的克莱蒙特去拜访时年85岁的现代管理学之父彼得·德鲁克。柯林斯后来回忆两人的交流时说:"别人都在问'我如何成功?'而德鲁克却在问'我如何贡献?'别人都在追问'我怎么做才能使自己有价值?'德鲁克却在问'我怎么做才能对别人有价值?'"临别之前,德鲁克正告才华横溢的柯林斯:"把才华应用于实践之中——才能本身毫无用处。许多有才华的人一生碌碌无为,通常是因为他们把才华本身看作一种结果。走出去,使自己成为有用的人。"

德鲁克和柯林斯的对话,也道出了管理学的真谛:学以致用,知行合一,经世济民。

那么,选择人力资源管理专业,你是否有如此的情怀:贡献、价值、学以致用、经世济民?

人力资源管理是管理学的重要组成部分,彼得·德鲁克宣称:"企业管理实际上是人力资源管理。"现代企业人力资源管理的研究和实践在中国已经走过了近二十个春秋,全社会已普遍意识到"人力资源以及人力资源管理是企业的战略合作伙伴",绝大多数的企业也都有了较为完备的人力资源管理部门,配备了相应的基本职能和人员。人力资源管理,这是一个可以为之激动的领域。

但是,与理论相比,实践中的人力资源管理处境却显得尴尬。理念上捧得很高,认为人力资源是企业竞争优势的关键载体,但实践中很多企业的人力资源管理仍然只在做基本事务处理,人力资源管理工作者似乎未能作出充分的贡献。

原因是什么?是企业的规模不足以发挥人力资源管理的作用?是高层管理者内心深处其实并不重视人力资源管理?是社会尚未形成培养优秀人力资源管理者的体制机制?还是从业者自身的素质存在欠缺?

人力资源管理的价值毋庸置疑,如果理想和现实尚存在差距,与其埋怨外界,不如自强己身,身怀绝技之时,自有施展拳脚之机。

"梦想还是要有的,万一实现了呢?"马云将这句话印在阿里巴巴公司的上市纪念T恤上,那么你呢?是否已建立起成为卓越人力资源管理者的梦想?企业,从来就不仅仅是工作的场所,它是所有者、管理者和所有员工实现价值的载体。今天的企业,期待借助人力资源管理实现多方共赢;明天的你,能否以人力资源管理为工具,知行合一,实现你的梦想,也帮助别人实现梦想?

【任务要求】

1. 阅读上述文字,请思考:在你心中,什么是人力资源管理?你对这方面的工作感兴趣吗?你认为从事人力资源管理工作有价值吗?

2. 请收集一个企业的人力资源管理案例,通过案例解读:人力资源管理工作包括哪些内容?如何通过人力资源管理作出对组织的贡献?

【任务目标】

形成对人力资源管理的初步认识,熟悉人力资源管理的基本工作内容。

【任务考核】

教师参考以下标准对学生的学习成果进行评价:

(1) 所收集案例资料的完整性、时代性;

(2) 能深入思考形成自己的看法;

（3）能以简练、生动的方式表达观点。

【核心概念】

人力资源；人力资源管理。

【知识精讲】

一、人力资源的含义

资源，是指为了物质财富的创造而投入生产过程的所有要素，包括土地、资金、技术、信息、人力资源等。现代意义上的"人力资源"（human resource，HR）概念是现代管理之父彼得·德鲁克（Peter F. Drucker）于1954年在其《管理的实践》一书中提出的。他指出：人力资源和其他所有资源相比较而言，唯一的区别就是它是人，并且是经理们必须考虑的具有"特殊资产"的资源；人力资源拥有当前其他资源所没有的素质，即"协调能力、融合能力、判断力和想象"。20世纪60年代以后，西奥多·舒尔茨提出人力资本理论，他认为，人力资本是体现在劳动者身上的一种资本形式，它以劳动者的数量和质量，即劳动者的知识程度、技术水平、工作能力以及健康状况来表示，是这些方面价值的总和，人力资本的有形形态就是人力资源。"人口质量和知识投资在很大程度上决定了人类未来的前景。"

由此，我们可以初步认识人力资源：人力资源是指一定范围内为社会创造物质财富和精神财富、推动社会进步和经济发展的具有体力劳动和智力劳动能力的人们的总称。人力资源包括数量和质量两个方面的内容。人力资源的数量是指一国或地区拥有劳动能力的人口数量；而人力资源的质量是指人力资源所具有的体力、智力、知识、技能以及工作态度和心理素质。

彼得·德鲁克指出：与其他资源相比，人力资源是一种特殊的资源，必须通过有效的激励机制才能开发利用，并为企业带来可观的经济价值。这告诉我们，对于人力资源必须采取基于人性的管理方法，企业管理就是充分开发人力资源以做好工作。

小故事

一个圆圈引发的公司收购

福特汽车公司非常器重人才。一次，公司一台电机出了故障，公司所有的工程技术人员都未能修好，只好另请高明。来人叫思坦因曼思，原是德国的工程技术人员，流落美国后，一家小工厂的老板看重他的才能并雇用了他。

他来之后，在电机旁听了听，要了一架梯子，一会儿爬上去，一会儿爬下来，最后在电机上用粉笔画了一个圈，写上几个字："这儿的线圈多了16圈"。果然，把这16圈线圈一去掉，电机马上运转正常。

亨利·福特因此对这个人非常欣赏，一定要他到福特公司来。思坦因曼思却说："我所在的公司对我很好，我不能见利忘义，跳槽到福特公司来。"福特马上说："我把你供职的公司买过来，你就可以来工作了。"最终，福特为了得到一个人才，竟不惜重金买下一个公司。

【管理感悟】"千金易得，良将难求"常被用来说明人才的重要性。的确，人才的重要性不言而喻。从宏观的角度讲，在国与国之间竞争日趋白热化的今天，越来越多的国家以人才立国为基本国策，把人才战略上升为国家重点战略。从微观的角度讲，在企业激烈的市场竞争中，人才就是核心竞争力，就是企业的新鲜血液和活的灵魂。

二、人力资源管理的含义

人力资源管理（human resource management，HRM）也称为"有关人的企业实践"，是指对生产活动中的组织成员的管理。具体来说，就是组织根据发展战略的要求，借助各种政策、制度和管理实践，通过招聘、培训、使用、考核、评价、激励、调整等一系列管理过程，实现组织人力资源的有效配置、培养和激励，为企业创造价值，确保企业战略目标的实现。

人力资源管理包括对人力资源进行量的管理和质的管理两方面。前者是指对人力资源进行培训、组织和协调以及有效控制人力费用预算，使人力和物力保持最佳比例和有机结合，从量上实现人力资源的有效管理。后者是指对人的心理行为进行有效的管理，通过物质的、精神的多种激励手段，激发员工工作的积极性，调动他们的创新意识和成就动机，最终达到企业高效利用人力资源的目的，同时使员工在企业发展的过程中也同步成长。

现代企业的标杆实践早已表明，人力资源管理是企业战略成功的关键因素。21世纪，人力资源管理方式由于全球化竞争、技术变革、劳动法律变革和员工队伍组成的变革等原因变得更具挑战，经理人员必须更加努力地寻求更为有效的人力资源管理方式来获得竞争优势。研究者们通过对管理实践的前瞻性研究也提出了一些新的话题，例如，心理契约的管理、社会合作伙伴关系管理和发展、弹性工作安排、新生代员工管理等，成为现代企业人力资源管理继续努力的方向。

管理中的"四两拨千斤"

韩国某大型公司有一位清洁工，本来清洁工的工作岗位是一个最被人忽视、最被人看不起的岗位，但就是这样一个人，却在一天晚上公司保险箱被窃时，与小偷进行了殊死搏斗。事后，有人为他请功并问他的动机时，答案却出人意料。他说：当公司总经理每次从他身旁经过时，总会真诚地说一句："你扫的地真干净！"就这么一句简单的真诚赞美，就使这个员工受到了感动，愿意为了公司"以命相搏"。

【管理感悟】管理者"真诚"的细微体现，却产生了巨大的激励力量，用"四两拨千斤"来形容也不为过。人力资源管理本质上是人与人之间的互动，以诚相待、彼此尊重才能产生积极的力量。

三、人力资源管理的功能与职责

（一）人力资源管理的功能

人力资源管理在企业中的地位和作用日益突出，有效的人力资源管理应当能够帮助企业应对全球经济一体化和市场经济时代不确定性所带来的冲击。人力资源管理的功能可以用"5P"模型加以阐述。"5P"模型认为，人力资源管理是一项系统性的工作，它可以实现5项功能：识人、选人、用人、育人、留人（见图1-1）。

1. 识人（perception）

识人是"基础"。所谓识人，就是要认识与了解人的心理与行为规律，洞察人的心理需求变化，它是人力资源管理工作的基础。人才识别指以科学的人才观念为指导，借助科学的人才测评技术和手段，识别符合企业需求的真正的人才。

2. 选人（pick）

选人是"先导"。选人是人力资源管理工作的首要环节，是对人员的招聘与选拔。选人必须在岗位分析的基础上建立并完善岗位说明书，设计科学的选拔方案，同时借助科学的选拔工具和手段提高选拔的信度和效度。

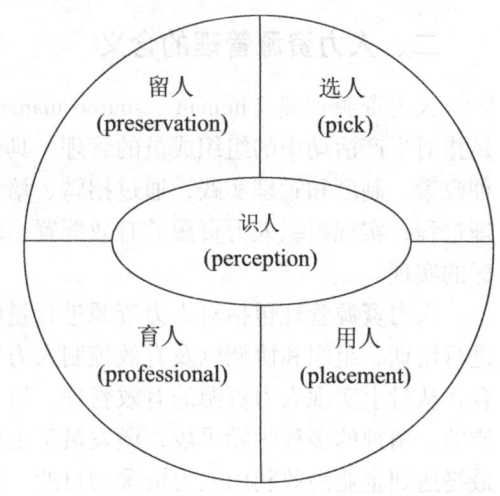

图1-1 人力资源管理5P模型

3. 用人（placement）

用人是"核心"。企业人力资源管理的出发点和落脚点在于用人，通过对人力资源的合理配置和使用，达到人尽其才、才尽其用的目的，同时达成组织既定的目标。要用好人，具体来说，首先，应在企业发展战略的基础上，制定人力资源战略规划，并分解制订科学合理的年度招聘计划，严格界定需引进人才的数量、层次和结构等内容；其次，在人力资源配置过程中，须做到知人善任、量才录用、任人唯贤，建立和完善人员流动机制和人事管理制度。

4. 育人（professional）

育人是"动力"。育人即培养人才。育人的根本目的，是激发员工的工作兴趣，提高员工的工作素质，规划员工的职业生涯，以达到使其成为职业专家能手的过程。因此，管理者的角色是老师、教练、专家。育人必须以战略为导向，既注重满足当前需求的培训，更注重满足未来需求的开发，着力建立一套科学的培训与开发体系。

5. 留人（preservation）

留人是"目的"。留人要解决"留什么人，怎样留人"的问题。企业应该留住的是人才，而人才又可以分为"现实的人才"和"潜在的人才"两类。对于前者，我们要给予奖励和晋升，激励他们继续为企业工作；对于后者，我们要给予培训与开发，使其尽快成为现实的人才。留人的核心在于实现"持续激励人"。组织是通过采取有效的激励措施，建立科学的考核与薪酬体系、建立发展通道、建设以人为本的企业文化等一系列管理活动留住优秀人才的。

总而言之，人力资源管理通过人力资源管理实践活动吸引工作岗位所需的适用人员加入本组织，通过培训与开发，增加其知识、经验、技能与能力，提升人力资本价值；通过激励与保持，使其长期留在组织中，从而增强企业的核心竞争力。

一位农夫家里养了三只小白羊和一只小黑羊。三只小白羊常常为自己雪白的皮毛感到骄傲，而对小黑羊不屑一顾："你看看你身上像什么，黑乎乎的，像锅底。"

初春的一天，小白羊与小黑羊一起外出吃草，走出很远。不料突然下起了鹅毛大雪，它们只得躲在灌木丛中相互依偎。不一会，灌木丛周围全铺满了雪，因为雪太厚，小羊们只好等待农夫来救它们。农夫上山寻找，起初因为四处雪白，根本看不清羊羔在哪里。突然，农夫看见远处有一个小黑点，跑过去一看，果然是他那濒临死亡的四只羊羔。

农夫抱起小黑羊，感慨地说："多亏这只小黑羊呀，不然，大家都要冻死在雪地里了！"

【管理感悟】一个组织中，人人都不相同。作为优秀的人力资源管理者就应该积极引进多个方面的优秀人才，善于在普通之中发现每个员工的优点和长处，然后让他们到最适合的岗位去做最适合他们做的事情。这是一个发现人和用人的学问。作为一个人力资源管理职业初学者，首先要学会发现每个组织成员的优点和长处。从这个意义上说，没有无能的员工，只有无能的 HR 管理者。

（二）人力资源管理的职责

人力资源管理功能需要通过各部门及岗位的职责来实现。我们通常将人力资源管理的职责划分为"六大模块"，分别是人力资源规划、招聘与选拔、培训与开发、绩效管理、薪酬管理、员工关系。这里，我们将人力资源规划中的岗位分析与设计独立出来，形成"七大模块"，如图 1-2 所示。

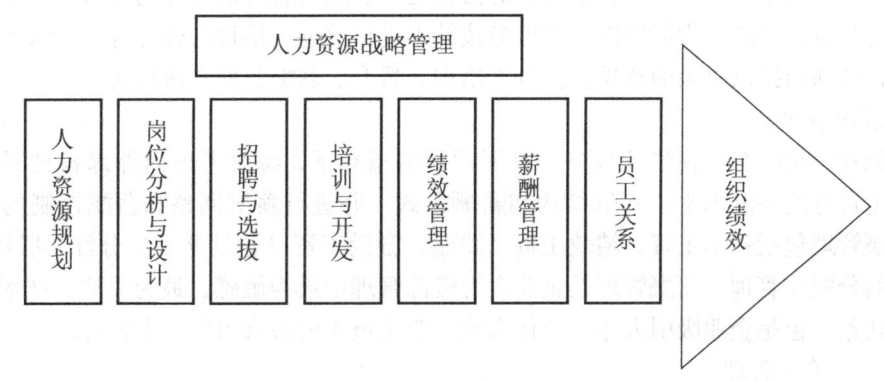

图 1-2 人力资源管理的职责

1. 人力资源规划

作为企业人力资源管理的首项任务，人力资源规划就是要依据组织业务发展的蓝图，制定企业用人的规划。一方面，它要保证人力资源管理活动与企业的战略方向和目标相一致；另一方面，要保证人力资源管理活动的各个环节互相协调，避免互相冲突。与此同时，需要考虑影响劳动力供求的有关因素，把市场竞争、员工流动、企业内部组织架构、业务流程的改变和整合等可变因素纳入人力资源规划的分析框架，使规划符合企业特点，满足企业中长期发展需求。

2. 岗位分析与设计

岗位（工作）分析与岗位（工作）设计是人力资源管理的基础环节。岗位分析是对企业中各个工作岗位的特征、规范、要求、流程，以及能够胜任该职位人员的素质、知识、技能等要求进行描述，形成岗位描述和任职说明。岗位分析的结果是员工招聘、选择、配置、考核、薪酬分配等工作的依据。

岗位设计是指在企业内如何进行专业分工和任务分解，决定不同岗位的权限、责任和职能范围。

3. 招聘与选拔

招聘与录用是在企业完成人力资源规划工作的条件下开展的具体工作内容，是根据企业人力资源规划和岗位分析的要求，为企业吸收、招聘员工的过程。员工招聘是企业人力资源管理中很重要的一个功能性环节，是其最基本的任务之一。员工招聘主要由招募、甄选、录用、评估等一系列活动构成。

4. 培训与开发

作为人力资源管理的一项基本职能活动，培训与开发是人力资源实现增值的一条重要途径。员工培训与开发是指通过各种方式使员工具备完成现在或将来工作所需的知识、技能并改变他们的工作态度，以改善员工现有或将来职位上的工作业绩，并最终实现组织整体绩效提升的一种计划性和连续性的活动。

5. 绩效管理

为了提高自己的竞争能力和适应能力，许多企业都在探索提高生产力和改善组织绩效的有效途径，绩效管理是企业普遍采取的措施之一。绩效管理的具体内容涉及员工绩效考核目标的制定、阶段性沟通反馈、依据考核结果进行奖惩、培训与辅导等。绩效评价结果可以给管理部门提供决策的意见，如员工培训、晋升、薪酬分配、解职等。

6. 薪酬管理

薪酬管理是指企业在经营战略和发展规划的指导下，综合考虑内外部各种因素的影响，确定自身的薪酬水平、薪酬结构和薪酬形式，并进行薪酬调整和薪酬控制的整个过程。薪酬管理包括基本工资、绩效工资、津贴、激励工资（包括奖金、分红、股权激励）等报酬的分配与管理。薪酬管理是企业人力资源管理中最为敏感、最为关注、技术性最强的一项任务，也是企业吸引人才、留住人才、激励员工的最有效的一个杠杆。

7. 员工关系管理

为使员工努力工作，组织应创造一种积极的工作环境，即良好的员工关系。企业在追求商业利益的过程中，必须重视员工健康、人身安全和各种利益关系的综合协调，避免不必要的矛盾和纠纷，建立具有人文关怀的企业文化，建立企业与员工共存共荣的牢固关系。

以上各项职责是相互联系、相互作用的整体。人力资源管理不是各种工作的简单集合，而是通过这些工作来协调和管理组织中的人力资源，从而有效地实现组织目标。

小故事

《战国策·燕策》记载：燕国国君燕昭王一心想招揽人才，而更多的人认为燕昭王仅仅是叶公好龙，不是真的求贤若渴。于是，燕昭王始终寻觅不到治国安邦的英才，整天闷闷不乐。

后来有个智者郭槐给燕昭王讲述了一个故事，大意是：有一国君愿意出千两黄金去购买千里马，然而时间过去了三年，始终没有买到，又过去了三个月，好不容易发现了一匹千里马，当国君派手下带着大量黄金去购买千里马的时候，马已经死了。可被派出去买马的人却用五百两黄金买来一匹死了的千里马。国君生气地说："我要的是活马，你怎么花这么多钱弄一匹死马来呢？"

国君的手下说："你舍得花五百两黄金买死马，更何况活马呢？我们这一举动必然会引来天下人为你提供活马。"果然，没过几天，就有人送来了三匹千里马。

郭槐又说："你要招揽人才，首先要从招纳我郭槐开始，像我郭槐这种才疏学浅的人都能被燕国所用，那些比我本事更强的人，必然会闻风千里迢迢赶来。"

燕昭王采纳了郭槐的建议，拜郭槐为师，为他建造了宫殿，后来没多久就引发了"士争凑燕"的局面。投奔而来的有魏国的军事家乐毅，有齐国的阴阳家邹衍，还有赵国的游说家剧辛，等等。落后的燕国一下子便人才济济了。从此以后一个内乱外祸、满目疮痍的弱国，逐渐成为一个富裕兴旺的强国。接着，燕昭王又兴兵报仇，将齐国打得只剩下两个小城。

【管理感悟】管理之道，唯在用人，人才是事业的根本。企业只有做到唯贤是举，唯才是用，才能在激烈的市场竞争中战无不胜。

（三）人力资源管理的职责分担

在现代企业管理中，不要误以为人力资源管理职责仅仅是由人力资源管理部门来履行的，事实上，人力资源管理应当是各级各类管理者的共同职责，正如 Merck 公司的一位高管所说："人力资源太重要，不能单独让人事部门负责。"在组织中，参与人力资源管理活动的主要责任主体包括公司的高层管理者、直线经理（非人力资源管理部门管理人员）、人力资源部和企业的每一位员工。以上四者共同承担着公司的人力资源管理职责。首先，高层管理者负责人力资源管理政策的制定、建设领导团队等重大人力资源管理职责。其次，人力资源管理部门与非人力资源管理部门承担着大量具体的人力资源管理职责，其侧重点有所不同，如表 1-1 所示。

表1-1 人力资源管理部门与非人力资源管理部门的职责分担示例

职　能	人力资源管理部门	非人力资源管理部门
人力资源规划	预测公司的人员需求；预测公司的人员供给；制订平衡人员供给与需求的计划；制定人力资本投资规划；建立人力资源管理信息系统	分析本部门的业务发展规划，向人力资源管理部门提供人才需求计划
岗位分析与设计	根据非人力资源管理部门提供的信息，编写或修订职位说明书	部门岗位分工设计，流程优化，向人力资源管理部门提供岗位职责与任职人员要求的信息
招聘与选拔	发布招募信息；开辟招募渠道；选择各类人员甄选工具量表；初步筛选应聘人员；配合其他部门对应聘者进行面试和其他测试；为新员工办理各种手续	提出人员需求的条件；在人力资源管理部门的配合下对候选人进行甄选，确定最终人选；在招募时提供较为现实的未来工作展望
培训与开发	制定培训管理体系；确定培训需求；制订培训计划；组织实施培训计划，对培训过程进行管理；建设并管理培训开发基地；评估培训效果；制订管理人员继任计划；管理者能力评价与潜能开发；员工职业生涯设计指导	向人力资源管理部门提出培训需求；组织员工参加有关项目的培训；负责在岗培训项目的实施；提出培训改进建议；促成培训成果的转化；提供一个富有挑战性的最初工作；根据员工的职业目标评价其职业进步情况，确认员工需要在哪方面进行职业开发活动
绩效管理	制定绩效管理体系，确定考核内容、时间、周期、方法及步骤等；指导各部门确定考核标准；培训考核者；组织考核的实施，协助并监督各级主管进行绩效考核；绩效考核面谈；处理雇员对考核的申诉；保存考核结果；对考核进行评估总结；根据考核结果做出有关决策	确定本部门考核标准；参加考核培训；对本部门实施考核；就考核问题与员工沟通，制订绩效改进计划
薪酬管理	进行市场薪酬调查，确定薪酬水平、薪酬结构、发放方式等，制定薪酬管理体系；制订各种激励、奖励计划；审核各部门奖惩建议；制订福利计划；办理社会保险及公积金	向人力资源管理部门提出有关奖惩建议，提供行业薪酬信息等

续上表

职　能	人力资源管理部门	非人力资源管理部门
员工关系管理	建立劳动合同台账，管理员工档案；劳动合同的签订、变更、解除、终止工作；预防与处理劳动争议；满意度调查、离职倾向调查；推行员工援助计划，关注员工身心健康	对员工的录用、调岗、晋升、辞退提出建议，加强沟通，预防劳动争议；重视员工的发展与进步

　　从表 1-1 的示例中可以看到，人力资源管理部门与非人力资源管理部门的人力资源管理责任有所不同：非人力资源管理部门是人力资源政策和制度的执行者、有关需求的提出者，也是人力资源管理氛围的营造者；而人力资源管理部门则是人力资源政策与制度的制定者、政策与制度执行情况的监控者、相应服务的提供者。最后，员工自己也承担着人力资源管理的一定责任，主要是：员工对组织的心理期望要与组织对员工的心理期望达成"默契"、参与团队管理、成为学习型人才、进行职业生涯设计与管理、进行跨团队跨职能的合作，即员工负有自我开发与管理的责任。

　　总而言之，现代人力资源管理已进入全面人力资源管理时代。无论是人力资源管理部门还是其他业务部门，均承担着人力资源管理的职能。组织通过组织设计、人才发展战略和规划、建立人才发展通道、建立人才标准（胜任力模型和任职资格体系）、建立选人用人机制、薪酬体系、培养体系、管理监督等人力资源工作，来实现对人才的全面管理。

【知识拓展】

人力资源管理的发展阶段

　　人力资源管理可以追溯到很久以前。从其产生的背景和演变的过程来看，它是伴随着管理实践、管理理论的发展而发展的。人力资源管理的发展过程可以划分为三个阶段：即经验管理阶段、人事管理阶段和人力资源管理阶段。

一、经验管理阶段（19 世纪中叶以前）

　　人力资源管理可以追溯至公元前 18 世纪的汉谟拉比法典。这部法典中记录着在我们今天看来是最低工资标准的规定。这一时期生产的形式主要以手工作坊为主，并开始向机器化大生产转化。这时期的作坊老板直接行使选人、用人和管人等管理职能。由于管理主要是经验式的管理，因而各种管理理论知识尚未系统化。

二、人事管理阶段（19 世纪末至 20 世纪 80 年代）

　　人事管理阶段又可具体分为以下几个阶段：科学管理阶段、人际关系管理阶段、行为科学管理阶段。

　　1. 科学管理阶段（19 世纪末至 20 世纪初）

20世纪初的1911年,"科学管理之父"弗雷德里克·泰勒（Frederick Taylor）发表了其代表作《科学管理原理》,这标志着企业管理由漫长的经验管理阶段,步入划时代的科学管理阶段。泰勒在人事管理方面主要提出以下管理方法：以"劳动定额""工时研究"为主要管理方式,对劳动效果进行科学合理的计算；劳动方法、劳动工具标准化；有目的地培训工人；明确划分了管理职能和作业职能,劳动人事部门开始出现,主要职能是监工,还负责招工、协调和配置人员。

2. 人际关系管理阶段（20世纪20年代至50年代）

科学管理尽管对经验管理来讲是质的飞跃,但它存在自身的不足和缺陷,即过分强调工作效率,忽视员工的心理需求。随着社会的进步和人民生活水平的提高,经济组织里的员工对缺乏人性关怀的科学管理感到厌倦。如何调动员工的主动性和积极性成为管理学研究的重要课题。

20世纪20年代,以哈佛大学心理学家梅奥（Mayo）为组织者的研究小组在芝加哥附近的霍桑工厂进行了一系列实验,这就是著名的"霍桑实验"。梅奥得出结论：生产效率不仅受物理的、生理的因素影响,而且还受社会环境、社会心理的影响。他提出工人不是"经济人",而是"社会人",具有心理与社会方面的各种需求。另外,他还提出了企业中除正式组织外还存在非正式组织的见解。这些研究结果导致了人际关系理论的产生。

3. 行为科学管理阶段（20世纪50年代后期至70年代末）

行为科学是在人际关系学说的基础上形成的。但行为科学以更广泛的理论学科和应用学科为理论,涉及更多的问题。它重视对个体心理和行为、群体心理和行为的研究和应用,侧重于对人的需要和动机的研究,探讨了对人的激励研究,分析了与企业有关的"人性"问题。其代表人物是勒温、马斯洛和麦格雷戈。这一阶段在理论上,已经从过去只重视对具体工作和组织的研究,转向重视人的因素的研究,这是从重视"物"转向重视"人"的一种观念和理论上的飞跃。

在人事管理阶段,虽然逐渐开始重视人的因素,但企业的人事管理仍然更多地关注于事的管理,并不关注员工绩效,员工在企业不被看作可待开发的资源,而是简单地以人事档案的形式存在。

三、人力资源管理阶段（20世纪80年代至20世纪末）

"人力资源"这一概念早在1954年就由彼德·德鲁克在其著作《管理的实践》提出并加以明确界定。20世纪80年代以来,人力资源管理理论不断成熟,并在实践中得到进一步发展,为企业所广泛接受,并逐渐取代人事管理。

现代人力资源管理基本上涉及了企业人力资源管理最为重要的几个方面,即人力资源战略与规划、岗位分析、雇员的招募与甄选录用、工作绩效评价、培训与人力资源开发、薪资福利与激励计划、劳资关系与雇员安全与健康计划等。然而,人力资源管理取代人事管理,并不仅仅是名称上的改变和内容的进一步丰富,它更是一种管理观念上的根本性变革。现代人力资源管理与传统人事管理的最大区别就在于：过去的人事管理是以工作为中心的,即让人去适应工作,而现代人力资源管理则是以人为中心的,它总是力图根据人的特点和特长来组织工作,从而使得人力资源的能量得到最大的发挥。

四、战略人力资源管理阶段（20世纪末至今）

进入20世纪90年代，人力资源管理进入战略伙伴阶段。把人力资源战略作为公司重要的竞争战略，或者从战略的高度考虑人力资源管理问题是本阶段的人力资源管理特征。招募、甄选、培训开发、奖惩、薪酬以及对劳动者进行激励的重要性，已经受到了组织中每一个单位和每一个职能领域的重视。企业不再只是对人力资源进行浅层次的管理，也不只是为其他部门提供例行性服务，而是将人视为一种可增值的资源进行深度的开发与经营。这个阶段，企业需要建立起由企业高管人员、直线经理以及专业HR管理团队共同组成的人力资源经营主体，实施系统化、全面化的人力资源管理理念，而不再认为人力资源管理工作应由HR部门独立处理。战略人力资源管理理论的提出和发展，标志着现代人力资源管理新阶段的开始。

【网上练习】

请选择1~3家人力资源管理网站或者下载人力资源管理APP，注册为会员，并经常性地阅读各平台发布的专业文章。

【思考与讨论】

1. 什么是人力资源管理？
2. 人力资源管理工作包括哪些内容？
3. 你认为人力资源管理部门在企业中应该扮演什么样的角色？

任务2　认识人力资源管理的组织、部门与岗位

【任务情境】

面对世纪新挑战：固步自封 or 拥抱变化

21世纪是全球化、市场化、信息化的世界，传统雇佣关系模式被打破，现代企业正面临新的人力资源管理挑战。

一、招聘渠道社会化

挑战：传统的招聘类似于"守株待兔"的方式：人力资源管理者坐在办公室等待应聘者上门然后进行筛选；求职者则坐等面试通知。这种招聘方式具有匹配难、静态、单向、门槛高、信息量少的特点，在人才市场化程度不断提高的背景下，难以满足企业对优秀人才的需求。

对策：许多先进的企业在人才招聘实践中更多地采用社会化的招聘渠道。例如：招文案上豆瓣，招客服上58，招电商去派代，招高层上猎聘、linkdin。总之，目标人群在哪里，HR就锁定在哪里。社会化招聘提供更丰富的应聘者信息，有利于进行选择性的面试，具有易匹配、动态、双向、门槛低、信息量大的特点。

二、组织结构轻量化

挑战： 由于经济全球化和技术变革的非线性及高速度特征，企业竞争环境的不确定性增强，企业被迫不断进行变革和调整，其中组织结构轻量化就是一个重要趋势。例如，史玉柱提出：未来公司就是一个大平台，让很多小的团队在上面跑，谁跑赢谁就成功了。又如，海尔开始进行内部改革，组成了多个独立核算的实体，进行自组织、自管理、自创业。

对策： 员工被雇佣、由企业付薪的模式将会改变，以后人人都不再是组织的附庸，而是自己的CEO。人力资源管理者未来的工作，或许就是为项目找到人、为人找到合适的项目。

三、人力成本与企业付薪能力互博

挑战： 薪酬一直是激励单个员工努力实现雇主利益最重要的因素。伴随物价上涨导致员工实际购买能力的降低，员工对薪酬的期望值仍在上升。然而随着国内经济发展速度放缓，企业盈利能力的普遍下降已经成为一个事实，更加无力应对日渐高昂的人力成本。

对策： "巧妇难为无米之炊"将是HR工作的真实写照！搞好员工关系和提升工作氛围还可以稍稍缓解一下。

四、与业务部门"谈恋爱"

挑战： 在很大程度上，人力资源主管应该是业务部门在人才管理领域的顾问，但双方互动的错误是人力资源管理中的一个主要问题。人力资源管理者不能深入理解业务，与业务部门总是隔得很远。业务部门则忽略了自身在HR管理中的职责，无法给人力资源管理者提供清晰又可信的信号。

对策： 仅仅了解一些业务知识还远远不够，只有HR部门把自己看作是公司整个业务全局中的一个组成部分的时候，其他部门才会把HR部门看作是自己的业务合作伙伴。因此，人力资源管理者必须与业务部门进行深度交流，参与业务部门的日常运作，切实根据业务部门的需要输出解决方案。

五、人才挽留难上难

挑战： 现代组织日益扁平化，这种变革在提高组织灵活性的同时，使得员工在企业内垂直晋升发展的概率大大降低，因而不得不寻求在不同组织间的水平型职业发展（跳槽）。一家企业的离职率保持在5%～10%是比较合理的，但现在许多企业，离职率远远超出这个范围。

对策： 当员工心意已决、坚持离去时，人力资源管理者们需要反思：员工为什么会走？企业怎样才能留住人才？宜未雨绸缪，勿临渴而掘井。想挽留人才，需要重新设计激励机制，例如开辟技术晋升通路、股权激励、创业激励、文化激励等。

六、工作生活难平衡

挑战： 加班是中国白领及蓝领的常态。大多数人大部分时间都是干着一份不舒适的工作，加班之后剩下的时间不够用来陪伴家人。

对策： 提升组织绩效，减少加班的时间；引入创新文化，用创新降低成本、增加利润，而不是靠加班；不断推进工作与生活平衡的理念。

21世纪，技术突破带来产业革命，各行各业都在摸索有效的突围方式，组织管理变革已不是臆想，而是我们身边正在上演的时代大戏。变化带来焦虑，但同样创造机遇。人力资源管理者，你选择固步自封还是拥抱变化？

【任务要求】

1. 阅读以上资料，选择若干你感兴趣的议题查找资料，可以与教师、伙伴展开讨论，对新时代背景下人力资源管理的变革提出你的见解。

2. 实地拜访一家企业及其人力资源管理部门，了解其工作开展情况。

【任务目标】

对组织的人力资源管理工作形成感性认识，熟悉人力资源管理领域的就业单位、部门设置与相关岗位。

【任务考核】

教师参考以下标准对学生的学习成果进行评价：
（1）所收集的理论材料与调研材料充实、有价值；
（2）能深入思考，形成自己的看法；
（3）能以简练、生动的方式表达观点。

【核心概念】

人力资源服务业；人力资源管理部门；人力资源管理岗位。

【知识精讲】

一、人力资源管理服务的组织

有人的地方就需要管理，任何组织都需要人力资源管理从业者。在此，我们主要讨论"非人力资源服务行业"与"人力资源服务行业"中的人力资源管理工作。作为人力资源管理领域工作者，对于前者，你服务的是内部员工；对于后者，你服务的是外部客户。当然，在人力资源服务行业企业中，一样有人力资源管理部门为组织内部服务。

1. 非人力资源服务行业机构

大多数企业都设置有职能部门负责人力资源管理工作，例如人力资源部、行政人事部等。如果你在单位中从事人力资源管理工作，你将是以本组织的员工（内部客户）为管理、服务对象，开展人力资源规划、岗位分析、招聘、培训、薪酬管理等工作。

除了企业之外，事业单位、各社会团体等组织也需要人力资源管理工作人员，你也可以经公务员录用考试后进入政府有关部门（主要为有关部门的人事处、人事教育处或相关办公室）从事工资计划、年报及有关统计的初审和汇总，机关工资统计、核定等工作。

2. 人力资源服务机构

20世纪80年代以后，专业的人力资源服务机构开始出现并迅速发展壮大。2011年，"人力资源服务"正式纳入《国民经济行业分类》（GB/T 4754—2011）国家标准，其服务产业链主要包括公共就业、职业中介、劳务派遣、职业技能鉴定、人力资源外包等。我国人力资源服务的业态环境正日渐成熟，面临着新的发展机遇。

从服务层次上看，人力资源服务机构大致可分为三大类。第一类是高端的综合型中介咨询机构，包括一些国际型的咨询服务公司以及会计师事务所，例如麦肯锡公司、德勤会计师事务所等。他们的专业领域在于帮助客户企业进行人力资源的战略布局和策略性规划。这类公司的竞争力在于自身品牌和客户对其专业性的认可和追随。第二类是中端的专业型人力资源服务机构，他们进入多种细分市场，通常为客户提供 HR 的配套服务，包括薪酬体系设计、员工培训、职业规划、政策咨询等。第三类是人才市场和劳动力市场，他们依托政府支持和低运作成本，提供中低端市场的招聘、行政管理、员工档案管理、劳动关系管理等服务。

如果你选择在人力资源管理公司、人才市场、猎头公司、管理咨询（顾问）公司、培训公司等人力资源服务机构任职，你的工作角色将体现为：以外部客户为服务对象，从事人才招聘、档案托管、职业资格认证服务、咨询（顾问）、培训等工作。

资 料

人才市场的主要服务项目

目前我国各类型人才市场的主要服务项目是劳务派遣与人事代理。
常见的劳务派遣服务内容有：
- 负责劳动合同或劳务合同的审查和签订；
- 劳动合同履行过程中的日常管理；
- 负责员工工资的计算与发放；
- 负责办理社会保险系统和住房公积金存储业务；
- 协助客户处理工伤、死亡事故；
- 负责解除与终止劳动或劳务合同。

常见的人事代理服务内容有：
- 代办员工的录用、调档、退工手续、社保开户变更手续、年检手续、外来人员综合保险；
- 受用人单位委托招聘派遣岗位所需人才；
- 代办人才引进、居住证、就业证手续；
- 代理户口挂靠及档案委托管理相关人事手续；
- 提供各类商业保险、福利及培训方案，规章制度设计、薪酬设计等；
- 提供人事政策、法规咨询、调解劳动争议等；
- 调查员工满意度、调查薪资、拟定岗位描述；
- 人力资源规划。

二、人力资源管理部门与岗位

（一）人力资源管理在组织中扮演的角色

组织中包含着物质资源、技术资源、资金资源、人力资源和客户资源等很多资源，各种资源都是由人来进行管理的，因此人力资源管理是管理"管理资源的人"。正如怀特·巴克在1958年出版的《人力资源职能》一书中所指出的，人力资源管理的职能同生产管理、营销管理和财务管理等其他管理职能一样，对企业的成功来说是至关重要的。

由于时代的变化与演进，企业为了适应环境的变化，自身也在发生着改变，人力资源管理的角色也处在变化中。美国密歇根大学的尤里奇（Ulrich）教授认为，作为企业获取竞争力的帮手，人力资源管理者应更注重工作的产出，而不仅仅是把工作做好。根据人力资源管理的战略决策、行政效率、员工的贡献和变化能力这四种产出，尤里奇归纳了人力资源管理者的四个基本角色，如表1-2所示，它们分别是战略伙伴、职能专家、员工支持者、变革推动者。

表1-2 人力资源管理者的基本角色

角色/区分	有效产出/结果	形象化比喻	行为
管理战略性人力资源	实施战略	战略伙伴	把人力资源和经营战略结合起来
管理组织的机制结构	建立有效机制结构	职能专家	组织流程的再造："共享的服务项目"
管理员工的贡献程度	提高员工的能力和参与度	员工支持者	倾听并对员工的意见作出反应："为员工提供所需的资源"
管理转型和变革	创建一个崭新的组织	变革推动者	管理转型和变革："保证应变的能力"

（资料来源：Ulrich. 人力资源管理教程[M]. 北京：新华出版社，2000.）

1. 战略伙伴

战略伙伴角色主要集中于把人力资源的战略和行为与经营战略结合起来。人力资源高层管理者成为企业战略小组的成员之一，参与企业战略规划的制定过程并确保企业所制定的与企业经营战略结合在一起的人力资源管理战略得以贯彻执行。

2. 职能专家

职能专家角色要求人力资源管理者设计和提供有效的人力资源流程来管理人事培训、奖励、晋升以及其他涉及组织内部人员流动的事项。一方面，人力资源管理职能主要是执行公司制定的战略经营规划，包括设计并执行服务于战略目标的人力资源政策、制度或操作性方案；另一方面，还要关注企业人力资源管理的日常活动，包括管理员工档案、进行考勤记录、各种手续的办理、处理员工申诉、回答员工关于差旅和病假等政策方面的疑问、员工服务以及福利的发放等。

你是个会"补位"的 HR 吗

公司通过市场分析确定了新的市场战略方向,为此需要搭建新的团队,HR 的老大花了好多时间,终于找到了一位合适的市场总监,对方也接受了 Offer,就准备下个月到位了,HR 经理似乎完成了自己的任务。

且慢,公司老大不会记起来要为新人准备一份新员工的入职培训与工作计划,人力资源总监也许在忙其他事情,HR 经理补位的机会来了,提出一份完整的计划。

且慢,大家可能都不会想起来,新员工第一天的体验很重要,HR 小白成功补位的时机到了,把新员工的办公室准备好、文具用品都放在桌上、把他的名片提前印好等。

大家经常说,要有眼力见,或者眼里要有活,其实就是要学会补位。

3. 员工支持者

员工支持者的角色承担着对雇员的献身精神和贡献进行管理的任务。例如,落实企业的薪酬战略以激发员工的积极性,为员工进行职业生涯管理以提高员工的组织承诺与心理契约水平,对员工的工作进行考评以做到奖惩分明,关心员工的工作与生活以打造和谐积极的企业文化等。人力资源管理部门的这些角色活动能够给企业带来发展壮大的动力。

4. 变革推动者

组织变革是重大的战略举措。变革的推动者要求企业人力资源管理者本着尊重和欣赏企业传统和历史的同时,具备为未来竞争的观念和行动。人力资源高层管理者要帮助组织确定何时进行组织重整,以适应新的竞争条件并且对变革的过程进行管理。

近年来,随着计算机、网络技术的发展和专业人事代理服务公司的出现,人力资源工作者和部门可以省去或剥离大量的行政性事务和部分的业务性职能工作,例如将员工薪酬的计算、人力资源信息的统计等交给人力资源管理信息系统,将人事档案的管理、保险费用的缴纳、部分招聘与培训职能"外包"给第三方公司。如此,人力资源管理者将发挥出更高价值的角色功能。

麦当劳的人才使用

2011 年 4 月末,麦当劳(中国)宣布,2011 年在全国范围内计划招聘超过 50 000 名员工,其中超过 1 000 个餐厅见习经理的岗位将直接面向应届大学毕业生。这意味着在一年时间内,麦当劳在中国的员工总数将增加 70%。

麦当劳曾经为一个词所困扰——McJob(麦工)。McJob 最早于 1980 年末在北美出现,是由 McDonald 和 Job 两个词演变而成的,意为低收入、没前途的工作。无论是企业形象,还是商业利益角度，麦当劳都努力想让消费者知道："我们不只是一家卖汉堡的公司，更是一家以人为本的公司。"

首先，最基层的员工需要的是鼓励和认可。因此，工作氛围的打造以及恰到好处的比赛项目设置与奖励是关键。2004年，符永和刚刚拿到毕业证书便登上了去雅典的飞机。一年前他在麦当劳勤工俭学，通过全明星比赛赢得去雅典奥运村麦当劳服务一个月的机会。7年后，符永和已经是一名餐厅经理，他的下一个目标是营运督导。

其次，有志于晋升的中低管理人员更看重的是发展空间。麦当劳在多个公开场合表示，50%的管理员工从内部晋升，而大部分的管理层都从最基层的工种做起的。

最后，高管们需要更大的吸引力。这时跨国经营管理的机会则正中下怀。

了解员工心理需求的背后是激发员工的工作激情和潜能。毕竟相当一部分员工并不甘于长期原地踏步。而此时榜样的故事便成为那些努力中的员工一路向前最好的鞭策。

陈麒亦作为中国区的高管，他本人就是一个榜样。

"在许多人都通过更换公司的方式获取职业发展机会的时候，我却在同一家公司实现了多元化发展，圆了职业发展梦想。"陈麒亦1980年作为餐厅员工加入新加坡麦当劳公司，从做汉堡包和烤面包开始，从一名普通餐厅员工起步，自新加坡调任中国，在餐厅营运、人力资源和培训等不同岗位上不断历练成长，经历了从经理到总监、到总经理等多种角色，成了如今的麦当劳（中国）副总裁兼首席人力执行官。

除了精神激励和发展空间，还有一个不可缺少的硬件——培训体系。而这个需要砸入大笔真金白银。

1961年，麦当劳全球第一所汉堡大学在美国伊利诺伊州正式成立。从此之后，汉堡大学成了麦当劳的人才摇篮。2010年，麦当劳（中国）汉堡大学落户上海，成为中国员工培训和发展的主要基地。到2015年，麦当劳（中国）汉堡大学计划总投资2.5亿元人民币，为超过5 000位本土管理人员提供运营管理及领导力方面的相关培训。

谁都不否认中国市场拥有大把的机会。在经济快速发展的今天，国内很多企业都忙于觅才挖人，直接起用成熟人才似乎是快速扩张的一条捷径。而麦当劳选择了一种看上去很缓慢的方式：大笔投资培训、基层招募、从内部培养，这是一个费力的过程。然而，麦当劳选择这条路的背后有着自己的商业逻辑。

至此，麦当劳用人的商业逻辑已经清晰地展现在我们面前。通过引导正面情绪和追求，大量内部晋升，最终获得更大收益和忠诚。

（资料来源：第一财经日报.2011-5-19.）

（二）人力资源管理部门的常见架构

人力资源管理部门的结构是人力资源管理部门内部的组织机构设置，通常根据人力资源管理的主要活动来设计工作岗位。

较小的企业一般有专门的人力资源管理人员，但没有独立的人力资源管理部门，人力资源管理职能被合并在行政部、行政人事部、总经理办公室等部门。小型企业人力资源管理部门架构如图1-3所示。

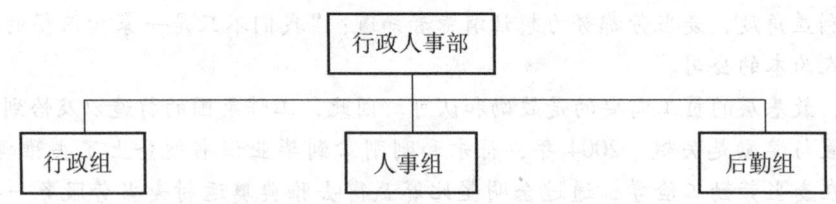

图1-3 小型企业人力资源管理部门架构

你可以很行政，也可以很 HR

小微企业"行政人事不分家"，作为行政人事助理，行政工作当仁不让是你要干的活儿。行政工作注重细节，需要耐心细致、思虑周全。但是如果你能以 HR 的思维开展行政工作，恭喜，你的职业能力上升到新段位啦！

让我们以招聘工作的部分环节为例（见表1-3），对比一下行政工作与 HR 工作的不同。

表1-3 行政工作与 HR 工作在招聘环节的差异示例

行政工作	HR 工作
把岗位描述发送给相关网站	1. 检查岗位描述，确保真实反映管理者对于这个岗位的要求； 2. 确保对于岗位的要求体现人才市场供给的真实水平，不会太严格，也不会太松； 3. 分析不同渠道的特点，选择合适的渠道投放招聘广告
接待候选人，把候选人带入业务经理办公室，准备茶水	1. 与候选人进行主动的沟通，营建和谐、热情的气氛，体现公司管理的专业性； 2. 通过沟通与观察，从侧面分析候选人对于公司、岗位的态度与意愿

从例子中我们可以看出，一个行政人员和一个具有人力资源管理思维的行政人员，其工作的专业程度存在差异，专业程度不同，使得工作产出的质量不同，进而使得劳动力市场价值出现差异。

随着企业规模的扩大，需要有一个独立的职能部门协调处理人力资源管理工作。对于一个中型企业来说，人力资源部门承担的职能较为复杂，因此部门内设置了职能专员，如招聘专员、薪酬专员等。中型企业的人力资源管理部门架构如图1-4所示。

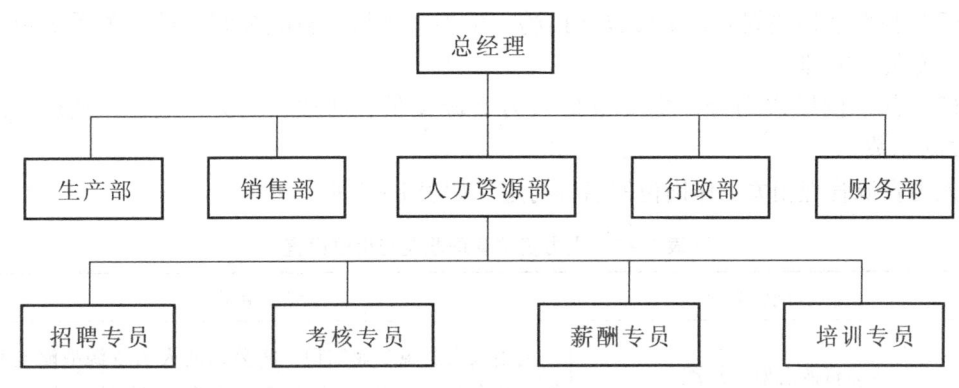

图1-4 中型企业人力资源管理部门架构

当企业达到大型规模时,其人力资源管理部门的设置会更加复杂,分层分级也较多。一个典型的大型企业人力资源管理部门架构如图1-5所示。

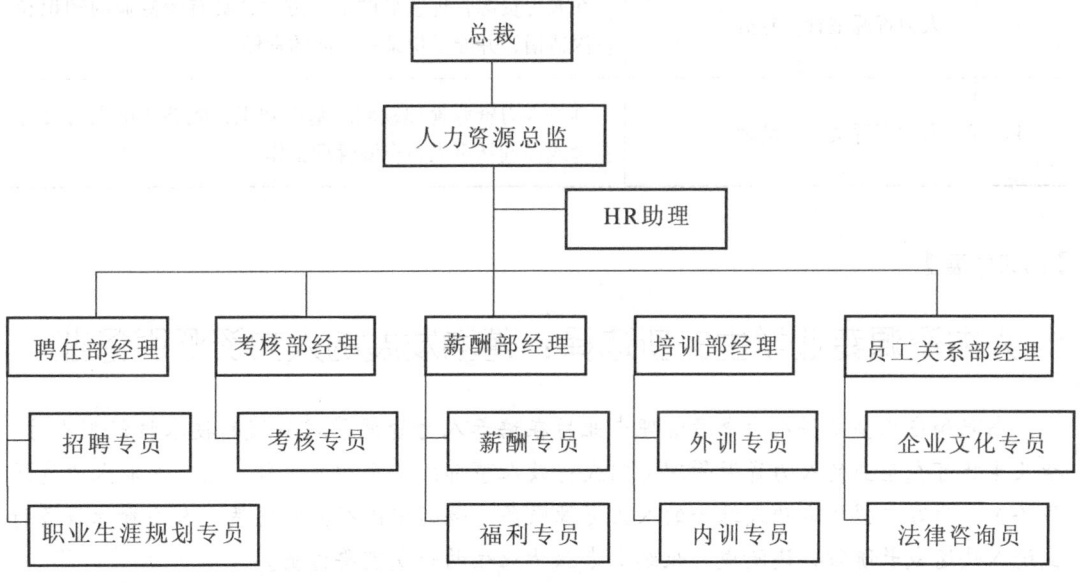

图1-5 大型企业人力资源管理部门架构

近年来,随着流程再造思想的推广和普及以及计算机和网络技术的发展,有些企业人力资源管理部门的架构也发生了根本性的变化,产生了一种以客户为导向、以流程为主线的新的组织结构形式,被称之为"三支柱"模式,形成对传统组织架构的颠覆,具体内容见本学习情境"新知新技"部分。

(三)人力资源管理岗位

人力资源管理岗位有以下划分方式:

(1)按服务对象划分,分为两类:一是组织内部的人力资源管理岗位,例如人事助理、人事专员、人事主管等;二是服务外部客户的岗位,如培训顾问、职业规划师、心理咨询师、企业法律顾问(劳动关系、劳动争议类)等。

（2）按职能模块划分，主要包括招聘、培训、考核、薪酬福利、员工关系等模块的主管、专员、助理。

（3）按职位层次划分，主要包括人力资源文员、助理、专员、主管、经理、总监（行政副总裁）。

人力资源管理相关工作岗位的名称与定义如表1-4所示。

表1-4 人力资源管理职业与岗位设置

序号	岗位名称	岗位定义
1	人力资源总监、经理	利用人力资源专业知识，将公司的人力资源战略与企业战略结合起来，使人力资源管理能够直接创造价值
2	人力资源培训师、顾问师	将人力资源专业知识教授给人力资源从业者，帮助企业诊断人力资源及其运作障碍
3	人力资源主管、专员	在人力资源管理领域的某一方面，具有较专业的知识和较深造诣，并能承担某一方面的责任
4	人力资源文员、助理	具备人力资源管理领域的基本知识，能够协助人力资源主管或经理从事人力资源管理工作

【知识拓展】

人力资源专业学生的新选择：蓬勃发展的人力资源服务业

高职和应用型本科人力资源管理专业旨在培养人力资源管理领域的技术技能型人才，毕业生既可在企业的人力资源管理部门或行政人事部门从事相关工作，也可入职人力资源服务企业为客户提供专项或综合的人力资源服务。伴随中国经济的发展，人力资源服务行业进入快速成长阶段，逐渐成为吸纳本专业毕业生的一支重要力量。

一、人力资源服务业的构成

人力资源服务行业是现代服务业的重要组成部分，是为劳动者就业和职业发展、为用人单位管理和开发人力资源提供相关服务的专门行业。作为生产性服务业的重要门类，人力资源服务行业的主要功能是促进人力资源有效开发与优化配置，从而提升劳动生产率。

"人力资源服务业"在《国民经济行业分类》（GB/T 4754—2011）国家标准中编码为"726"，属于中类，隶属于"商业服务"大类（编码为"72"）。

人力资源服务业已形成较为完善的服务产业链。根据《2013—2018年中国人力资源服务行业市场行情现状发展趋势及投资前景预测评估报告》，人力资源服务的细分行业包括以下行业：①外包行业，包含福利外包行业、薪酬外包行业、人力资源外包行业、招聘流程外包行业；②人才录用与评价行业，包含人才调研行业、人才寻猎行业、人才招聘行业、人才测评行业、人才管理培训行业、人才派遣行业、人才评鉴行业；③其他人力资源服务细分行业，包含人力资源服务咨询行业、薪酬数据调研行业、人才管理软件行业。

二、我国人力资源服务业发展状况

经过三十多年的发展，中国人力资源服务业的多元化、多层次的服务体系已经形成，服务功能进一步完善，管理体系也基本形成。2015年度人力资源和社会保障事业发展统计公报表明，截至2015年底，全国各类人力资源服务机构达2.71万家，从业的人力资源服务人员36万人，各类人力资源服务机构全年共为2 432万家次用人单位提供各类人力资源服务。作为中国开放度最高的行业之一，德科（Adecco，SWX：ADEN，EURONEXT：ADE）、任仕达（Ranstad，AMS：RAND）、万宝盛华（ManpowerGroup，NYSE：MAN）等全球前十家人力资源服务机构已全部在中国进行业务运作，这也说明中国人力资源服务市场已经完全与国际接轨。

伴随外资企业在中国的全面布局，中国本地的人力资源服务机构也随之在各地发展，逐渐扩大服务覆盖区域，并涌现一大批规模化发展的国有/民营人力资源服务机构，如中智（CIIC）、上海外服（SFSC）、北京外企（FESCO）、前程无忧（51job，NASDAQ：JOBS）、科锐国际（Career International）、蓝海（Bluesea）、汇思（HUMANPOOL）等。对于人才的投资并非只局限于从成熟市场向中国单向迁移，中国企业在全球市场的布局和投资也越来越大，人才全球化流动加剧，一批优秀的中国人力资源服务机构也开始伴随客户的脚步逐渐向海外扩张，如前程无忧（51job，NASDAQ：JOBS）、智联招聘（Zhaopin，NYSE：ZPIN）在美国上市，并引入国外资本；科锐国际（Career International）在东南亚建立团队，并携手英国老牌中高端人才访寻机构安拓国际（Antal International），将业务拓展到100多个国家和地区。

三、我国人力资源服务业的发展展望

长期以来，中国人力资源服务行业作为一个高端服务市场，行业本身受规模经济、专有技术、产品差异、转型成本、资金需求、政策法规等因素的影响，具有较高的准入壁垒。但由于中国特殊的市场环境，该行业形成了普遍小规模化、碎片化的分散式发展格局，仅在线招聘等部分子行业出现两三家垄断性巨头，但随着产业边界拓宽，越来越多的企业开始分食这一市场。从整体上看，中国人力资源服务业各细分行业发展较为分散，因此，未来行业龙头企业进行整合的空间较大。

就整体产业链发展趋势而言，纵向专业化趋势和横向整合趋势是当前最重要的两个特点，如人力资源外包、咨询、软件三者互相整合的一种新型服务模式，或是中高端人才访寻企业也开始从人才雇佣环节的单一方案向多种雇佣服务方式转变，如"中高端人才访寻＋招聘流程外包"，"中高端人才访寻＋灵活用工"等方式，逐渐成为招聘环节的统一解决方案供应商。随着行业整合的深化，或将出现领先企业进一步整合的空间。

在行业深入整合的进程中，伴随跨界与行业整合深化，人力资源服务市场不断衍生出新的产品和服务。云计算（cloud computing）、大数据（big data）、移动化、社交等技术在改变人力资源管理模式的同时，也使得人力资源服务产业的边界不断被打破，新的商业模式不断涌现，多元化与开放已经成为常态。

面对日益复杂的行业格局，中国人力资源服务机构要想获得成功，将面临更加激烈的竞争，许多人力资源服务机构都必须设法通过并购实现外生增长、创新业务模式寻找新的增长点、对成本进行管理、遵守监管法规，并寻找致胜的解决方案，以建立长期、深入的客户关系。

（部分资料来自：《2015 中国人力资源服务业市场研究报告——现状、趋势与展望》.）

【网上练习】

请上网查找 5 个较知名的人才招聘网站，了解这些网站的市场定位、业务范围、盈利模式以及服务特色。

【思考与讨论】

1. 人力资源管理专业的学生可以在哪些单位从事人力资源管理工作？
2. 人力资源管理有哪些常见的工作岗位？

任务 3 　 认识人力资源管理者的职业素质要求

【训练情境】

人力资源专业学生在校期间的学习重点是什么？

人力资源管理作为管理学的一个分支，基本管理理念是以西方管理学的理论为基础的，因此要想成为一名优秀的人力资源工作者，"管理学"的知识不可不作为重点来学习。在学习管理学的过程中，个人认为应该重在基本理论的学习和管理思维的培养。只有这样，在今后的从业过程中才能够"不畏浮云遮望眼"，才能够做到目标明确。

人力资源管理作为一门以"人"和"群体"为管理对象的学科，那么研究人和群体心理、行为的"组织行为学""心理学"等也是其学习的重点。

人力资源管理作为组织管理的一部分，对于组织其他的功能应该有所了解，比如市场营销、生产管理、ISO 等，还有组织结构的设计、流程以及功能等。否则，人力资源管理的实践将无所立足。

人力资源管理作为一门实用学科，很多企业在招聘人力资源部门员工时都需要有一定工作经验的人员。因此，作为一名人力资源管理专业的学生，应该尽量多熟悉企业在人力资源管理方面的实际运作，才能早日收"学以致用"之功。

人力资源管理作为一门独立的学科，有自己的基础知识、基本理论和基本技能，要想成为一名优秀的人力资源工作者，当然要在这方面下苦功。掌握人力资源管理的定性、定量分析方法，熟悉与人力资源管理有关的方针、政策及法规。

要想成为一名优秀的人力资源工作者，除了应该具备以上基本的知识结构外，同时还要具备以下基本素质：组织协调能力、沟通能力、文字表达能力、良好的心理素质等。

另外，要注意加强角色转变能力的提高：从学生思维到职场思维的转变；从学生行为到职场行为的转变；从学生角色到职场人角色的转变。

（案例来源：论文酷网，网址：http://www.lwkoo.cn.）

【任务要求】

请说明你对人力资源管理工作者应具备的知识、能力、素质的看法；如果将人力资源管理作为职业发展方向，请思考大学期间应如何学习知识以及拓展技能。将你的想法写成《基于职业发展的专业学习规划》。

【任务目标】

学生能对未来的职业发展目标形成设想，并付诸努力寻找目标的实现路径。

【任务考核】

教师根据学生提交的《基于职业发展的专业学习规划》，对规划的目标是否明确、内容是否完整、计划是否可行进行评价。

【核心概念】

职业素质。

【知识精讲】

一、职业素质的内涵

职业素质是指那些与具体职业相关的，在工作情境中创造高绩效所必需的知识、技能、动机、个性、自我形象、价值观和社会角色等潜在特征。素质决定了一个人能否胜任某项工作或很好地完成某项任务。"冰山模型"形象反映了素质特征及各自所处的层次。如图1-6所示，知识与技能在一个人的素质中处于表层，易于观察和测量，同时也易于模仿，它们在一个人的成功中起作用，但不起决定性的作用；而那些处于深层的特征，如动机、个性、社会角色、自我形象和价值观等，则常常成为一个人取得成功的关键，但它们不易观察和测量。我们对冰山模型进行进一步的解读，把冰山分为上、中、下三层，分别是能力（ability）、个性（personality）、动力（motivation）。即"能不能""合不合""愿不愿"。

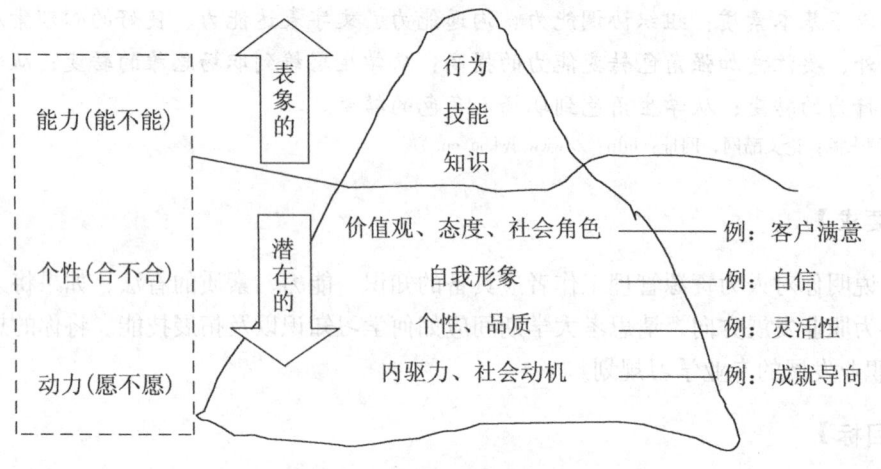

图1-6 素质冰山模型

二、人力资源管理专业人员的素质要求

对人力资源管理专业人员而言,职业素质是其对人力资源管理工作的了解与适应能力的一种综合体现,在此从"能不能"(专业知识、职业技能),"合不合"(性格特质、管理理念)等方面进行探讨。

(一)专业知识

人力资源管理工作者必须具备合理的、广博的知识,包括专业知识与业务知识。专业知识指履行人力资源管理职责所必需的各种知识,如公司的人力资源政策、制度、人事管理流程及相关的法律法规等;业务知识指了解本企业所在行业、本企业的运作环境、产品及相关设计、制造、销售等情况。

如何理解业务

HR的大咖都说作为HR需要懂业务,于是HR们纷纷参加业务部门的会议,试图理解财务数据、公司的产品、技术方向、战略布局、竞争对手等,然后呢?……

这些HR大咖们只说了一半,说了HR需要懂业务,但是没有告诉大家懂了业务之后怎么办。

HR不是为了懂业务而懂业务,是需要把业务翻译成HR的语言,比如,公司IT技术的新方向,可能就意味着招聘过程中对于程序员的不同要求;对于竞争对手的了解,就意味着在做薪酬分析时,能够获取更加有针对性的数据;公司有了新的战略布局,可能需要对组织结构进行重新调整;通过财务数据的理解,HR需要有效地进行费用管控……

所以,理解业务后的第一步是把业务需求转化为HR的语言,然后变成HR的行动计划，这样才能够让 HR 更加有效地支持业务。

（二）职业技能

技能是指运用人力资源管理技术的能力。在此介绍人力资源管理专业人员应当具备的基本技能、管理技能和专业技能。

1. 基本技能

（1）口头表达能力

作为经常要和各方联系的人力资源工作者，具有较强的人际沟通能力是很必要的。你可能要借助演讲和谈话来表达自己的看法；你可能会用微笑、点头、拍肩膀来激励员工，通过各种方式向他表明你已经看到了其所取得的成绩；你也可能需要不失时机地安慰失望者和悲伤者，让他们充分体会到你言行中所表达出的支持和关怀。善于与人交流永远都是人力资源工作者必备的素质。

（2）公文写作能力

写作是人力资源工作者的基本任务，人力资源部门乃至其他部门的规章制度、文书通告等大多出自人力资源工作者之手，所以写作能力是人力资源工作者的基本功。

符合人力资源工作要求的文字写作本身就是人力资源工作的有机组成部分。人力资源工作者写作任务的范围是比较广泛的，可能有制度、通告、新闻稿件、公共关系简报、信函、致辞、演讲稿、有关公告、祝贺卡上的祝贺语等。

人力资源工作者应是一名写作高手，在写作的文字中不仅要能够准确表达意思，而且也要能准确地表达态度和情感。简单地说，人力资源公文的文字写作不仅要符合一般的写作要求，而且也要符合人力资源工作的要求。

（3）人际交往能力

人力资源工作者的人际交往能力可以包括以下方面：

①交际礼仪的掌握。人际交往有一定的规范和要求，像服装、体态、语言、人际距离、宴会的座位安排等在交际活动中如运用得当，可以大大增强人际沟通的效果。

②交际艺术的掌握。交际艺术可以实现更有效的沟通。交际艺术涉及对时间、地点的巧妙运用，对交际形式的创造性发挥，有助于消除对方的心理障碍等。

③交际手段的运用。交际能力也可在对交际手段的运用上表现出来。如怎样恰到好处地赠送礼品、纪念品；怎样准确地使用语言和非语言；怎样驾驭自己的情感等。

（4）计算机、办公设备使用能力

人力资源工作者在工作中要能够使用 Word，Excel，Powerpoint，IE 等软件、工具撰写文件、演示文档、查找资料；掌握办公自动化系统、管理信息系统的使用方法；对于打印机、传真机、复印机等办公设备也要能够熟练操作。

> 资 料

大学生求职：听听师姐怎么说

兜兜转转好久才找到心仪的工作，那段时间给我带来挺多感想。后来师弟师妹问我怎么找工作，我都和他们说：

1. 找工作时机很重要。对于我们这种刚出去什么都不会，甚至连毕业证都没拿到的人，一定要在旺季找，拖太久会更难找到，而且自己会变懒，心态上也会慢慢抗拒。

2. 找工作切忌大方向摇摆不定，一会东一会西。虽然有人说能找到一份工作就不错了，还挑？但假如那份工作并不是你自己喜欢的，或者擅长的，你会更累，像我第一份工作4天就辞了。大方向不要变化太大，你面试做准备什么的也就更有针对性，通过率会更高。

3. 简历很重要。切记不要长篇大论，要分点，HR没时间看你的长简历，突出重点，才能提高面试几率。

4. 趁还在学校，一定要好好利用时间学东西。不是说你一定要考个什么证，但像我们这种刚出去工作的人，需要去适应社会、适应公司、适应岗位，一切都要从头开始学；加上住得远一点，上班后真的很难挤出时间去准备考证的事，所以在校期间能考则考。我现在只能是想，等稳定一些下来，自己再去准备。偏文科类的工作，一定学好办公软件，特别是Excel，这个很重要，很多岗位经常要用到，更别说是行政、人事这一类岗位了。

5. 英语很重要，应该说是英语口语很重要……主要是我们公司是跨境电商，所以外国客人很多，甚至电话都要讲英语，会一口流利的英语完全加分呀。虽然我知道好多人都和我一样英语不怎么好……

（作者：李思洁，广东工贸职业技术学院2016届人力资源管理方向毕业生．）

2. 管理技能

（1）组织能力

人力资源工作者的组织能力是指人力资源工作者在从事人力资源管理活动过程中计划、组织、安排、协调等方面的活动能力。人力资源工作者的组织能力包括以下内容：

①计划性。人力资源管理活动是要有计划的，不仅要明确为什么进行、进行什么和怎样进行，而且还要知晓先做什么、后做什么。只有明确了这些，人力资源管理活动才能有条不紊地顺利进行。

②周密性。要保证人力资源管理活动成功，就要对方方面面的问题考虑周全，不仅要重视大的方面如活动的内容、形式，而且对一些细小的方面如员工的接待、环境的布置、仪表、仪容、穿着服装等均应引起足够的注意，不要因为细节方面的失误而破坏总体效应。

③协调性。一项人力资源管理活动并不是少数几个人力资源职员的事，而是需要各方面的配合和支持。

（2）沟通协调能力

在企业组织中，管理者约有75%的时间花在协调与沟通上，组织绩效的绊脚石往往是缺乏有效的协调与沟通。人力资源工作者要善于沟通、协调企业内外各种关系，善于缓和矛盾、解决冲突，使管理工作各方面的因素都协调一致，相互配合，从而提高整体效能。

（3）资源整合能力

所谓资源整合，就是将一些看起来彼此不相关的事物加以组合，创造出一种新生事物，使各种资源自身的价值得到增值的过程。善于整合资源的人力资源工作者，往往具有独到的眼光，能够看出各种资源背后潜藏的价值，提出资源整合的思路与方案。事实上，人力资源管理工作本身就体现着大量的资源配置与整合工作。例如：对组织的人力资源进行调配与共享，使组织的人力资源匹配达到最佳；对各种培训资源、外部智力资源、咨询公司、人才中介机构等进行整合，使其成为企业的共享资源。

3. 专业技能

人力资源工作者应具备的专业技能包括：

（1）人力资源规划、招募和选择的技能；

（2）人力资源培训与开发的技能；

（3）绩效评估和薪酬福利管理的技能；

（4）员工和组织关系的管理技能；

（5）其他技能。

资 料

来自人才市场的信息：高职毕业生从事人力资源管理工作有戏吗

当前众多高校开设了人力资源管理专业，致力于培养"中小型企业的行政人事助理、大型企业的人事专员"。那么，人才市场对人力资源管理专业毕业生有怎样的期待和要求呢？

一、人力资源管理招聘岗位及职责要求

1. 部门及岗位分布

调研表明，企业愿意吸纳高职人力资源管理毕业生的部门当中，人力资源部和行政人事部占38%；行政部、办公室占29%；客户服务部占17%，上述部门合计占总数的84%，其他部门尤其是销售、运营部门也能够招聘本专业学生。

企业能够吸纳高职人力资源管理专业毕业生的岗位主要为：行政人事助理类，占45%；助理、秘书、文员类，占30%；客服占13%。

2. 岗位职责要求

通过对某次高职校园招聘会行政人事助理、人事专员的招聘海报信息进行汇总、分析，得出如下结论：

（1）普遍要求处理档案管理、数据收集与统计、社保公积金办理等行政事务；

（2）核心岗位职责覆盖六大模块，其中最为突出的职责要求是负责招聘工作、培训组织、员工关系管理；

（3）人力资源服务企业的助理、专员岗位要求进行市场营销与客户关系管理工作。

以下列举4个案例，案例1，2是企业人力资源管理部门人事助理招聘信息；案例3，4是人力资源服务企业业务岗位招聘信息。

案例1：

公司：广州泰中商品信息咨询有限公司（招聘会编号：A04）

岗位：人事行政助理

岗位基本职责：

1. 根据公司的人员需求，协助上级进行招聘工作，参与公司招聘规划和人员编制预算，优化招聘流程，缩短招聘周期，提高招聘效率；

2. 负责拟定公司招聘方案，监督执行招聘工作，满足公司各部门的用人需求；

3. 负责处理办公室日常事务，整理和归档办公室文件，协助统计办公室行政费用及其他数据的收集；

4. 娴熟处理各类办公事务的能力及良好的沟通、组织、协调能力；

5. 熟练使用各种办公软件，打字速度快。

案例2：

公司：广东叁六网络科技有限公司（招聘会编号：B33）

岗位：行政人事专员

岗位要求：

1. 专科学历以上，人力资源及管理相关专业；

2. 熟悉六大模块；

3. 熟悉劳动法、合同法；

4. 工作高效、雷厉风行者优先。

岗位基本职责：

1. 参与制定各项人力资源的管理流程，执行和维护各类规章制度；

2. 了解公司的人员需求和员工心态，制定并落实年度、月度人员招聘计划，完善招聘流程及招聘体系；

3. 建立积极的员工关系，协调员工与管理层的关系，做好劳动合同签订、续签、解除和终止等工作。

案例3：

公司：广州市红日人力资源职业培训学校（招聘会编号：G04）

岗位：培训助理

岗位基本职责：

1. 通过电话、网络等方式开拓客户资源，与客户取得沟通，介绍学校培训项目，完成销售任务，给客户提供快速、准确、专业的培训咨询服务，确保客户满意；

2. 维护客户关系，为前来咨询的客户提供专业的帮助与业务解析，协助客户办理交费手续。

案例 4：

公司：广州新唐人力资源有限公司（招聘会编号：H32）

岗位：招聘顾问（客服专员）

岗位基本职责：

1. 执行招聘或宣传推广计划；
2. 及时做好相关的市场调查、数据统计与分析等工作；
3. 维护、拓展招聘渠道，发布职位信息，收集简历，进行聘前测试和简历的初步筛选；
4. 负责协助安排面试、入职离职手续办理、组织面试指导及入职培训、业务培训等事务；
5. 跟踪评估各类人才的使用情况，更新和维护人才储备库；
6. 提供招聘分析报告和企业人员结构分析报告等。

二、人力资源管理岗位任职资格要求

1. 专业要求

受访企业招聘 HR 的专业倾向是：人力资源管理专业 30%、行政管理专业 18%、工商企业管理专业 14%，可见科班出身较受青睐，具有比较优势。

2. 学历要求

企业招聘 HR 对学历的要求是：大专毕业的占 48%，本科毕业的占 39%，这与 2010 年的调查数据相比，要求本科毕业的比重下降了，但我们并不认为社会对学历的要求在下降。主要原因在于此次调研是以高职院校的校园招聘会为主要依托展开的，入驻企业有招聘高职生的传统和需求；而 2010 年的调查是面向珠三角地区企业的随机抽样。事实上，人力资源管理的学历门槛一直都比较高，因此我们仍然建议学生在校进行专升本学习或毕业后继续攻读高一级的学位。

3. 职业资格证书要求

职业资格证书方面，企业比较期待的是人力资源管理师三级和四级证书，共占 56%，看来对于有志于从事人力资源工作的学生而言，职业资格考证是应当坚持的自我提升途径。相比之下，人事上岗证的社会接受程度不高，英语 4，6 级的要求也不是很突出，秘书资格证的要求基本可以忽略，而对所属行业相关资格证书的要求超出我们的预期，有 14% 的比重，说明企业希望人力资源管理工作人员具有相应的业务知识。

4. 任职资格条件的重要性比较

将招聘 HR 的各项任职资格条件进行比较，我们发现用人单位最看重的是职业素养（34%），其次是专业能力（26%）和社会实践经验（24%），三者共占 84%，而专业、学历、成绩并不是用人单位重点考察的方面，可见后者只是应聘时的敲门砖，能否被录用还要取决于自身的综合素质。

（资料来源：《广东岭南职业技术学院 2014 年人力资源管理专业人才需求调研报告》.）

（三）性格特质

人力资源工作者应当具备以下性格特质：

（1）思维敏捷。人力资源工作者必须有高水平的思维能力，对于复杂事物能有效地加以分析，学习能力强，遇到突发情况时能迅速想出解决问题的办法。

（2）积极主动。人力资源工作者应善于发现工作中的问题，敢于变革，勇于创新。

（3）平易近人。只有具备亲和力，才能保持良好的人际关系，才能得以接近和了解他人，能够有机会去倾听不同的声音和发现隐藏在事物表面下的真相。

（4）坚定勇敢。人性是难测的，人力资源管理过程中必然会发生许多的质疑、冲突。因此，一个优秀的人力资源工作者必须具有坚定勇敢的意志力承受来自于各方面的压力和挑战。

（5）忍耐性强。在突发性的事件或问题中，有些会令人力资源工作者难堪，这时需要人力资源工作者有较强的情感驾驭能力，要尽可能地克制和忍耐，耐心地说服和解释。

（四）管理理念

人力资源工作者应当具备以下管理理念：

（1）精益求精。人力资源管理工作事无巨细，事事都重要。人力资源工作者应该有认真做好工作中的每一件"小事"的责任心。责任心体现为对业务的精益求精，应时时、事事寻求合理化，精通人力资源管理业务，知人善任，用人有方，追求人与事结合的最佳点。

（2）多方共赢。作为参与企业战略制定与执行的人力资源管理工作者，在企业中扮演"员工激励者"和"员工服务者"的双重角色，这要求人力资源管理工作人员具备"爱心"：他们相信并听取员工的意见，愿意帮助他们成长；他们是自信而谨慎的辅导者，是帮助者，而不是操纵者或掠夺者。

（3）公平公正。对于人力资源工作者来说，只有公正才可以做到无私，才会有"心底无私天地宽"的豁达，才有能力和勇气去"内举不避亲，外举不避仇。"

【网上练习】

请访问"世界经理人"网站（http：//www.icxo.com），进行"你是否具备人力资源管理潜能"的心理测试。测试网址：http：//cho.icxo.com/htmlnews/2009/05/05/1378833_1.htm。

【思考与讨论】

1. 人力资源工作者应具备哪些职业素质？
2. 你将如何训练人力资源工作者应掌握的职业技能？

新知新技：人力资源三支柱体系（COE·BP·SSC）

杰克·韦尔奇曾说过"人力资源负责人在任何企业中都应该是第二号人物"。研究证明，人力资源部可以成为业务驱动力，关键是HR自身要转型。

一、重新定位人力资源部门

人力资源部成为业务的驱动力，首先要把"人力资本"当成一项业务来经营。为此，人力资源部需要重新定位，从职能导向转向业务导向。目前，中国企业人力资源部的运作模式是按功能块划分——每个职能块同时负责政策制定、政策执行以及事务性支持。在这种模式下，公司越长越大，HR却高高在上，离业务越来越远；中基层业务主管和员工需要HR支持，却很难获取；HR往往只对上不对下，政策缺乏业务所需的针对性和灵活性，业务主管更多感受到的不是价值而是管控；HR的大量时间聚焦在事务性工作上，不能对业务主管进行有针对性的辅导，不能提供业务需要的客户化、集成的解决方案。

HR要提升效率和效能，就要像业务单元一样运作。在这个业务单元里，有人负责客户管理，有人负责专业技术，有人负责服务交付，这就出现了人力资源转型的需要。

二、人力资源部从混合模式向三支柱转型

1. HR目标客户分析

人力资源转型，简单来讲就是将HR的角色一分为三。实践证明，这种运作模式能够显著提升HR的效率和效能，这就是在领先公司中常见的HR三支柱模式，我们称之为钻石模型（见图1-7）。

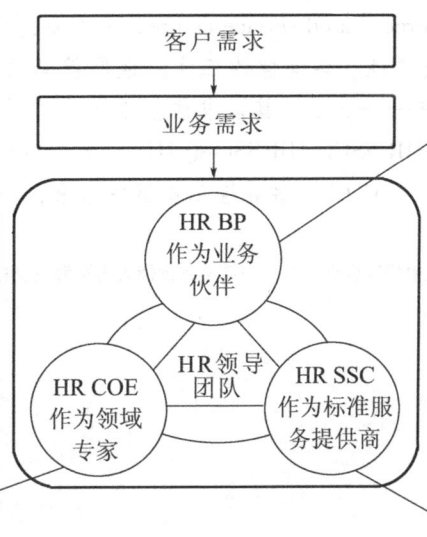

图1-7 HR职能三支柱钻石模型

像业务部门一样运作，人力资源部首先要回答的是：我的客户是谁？需求是什么？从

上图来看，人力资源部门通过满足内部客户（业务部门）的需求，从而间接实现外部客户需求的满足。借用营销的客户细分理论，HR可以把自己的目标客户分成三类：

（1）高层管理人员。他们需要获得战略规划过程所需要的相关信息以及建议，需要在战略规划执行时获得组织、人才、文化及变革管理等方面的支持。

（2）直线管理人员。他们需要获得具有献身精神的高质量雇员，需要人员管理时进行咨询、获得辅导及工具、数据支持，例如他们期望得到一整套具有连贯性、充足性以及公平性的报酬以及福利计划，以帮忙他们激励员工。

（3）员工。在日常事务性工作中，他们希望有人解答政策方面的疑问，并提供便捷的服务，例如劳动合同、入职手续、薪资发放等。其中第1类客户的需求高度定制化，第3类客户的需求高度标准化，第2类客户介于二者之间。

2. 三支柱模式的三大角色

（1）HR BP（human resource business partner，人力资源业务合作伙伴）。HR的运作模式要服务于客户需求的满足。同服务外部客户一样，最难满足的是定制化需求，为此，HR BP角色应运而生。这一角色定位于业务的合作伙伴，针对内部客户需求，提供咨询服务和解决方案。他们是确保HR贴近业务需求的关键。

（2）HR COE（human resource centre of excellence or center of expertise，人力资源专业知识中心或人力资源领域专家）。提供解决方案意味着需要同时精通业务及HR各领域知识。寻找一群样样精通的人才是不现实的。在这种情况下，就出现了专业细分的需要，这就是HR COE。HR COE的角色定位于领域专家，借助本领域精深的专业技能和对领先实践的掌握，负责设计业务导向、创新的人力资源管理的政策、流程和方案，并为HR BP提供技术支持。

（3）HR SSC（human resource shared service centre，人力资源共享服务中心）。如果希望HR BP和HR COE聚焦在战略性、咨询性的工作，他们就必须从事务性的工作中解脱出来。同时，HR的第三类客户——员工，其需求往往是相对同质的，存在标准化、规模化的可能。因此，这就出现了HR SSC。HR SSC是HR标准服务的提供者，他们负责解答管理者和员工的问询，帮助BP和COE从事务性工作解脱出来，并对客户的满意度和卓越运营负责。

（资料来源：Sharon Li，原翰威特大中华区咨询总监．一篇文章读懂人力资源三支柱体系（COE·BP·SSC）.）

学习情境二

人力资源规划和岗位分析

岗 位 描 述

【岗位名称】

人力资源规划专员。

【岗位职责】

人力资源规划职位的主要职责是根据本企业的业务发展要求,在工作调查和职位分析的基础上,提出本企业人力资源的招募、培训和整合计划。主要包括以下几个方面:

(1) 调研本组织内现有的各种人力资源管理供应与空缺情况,收集整理相关数据,上报人力资源规划主管;

(2) 协助人力资源规划主管对本组织未来人力资源的供给情况与需求趋势进行预测与规划;

(3) 协助人力资源规划主管对企业人事规章制度、人力资源政策等进行规划与修订;

(4) 协助人力资源规划主管对员工绩效考核、激励机制等进行规划与修订;

(5) 协助人力资源规划主管进行人力资源的补充、培训、晋升、配备等的规划;

(6) 有关企业人力资源规划的各种表单、流程的制定、修订;

(7) 企业各种相关活动的规划与组织执行;

(8) 负责人力资源发展、规划、管理的相关资料的收集、整理及归档。

任 务 解 析

亲爱的同学们,当你完成人力资源管理认知之后,即将开始学习人力资源管理职业活动的具体工作。在人力资源管理职业领域,有一个"高大上"的岗位:人力资源规划专员。通常而言,较大规模的企业才会设置人力资源规划员的岗位,这个岗位可能是你未来努力的方向之一。人力资源规划是人力资源管理工作的起点,从事人力资源管理工作必须学习规划方面的知识和技术。本学习情境期待你了解人力资源规划的程序、方法,能够协助上级主管进行岗位分析与设计工作,从而搭建出整个组织的"架子"。本学习情境包含以下项目:

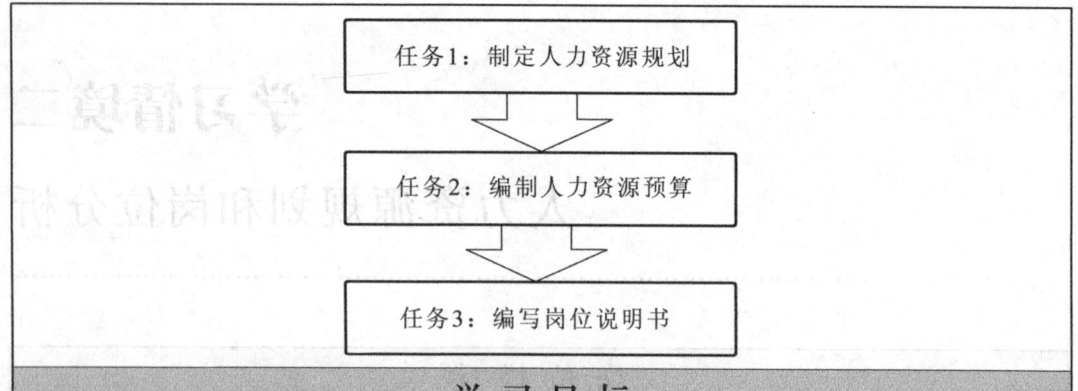

学习目标

【知识目标】

☞ 了解人力资源规划的含义与作用；
☞ 掌握人力资源需求预测的方法；
☞ 掌握人力资源供给预测的方法；
☞ 熟悉人力资源费用的构成；
☞ 了解人力资源预算的制定程序和方法；
☞ 了解收集岗位说明书资料的方法；
☞ 熟悉岗位说明书的内容；
☞ 掌握编制岗位说明书的方法。

【技术技能目标】

☞ 能够进行人力资源需求、供给预测；
☞ 能够编制人力资源管理预算；
☞ 能够进行岗位信息的收集；
☞ 能够编制岗位说明书。

任务1 制定人力资源规划

【任务情境】

绿色化工公司的人力资源规划

白士镐三天前才调到人力资源部当经理，虽然他进入这家专门从事垃圾再生的企业已经三年了，但是，面对桌上那一大堆文件、报表，他还是有点晕头转向：我哪知道我干的是这种事？原来副总经理李勤直接委派他在10天内拟出一份本公司明年的人力资源计划。

其实白士镐已经把这任务仔细看过好几遍了。他觉得要编制好这个计划，必须考虑下列各项关键因素：

首先是公司的人力资源现状。

公司目前划分为8个部门，分别是总经理办公室、生产部、销售部、采购部、行政部、开发部、财务部、人力资源部。其中行政副总负责行政部和人力资源部，营运副总负责研发部、采购部和生产部，销售部和财务部负责人直接向总经理汇报工作。目前各部门无缺编、超编情况。根据公司政策，基层和中层管理干部主要以内部晋升方式获得。具体职务设置与人员配置如下：

1. 总经理办公室（5）：总经理1名、副总2名、总经理助理1名、办公室主任1名；
2. 生产部（535）：生产主管2名、工程技术人员11名、车间主任6名、组长41名、生产与维修工人475名；
3. 销售部（26）：销售主管1名、销售经理2名、销售人员23名；
4. 采购部（7）：采购经理1名、采购人员6名；
5. 行政部（13）：行政经理1名、行政助理3名、文员5名、司机3名、前台1名；
6. 研发部（28）：研发主管1名、技术经理3名、工程技术人员24名；
7. 财务部（8）：财务经理1名、会计3名、出纳2名、财务文员2名；
8. 人力资源部（7）：人力资源经理1名、薪酬专员1名、招聘专员1名、培训专员1名、人事文员3名。

其次是公司的运营情况。

绿色化工公司刚开发出2种有吸引力的新产品，预计公司销售额5年内会大幅增加，他还得提出一项应变计划以备应付这种快速增长的形势。

目前公司的销售额为5 000万元，由于开发了新产品，预计来年销售额会增加50%。按经验推算，每增加500万元的销售额需要增加销售及服务人员5名，其中销售人员、销售经理、生产组长、工程技术人员、基层白领职员的比例是12:1:10:1:1。

按照既定的扩产计划，来年公司将投资生产新产品，新老4种产品的工作量和产品标准任务时间如表2-1所示。

表2-1 公司各产品工作量估计

产品	工作任务（件）	产品标准任务时间（小时/件）
产品1	12 000	3
产品2	100 000	8
产品3	30 000	6
产品4	8 000	4

再则统计员工的离职率。

近5年来员工的平均离职率为5%，没理由会有什么改变。不过，不同类型的员工的离职率并不一样，生产工人离职率高达8%，而技术和管理干部则只有3%，其余员工离职率为4%。

有一点特殊情况要考虑：最近本地政府颁发了一项政策，要求当地企业招收新员工时，要优先照顾妇女和下岗职工。公司一直未曾有意地排斥妇女或下岗职工，只要他们来申请，就会按照同一种标准进行选拔，并无歧视，但也未特殊照顾。如今的事实却是，只有一位女销售员，中、基层管理干部除两人是妇女外，其余也都是男性，工程师里只有三个是妇女，蓝领工人中约有11%是妇女或下岗职工，而且都集中在最底层的劳动岗位上。

白士镐还有7天就得交出计划，其中得包括各类干部和员工的人数、要从外界招收的各类人员的人数以及如何贯彻政府关于照顾妇女与下岗人员政策的计划。

【任务要求】

1. 请对绿色化工公司目前的人力资源情况进行盘点，统计出公司的生产与维修工人、基层白领职员、基层管理干部、中层管理干部、高层管理干部、工程技术人员、销售人员的人数各是多少。

2. 绿色化工公司来年各职位分别需要多少员工？请选用合适的方法进行公司的人力资源需求预测。

3. 绿色化工公司哪些职位可以通过内部晋升获取所需人才？哪些职位需要从外界招聘人员？需要招多少？

【任务目标】

理解人力资源规划的方法、流程、工具；能够根据管理情境进行企业人力资源状况的盘点，开展人力资源需求和供给预测，能初步制定人力资源规划。

【任务考核】

教师参考以下评价指标对学生学习成果进行评价：
（1）人力资源规划的工具选择合理；
（2）人力资源盘点、需求预测、供给预测的数量计算准确，定性分析有理有据；
（3）所采取的人力资源供需平衡、对策科学有效；
（4）文件编写规范。

【核心概念】

人力资源规划；人力资源需求预测；人力资源供给预测。

【知识精讲】

一、人力资源规划概述

人力资源规划，也被称作人力资源计划，是人力资源管理的一项基础性工作。管理学家戴尔·麦康基有言："计划的制定比计划本身更为重要。"由此可见，计划在管理活动中具有重要的地位和作用。

在所有的管理职能中，人力资源规划最具有战略性和主动性。科学技术瞬息万变，而竞争环境也变幻莫测。这不仅使得人力资源预测变得越来越困难，也变得更加紧迫。人力资源管理部门必须对组织未来的人力资源供给和需求作出科学预测，以保证能及时获得所需人才，支持组织战略目标的实现。人力资源规划在各项管理职能中起着桥梁和纽带的作用。

（一）人力资源规划的内涵

人力资源规划的概念有广义和狭义两种。从广义上来说，人力资源规划是指组织所有各类人力资源计划的总称。从狭义上来说，人力资源规划是指从组织的战略规划和发展目标出发，根据其内部和外部环境的变化，运用科学的方法对组织未来人力资源需求和供给的数量和质量进行分析和预测，进而制定相应的政策和措施，以达到人力资源供求平衡，实现人力资源的合理配置，有效激励员工的过程。

（二）人力资源规划的类型

组织的人力资源规划可以划分为不同的类型。

（1）按照期限划分，可以分为1年以内的短期人力资源规划、1年以上5年以下的中期人力资源规划、5年或5年以上的长期人力资源规划。

（2）按照范围划分，可以分为整体的人力资源规划、部门的人力资源规划和项目的人力资源规划。整体的人力资源规划是指在整个组织范围内的规划，它关联到企业的所有部门；部门人力资源规划涉及各职能部门或业务部门的人力资源管理活动，包括招聘、培训、薪酬和职业发展等职能计划；项目人力资源规划是指某项具体的任务或项目的规划，主要是为了完成某个项目而制定的人员计划。

（3）按照性质划分，可以分为战略性人力资源规划、战术性人力资源规划和作业性人力资源规划。战略性人力资源规划是指与组织长期战略相匹配的人力资源规划，它主要研究组织的发展战略和各种内外环境因素的影响，预计组织未来对人力资源的总体需求。战术性人力资源规划是指根据战略规划对组织未来面临的人力供需形势做出详细的预测，包括组织未来对人力资源的需求量以及组织内外人力资源的供给状况，以确保实现战略中制定的总体目标。作业性人力资源规划是根据战术规划的预测结果而制定的具体措施和步骤，包括招聘、辞退、晋升、培训与开发、人员调动、绩效考核、薪酬福利等具体事项。

（三）人力资源规划的制定流程

人力资源规划作为人力资源管理的一项基础性活动，其核心主要包括人力资源需求预测、人力资源供给预测及供需平衡三项工作。人力资源规划的过程可以分为四个阶段：准备阶段、预测阶段、制定阶段和评估阶段。

1. 准备阶段

准备阶段的主要工作是调查、收集和整理涉及组织人力资源战略决策的各种信息，这些信息包括以下内容：

（1）组织外部环境分析，如经济增长、政策法规、社会文化、法律环境等。此外还包括与人力资源供需直接相关的信息，如劳动力市场的供需状况、劳动者的择业期望、竞争对手的人力资源政策等。

（2）组织内部环境分析，如组织的业务目标、产品结构、生产技术更新、竞争重点、利润指标等。

(3) 人力资源存量分析，是指现有人力资源状况调查时对组织人员的数量、质量和机构进行的盘点。分析的内容主要包括员工数量、人员结构（年龄结构、学历结构、职称结构、专业技术结构、管理与非管理层比例等）、员工素质、员工流动率、员工生产率和员工潜力等。

2. 预测阶段

这一阶段是在充分掌握人力资源信息的基础上，采用定性和定量相结合的方法，对企业在未来某一时期的人力资源供给和需求做出预测，这是一项技术性较强的工作，其准确程度直接决定了规划的效果，也是整个人力资源规划中最重要、最关键的部分。预测完毕后，必须对预测的供需数据进行分析，得出计划期内组织内的人力资源的余缺状况，并采取有效的平衡措施。

3. 制定阶段

人力资源规划的制定是人力资源规划程序的实质性阶段，组织人力资源的供给和需求预测结果出来后，要通过制定人力资源规划的总体规划和业务规划，拟订并实施平衡供需的措施，使组织对人力资源的需求得到满足。在制定人力资源规划时，要注意保持整体规划、业务规划与企业其他经营计划的相互协调。除了分派负责执行的具体人员外，还要保证必须有实现目标所需的权限和资源，确保通过人力资源规划的实施，使人力资源战略目标得到实现。

4. 评估阶段

人力资源规划不是一成不变的，它是一个动态的开放系统，应对其实施过程进行监督、评估，并重视信息的反馈，不断调整规划，使其更切合实际，更好地促进企业目标的实现。

小提醒

企业组织所处的外部环境变化迅速，许多因素会直接影响企业组织的人力资源。重要的影响因素有：(1) 国家的法律法规和政策。例如，社会保障制度的建立影响了企业组织的人工成本，劳动法的实施规范了企业的用工制度，对工资总额的控制或者工资指导线的颁布影响了企业组织的薪酬政策等；(2) 科学技术的迅猛发展导致劳动生产率大幅上升，例如，计算机信息技术的广泛应用，对劳动力素质提出了更高的要求；(3) 企业间对优秀人才竞争的加剧导致优秀人才的稀缺，劳动力价格上涨。企业组织所处环境中的许多变化都必然反映在企业组织对人员数量和结构方面的改变。

二、人力资源规划的技术方法

（一）人力资源规划的需求预测技术

人力资源需求预测是指根据组织发展的要求，在分析组织现有人力资源状况的基础上，对将来一定时期内组织所需要的人力资源数量、质量和结构进行预测，进而确定人员补充计划和培训与开发方案。

人力资源需求预测的具体步骤：首先，确定各个部门未来一定时期的工作量。根据组织的发展战略和目标，召集相关部门进行研究讨论，明确未来的工作量。其次，收集人力资源需求预测所需要的信息，包括组织内部信息如企业战略目标、组织结构、部门与员工职级分类和比例关系、生产定额等，以及组织外部信息如产品市场需求、劳动力供给与需求的现状、国家或地区的政策等。其次，选择合适的预测方法。人力资源的预测方法有很多种，不同的方法适合于不同的组织，不同的工作岗位也应该选用不同的预测方法。最后，运用选择的预测方法，预测出组织人力资源的需求数量，并进行汇总统计。

人力资源需求预测受到诸多因素的影响，可以概括为三类：外部因素、内部因素和人力资源现状。外部因素包括经济发展水平和经济形式、国家政策和法律法规、产业结构、技术水平、顾客需求、劳动力市场的供给状况等。内部因素主要受组织自身战略目标、发展阶段及规模的影响，也包括组织的经营决策变化、组织结构和工作设计、财务资源等因素的影响。人力资源现状则涉及组织现有的人员变动，如退休、死亡、解聘、辞职等，这些自然人员损耗所引起的职位空缺也必然会带来组织人力资源需求上的变化。人力资源需求预测必须要考虑这些因素所带来的影响。

人力资源需求预测的方法可以分为定性预测方法和定量预测方法。定性预测方法主要包括经验预测法、描述法和德尔菲法。定量预测方法包括工作负荷预测法、比率分析法和回归分析法。

1. 经验预测法

经验预测法是一种最为简单的人力资源需求预测方法，主要依赖管理人员的经验和能力，主观地对人力资源做出估算。对于小型组织而言，通常只需要由组织领导人对人力资源需求做出估计；对于大型组织而言，则需要各部门的管理人员根据一定时期内本部门的工作量对未来的人力资源需求做出预测，然后再将部门的估算结果汇总到组织最高管理层进行统筹，得出整个组织人力资源需求的最终数据。组织最高层管理者使用经验预测法要注意避免"帕金森现象"的出现，即各部门主管可能出于准备充足的人力资源或是扩大本部门规模等考虑，而将需求预测结果放大，以致出现组织规模庞大、机构臃肿的情况。

2. 描述法

描述法是指首先对组织未来一段时间内有关的内部和外部因素的变化进行描述、假设、分析和综合，据此再进行人力资源需求预测，并制定出多种需求备选方案以便适应于相关因素的变化。这种方法通常用于环境变化或企业变革时的需求分析。但是不适用于长期的需求预测，因为时间跨度越长，对环境变化的各种不确定因素就更难以描述和假设。

例如，某电子企业生产 A 产品对该产品今后三年的发展情况做出如下描述或假设：

（1）其他企业没有新的技术创新，A 产品可能稳定增长；

（2）同行业中出现了新的竞争对手，A 产品的市场份额受到影响；

（3）由于出现了新的技术创新，A 产品面临淘汰。

企业在做人力资源规划时，应根据以上三种不同的情况预测并制定相应的人力资源需求备选方案。

3. 德尔菲法

德尔菲预测法又称为专家预测法，是指邀请某一领域的专家或有经验的管理者，对某一问题进行预测并最终达成一致意见的结构化方法。

实施德尔菲法的步骤是：第一，人力资源部门整理相关背景资料并设计调查的问题，明确列出需要专家回答的问题；第二，由组织外部对所预测的问题有深入研究的专家和组织内部的管理人员组成专家小组，人力资源专员将背景资料和问卷发给每个专家，由专家对这些问题进行判断和预测，并说明自己的理由；第三，由人力资源专员回收问卷，统计汇总专家预测的结果和意见后再将其反馈给各个专家，专家针对反馈的汇总结果和意见各自进行再判断和预测，形成第二轮预测；第四，由人力资源专员回收问卷，对第二轮预测的结果和意见进行统计汇总，接着进行下一轮的预测；第五，经过多轮预测之后，当专家们的意见基本一致时就可以结束调查，将预测结果用文字或图表加以表述。

出版公司的德尔菲法预测

原子工业出版有限公司是一家大型图书出版商，它对公司出版的一本科普专著的销量运用德尔菲法进行预测。

公司首先选择若干书店经理、书评家、编审、销售代表和海外公司经理组成专家小组。将该专著和一些相应的背景材料发给各位专家，要求大家给出该专著的最低销售量、最可能销售量和最高销售量三个数字，同时说明自己做出判断的主要理由。

三天后，公司将这些专家们的意见收集起来，归纳整理后返回给各位专家，然后要求专家们参考他人的预测重新考虑。专家们完成第一次预测并得到第一次预测的汇总结果以后，除书店经理王先生外，其他专家在第二次预测中都做了不同程度的修正。

按照上面的程序进行第三次预测，在这次预测中，大多数专家又一次修改了自己的看法。

在第三次的基础上又进行了第四次预测，结果所有专家都不再修改自己的意见。因此，专家意见收集过程在第四次以后停止。最终预测结果为最低销售量15万册，最高销售量50万册，最可能的销售量是32万册。

一年后，公司对采用德尔菲法预测的结果进行核实，这本专著的销量达到了30万册，和预测的结果基本相符。

显然，过程组织是否科学是保证德尔菲法预测准确性的关键所在。

4. 工作负荷预测法

工作负荷预测法是根据岗位分析的结果计算出每种工作所需的标准时间，再估计在计划期内每项工作的任务总量，推算出所需要的人数，然后根据实际每人每年的工作时数推算所需人力。以下是用工作负荷法预测人力资源需求量的计算公式：

$$N = W/q\,(1+R)$$

其中，N 代表人力资源需求量；W 代表计划内任务总量；q 表示目前的劳动生产率；R 代表计划期内劳动生产率变动系数，并且：

$$R = R1 + R2 - R3$$

其中，R1 表示由于组织技术进步引起的劳动生产率提高系数，R2 表示由于经验积累引起的生产率提高系数，R3 表示由于劳动者或者他因素引起的生产率降低系数。

例 题

1. 一间工厂现年报销售额为 6 000 万元，预计 5 年后为 8 000 万元，即增长 2 000 万元。预计生产效率每年提高 1%，即 5 年共提高 5%。按经验推算，6 000 万元的销售额用 60 名销售人员，即每 100 万元用 1 人。试预测 5 年后该企业销售人员的数量。

解：由公式可得：

5 年后该企业销售人员的数量 = （当期业务量 + 计划期内业务增量）/当期人均劳动生产率（1 + 人均生产率增量） = (6 000 + 2 000)/100 (1 + 5%) = 76.19 ≈ 77（人）。

2. 某工厂新设一车间，其中有四类工作。新设车间的工作量估计如表 2-2 所示。其中四类工作分别所需的标准任务时间为 0.5, 2.0, 1.5, 1.0 小时/件。请预测未来 3 年操作所需的最低人数。

表 2-2 某新设车间的工作量估计　　　　　　　　　　单位：件

	第一年	第二年	第三年
工作 1	12 000	12 000	10 000
工作 2	95 000	100 000	120 000
工作 3	29 000	34 000	38 000
工作 4	8 000	6 000	5 000

解：第一步，根据现有资料得知这四类工作分别所需的标准任务时间为 0.5, 2.0, 1.5, 1.0 小时/件。折算为所需工作时数，如表 2-3 所示。

表 2-3 某新设车间的工作时数估计　　　　　　　　　　单位：小时

	第一年	第二年	第三年
工作 1	6 000	6 000	5 000
工作 2	190 000	200 000	240 000
工作 3	43 500	51 000	57 000
工作 4	8 000	6 000	5 000
总计	247 500	263 000	307 000

第二步，计算每人每年可工作时数。

8 × 250 × 0.9 = 1800（小时）。

其中 8 代表每人每天工作 8 小时；250 是 365 天减去 104 天双休日，再减去 11 天法定假日；并假定出勤率为 90%，计算出每人每年工作时数。

第三步：根据实际的每人每年可工作时数，折算出所需人力。

247 500/1 800≈138（人）

263 000/1 800≈147（人）

30 700/1 800≈171（人）

因此，计算可得知未来三年该车间所需的人员数分别为：138，147和171人。

5．比率分析法

比率分析法是通过计算组织中的关键因素和所需员工数量之间的比率来预测人力资源需求的方法。

例 题

1．对于一所学校来说，目前老师和教辅人员之间的比例为10∶1，学校准备在今后3年内使教师数量达到500人，那么教辅人员需要扩充多少人？

解：500/10＝50（人）

计算可知，今后三年内教辅人员需要扩充50人。

2．根据某钢厂的经验，每增加1 000吨的炼钢量，需增加15人，其中管理人员、生产人员、服务人员的比例是1∶4∶2，预计一年后炼钢量将增加10 000吨。问：需增加多少管理人员、生产人员和服务人员？

解：15×（10 000/1 000）＝150（人）

1＋4＋2＝7

150×1/7≈21（人）；150×4/7≈86（人）；150－21－86＝43（人）

计算可知，一年后需增加管理人员21人，生产人员86人，服务人员43人。

除了上述需要预测的方法，还可以使用趋势预测法和回归分析法，具体内容见本任务的"知识拓展"部分。

（二）人力资源规划的供给预测技术

人力资源供给预测是为了满足组织对人力资源的需求，而对将来一定时期内组织从其内部和外部所能得到的员工的数量和质量进行预测。

1．人力资源供给预测内容

（1）分析组织目前的人力资源状况，如组织员工的部门分布、技术知识水平、工种、年龄构成等，了解公司员工的现状；

（2）分析目前组织员工流动的情况及其原因，预测将来员工流动的态势，以便采取相应的措施，避免不必要的流动，或及时给予替补；

（3）掌握组织员工提拔和内部调动的情况，保证工作和职务的连续性；

（4）分析工作条件（如作息时间、轮班制度等）的改变和出勤率的变动对员工供给的影响；

（5）掌握组织员工的供给来源和渠道。员工可以来源于组织内部（如富余员工的安排、员工潜力的发展等），也可来自于组织外部。

对组织员工供给进行预测，还必须把握影响员工供给的主要因素，从而了解公司员工供给的基本情况。

2．人力资源供给预测技术

（1）人力资源盘点法

人力资源盘点法是对组织内部现有人力资源数量、质量、结构和各职位上的分布状态进行核查，以便确切掌握人力资源拥有量。当组织规模不大时，核查是相对容易的。若组织规模较大、组织结构复杂，人力资源盘点应借助人力资源信息系统。这种方法是静态的，它不能反映人力资源拥有量未来的变化，因此多用于短期的人力资源拥有量预测。虽然在中、长期预测中也可以使用此法，但终究受组织规模的限制。

（2）替换单法

替换单法是通过职位空缺来预测人力资源供给和需求的方法，而职位空缺主要是因为组织内部员工流动如离职、辞职、晋升或业务扩大产生的。这种方法最早用于人力供给预测，现在也可用于企业短期乃至中长期的人力需求预测。通过替换单法，我们可以得到由职位空缺表示的人员需求量，也可得到由在职者职位变化可能性所带来的人力资源供给量。

根据人员替换单可以判断出某一具体职位接替的人选有哪些。如图 2-1 所示，甲的接替者有 3 位，但现在只有乙具备了继任的资格和能力，丙还需要再培养，而丁连现在的职位都不能胜任。

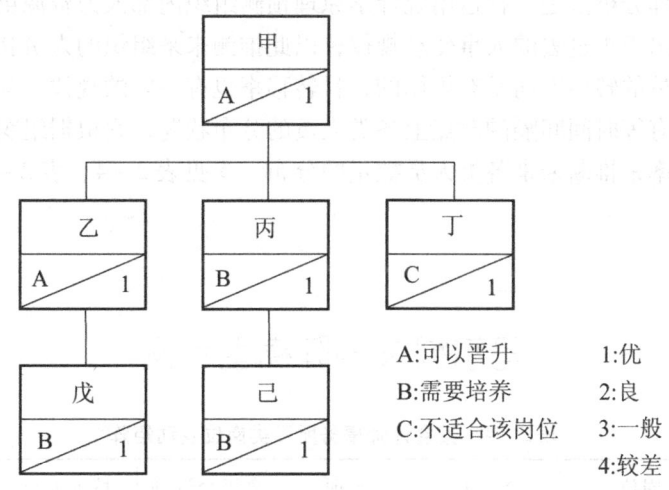

图 2-1　人员替换单

从图 2-2 可以看出，职位系列 A 出现了 3 个空缺，从组织内部可以提供 2 名合格的接替者：一名是从 A2 级晋升上去的，另一名是从 B1 级跨职位系列晋升上去的。同时，这两个级别的空缺再由下级晋升或平调弥补，最后将空缺转化为比较基层的职位如 C2 级的职位，再进行外部招聘以填补职位空缺。此方法侧重于员工的晋升，可以起到鼓舞员工士气、激励员工的作用，同时降低了招聘成本，因为基层员工比较容易招到。

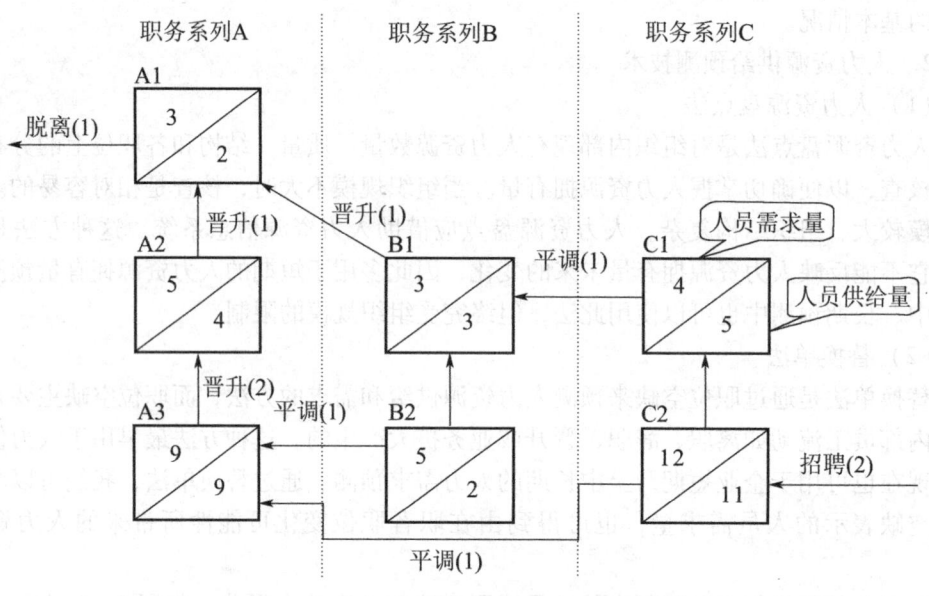

图2-2 人员替换模型

(2) 马尔柯夫矩阵分析法

马尔柯夫矩阵分析法是一种运用统计学原理预测组织内部人力资源供给的方法。其基本思路在于：找出组织过去的人事变动规律，以此推测未来组织的人员状况。所以它的前提是组织内部人员的转移方向是有规律的，且转移率也有一定的规律。马尔柯夫矩阵分析法可用来预测具有等时间间隔的时点上各类人员的分布状况，它根据组织以往各类人员之间流动比率的概率来推断未来各类人员数量的分布（参见表2-4、表2-5）。

马尔柯夫矩阵模型示例

表2-4 某会计师事务所四类岗位变动矩阵

初始人数	岗位	合伙人	经理	高级会计师	技术人员	离职
40	合伙人	0.8	—	—	—	0.2
80	经理	0.1	0.7	—	—	0.2
120	高级会计师	—	0.05	0.8	0.05	0.1
160	会计员	—	—	0.15	0.65	0.2

表 2-5　某会计师事务所四类岗位内部人力资源供给量

初始人数	岗位	合伙人	经理	高级会计师	技术人员	离职
40	合伙人	32	0	0	0	8
80	经理	8	56	0	0	16
120	高级会计师	0	6	96	6	12
160	会计员	0	0	24	104	32
内部人力资源供给量		40	62	120	110	68

（三）人力资源供求平衡管理

1. 人力资源供需之间的关系

一般来说，人力资源需求与人力资源供给存在四种对比关系：

（1）供求平衡：组织人力资源的供给数量、质量刚好符合组织的人力资源需求。

（2）供不应求：组织人力资源的供给数量、质量等不能满足组织的人力资源需求。

（3）供过于求：组织人力资源的供给数量、质量等超过了组织的人力资源需求。

（4）结构失衡：组织中某一种或者几种类型的人力资源供给不能满足组织的人力资源需求，而另有一种或者几种类型的人力资源供给又超过了人力资源需求。

一般来说，在整个组织的发展过程中，组织的人力资源状况始终不可能自然地处于人力资源供求平衡状态。实际上，组织始终处于人力资源的供需失衡状态，在不同的发展时期，组织会出现不同的供求失衡状态，如表 2-6 所示。

表 2-6　组织不同发展时期的人力资源供求状况对照表

组织所处发展时期	人力资源状况	具 体 表 现
扩张时期	供不应求	人力资源需求旺盛而供给不足，在人力资源的数量、质量和类型方面，都可能存在供不应求的状况
稳定时期	结构失衡	人力资源状况取得数量上的总体平衡，但存在着因员工离职、晋升、职务调整等引发的结构性失衡问题
萧条时期	供过于求	人力资源需求不足，内、外部供给情况变化不大

人力资源供需平衡就是组织通过增员、减员和人员结构调整等措施，使组织人力资源由供需不相等达到供需基本平衡的状态。通过人力资源的平衡过程，组织才能有效地提高人力资源利用率，降低组织人力资源成本，从而最终实现组织的发展目标。

2. 人力资源不平衡的调整

（1）人力资源供不应求的调整方法

当预测组织的人力资源需求大于供给时，企业可以采用下列措施保证人力资源供求平衡：

①外部招聘。外部招聘是简单而且见效快的解决方式，当组织生产工人或技术人员供不应求时，通过面向社会招聘员工可以较快地得到熟练的员工，以及时满足生产的需要。

②内部招聘。内部招聘是指当组织出现职务空缺时，从内部调整员工到该职位上以弥补空缺。但对于比较复杂的工作，内部招聘员工可能需要一段时间的培训。

③聘用临时工。聘用临时工是外部招聘员工的一种特殊形式。聘用临时工可以减少组织的福利开支，而且临时工的用工形式比较灵活，组织在不需要员工的时候，可以随时与临时工解除劳动关系。当组织产品季节性较强或临时进行专项工作时，适合采取这种用工方式。

④延长工作时间。当组织的总任务量大幅增加，而现有员工在正常工作时间内无法完成，又没有必要增加新员工时，组织可以考虑延长工人的工作时间，也就是加班加点。延长工作时间可以节约福利开支，减少招聘成本，而且保证工作质量。但若长期采用延长工作时间的措施，会降低员工对组织的满意度，而且工作时间是受到劳动法的限制的。

⑤内部晋升。招聘职务较高人员或管理人员时，有内部晋升和外部招聘两种方法，由于高层或管理人员需要一段时间来熟悉组织内部，所以组织一般优先考虑提拔组织内部员工。当组织需要变革或者面临技术和市场环境的重大变化时，可以适当考虑外部招聘。

⑥员工培训。对组织现有员工进行必要的技能培训，使之不仅能胜任当前的工作，还能适应更高层次的工作，这样就保障了内部晋升的有效实施。

⑦扩宽职务范围。当组织内部出现职务空缺，或者人才市场上又难以招聘到相应的员工时，不必急于补缺，可以通过修改职位说明书来扩宽员工的工作范围或职责范围，将空缺的工作任务交给工作能力较强的员工，从而达到增加企业工作量的目的。

⑧业务外包。当组织任务大幅增加又没有必要招聘新员工时，可以将部分任务外包给其他组织，既可以节省员工成本，又不影响工作进度。

（2）人力资源供过于求的调整方法

①减少人员补充。减少人员补充是人力资源供过于求最常用的方式，当组织出现员工退休、离职等情况时，对空闲岗位不进行人员补充，从而达到人力资源供求平衡。但采取减少人员补充的方式往往数量有限，而且难以得到组织所需要的员工。

②制订员工培训计划。当组织出现大量剩余时，不必急于减少员工的净供给量。因为人力资源供过于求的状况可能是临时的，这时组织可以通过制订员工培训计划始终保持一定比例的员工处在培训状态，既可以提高员工能力从而为组织的转型或发展做好准备，又不至于使组织丧失大量经验丰富、技术熟练的员工。

③减少工作岗位。当组织内部出现岗位空缺时，不急于调配人员补充，可通过岗位合并等方式，将该岗位的工作任务合并到其他岗位。这种方式既扩宽了另一岗位上员工的工作幅度，又为企业减少了工作岗位。

④鼓励员工提前退休。当组织员工出现大量剩余时，可以鼓励那些没有达到退休年龄，但年纪较大的员工提前退休。

⑤减短工作时间或减少工作量。当组织的员工出现供给过剩时，可以通过缩短员工的工作时间或采取增加无薪假期，使所有员工都有工作可做；也可以减少工作量，即减少岗位的工作任务。这些做法能够让组织尽量通过内部运作的方式消化富余员工，但通常伴随着待遇的降低。

⑥裁员。裁员是解决组织人力资源供过于求最为简单有效的方法，但是也是负面效果

最多的方法。在进行裁员时，要制定优厚的裁员政策，比如为被裁减者发放失业金，一般裁减那些主动希望离职的员工和工作考评成绩低下的员工。裁员会减低员工对组织的信心，挫伤员工的士气，而且被裁减的员工有时会做出诋毁组织形象的行为，所以裁员前一定要慎重考虑。

（3）结构失衡的调整方法

实际上，在组织人力资源供求失衡的情形中，往往不是单一的供不应求或供过于求，而常常伴随着结构失衡的情况，即组织某些类型的员工供不应求，而另一些类型的员工又供过于求的情形。人力资源结构失衡的调整方法同上，而且是上述两种方法的综合运用。需要注意的是，如果组织并不欠缺活力，应以内部调整为主，把某类富余职工调整到缺乏人员的岗位上去，制订相适应的培训计划。如果组织需要变革，这时应该以外部调整为主，招聘一些新鲜的血液，给组织带来一些新的生产技术或管理理念。

三、人力资源规划的编写

经过系统的需求预测、供给预测，并根据供需不平衡情况拟定管理对策之后，便可编制组织的人力资源管理规划。企业的人力资源规划按照影响的范围，可以分为两个层次：

（1）人力资源总体规划。主要是指在计划期内人力资源管理的总目标、总政策、实施步骤和总预算安排，它是连接人力资源战略和人力资源具体行动的桥梁。

（2）人力资源业务计划。人力资源业务计划包括人员补充计划、分配计划、提升计划、教育培训计划、工资计划、保险福利计划、劳动关系计划、退休计划等。这些业务计划是总体计划的展开和具体化，每一项业务计划都由目标、任务、政策、步骤及预算等部分构成，这些业务计划的结果应能保证人力资源总体规划目标的实现，详见表2-7。

表2-7 人力资源规划内容一览表

计划类别	目标	政策	步骤	预算
总规划	总目标（绩效、人力资源总量素质、职工满意度等）	基本政策（扩大、收缩、保持稳定等）	总体步骤（按年安排，降低人力资源成本等）	总预算
人员补充计划	类型、数量、对人力资源机构及绩效的改善等	人员标准，人员来源、起点待遇	拟定标准，广告宣传、测试、录用	招聘、挑选费用
人员使用计划	部门编制、人力资源结构优化及绩效改善、职务轮换幅度	任职条件、职位轮换、范围及时间	—	按使用规模、类别及人员状况决定的工资、福利预算
人才接替和提升计划	保持后备人才数量，提高人才结构及绩效目标	选拔标准、资格、试用期、晋升比例、未提升人员的安置等	—	职务变动引起的薪酬变化

续上表

计划类别	目标	政策	步骤	预算
教育培训计划	素质及绩效改善，培训类型、数量，提供新人力资源，转变态度和作风	培训时间的保证、培训效果的保证（如待遇、测试、使用）等	—	教育培训总投入、脱产损失
薪资激励计划	人才流失降低、士气提升、绩效改进等	激励重点、工资政策、激励政策、反馈	—	增加工资、奖金额
劳动关系计划	减少非期望离职率、干群关系改进、减少投诉率及不满	参与管理，加强沟通		法律诉讼费

（资料来源：赵曙明，张正堂，程德俊. 人力资源管理与开发. 北京：高等教育出版社，2009.）

2016年度人力资源规划

一、人力资源规划目标

本年度企业战略目标主要包括：

（1）销售额增长20%，保持利润率不变；

（2）促成两个新产品上市；

（3）增设网络销售渠道；

（4）提高产品合格率。

为了配合企业战略目标的实施，本年度人力资源的战略规划主要包括：

（1）建立稳定的销售人员体系，发展销售团队的领导力，扩大销售队伍，加强销售培训；

（2）增设市场营销的中层管理队伍，为新品上市计划输送执行人员；

（3）强化生产和质控人员的培训，加强企业总部与工厂之间的联系。

二、人力资源现状分析

1. 人力资源质量分析

首先，目前企业的人力资源整体偏年轻化，企业超过50%的员工低于30岁，为企业带来活力的同时，也造成了员工流动率偏高。

其次，员工的学历和经验水平同样偏低，本科及以上的员工比例为26%。大量员工非常年轻，经验较少，缺乏专业化的训练。

目前最大的挑战在于企业领导力发展的缺乏，目前的企业高层后继乏人，如高层出现变动，则企业内部很难找到接替人选，而考虑到同类市场正处于快速发展中，在外部市场中找到合适的人选可能需要较长的时间，并且届时用人成本可能超出薪酬体系的限制。

2. 人力资源管理分析

目前企业的人力资源管理在绩效与薪酬领域已经建立了较为完善的体系，员工的工作调查结果显示，85%的员工能够明确自己的工作将如何衡量，并且非常清楚绩效水平将如何与自己的薪酬收入挂钩。

但是目前在培训和职业发展规划领域缺乏行之有效的体系，员工感觉到缺乏明确的职业发展规划，企业提供的培训方式非常单一，机会也较为有限。这一点对企业的员工流失问题造成了较大的影响。

三、组织结构与人力资源配置分析

2016年，企业总体人员定编为193人（不包括工厂生产人员）。组织结构与人力资源配置如图2-3所示。

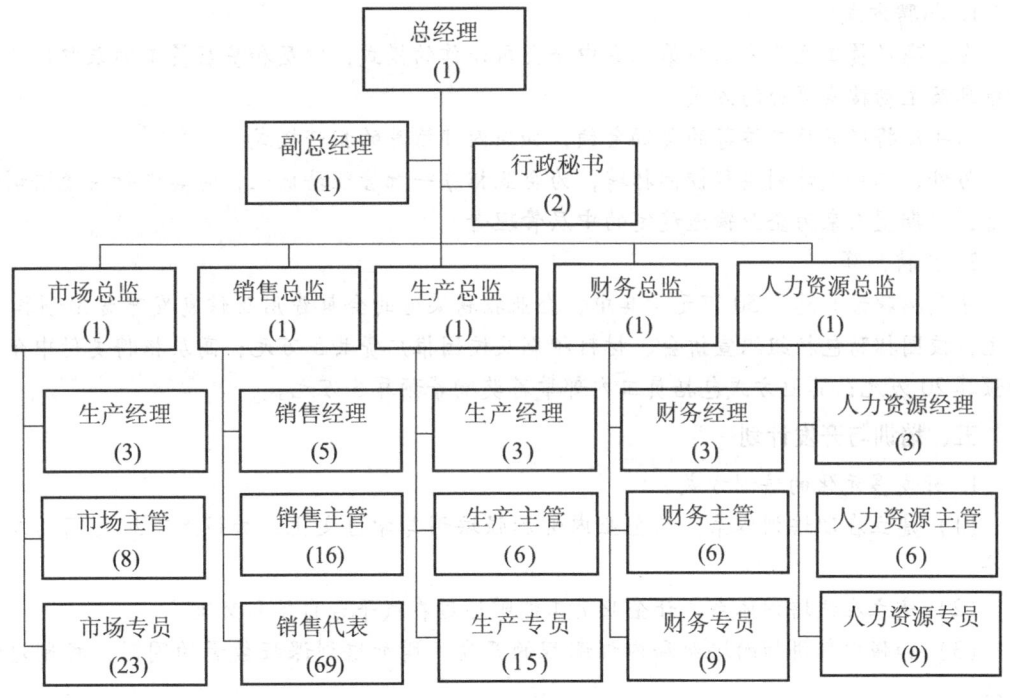

图2-3 组织结构与人员资源配置

年中将对以上组织结构进行核查，进行必要的调整。

三、人力资源需求规划

结合企业人力资源现状、过去两年员工的流失率、本年度员工的晋升和淘汰计划，现预测年度人力资源需求如表2-8所示。

表2-8　人力资源需求预测表　　　　　　　　　　单位：人

部门/级别	高级	中层	基层
市场	1	1	9
销售	0	2	26
生产	0	1	3
财务	0	1	2
人力资源	0	1	2
总计	1	6	42

四、招聘计划

1. 招聘方式

企业高层员工主要采取与第三方中介公司合作的模式，中层和基层员工则采取发布招聘信息及主动搜索简历的方式。

本年度将提高员工举荐的奖励金额，加强内部推荐的招聘模式。

另外，本年度计划实行校园招聘，为企业招募一批管理培训生，对其进行快速培训和磨炼，以期望未来为企业输送稳定的中层管理者。

2. 招聘预算

年度招聘预算总计50万元。其中，企业招聘渠道的会员费用及信息发布费用预算20万元；校园招聘包括组织宣讲会、材料印刷及校园推广费共5万元；高层招聘支付中介机构预算20万元；其他方式包括员工内部举荐奖励等预算5万元。

五、培训与开发计划

1. 开发多元化的培训方式

（1）建立在职培训体系，在企业内部加强培训与学习文化，加强上下级之间的工作辅导。

（2）建立在线培训体系，让企业员工能够通过在线平台自学和交流。

（3）加强内部讲师的培养和内训课程的开发。增加培训课程数量的同时，控制培训成本。

2. 培训预算

年度培训预算共计100万元。其中，高层与高潜力中层员工的领导力发展外训课程预算50万元；中层与基层的内训课程组织与实施的预算20万元；在线培训体系的开发与运营预算30万元。

六、制度建设计划

1. 职业发展制度建设

建立企业职业发展规划体系，包括高层领导力发展制度、中层职业规划制度和晋升制度、基层在职培训和在线培训制度，以及管理培训生的轮岗发展制度。

2. 销售管理制度的完善

完善企业销售管理制度，提高销售团队的长期激励和弹性报酬。

3. 生产和质控制度的完善

协助生产部门完善生产与质控制度，将相关指标反映在绩效管理目标之中，并与薪酬的奖惩制度挂钩。

【网上练习】

上网收集一份公司人力资源年度总体规划样本。

【思考与讨论】

1. 人力资源规划的内容有哪些？
2. 在制定企业人力资源规划时，人力资源经理应当与什么人一起完成？为什么？
3. 什么是人力资源供需预测？人力资源供需预测的方法有哪些？

任务2　编制人力资源预算

【任务情境】

根据绿色化工公司的人力资源规划，公司在新的一年需要招聘 158 名工人、14 名销售人员、2 名工程技术人员和 2 名基层文职人员。接下来人力资源部需要测算因新人招聘产生的人工成本和管理费用。

【任务要求】

假设该公司地处你所在的区域，请参照当地同行业企业的情况，为该公司人力资源部编写一份人力资源预算。

【任务目标】

理解人工成本、人力资源管理费用等预算概念；掌握预算编制的要求、流程；能够根据环境变化、法律要求和组织政策编制人力资源预算。

【任务考核】

教师参考以下评价指标对学生学习成果进行评价：
（1）预算项目完整；
（2）预算决策有理有据，能够支持组织的发展需要；
（3）表格编制规范。

【核心概念】

人工成本；人力资源管理费用；人力资源预算。

【知识精讲】

一、人力资源费用的构成

企业人力资源费用包括人工成本和人力资源管理费用。前者是指支付给员工的费用，如工资、福利、保险等；后者是指人力资源管理部门开展人力资源管理活动的经费，如招聘费用、培训费用等。

（一）人工成本

人工成本是指企业在一个生产经营周期（一般为一年）内，支付给员工的全部费用，主要包括以下三方面内容。

1. 工资项目

工资项目即根据劳动合同以及国家相关规定，定期直接支付给本企业全体员工的劳动报酬总额，主要由计时工资、基础工资、职务工资、计件工资、奖金、津贴和补贴（包括午餐费、上下班交通补贴），以及加班工资等部分组成。

2. 保险福利项目

保险福利项目即根据劳动合同以及国家相关规定，定期支付给本企业全体员工，或定期替员工缴纳的保险、福利费用，如基本养老保险费和补充养老保险费、医疗保险费、失业保险费、工伤保险费、生育保险费、员工福利费、员工教育经费、员工住房基金，以及其他费用，如根据国家《工会法》规定应提取的工会基金等。这部分人力资源人工成本与工资项目存在一定的比例依存关系，各个项目的提取比例与企业所在地区的经济发展水平、劳动力的结构状况、政府现行的法律法规和政策等有着直接的联系。

3. 其他项目

这些费用项目是在企业人力资源人工成本中，除上述两项基本费用之外的其他一些费用预算，如"其他社会费用""非奖励基金的奖金""其他退休费用"等，是在发生之后才有的费用项目。

（二）人力资源管理费用

人力资源管理费用是指企业在一个生产经营周期（一般为一年）内，人力资源部门的全部管理活动的费用支出，它是计划期内人力资源管理活动得以正常运行的资金保证，主要包括以下三方面内容。

（1）招聘费用。即招聘过程中发生的所有费用。

①招聘前：调研费、广告费、招聘会经费、高校奖学金等；

②招聘中：选拔测试方案制定与实施的经费、获取测试工具的经费等；

③招聘后：通知录取结果的经费、分析招聘结果的经费、签订劳动合同的经费等。

（2）培训费用。即培训过程中发生的所有费用。

①培训前：制定培训方案的经费；

②培训中：教材费、教员劳务费、培训费（差旅费）等；

③培训后：评价培训结果的经费等。

（3）劳动争议处理费用。该费用即处理劳动争议的过程中发生的费用，如法律咨询费。

二、人力资源费用预算的原则

1. 合法合理原则

为了保证人力资源费用预算的正确性和准确性，人力资源管理人员应当关注国家相关部门发布的各种相关政策和法律法规信息，如地区与行业的工资指导线、消费者物价指数、最低工资标准等涉及员工权益资金、社会保险等方面规定标准的变化情况，以及本企业对下一年度工资调整的指导思想和要求等。凡涉及各自主管项目的子项目比例变化的要及时准确地反映到预算中。

2. 客观准确原则

各种项目的预算要客观合理，防止人为加大加宽，以至于出现有预算没使用的情况。

3. 整体兼顾原则

从企业整体出发，密切注意不同预算项目之间的内在联系，防止顾此失彼，造成整体预算失衡。

4. 严肃认真原则

在进行费用预算时，要秉持严肃认真、实事求是的工作作风，缜密地进行分析测算，不可主观臆测。

三、人工成本预算编制的程序和方法

（一）工资项目预算的前期工作

工资项目预算需做好以下前期工作：

（1）分析当地政府相关部门本年度发布的最低工资标准，如有新的变化将影响到企业工资标准水平，需要对工资预算进行必要的调整。

（2）分析当年同比的消费者物价指数，是否大于或等于最低工资标准的调整幅度，因为最低工资标准是根据消费者物价指数进行调整的。

（3）掌握并理解企业高层领导对下一年度工资调整的意向。因为政府虽然对计划期内的工资指导线即基准线、预警线和下线提出了建议，但采取何种工资调整策略，完全取决于企业高层领导的决策。

（4）考察和对比上一年度工资各子项目的预算和结算情况，分析上一年度工资费用的发展趋势，以及公司的生产经营状况。

（5）考察和对比本年度工资各子项目的预算和已发生费用结算情况，分析本年度工资费用的发展趋势，以及公司的生产经营状况。

广州市 2015 年度最低工资标准

广州市 2015 年度全日制用工最低工资标准和非全日制用工小时最低工资标准如下：

（1）广州企业职工最低工资标准，将由之前的 1 550 元每月，上调至 1 895 元每月，上调了 22.26%。

（2）非全日制职工（以小时计算工资），其小时最低工资标准调整为 18.3 元/小时，原标准为 15 元/小时，上调 22%。

以上最低工资标准从 2015 年 5 月 1 日开始执行。

（资料来源：《关于调整我省企业职工最低工资标准的通知》）

（二）工资预算的步骤

1. 单纯从工资费用预算、结算结果的发展趋势进行预测

（1）分析上一年度和本年度的工资费用预算、结算情况，分析二者之间的规律。如本年度预算（结算结果）是否比上一年度上升（下降）？上升（下降）幅度有多大？

（2）根据上述规律，预测下一年度工资费用的变化趋势，从而提出下一年度的预算方案一。

2. 从公司的生产经营发展趋势进行预测

（1）根据上一年度和本年度工资费用的发展趋势和公司的生产经营状况，预测下一年度工资费用的发展趋势和公司的生产经营状况。如某类人员因供不应求（供过于求），其工资有上涨（下降）趋势；某类产品产量需求有扩大（减少）趋势；某类技术创新带来了生产技术的集约化等。

（2）根据工资费用的发展趋势和公司的生产经营状况，预测下一年度工资费用的变化趋势。如，若某类人员因供不应求（供过于求），其工资有上涨（下降）趋势，则应相应加大（减少）这类人员工资费用的预算；若某类技术创新带来了生产的集约化，则相应岗位上的人员数量需求必将减少，人员的素质需求也可能改变，此时应根据实际情况调整预算。

（3）在上述分析的基础上，按照工资总额的项目逐一进行测算、汇总，提出预算方案二。

3. 提出工资调整的正确建议

结合最低工资标准、消费者物价指数和工资指导线，以及企业高层领导对下一年度工资调整的意向，对比分析并调整预算方案一、二，形成最终工资费用预算方案，并写出研究报告和工资年度预算表，提出工资调整的正确建议。

（1）对比最低工资标准和消费者物价指数，取增长幅度较高的指数作为调整工资的标准，以此保证公司既合法经营，又不降低员工生活水平。

（2）分析当地政府相关部门发布的工资指导线，作为编制费用预算参考指标之一。

(3) 根据企业高层领导对下一年度工资调整的意向做最后的费用预算。

总之，人力资源管理人员应根据自己的分析判断，针对上述三类指标，通过对比分析，对工资调整提出合理的建议。例如，当企业对下一年度工资调整的意向小于最低工资标准调整幅度与消费者物价指数二者增长幅度的最高比例时，应建议企业适当提高调整幅度，以求正确地解决现存问题，切实保证企业合法经营。

4. 绘制工资费用预算流程

工资费用预算流程如图2-4所示。

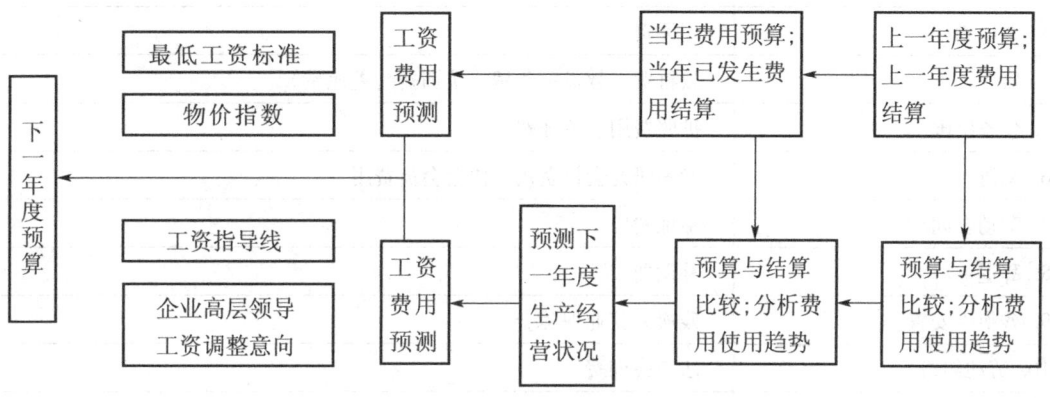

图2-4 工资费用预算流程图

（三）社会保险费与其他项目的预算

这类费用主要受国家、地区相关规定的影响，具有较强连续性，相对易于预测。

首先，要分析检查和对照国家相关规定，考察涉及员工权益的项目有无增加或减少，标准有无提高或降低。

其次，掌握本地区相关部门公布的各种相关员工上年度工资水平的数据资料，如上年度员工平均工资水平等。

最后，要获得企业中上一年度工资及社会保险等方面的相关统计数据和资料。因为本类项目的提取比例一般是按照本地区上年度员工月平均工资测算的。

四、编制人力资源管理费用预算

人力资源部门在日常业务工作中必须有一定的费用保障，这些费用是人力资源部门自身活动和建设的需要。

（一）设置人力资源管理费用项目统计表

编制人力资源管理费用预算首先要认真分析人力资源管理各方面的活动及其过程，确定各个人力资源管理活动所需的费用项目，对这些费用按公司财务科目分类，分别统计核实，纳入相关会计科目。以某公司人力资源部门为例，其职责范围内的活动以及所需费用项目如表2-9所示。

表2-9 某公司人力资源管理费用项目统计表

活动项目	费用项目
1. 招聘	广告费、招聘会经费、高校奖学金
2. 工资水平市场调查	调研费
3. 人员测评	测评费
4. 培训	教材费、教员劳务费、培训费（差旅费）
5. 公务出国	护照费用、签证费
6. 调研	专题研究会议费用、协会会员费用
7. 劳动合同	鉴证费
8. 辞退	补偿费
9. 残疾人安置	残疾人就业保障金
10. 劳动纠纷	法律咨询费
11. 办公业务	办公用品费及设备投资

（二）进行各个费用项目的预算

在实践中，需要根据企业实际情况，对各个费用项目进行预算。费用预算与执行的原则是"分头预算、总体控制、个案执行"，公司根据上年度预算与结算比较情况给出一个控制额度。预算费用大部分由人力资源部门掌握，项目之间根据余额，在经过批准程序后可以调剂使用。对有些项目如培训费用，按使用部门划入该成本中心进行控制，避免部门之间相互挤占而完不成各自的培训需求。

五、编制人力资源预算表

在完成人工成本与人力资源管理费用预算编制的基础上，最终可形成组织的"人力资源预算表"，如表2-10所示。

表2-10 人力资源预算表

编制单位：

项目	年度计划金额	执行情况	
		上半年实际发生	下半年实际发生
一、工资			
1. 固定工资			
基本工资			
岗位工资			

续上表

项 目	年度计划金额	执行情况	
		上半年实际发生	下半年实际发生
2. 其他（工龄工资）			
二、变动工资			
加班工资			
业务提成			
各种奖励金			
其他			
三、津贴			
伙食补贴			
交通补贴			
房屋补贴			
补贴			
四、福利保险			
社会保险			
公积金			
商业保险			
购车基金			
购房基金			
工会费			
其他			
五、经济补偿金			
正常补偿金			
其他补偿金			
六、培训费			
七、用工管理			
1. 招聘费			
2. 人才引进费			
3. 管理费			
八、员工活动费			
九、员工慰问费			
十、其他			
人力资源成本小计			
全年平均职工人数			
人均人力资源成本水平			

【网上练习】

上网搜寻中国民营、国营、外资企业的人力资源管理费用,进行对比,并分析其原因。

【思考与讨论】

1. 简述人力资源管理费用预算的程序与方法。
2. 最低工资指导线是根据什么确定的?

任务3 编写岗位说明书

【任务情境】

为了规范管理,打造一支合格的班级管理团队,请引导你所在的班级模拟企业将各班委的工作进行一次全面的"岗位"分析,最后要形成各个班委的岗位说明书。岗位说明书将成为班委工作的指导性文件,并作为选拔、培训、考核班委的重要依据。

【任务要求】

学生分组,每组至少有一位班委。各个小组设计访问提纲,对本组班委进行调查访问,收集相关岗位信息,为本组班委撰写岗位说明书。

【任务目标】

能够阐述不同岗位分析信息收集方法的优点、不足和适用情境;能选择合适的方法开展岗位信息收集工作;熟悉岗位说明书的内容构成,掌握各项目的撰写要求,能够将所收集的岗位信息转化为规范的岗位说明书文件。

【任务考核】

教师参考以下评价指标对学生学习成果进行评价:
(1) 各小组能制订有效的岗位分析调查方案;
(2) 访问提纲、访问记录内容完整;
(3) 岗位说明书各项目填写完整,措辞得当,表述准确;
(4) 演讲时表达清晰,详略得当。

【任务材料】

分析编写岗位说明书的任务材料,编制如表2-11所示的岗位说明书。

表 2-11 岗位说明书

岗位名称		岗位编码		所属部门	
直接上级		管辖人数		岗位等级	
晋升方向		轮换岗位		薪资等级	
岗位职责					
权责范围					
工作关系					
工作环境					
任职条件					
编制人员		审核人员		批准人员	
编制日期		审核日期		批准日期	

【核心概念】

岗位分析的程序；岗位分析的方法；岗位说明书；岗位规范；任职资格。

【知识精讲】

一、岗位分析的概念

岗位是组织的细胞。任何组织都需要根据经营目标进行岗位分析与设计，分析企业中有哪些工作，需要设置哪些岗位，工作职责和权限是什么，什么样的人才能胜任这些工作，如何评价工作人员的工作绩效，工作的主次划分及报酬标准制定的依据等。在此基础上，才能够开展人力资源管理的具体工作。

岗位分析又称职务分析、工作分析，是指对各类工作岗位的性质任务、职责权限、岗位关系、劳动条件和环境，以及员工承担本岗位任务应具备的资格条件所进行的系统研究，并制定出岗位说明书和岗位规范等人力资源管理文件的过程。

岗位分析包括三个方面的内容：第一，岗位描述，即对工作岗位的研究。在调查并获得岗位相关信息的基础上，先对岗位存在的时间和空间范围作出界定，然后再对岗位的内容进行系统分析，即对岗位的名称、性质、任务、权责、程序、工作对象和工作资料，以及本岗位与相关岗位之间的联系和制约方式等作出必要的总结和概括。第二，岗位规范，即任职资格的研究。在界定了岗位的工作内容和范围后，根据岗位的特点，明确胜任岗位的员工应该具备的素质，如身体状况、心理品质、道德标准、知识水平、工作经验等方面的资格和条件。第三，岗位分析的结果，即编制岗位说明书和岗位规范。将对岗位描述和岗位规范的研究成果，按照一定的程序和标准，以文字和图表的形式加以表述，最终制定岗位说明书和岗位规范等人力资源管理文件。

二、岗位分析的基本程序

岗位分析是对组织内部各项工作系统进行分析和全面评价的过程。为了保证岗位分析的效果，在实际操作中必须遵循一定的程序并注意相关问题。岗位分析过程一般可分为四个基本阶段：计划准备阶段、信息收集阶段、整理分析阶段和结果运用阶段。这四个阶段彼此衔接、相互关联、相互影响。

（一）计划准备阶段

为了岗位分析过程的顺利开展，岗位分析计划准备阶段应该解决几个重大问题：一是确定岗位分析的目的，即明确岗位分析是用来干什么的；二是选择岗位分析的人员，即由什么人来负责或参与岗位分析；三是制订岗位分析计划，确定岗位分析的对象、方法，规定岗位分析的时间与步骤。

1. 确定岗位分析的目的

岗位分析的第一步就要明确岗位分析的目的，因为它在一定程度上决定了信息收集的种类、范围和方法。通常以下情形需要进行岗位分析：

（1）建立一个新的企业或部门时，组织的设计与人员招聘需要进行岗位分析；

（2）由于战略调整及业务拓展，使工作内容和工作性质发生变化时，需要岗位分析；

（3）由于新技术、新方法、新工艺或新系统的产生，企业需要重新定岗、定员时；

（4）企业建立新制度时，如对绩效考核、晋升、培训机制的研究，需要进行岗位分析；

（5）在撰写岗位描述和任职资格时，需要用到岗位分析中的有关信息。

2. 选择岗位分析人员

一般而言，岗位分析人员分为两类，一类是岗位分析的负责人和专业人员，另一类是参与岗位分析的其他人员。

岗位分析的负责人是指组织中熟悉岗位分析的人力资源部门负责人及专业人员，有时也需要组织外部的专业人士参加。他们主要负责岗位分析的策划，提供技术服务，具体实时操作以及协调工作。

参与岗位分析的其他人员涉及组织的高层领导、基层管理人员、岗位任职者及其上级主管。企业管理层的重视是岗位分析顺利实施的关键，他们对岗位分析的重视程度，往往能够影响组织岗位分析对人力资源其他工作的指导作用。岗位任职者是对岗位工作内容了解最清楚的人，他们提供的岗位工作信息可能是真实、完整、可靠的。任职者的上级主管则对任职者及其岗位的特点了解得最全面，他们通过日常管理中对任职者的工作行为进行观察，为岗位分析提供信息。

3. 制订工作分析计划

岗位分析计划由岗位分析的负责人制订，计划的内容包括：

（1）确定岗位分析的对象和抽样方法；

（2）确定信息收集的方法；

（3）确定岗位分析的步骤和起止时间；

（4）意外事件的处理措施。

（二）信息收集阶段

信息收集阶段的主要任务是在前期准备的基础上，运用事先确定的信息收集方法，收集岗位的相关信息。常见的岗位分析所需要的信息类型主要有：

（1）工作活动信息。这方面的信息主要是指任职者工作的对象特征，包括完成的工作任务、工作标准、工作责任、工作权限、工作方式、工作步骤和程序等。

（2）机器设备信息。这方面的信息主要是指任职者工作中使用的机器、工具、设备、辅助设施以及应用上述各项加工处理的材料、生产的产品和需要完成的任务。

（3）工作条件信息。这方面的信息主要是指任职者的工作条件和工作环境。包括工作的物理条件，如工作场所的光线、温度、湿度和组织具体的工作条件，如劳动强度、工作时间、方式等；也包括任职者所处的组织环境和社会环境，如组织对员工的各种管理或激励措施，任职者与组织内其他员工和组织外其他人员的工作关系等。

（4）工作人员的信息。这方面的信息主要是指岗位对工作人员的任职要求。它包括岗位对工作人员的智力和能力要求、体力要求、技能要求、工作经验要求、职业道德要求等信息。

中强公司是一家民营企业，经过几年的运作，企业的业务规模逐渐扩大，但是很多人向总经理马明反映，企业的管理有些混乱，员工职责不清，工作中经常出现互相推诿的情况，希望总经理能解决这些问题，为此马明找到人力资源部经理赵亮。根据其他公司的经验以及以前看过的资料和书籍，赵亮决定从人力资源的基础工作做起，在全公司进行岗位分析，调整组织结构和人员配置。

经总经理同意后，赵亮召集人力资源部的两位人事专员，着手开展这项工作。他和两位手下就公司内的关键岗位进行了访谈，基于人事专员对岗位的理解，赵亮和他的手下开始加班加点编写各岗位的岗位分析文件。对于一些实在不清楚的情况，赵亮就向各岗位任职者了解。在连续加班一个星期后，中强公司的岗位说明书编写终于完成了。赵亮将岗位文件发给相应的任职者，要求他们按照这些文件工作。一周后，新的问题出现了，有很多工作没人去做，员工则有不同的反映：

"这些文件是人力资源部定的，不是我们的职责。"

"我们的工作职责内容，仅是这些文件的内容吗？"

"我原来的那项工作，人力资源部文件中没有规定，我就能不做。"

"我现在一个人要干3个人的活，而有的同事却没什么活要干！"

"我每天都要加班到9点以后才回去，你们可别再乱给我加工作量了。"

……

面对员工的这些抱怨，手拿着辛辛苦苦加班的成果——厚厚的一叠文件，赵亮知道他的这次岗位分析失败了。

思考：人力资源部经理赵亮岗位分析失败的原因是什么？

（三）整理分析阶段

整理分析的主要任务是整理调查结果，并对结果进行统计、归纳和分析，形成管理文件，以便于人事决策。

整理分析的主要方法是鉴别和整序。鉴别是对工作信息的准确性、真实性进行分析，判断其误差的大小，也就是对各种信息的审核，保证出处的真实可靠性。鉴别主要运用核对、作证、逻辑分析和复查等方法。整序是把收集来的众多信息按照一定的标准和要求进行归类，归纳整理出工作的关键点，这些关键点就是形成岗位说明书、岗位规范及其他人力资源管理文件的必需材料和要素。整序的主要方法是统计技术和分类法。

（四）结果整合阶段

结果整合阶段是岗位分析的完成阶段。这一阶段的任务是根据前三个阶段的结果编制岗位说明书和岗位规范。岗位说明书和岗位规范是人力资源管理的重要文件，其书面形式既可以是文字说明，也可以是图表说明。在实际操作中，有时把岗位说明书和岗位规范分成两种文件来写，有时则合并在一份岗位说明书之中。

新吉公司是一家IT企业，前年研发出一种新型网络信号接收卡，并投入批量生产。产品推出后，异常火爆，2012年实现销售收入5 000万元。2013年销售形势与去年相比，预计大有上升之势。基于业务的发展，公司领导决定在行政部、市场部、企业发展部招聘一批员工。

为了使招聘工作更有针对性，使新员工更加符合现任岗位要求，人力资源管理部决定对上述部门的三个岗位进行详细分析，并为此拟出一份岗位分析计划书。

新吉公司岗位分析计划书

为了提高企业人力资源管理工作的有效性和可靠性，有效地在下季度实施企业招聘计划，同时为了能够圆满完成今年的薪酬政策、激励政策和培训政策的调整工作，使人力资源管理职务适应企业的发展趋势，特计划在2013年3月份对企业某些部门重新进行岗位分析，具体计划如下。

一、进行岗位分析的职务

1. 行政部行政文员；
2. 市场部销售经理；
3. 企业发展部公共关系经理。

二、岗位分析样本

出于职务经验、职务完整性及其他相关因素的考虑，计划选取各部门以下员工为岗位分析样本：

1. 行政部行政文员张芳；

2. 市场部销售经理王雨；
3. 企业发展部公共关系经理程震。

三、岗位分析方法的选择

由于各样本的职务性质不同，特采用不同的岗位分析方法。
1. 行政部行政文员：问卷调查法、观察法、实践法相结合；
2. 市场部销售经理：问卷调查法、访谈法相结合；
3. 企业发展部公共关系经理：问卷调查法、访谈法、职务表演法相结合。

四、岗位分析的步骤及时间安排

3月10日：召集相关人员听座谈会，宣传并解释岗位分析的目的、意义、作用及注意事项；

3月11日至3月12日：岗位分析小组成员分别进行工作分析设计；

3月13日：小组成员对岗位分析设计方案进行讨论和修改；

3月14日至3月15日：小组成员分别具体实施岗位分析方案，收集职务信息；

3月16日：小组成员分别进行职务信息分析；

3月17日：小组成员分别编写职务描述和职务资格要求的初稿；

3月18日：小组成员对信息分析和编写的文件初稿进行相互讨论；

3月19日：将职务描述和职务资格要求与相关部门经理进行讨论；

3月20日：召集相关人员进行座谈，对职务描述和职务资格要求进行最终定稿。

五、岗位分析小组构成

组长：张大鹏（常务副总经理）
副组长：王建（人力资源部经理）
成员：赵校庆（人力资源部招聘专员）
　　　刘需才（人力资源部薪酬专员）

三、工作信息的收集方法

（一）问卷法

问卷法是以书面问答的形式，通过让员工填写问卷来描述工作中的职责，获取工作信息的办法。它是岗位分析中最常用的一种方法，根据岗位分析的目的、内容编写结构性调查表，内容可简可繁，由任职者填写后回收整理，是提取工作信息的一种方法。

岗位分析可以分为普通性问卷和特定性问卷。普通性问卷的问题设计适用于对各种岗位的调查，内容具有普遍性。特定性的问卷则针对某一特定岗位设计问题，只适用于一种岗位，内容具有特殊性。岗位分析调查问卷的问题设计既可以是开放式的，也可以是封闭式的。开放式的问题不直接提供答案，由被调查者自由回答问题，这种问题能提供不同被调查者的具体情况，但所获得的答案可能差异较大，不利于按标准统一打分。封闭式问题则由被调查者在所提供的选项中选择最合适的答案，这种问题提供的答案有较大的同一性，更易于打分。调查问卷问题的设计最好是将二者进行综合，一份调查问卷中，既有开放式的问题，也有封闭式的问题。

问卷法具有费用低、速度快、调查范围广、调查样本量大、形式多样、便于定量分析等优点，但也有一些缺点，比如，问卷的问题设计技术要求高、被调查者积极配合的难度大，还有问卷的回收也存在困难。

问卷使用过程中最关键的是问卷问题的设计。要想比较全面地了解工作岗位信息，问卷内容涉及的面应比较广。工作分析问卷设计实例如表 2-12 所示。

表 2-12 岗位分析问卷实例

1. 总体信息

现职人员填写栏		负责人填写栏	
工作岗位名称		工作岗位名称	
所属部门		负责人姓名	
工作地点		日期	
现职人员签名		负责人签名	
日期			

备注：以签名的形式确认您的答案是您自己的观点最可能的反映。我们希望您能与您的上级讨论整份问卷并获得他的认可，通过上级的签名来确认整个问卷经过了他的授权。

2. 在组织中的地位（列出您的直接上级、您的同事和您的下属的岗位）

您的直接上级的岗位名称：

您的同事的岗位名称：

您的直接下属的岗位名称：

该岗位主要工作：

3. 本职工作内容和工作目的

简明、准确地说明您从事的工作及工作的目的是什么。要求用清晰、切中主题的描述来表示本职工作的内容和该工作存在的理由。

例，研发人员的本职工作：完成指定的研发任务；

目的：奉献自己的技术知识，为客户提供满意的产品。

本职工作（用一句话说明您是干什么的）：

工作意义（用简要的语言说明为什么要做这些事）：

续上表

4. 主要工作职责

为了完成本职工作,您要做好哪些工作?请把这些工作活动粗略地排序写出(重要的工作请加上星号)。请着重从设立该工作岗位的期望结果角度来考虑。填写时请如实注明工作内容、工作目标要求和所占全部工作时间比例,并选择工作难度、权限的选项。

工作活动内容	名称	工作内容	工作目标要求	所占时间比例	工作难度			工作权限		
					难	一般	容易	承办	需报审	全权负责

工作的时间要求	①每日正常工作时间自( )时开始至( )时结束,其中休息时间为( )小时。 ②每周平均加班时间为( )小时。 ③实际上下班时间是否随业务情况经常变化?(总是,有时是,偶尔是,否) ④所从事的工作是否忙闲不均?(是,否) ⑤若工作忙闲不均,则最忙时常发生在哪段时间: ⑥每月外出时间占正常工作时间的( )%。 其中:外地出差每月平均( )次,每次平均需要( )天。 　　　本地外出平均每周( )次,每次平均需要( )天。

工作失误的影响	工作失误内容	造成影响			备注
		内容	程度	范围	①影响内容分为经济损失、公司形象损害、经营管理损害和其他损害(其他损害内容请注明)。 ②程度划分如下,请选择: a. 轻　 b. 较轻　 c. 一般　 d. 较严重 e. 严重 ③影响范围如下,请选择: a. 不影响他人工作的正常进行 b. 只影响本部门内少数人 c. 影响整个部门 d. 影响其他几个部门 e. 影响整个公司

5. 工作基本特征

工作责任	①对自己的工作结果不负责任( ) ②仅对自己的工作结果负责( ) ③对整个部门负责( ) ④对自己的部门和相关部门负责( ) ⑤对整个公司负责( )

续上表

工作压力	①您在工作中是否需要经常做出决定？ a. 在工作中时常做些小决定，一般不影响他人（　） b. 在工作中时常做一些决定，对有关人员有些影响（　） c. 在工作中时常做一些决定，对整个部门有影响，但一般不影响其他部门（　） d. 在工作中时常做一些重大的决定，对自己部门和相关部门有影响（　） e. 在工作中要做重大决定，对整个公司有重大影响（　） ②您手头的工作是否经常被打断？ a. 没有　　b. 很少　　c. 偶尔　　d. 经常　　e. 非常频繁 ③您的工作是否经常需要注意细节？ a. 没有　　b. 很少　　c. 偶尔　　d. 经常　　e. 非常频繁 ④您所处理的各项业务彼此是否相关？ a. 完全不相关　b. 大部分不相关　c. 一半不相关　d. 大部分相关　e. 完全相关 ⑤您在工作中是否要求高度精力集中，如果是，约占工作总时间的比重是多少？ a. 是（20%　40%　60%　80%　100%）　b. 否 ⑥您的工作是否需要灵活地处理一些问题？ a. 不需要　　b. 很少　　c. 有时　　d. 较需要　　e. 非常需要 ⑦您的工作是否需要创造性？ a. 不需要　　b. 很少　　c. 有时　　d. 较需要　　e. 非常需要 ⑧您在履行工作职责时是否有与员工发生冲突的可能？ a. 否　　b. 很少　　c. 有时　　d. 较多　　e. 经常
工作重要性	①对公司成本的影响：（直接影响；间接影响；影响不大）。 ②对公司生产的影响：（重要影响；一般影响；无影响）。 ③对公司销售的影响：（重要影响；一般影响；无影响）。 ④对公司形象的影响：（直接影响；间接影响；影响不大）。 ⑤对产品质量的影响：（重大影响；有一定影响；影响不大）。 ⑥对公司发展方向的影响：（重大影响；有一定影响；影响不大）。 ⑦对公司管理的影响：（重大影响；有一定影响；影响不大）。
工作规范性	①工作的程序和方法均由上级详细规定，遇到问题时可随时请示上级，工作结果报上级审核。（　） ②上级仅指示要点，并不时常指导，遇困难时仍可直接或间接请示上级，工作结果仅受上级要点审核。（　） ③分配任务时上级只说明要达成的任务或目标，工作的方法和程序均由自己决定，工作结果仅受上级原则审核。（　） ④完成本职工作的方法和步骤（　） a. 完全相同　　b. 大部分相同　　c. 有一半不同　　d. 大部分不同

续上表

工作环境	①岗位工作的自然环境（温度；湿度；热辐射）对身体有（较大；一般；轻微）的影响。 ②岗位劳动直接接触的有害物质（粉尘；有害气体；有毒物质）对身体有（较大；一般；轻微）的影响。 ③劳动环境的噪声对身体的危害（较大；一般；轻微）。 ④其他（请具体说明）： 说明：针对自己所在岗位的实际情况对括号里的选项进行选择。

6. 所需要的工作条件

请写出履行好工作岗位职责所必须具备的条件（包括必要的设施、合作与支持、权力）

完成工作需要具备的条件：
①您在工作中接触的文件资料包括：＿＿＿＿＿＿＿＿＿＿＿＿
②您在工作中需要使用的设备：＿＿＿＿＿＿＿＿＿＿＿＿
③您在工作中需要用到的其他设施：＿＿＿＿＿＿＿＿＿＿＿＿

履行好工作职责所需具备的权力：＿＿＿＿＿＿＿＿＿＿＿＿＿＿

7. 工作关系

请注明您的工作岗位与公司内部及公司外部的其他工作岗位之间的工作关系。要求注明与您相关的工作岗位的名称、所属的部门，并写出需要这些工作关系的理由。

公司内部与您发生工作接触的岗位：
岗位名称　　　工作关系　　　频繁程度（偶尔；经常；非常频繁）

公司外部与您相关的工作岗位：
岗位名称　　　工作关系　　　频繁程度（偶尔；经常；非常频繁）

8. 最低素质要求

圆满完成该岗位工作所必需的基本知识与能力

①学历要求：（初中　　高中　　中专　　大专　　本科　　硕士　　硕士以上）
②工作经历要求（顺利履行职责需要具备哪些方面的经历要求和时间要求）

工作经历要求	最低时间要求

续上表

③年龄要求：18～25岁；　　25～35岁；　　45岁以下；　　无年龄要求
④资格证书（要求具有哪些资格证书）：
⑤品德要求：
无特殊要求；　　有特殊要求（请注明）：
⑥能力要求：
领导能力　　创新能力　　计划能力　　人际关系协调能力　　谈判能力　　表达能力
文字处理能力　　分析能力　　决策判断能力　　冲突管理能力　　特殊体能要求
其他能力要求：_____
⑦知识要求：
为顺利履行职责，应进行哪方面的培训，需要多少时间？

培训科目	培训内容	最低培训时间

从事工作所需的各种知识和要求程度：

知识内容	需要程度	说　明
		需要程度分为： （1）了解 （2）熟悉 （3）熟练掌握

（二）观察法

观察法是指岗位分析人员到工作现场，对任职者的工作活动状况进行系统观察而获得岗位信息的一种方法。岗位分析人员作为参与式观察者或者旁观者，对主要由身体活动构成的工作进行现场观察，并将获取到的信息予以记录、分析、归纳和总结，以及整理成文字资料。

观察法比较适用于以体力活动为主的、标准化、重复操作、周期短、工作相对稳定且容易观察的工作，而不适用于那些以脑力活动为主，没有时间规律和表现规律的工作，以及对隐蔽的心理素质的分析。另外，要充分考虑到被观察者的心理反应，观察者在场会对任职者产生一定程度的心理影响，如紧张、分心、预警、扮伪等，从而影响到观察结果的真实性。

观察法的优点是能够比较全面和深入地了解工作要求，适用于大量标准化的、周期较短的以体力活动为主的工作。在观察期间，被观察对象的工作内容、程序不会发生明显的变化，从而了解的信息比较稳定、客观、真实。它的缺点是：不适用于脑力劳动以及处理紧急情况的间歇性工作，如律师、教师、急救站的护士、经理等；对有些员工而言难以接受，他们觉得自己受到了监视或威胁，从而从心理上对岗位分析人员产生反感，同时也可能造成操作误差；难以确定工作行为样本的代表性，有些行为在观察过程中可能未表现出来；不能得到有关任职资格要求的信息。

观察法应该包括观察设计和观察实施两步。首先要确保观察内容准确反映岗位分析的目的，不同的目的会使观察的内容和侧重点不同。然后设计观察记录提纲，观察记录提纲是提高观察效率的重要工具和技术手段，如表2-13所示。

表2-13 某企业生产车间的岗位分析观察记录提纲

被观察者姓名_____　　　日期_____
观察者姓名_____　　　　观察时间_____
工作类型_____　　　　　工作部门_____

观察内容：
1. 什么时候开始工作？_____
2. 上午工作多少小时？_____
3. 上午休息几次？_____
4. 第一次休息时间从_____到_____。
5. 第二次休息时间从_____到_____。
6. 上午完成产品多少件？_____
7. 平均多少时间完成一件产品？_____
8. 与同事交谈几次？_____
9. 每次交谈约_____分钟。
10. 室内温度为_____。
11. 抽了几次香烟？_____
12. 喝了几次水？_____
13. 什么时候开始午休？_____
14. 出了多少次品？_____
15. 搬了多少原材料？_____
16. 噪音分贝是多少？_____

（三）访谈法

访谈法是岗位分析人员通过与任职者或其上级主管面对面的询问和沟通获得工作信息资料的一种岗位分析方法。访谈法对岗位分析人员的语言表达能力和逻辑思维能力有较高的要求，适合的访谈对象多为脑力工作者，如开发人员、设计人员、高层管理人员等。岗位分析人员通过访谈法可以对被访人员的工作态度、动机等深层次内容有比较详细和深刻的了解。

访谈法有三种形式：个别访谈、集体访谈和管理人员访谈。个别访谈是指对每一个任职者进行个人访谈，要求任职者描述他们做什么、怎么做以及完成工作所处的条件，它主要聚焦于工作内容和工作背景上。集体访谈是指对做同样工作的任职者群体进行的集体访谈。个别访谈花费的时间多，但是任职者的回答不会受其他人的影响。相反，集体访谈虽然节省了访谈需要的时间,但由于是群体一起进行访谈,任职者之间的回答会受他人影响。管理人员访谈是指对完全了解被分析岗位的主管人员进行访谈。由于任职者的上级主管对任职者的岗位特点的了解最全面,通过他们日常管理中对任职者工作行为的观察,不但可以用于评审和证实任职者回答问题的准确性,而且可以提供所期望的绩效水平、新员工的培训需要和条件等信息。

访谈法的优点是:访谈法特别适用于对文字理解有困难的人,因为访谈过程中岗位分析人员能够及时对任职者进行控制和引导;通过面对面的沟通,岗位分析人员对工作方面的信息可以了解得更为深入,尤其可以对任职者进行心理特征的分析,如工作态度、工作动机等;岗位分析人员访谈时通过观察受访者的面部表情、手势、身体姿势、语调和语速等,当场评价获取信息的质量,决定信息的取舍。访谈法的缺点是:受访者会将个人利益与面谈联系起来,尤其是对任职者本人的面谈,他们往往容易夸大工作的难度与重要性;工作的时间成本较高;如果岗位分析人员没有专业的面谈沟通技巧,就会导致工作信息的不完全甚至失真,比如任职者可能会将工作描述得比实际情况复杂、更重要,而岗位分析人员却没有能力对此种信息进行判别。

使用访谈法应该注意以下问题:

(1)访谈应该尽量结构化。在访谈前,应该确定收集信息的内容,并制定详细的提问单,把握提问的内容与访谈目的之间的关系。

(2)提问的方式要求表达清楚,含义准确,语言浅显,避免生僻的专业术语;不带暗示性和倾向性,避免发表个人观点与看法。

(3)根据提问单的问题,可以跟踪追问一些更深层次的问题,搞清楚工作的具体情况和信息。

(四)工作日志法

工作日志法是由任职者自行记录工作内容和工作过程的一种信息提取方法,由任职者将每天所从事的每一项活动按实际时间顺序以日志的形式记录下来,要记录的信息一般包括所要进行的工作任务、工作程序与工作方法、工作职责、工作权限以及各项工作所花的时间等,一般需要填写10天以上的工作日志。这种方法提供的信息完整、详细且客观性较强,适用于对管理工作或其他随意性大、内容复杂的工作进行分析。表2-14所示为工作日志填写实例。

在实际操作时,为保证记录的准确性,应对记录工作日志的员工进行培训,并提出记录要求。工作日志应该及时填写,将工作日志放在手边做标记,比如10分钟、15分钟为一个周期,而不应该在下班前一次填写,以保证填写内容的真实性和有效性;日志越具体越好,标准是通过记录就能看明白任职者在做什么;不能弄虚作假,日志关注的焦点是岗位本身,不是对任职者的评价;记录者若因工作原因中途外出,要在出发前记下离开的时间,且在回来后第一时间补上。

表 2-14　工作日志填写实例

序号	工作活动名称	工作活动内容	工作活动结果	时间消耗	备注
1	复印	协议文件	4 页	6 分钟	存档
2	起草文件	贸易代理委托书	8 页	1 小时 15 分钟	报上级审批
3	贸易洽谈	玩具出口	1 次	40 分钟	承办
4	会议	讨论东欧贸易	1 次	1 小时 30 分钟	参与
5	资料录入	经营数据	2 屏	1 小时	承办
6	请示	贷款数额	1 次	20 分钟	报批
……					
12	接待	参观	3 人	35 分钟	承办

以上各种方法都是比较常见的收集工作信息的方法，它们都能提供任职者所从事工作的比较真实的信息。这些岗位分析方法既可单独使用，也可结合使用。由于每种方法都有自身的优点、缺点以及适用情况，所以在实际的岗位分析过程中，每个企业应根据本企业的具体情况适当选用其中一种或几种方法。

四、编写岗位说明书

（一）岗位说明书的概念

岗位分析的最终成果是岗位说明书和岗位规范。岗位说明书指用书面的形式对组织中各类岗位的工作性质、工作职责、工作权限、工作环境以及员工承担这个岗位应该具备的任职资格进行描述的文件。岗位规范指岗位的任职资格条件，是根据岗位分析所提供的信息、任职资格，列举并说明任职者应该具有的知识、技能、能力和素质方面的特征，所受教育和培训等，主要用于招聘和职业培训等活动。岗位规范既可以作为岗位说明书的重要组成部分，也可以作为一份独立的文件。岗位说明书主要说明了"该岗位是一个什么样的岗位，这一岗位做什么工作，在什么地点和环境条件下做，如何做，要达到怎么样的标准"等。而岗位规范主要说明了岗位对任职者的要求，即解决"什么样的员工才能胜任本岗位工作"。

岗位说明书的作用体现为：

（1）明确了职位职责，可作为任职者上岗工作、了解本职位工作职责的操作手册；

（2）通过确定职位的工作标准，明确考核标准；

（3）可用于发布招聘职位信息时，明确招聘职位的工作职责；

（4）可用于培训需求调查的参考资料。

（二）岗位说明书的编写步骤

步骤一：由人力资源部统一岗位说明书标准格式。

在不同的企业里，岗位说明书没有固定的内容和格式。一个企业可以使用一种格式的岗位说明书，也可以在基本格式统一的前提下，将企业的岗位说明书分成几大类，如管理人员岗位说明书、技术人员岗位说明书、普通员工岗位说明书等。

步骤二：由各部门选用岗位说明书所需资料。

步骤三：各部门编写岗位说明书。
步骤四：各部门对岗位说明书进行讨论、修改。
步骤五：由人力资源部或岗位分析小组对部门岗位说明书进行复核。
步骤六：总经理或岗位小组会对部门岗位说明书进行批准和颁布，形成标准的岗位说明书。

（三）岗位说明书的内容

岗位说明书的内容主要包括两大项：岗位描述和岗位规范。

1. 岗位描述

岗位描述是对组织所设职位的工作性质、任务、责任、权限、工作目的与结果、工作内容和方法、工作标准与要求、工作应用、工作环境与条件、工作流程和规范以及工作关系等工作特征的书面描述。

岗位描述包含以下内容：

（1）基本资料

基本资料包括岗位名称、岗位编码、职等职级、定员标准、所属部门、管辖人数、薪资等级、制定人、审核人、批准人、制定日期等方面的识别信息。

（2）岗位概要

岗位概要是对主要工作的简要说明，要求用一句话说明该岗位工作的内容和工作的最终目的。

（3）岗位职责

岗位职责描述了该岗位通过一系列什么样的工作活动来实现工作目标，要达到怎样的工作结果，完成职责所需要的工作权限。撰写时要按照主次列出该岗位各项直接责任、频率、重要程度、所占总业务量的比率。其中直接责任是指不管岗位级别多高，都要自己亲自完成的工作。最基层的岗位工作人员也应该列出10条左右的岗位职责。

（4）岗位关系

岗位关系是指任职者与组织内外部其他人员之间的工作联系；该岗位在组织结构中的位置；该岗位的直接上下级即向谁报告工作与监督谁；该岗位可晋升的职位、可轮换的岗位以及可以升迁至此的岗位。

（5）劳动条件和环境

劳动条件和环境是指在一定时空范围内工作所涉及的各种物质条件。劳动环境一般指岗位所处的自然环境，包括工作场所、工作时间、工作环境、工作危险性、舒适程度等。劳动条件则描述了工作中所涉及的原材料、设备、工具和器械等。

2. 岗位规范（任职资格）

岗位规范是指根据岗位工作内容拟定任职者的资格条件，列明适合从事该项工作的员工所必须具备的任职资格，包括对任职者年龄、性别、学历、专业、必备资格证书、所需培训经历、工作经验和工作能力，以及生理和心理方面的要求。

（四）编写岗位说明书的注意事项

1. 如何填写岗位描述

（1）岗位名称

岗位也称职务，是对某一工作职位特定的指称，反映了员工所承担的工作性质，是对其所承担的任务内容和特点的高度概括和总结。岗位名称应该尽量规范。规范岗位的名称有利于进行岗位管理，最好是根据《中华人民共和国职业分类大典》所规定的名称来命名。

（2）所属部门

所属部门是指岗位所在的机构或部门，繁简程度要根据企业的具体情况来定，原则是应该写到该岗位所属的最小组织。例如：某一般规模子公司人力资源部员工，填"子公司名称+人力资源部"。

（3）报告关系

报告关系指该职位的直接上级。一般来讲，各部门内人员的直接上级都是该部门的正职。

（4）薪资等级

薪资等级是指该岗位经过岗位评价和薪酬设计后的薪资等级的位置。这里也可以填写薪酬水平、薪酬结构，薪酬幅度，福利待遇等内容。

（5）岗位编码

岗位编码是指岗位的代码，其目的是为了便于快速查找所有的职位。编码的繁简程度视企业的具体需要而定，一般岗位编码的步骤为：

①对整个集团所有机构进行编号；

②对机构内部门编码；

③对部门内各处进行编码；

④对各处岗位进行编码。

例如：某一岗位编码为01010202，表示公司某区局综合部人力资源部副主任。岗位编码这一栏将在全公司岗位说明书编制完成后，由人力资源部为所有岗位说明书统一编号并填补上。

（6）编制日期

编制日期指岗位说明书的具体编写日期。这一栏可以暂时不填，将在标准岗位说明书出台时由人力资源部统一填补上。

（7）岗位概要

岗位概要也就是岗位设置的目的，应该用一句话简单地概括工作的主要功能，简短而准确地表示该职位为什么存在。岗位设置的目的部分还应当描述工作的总体性质，因此只要列出其主要功能或活动即可。岗位概要可以用"动词+对象+结果或限制"的结构来填写。例如：对于空调公司设备科经理来说，其岗位设置的目的如表2-15所示。

表2-15 岗位设置目的示例

动词	对象	结果/限制
管理与协调	空调公司全部设备、设施	在符合质量要求的条件下，在安全和无害环境的工作场所及时生产出按计划而设定的产量

(9) 岗位职责

岗位职责即工作的责任与任务，是编写岗位说明书最为繁杂的部分。为了了解和描述职位的情况，至关重要的是要明确提供该岗位的职责范围和权限。岗位的职责来自于组织使命的分解，即按照组织的要求，本岗位应该做什么。在编写职责时，首先应该将本岗位职责的几个大模块找出来，即本岗位应该做哪几方面的事情，然后对各模块事情进行具体描述；在具体描述时，每一条职责，都应尽量以流程的形式描述，尽量讲清楚每件事的输入与输出，描述的格式为："动词＋名词宾语＋进一步描述任务的词语"。例如：对某办公室主任来说，此岗位的职责包括文秘管理、档案管理、日常行政管理、部门管理这四大模块，对于其他不好归类的内容列入"其他"这一栏。具体描述时，比如对文秘管理中的第一条职责，"动词"是"组织拟定并审核"，"名词宾语"是"本所各种公文、报告和会议文件行文规范、签发程序制度""进一步描述任务的词语"是"提出意见，批准后督导实施"。这条职责由于简化没有写输入与输出，但作为调查资料，还是要求能够写清楚。

(10) 关键绩效指标

绩效指标是指从哪些方面、以什么标准去评价该职位工作的效果。绩效可以体现在两个方面：一个是工作的结果，另一个是在工作过程中高绩效的行为。因此绩效指标也分为结果界定和行为界定。对管理者来说，绩效指标是考核依据；对员工来说却是行为导向，因此绩效指标的设定在兼顾工作性质的同时，应充分考虑公司的战略及价值观。

岗位说明书中通常只需列明考核指标，在考核制度中将会对考核指标进行标准分级的描述。

(11) 工作联系

工作联系是指与本职位有较多工作沟通的组织内、外部沟通对象。例如：某产品物流事业部总经理的内部主要沟通对象有主管领导、市场营销中心、方案策划中心、运营控制中心、综合管理室、区域公司、商务部、企划部、财务部、人力资源部、信息技术部；外部主要沟通有相关客户、相关政府部门、集团总公司相关处室。

(12) 职业通道

岗位说明书中的建议职业通道仅仅从专业的角度提出参考性的意见，说明晋升或者轮换的方向，具体某个人的成长需要结合具体情况决定。

2. 如何填写岗位规范

岗位规范即是任职资格。任职资格是决定职位价值、招募、培训等的重要依据。任职资格的规定要严格界定为岗位所要求的、与工作绩效有因果关系。另外，任职资格是对应聘者的要求，不是针对组织现有人员的要求。任职资格主要包括以下项目：资历、所需资格证书、知识要求、技能要求、能力要求和素质要求。

(1) 资历

资历主要包括学历学位、所学专业、接受过何种培训、职称和工作经验（包括一般工作经验和特殊工作经验）。例如：某公司一个薪酬主管的资历要求是"人力资源管理或工商管理专业，大学本科毕业，从事过人力资源管理工作三年"；某房地产公司一级预算工程师的资历要求是"大学本科，工民建、暖通、给排水、电气、建筑经济等相关专业

学习情境二　人力资源规划和岗位分析

或者复合型人才；有一定业界知名度；拥有八年大型工程造价控制工作经验并主持过两个以上大型（30万平方米以上）公共建筑工程造价控制工作"；某集团公司企业管理部经理的资历要求是"MBA，八年以上工作经验，其中有管理一个子企业的工作经验"。

（2）所需资格证书

所需资格证书不是职称，而是指从事本工作所必需持有的证照，俗称"上岗证"。例如：出纳必须有会计证才能上岗；某公司财务部经理需要"注册会计师证"；某房地产公司一级预算工程师需要"注册造价工程师证"；某储运公司客车队班车司机需要"大客车驾驶执照"等。

（3）知识要求

知识要求包括业务知识和管理知识。这些知识都应区分其广博程度和精通程度。广博程度可以用系统级的或者子系统级等词或者能区分出知识广泛程度的词加以区别；精通程度可以用知晓、熟悉、精通等词加以区别。

业务知识是指该职位开展业务工作时所必须具备的知识。例如：一个办公室主任，要拟订各种文件，必须熟悉各类文稿的行文格式、体例等知识；一个软件设计人员必须精通相应的软件语言知识；一个人力资源管理咨询师必须精通工作分析的方法、薪点制方法、考核设计的方法。

管理知识是针对管理职位或兼有管理职能的职位而言的，是指该职位在进行管理工作时所必须具备的知识。例如：作为一个办公室主任，必须知晓必要的财务知识、人力资源管理知识、时间管理知识等；一个集团企业管理部经理应具备的管理知识有：熟悉集团公司相关管理制度、体系、规范、标准、组织机构和各部门职能、相关工作的运作流程；知晓业务流程重组与改进的知识；熟悉分解及分派任务、时间管理、监督与指导工作、领导、考核激励、沟通、培训开发的方法和技巧；熟悉团队间建立合作伙伴关系的方式与方法；熟悉信息调研的方法和相关信息来源的途径。

（4）技能要求

技能包括基本技能和业务技能。

基本技能是指完成各种工作时都需要具备的通用的操作技术。例如，一个大的集团办公室主任应具备的基本技能有：外语四级，能够阅读一般英文资料，能用外语进行日常交流，能够熟练使用OFFICE办公软件。

业务技能是指运用所掌握的技能完成业务工作的能力。例如，对于一个集团公司办公室主任来说，应该具备的业务技能有：能够撰写集团领导的发言稿、宣传材料以及以集团公司名义下发的文件、报告；能够运用行政管理知识建设并维护内外部工作关系；能够运用文秘管理知识处理好文书、档案等管理工作；能够运用公关技巧建立良好企业形象，协调公共关系；能够运用人员管理的方法和技巧有效地对下属进行管理与开发；能有效进行信息收集和分析、归纳与汇总。

（5）能力要求

能力要求是指完成工作应具备的一些能力方面的要求，包括能力类型及其级别。能力要求一般不宜多，三到五个即可。常见的能力描述包括学习能力、创新能力、协调能力、沟通能力、分析判断能力、问题解决能力、适应能力、培养指导下属能力、计划能力、组

77

织能力、控制能力、执行能力、信息检索能力、领悟能力等。

(6) 素质要求

素质是指一个人的潜在特质，与生俱来，一般不会有太大的改变。素质要求是指该职位对任职者最需要的个性或特质的要求。素质要求一般不宜多，一到两个即可。常见的素质描述包括情绪稳定性、忠诚、自我认识、团队合作精神、全局意识、人际敏感性、责任心、原则性、成就动机、魄力等。例如：销售人员需要较强的心理承受能力；掌握公司核心商业机密的职位需要对公司忠诚的人担任；一般研发人员都需要有很强的成就动机；中层管理者需要有较强的全局意识；飞行员需要较强的情绪稳定性；一般财务人员应具备较强的原则性；高层管理人员需要有魄力。

表2-16展示了一份淘宝客服专员岗位说明书的内容，供学习参考。

范 例

表2-16 淘宝客服专员岗位说明书

岗位名称	淘宝客服专员	岗位编码	无	所属部门	电子商务部
报告关系	淘宝客服主管	管辖人数	无	岗位等级	初级
晋升方向	淘宝客服主管/淘宝店长/电商经理	轮换岗位	同级别的部门专员	薪资标准	3 000～5 000元
岗位概要	负责电子商务平台的客服接待，解决售前、售中、售后的客户问题，提高客服满意度。					
岗位职责	工作项目	工作内容				
	售前服务	1. 协助店长进行宝贝上下架、价格修改等； 2. 及时、迅速回应消费者的购前询问； 3. 在与客户交流时，维护好客情关系，积极给予意见参考，引导消费； 4. 设置快捷回复语以及规范销售话术、运费模板				
	售中服务	1. 在销售过程中，多与顾客沟通，了解消费习惯、偏好及能力； 2. 消费者下单后，准确无误地安排发货； 3. 及时跟踪货品配送信息，及时与用户沟通，避免客户出现不满情绪				
	售后服务	1. 销售完成后对客户满意度的调查； 2. 加快客户回款速率； 3. 对矛盾纠纷的处理				
	信息收集及客情维护	1. 不定期完善客服话术，了解同行业销售话术及各种问题的应变措施，并加以整理、归纳建档； 2. 负责收集客户信息，了解并分析客户需求，策划客户服务方案； 3. 建立客户档案、质量跟踪记录等售后服务信息管理系统； 4. 定期或不定期进行客户回访，维护良好的客户关系				

续上表

工作标准	1. 客户的接待、引导，客户特殊要求的处理 （1）客服接待客户态度 客户由阿里旺旺系统自动接入，待客户接入后，给予相关问候语，语言温和、亲切，让客户感觉到自己很被尊重，可参考"客服接待日常用语表"。 （2）客户提出相关产品专业知识、物流方式、询价处理 专业知识： ①淘宝宝贝详情页中可以查看到尺码后标注的尺寸，正常误差在 3 cm 之内。当客户不确定尺码时，可根据详情中尺码推荐表和具体尺码推荐； ②不同产品分别由不同的材料制成，客服需熟悉每种材料的特性； ③（陆续补齐）。 物流： ①公司默认发货物流公司为圆通、中通，圆通、中通不到的地区或者区域，公司会使用其他快递方式，如顺丰、EMS；当客户所在地区为圆通、中通物流无法到达的区域时，选择韵达以外的快递公司需要补齐快递差价，快递差价根据客户所在区域及货品重量来确定，客服人员需在"各快递公司收费、到货周期标准表"中查询该地区常规快递费用（首重）和续重费用，并第一时间联系客户，告知快递费用总金额，以便客户确认是否通过该方式发货； ②当用户不确定当地物流方式时，可通过各大快递公司网站查询网点，或从各大快递公司官方网站上查询到当地快递公司的电话进行咨询并告知客户其可收货的物流方式； ③不同物流方式到货周期可通过"各快递公司收费、到货周期标准表"查看； ④每日下午四点之前拍下付款的，当日可以给客户安排发货，由于周六、日不发货，周五下午四点后的订单安排至周一发货。 询价： ①宝贝详情页中商品价格已经为实际成交价或折后价，商品的价格由于受淘宝商城规则的制约无法修改，故商品改价操作不可执行； ②价格的计算：客户购买时购买单件商品与多件商品，淘宝网商家后台中心会将拍下的商品通过系统自动合并价格，其中包括货品价格及邮资。 ③当客户对商品要求打折、还价时，可将淘宝"商城卖家价格制定规则"中不得修改上架商品价格的条例告诉买家，劝客户打消还价要求；在客户强烈要求打折的情况下，可根据店铺内促销信息将客户引导至店铺促销信息的活动页面，引导客户达到优惠条件，如：我们店内现在有满××元送××元和满××包邮的活动。 （3）促销信息、关联销售及其他相关店铺信息的引导 ①店铺中有新的促销活动，客服应整理相应的与促销活动内容相关的快捷用语，在与每位顾客的咨询过程中将其告知； ②为达到客单价的提高，在买家购买商品的过程中，应积极推荐店铺内 top.1, top.2 或店铺正在主流推广的商品，促成关联销售，以达到提高客单价的目的； ③特殊情况下如遇大型促销活动、快递爆仓、节假日影响导致的订单不能及时发货、订单错误、商品错误等应组建规范快捷用语，及时向每位咨询的用户告知。

续上表

工作标准	（4）客户特殊要求的处理 用户在购买成功后，需要更换款式、尺码、颜色、物流公司、收件信息等相关内容，首先在淘宝交易订单中进行备注，然后告知出货人员更改信息，避免因发货失误而带来的不必要的损失。 2. 快递信息异常、延迟发货、缺货的处理（查件） （1）地址不详、超区、快递公司异常导致退回处理 ①首先向客户表示真诚的歉意； ②根据用户的相关信息查询订单是否已经退回公司，确认订单走向； ③根据查询结果向用户表明处理结果：商品退回公司，咨询客户是否知晓其当地快递公司情况，如需要更换，立即通知"下单专员"更换快递公司将其发出；如客户不了解当地快递公司情况，可通过自主登录各合作快递公司网站进行查询，将查询结果告知"下单专员"更换快递公司并发出。 （2）受节假日、大型促销活动、仓库超负荷发货导致延迟发货的处理 ①首先向客户表示真诚的歉意； ②根据用户的相关信息查询其订单的状态，根据订单状态，将预计发货时间告知客户（节假日休息除外）。 （3）因货品暂缺无法发货导致延迟发货或退款处理 ①首先向客户表示真诚的歉意； ②询问相应商品的实际库存，如库存有货，通知仓储部门立即进行处理；如库存缺货，了解相应商品的到货周期，预算其发货时间并告知客户； ③如买家执意要求退款处理，可根据实际情况转告上级并协助其处理，直至处理结束。 3. 整理和分析交易过程中发现商品的问题 客户向客服提醒或在交易过程中发现商品的描述与实际不符、图片错误、价格异常等问题，严重影响店铺销售情况的，需第一时间告知上级，协助其处理直至处理结束；如遇未影响店铺销售情况的可先记录在备忘本中，空余时间再向上级提出并协助其处理，直至处理结束。 4. 客户关系管理 （1）在客户对订单进行支付货款后，及时将客户加入旺旺好友； （2）每月25日客服抽样向成交30天内的20名客户进行回访，将访问内容列入"客户回访表"，回访内容有服务满意度、快递公司满意度、商品质量满意度、客户建议等； （3）每月26日将"客户回访表"进行分析和整理后交至上级，并提出客户管理过程中遇到的问题及有效的建议。 5. 职能培训 积极参与上级开设的职能培训，并为完善培训内容提供建议。 6. 部门例会 积极参与定期与不定期的各项部门例会，在例会中汇报近期工作情况、工作中碰到的问题、需要其他部门协助处理的事项并提出相关建议。 7. 兴趣性及临时性工作 根据上级安排积极主动地参与各项兴趣性活动，以提高自身知识面与人身价值，主动完成上级安排的临时性工作。

续上表

岗位权限	1. 在保留整单利润率在25%以上情况下可修改商品运费、赠送小礼品； 2. 对客服管理制度有建议权； 3. 对绩效考核的实施过程有建议权； 4. 对订单管理制度有建议权； 5. 对客户关系管理有建议权		
工作环境	办公区独立工位，应保持办公桌清洁整洁，办公环境舒适；可能有电脑辐射，请自备防辐射用品		
任职资格	资历	电子商务、市场营销等相关专业大专毕业，有多年淘宝客服经验或其他销售经验，熟悉电子商务运作优先	
	知识、技能要求	1. 熟悉电脑基本操作，打字速度快； 2. 思维敏捷、思路清晰，弹性工作时间，服从安排； 3. 熟悉淘宝运营规则	
	素质要求	认可企业的经营理念，价值观一致，具有较强的组织观念和团队合作精神；配合能力强，服务意识强，工作态度诚恳，细心，耐心，不怕吃苦	
相关说明			
编制人员		审核人员		批准人员	
编制日期		审核日期		批准日期	

【知识拓展】

特殊的工作信息收集方法

一、工作实践法

工作实践法也称参与法，是指岗位分析人员直接从事某项具体的工作，由此来获取有关工作特点和工作要求的信息资料的一种方法。

因为岗位分析人员亲自参与工作，因而可以获得最真实的信息，甚至是观察法和访谈法都搜集不到的信息。但是，高度专业化的工作需要经过培训才能胜任，而岗位分析人员并不具备从事各项工作的知识和技能，因而不能参与其中。所以，工作实践法只适用于某些较简单且短期内就可以掌握其方法的工作岗位，而对于需要大量训练或有危险的岗位则不适用。

二、关键事件法

关键事件法是指认定员工与工作有关的行为，并从中选择最重要、最关键的部分来评定其结果。使用关键事件法进行分析时，主要从对主管领导、员工或其他熟悉工作的人员进行调查，通过他们的描述，收集一系列工作行为的事件。对关键事件的描述内容应包括以下方面：

(1) 导致该事件发生的原因和背景；
(2) 员工特别有效或多余的行为；
(3) 关键行为的后果；
(4) 员工自己能否支配和控制上述后果。

在大量收集这些关键行为以后，可以对它们做出分类，并总结出该工作的关键特征和行为要求。关键事件法既能获得有关职务的静态信息，也可以了解该岗位的动态特点。

关键事件法的优点在于研究的重点集中在员工的工作行为上，而行为是可观察、可测量的，通过这种方法可以确定员工工作行为的任何可能的利益和作用。但是关键事件法需要岗位分析人员花费大量的时间去搜集关键事件，并加以概括和分类。另外，关键事件是指对工作绩效显著有效或无效的事件，这很容易遗漏平均的绩效水平，因此对中等绩效的员工，利用关键实践法就难以进行准确的岗位分析。

【网上练习】

请上网搜集一份岗位分析调查问卷样本。

【思考与讨论】

1. 岗位分析面谈问题有哪些？
2. 写一份岗位分析面谈问题样本，并对某一企业工作人员进行访谈。

新知新技：移动互联时代的组织创新

迈入移动互联时代，企业经营环境变化速度加快，颠覆创新机会增加，人才和产品竞争更激烈。企业除了在移动互联技术和大数据武装下重新审视端到端的用户体验和倍增的商业模式之外，组织管理模式也必须与时俱进，进一步释放人才的创造力和竞争力。在20世纪诞生和流行的科层式组织，在新环境下却有点像恐龙一样变得笨重和迟钝，是时候重新反思和创新了。

不管是传统线下企业，或者背靠互联网诞生的线上或O2O企业，我们发现组织管理创新的迹象如雨后春笋一样在世界主要市场涌现。例如：韩都衣舍成立于2008年，是国内领先的互联网服饰集团，2012年到2015年连续4年做到了国内女装行业的销量第一。韩都衣舍每年发布几万个自有品牌的新款服装，创新源头是员工自我驱动的产品小组（又称为"蚂蚁军团"）。公司已成立了280个产品小组，每个产品小组由设计师（选款师）、页面制作专员和货品管理专员3个角色组成，通常为1~3人，授予其高度经营决策权。

除了互联网相关企业，在近期国内传统行业也广泛推崇稻盛和夫的阿米巴、海尔的倒三角、华为的铁三角和项目制等管理模式。这一切都显示一股强大的组织管理创新潮流正在进行中。

为何过去多年行之有效的科层式组织,面向移动互联时代却困难重重?移动互联时代的经营环境的改变无可置疑是主因之一。当外部环境变化倍增、颠覆创新机会无所不在、人才和产品竞争加剧时,科层式组织的迟钝低效、压抑创新和降低人才积极主动性的弊端便显露无遗。

但更重要的是,移动互联时代也把更多的工作内容从过去的制造性(或标准化)工作转变为创造性工作(见图2-5)。在工业经济时代中,大多数企业从事的是标准化流程工作,不管造车、盖楼还是餐厅服务,它们的产出都是事先知道的,提供的都是有形的实物或者明确的服务。由于产出事前明确,企业可以通过流程的标准化,确保大规模复制时的质量和效率。显而易见,像时间动作研究、持续改进、流程再造和六西格玛等管理工具在这个时代变得非常重要,企业通过工艺或管理流程的优化,改善质量、成本和交付速度。

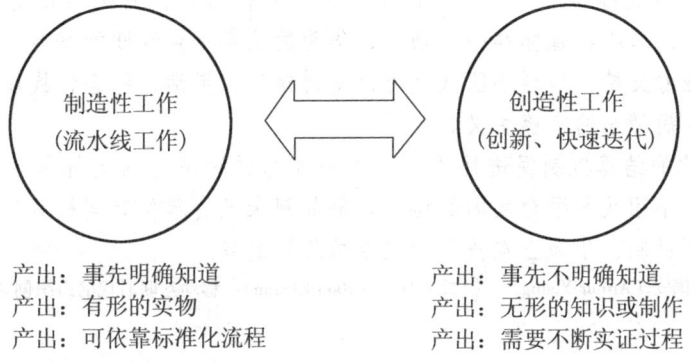

图2-5 制造性/标准化工作和创造性工作对比

在移动互联环境里,商业模式、产品和服务的创新层出不穷,企业更多从事的是"烧脑"(而非"烧体力")的工作。产出经常事先并不明确知道,更多的是无形知识、创意或数字化产品,需要不断尝试、验证和迭代,以符合客户需求。例如微信,尽管已面世7年,但它最后演变成什么样子,相信没有人知道。创造性工作的产出价值高低,单凭标准化流程是无用的,人才的创意和投入才是关键所在。

展望未来,标准化与创造性工作此消彼长的趋势将会加快,因为机器人将取代大量制造性或标准化工作。在欧美日的汽车行业,使用机器人进行点焊的成本为每小时8美元,人工则是25美元。未来,45%的制造性工作将可能被机器人取代(参见:《机器人或撼动全球经济秩序:10年内承担45%制造业》,参考消息网,2015年11月7日)。金融服务业也不能幸免。成立于2015年的浙江网商银行是一家不设任何线下网点、名副其实的直销银行,征信模式将采取大数据分析,根据数据模型优化贷款审批流程。值得注意的是,网商银行的雇员只有300人,而且大部分是数据和IT科技人员。

那么,什么样的组织管理模式更符合21世纪的移动互联和知识密集年代?在过去两年,通过对一些知名传统企业(如京瓷、海尔和华为)和多家世界级互联网企业(如谷歌、Facebook、腾讯、阿里巴巴、Netflix和Riot Games)的调研,我们发现这些企业的组织管理模式已采取了不同的创新和探索。

在传统行业中，近期国内不少知名企业对稻盛和夫的阿米巴管理模式展示了高度兴趣，并参照其组织管理模式做出不同尝试，包括海尔张瑞敏力推的"倒三角"和"人单合一"模式，华为任正非的"铁三角"和近期轮值 CEO 郭平倡导像眼镜蛇一样敏捷的"项目型"组织。这些组织形态背后的设计理念都非常接近，强调：

（1）以客户（而非领导）为中心。给离客户最近的一线团队授权和赋能，让他们能够敏捷响应客户需求，不管是阿米巴、自主经营体、项目型组织，都是强调员工要对用户负责，反对唯上。而领导层更多扮演的是资源支持的角色。

（2）自我驱动的小团队。通过权、责、利对称的模式，让小团队实现自我驱动。海尔的自主经营体和小微有自主决策、分配资金和自主用人权，而"人单酬"让小团队得以分享团队贡献的超额价值。华为则加大项目经理授权，对项目预算和资源获取有更大权限，并推动项目利益分享。

（3）平台发挥支撑作用。平台的视角不再以管控为主，而是强化对前线团队的资源服务。例如海尔的二级经营体和高层领导，华为的业务平台和职能平台，都在为小团队呼唤炮火时提供强力支持，这样小团队就可以变得精简、灵活，综合作战能力强，而平台也可以减少大企业病带来的官僚主义。

（4）市场化的结算机制促进协作。这些企业都通过清楚的定价和独立核算机制，实现小团队之间、小团队和平台之间的协作。例如阿米巴的单位时间核算和定价机制、海尔的契约和人单酬机制、华为正在推行的项目核算机制等。

（资料来源：杨国安（Arthur Yeung），拉姆·查兰（Ram Charan）. 移动互联时代的组织创新. 哈佛商业评论.）

学习情境三 员工招聘与录用

岗 位 描 述

【岗位名称】

招聘专员。

【岗位职责】

招聘人力资源专员岗位的主要职责是：根据本企业的人力资源规划目标，制定并落实招聘方案和评估招聘工作。具体包括以下几个方面：

（1）根据现有编制及业务发展需求，协调、统计各部门的招聘需求，编制年度人员招聘计划；

（2）建立和完善公司的招聘流程和招聘体系；

（3）搜集各地区人才市场信息，熟悉各地区人事法规；

（4）跟踪和搜集同行业人才动态，吸引优秀人才加盟公司；

（5）对招聘渠道实施规划、开发、维护和拓展，确保招聘渠道能有效满足公司的用人需求；

（6）负责招聘广告的撰写与信息发布，招聘网站的维护和更新，以及招聘网站的信息沟通；

（7）进行聘前测试、简历甄别工作，组织相关用人部门人员协助完成复试工作，确保甄选工作的及时开展及符合岗位要求，执行录用、安置工作；

（8）招聘费用的申请、控制和报销；

（9）总结招聘工作中存在的问题，提出优化招聘制度和流程的合理化建议，完成招聘分析报告；

（10）负责建立企业人才储备库，做好简历管理与信息保密工作。

任 务 解 析

亲爱的同学们，在确定了组织的架构、工作岗位、任务、员工任职条件和人力资源需求之后，人力资源管理部门就应该开始招聘工作，为企业的正常持续运作提供人力支持。人力资源需求量较大的企业通常会设置"招聘专员"岗位，负责全面开展招聘工作，专门的人力资源服务公司如招聘公司、人才市场、猎头公司更是需要大量的"招聘专员"为客户物色人才。因此,招聘专员是同学们进入人力资源管理领域最常接触到的、也相对比较容易应聘成功的岗位。通过本学习情境的学习,你需要熟悉招聘的程序,掌握常见的人才甄选技术。另外,随着互联网时代的到来,现代招聘工作出现了许多新的渠道和方法,这也是你需要关注的领域。本学习情境包含以下任务:

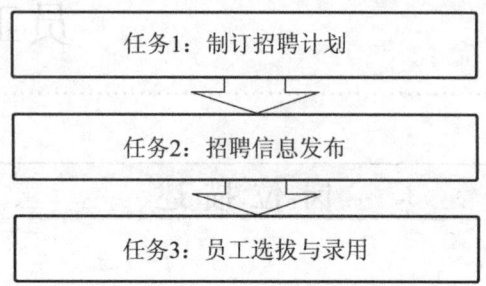

学习目标

【知识目标】
☞ 掌握企业招聘计划的基本内容;
☞ 掌握企业招聘广告的基本内容;
☞ 掌握企业员工招聘与录用的方法、技术;
☞ 熟悉企业常用的员工外部招聘渠道;
☞ 了解企业员工招聘、录用、试用和转正等环节。

【技术技能目标】
☞ 能够制订企业的招聘计划;
☞ 能够撰写企业招聘广告;
☞ 能够设计应聘申请表、面谈评价表;
☞ 能运用合适的方法进行员工招聘;
☞ 能设计招聘流程;
☞ 初步掌握人才甄选的方法;
☞ 能够制作员工招聘、录用、试用和转正等相关的表格。

任务1 制订招聘计划

【任务情境】

广东省高速公路有限公司 2016 年校园招聘需求

公司简介:广东省高速公路有限公司是广东省交通集团有限公司的全资子公司,主营业务包括高速公路及其配套设施的投资、建设、经营、管理和维护等。公司注册资本124亿元，目前拥有全资、控股、参股公司及直属单位共33家，职工9 500多人。经初步统计，截至2015年11月，公司组织或参与建成通车的高速公路总里程超过2 396千米，占全省已开通高速公路近35%。经过三十年的发展，公司已经逐步成为以高速公路投资、建设和营运管理为主营业务的国有大型企业，成为广东省负责高速公路建设和营运的主要业主单位之一。

公司发展前景：广东省政府公布的多项高速公路工程建设项目中，公司控股和参股的建设项目主要包括潮惠高速、广清高速扩建、罗阳高速、玉湛高速、兴汕高速、徐闻港支线、海陵岛大桥、深汕西高速扩建、开阳高速扩建等。新一轮的交通建设大发展，公司正面临着前所未有的发展机遇，也为高素质人才的成长成才提供了良好的条件。

招聘需求及相关条件：2016年下半年将有几个新的工程项目开工，需要工程类如路桥、土建、造价等专业的应届本科或硕士毕业生30～40人，性别和年龄不限；因业务经营性质需要，需派驻全省各地工作，工作条件相对艰苦。

【任务要求】

请根据本任务的范例，为该高速公路公司制订招聘计划。

【任务目标】

了解招聘计划的内容和制订招聘计划的工作步骤。

【任务考核】

教师根据所提交招聘计划的内容完整程度、适用程度进行评分。

【核心概念】

员工招聘；招聘需求；招聘计划。

【知识精讲】

一、员工招聘

（一）员工招聘的概念

人力资源使用和配置包括"进""用""出"几个环节，其中"进"是关键中的关键。对于拟成立的企业，进行人员招聘，是企业开始运作的人力保障；对于已经成立的企业，人员也会出现正常与非正常的流出，招聘也是必不可少的人力支持工作。

招聘是组织基于生存和发展的需要，根据组织人力资源规划和工作分析的数量与质量要求，采用一定的方法吸纳或寻找具备任职资格和条件的求职者，并采取科学有效的选拔方法，筛选出符合本组织所需的合格人才并予以聘用的管理活动。

招聘包括两个相对独立的过程，即招募和甄选聘用。招募主要是通过宣传来扩大影响，树立企业形象，达到吸引人应征的目的；而甄选聘用则是使用各种技术测评和选拔方法挑选合格员工的过程。通过招募和甄选，组织得以吸收真正适合自己的人员，从而满足和保证组织各项工作的需要。正如玫琳·凯所言："优秀的员工是企业最重要的资产，招聘到优秀人才，并留住他们，是一个优秀公司的标志。"

小故事

唐太宗曾和魏征讨论用人的问题，唐太宗说："为事择官，不可轻率，用一好人，别的好人都来了；用一坏人，别的坏人都跟着来了。"魏征说："这是对的。天下未定，主要用人的才干，顾不得德行；天下已定，那就必须才德兼备才可用。"唐太宗基本上遵守这个原则来选人用人。

【管理感悟】企业如何招聘人才、招聘怎样的人才是企业文化的具体体现。在聘人方面，除了考察对方的经验、能力，对候选人的品德、修养、价值观也需要有相对明确的要求，并通过有效的甄选技术进行考察。

（二）员工招聘的意义

企业间的商业竞争，更大意义上已是一场人才的竞争。招聘管理运作的成效直接影响着企业的各项管理活动。因此，在人力资源管理中对于员工的招聘与甄选应给予高度重视，它的意义表现在以下方面。

1. 招聘活动是企业发展的重要条件

企业招聘员工的目的是为企业寻找适合工作的必要人选，从而实现人与工作的相互适应。它要求企业所招聘的员工在技术、心理、身体等各方面都要适合工作的需要。企业招聘的合格人选对于实现组织目标来说其作用是不言自明的。成功的招聘，为组织引进了人才，开阔了思路，提高了工作效率，形成了新的竞争优势。

2. 招聘活动可以降低企业成本

成本控制的好坏是企业竞争力的重要支撑之一。有效的员工招聘可以使组织避免引入素质较差或不能融入组织的员工，并避免由此而产生的培训成本和风险，如由于招聘员工不合格而导致的员工离职的成本。同时，为了维持企业的正常运转，企业仍需花费费用寻找合适的人选。

3. 招聘活动可以提高企业的绩效水平

利用规范的招聘程序和科学的选拔手段，可以将那些愿意在企业中工作并且符合录用条件的应聘者长时间地留在组织内。优秀员工的共同特点是能够很快地转换角色，进入状态，能够在很短的时间内创造工作佳绩而无须对他们进行长时间培训。可以说，创造员工的高绩效，推动组织整体绩效水平的提高，是一个组织追求有效招聘管理的最高境界。

4. 招聘活动有利于人力资源的合理流动

一个科学有效的招聘系统，可以促进人员的合理流动，帮助人们找到适合的工作岗位，做到工作职责匹配。调动人的积极性、主动性和创造性，让人们的潜能得以充分发挥，达到人力资源有效配置的目的。

5. 招聘活动能够扩大组织的知名度

人员招聘是招聘组织与应聘者直接接触的过程，是招聘组织向市场展示自己的过程。招聘人员素质、招聘工作的组织、招聘材料的介绍、面试过程的专业化及接待应聘者的方式等，都在不同侧面展示了招聘组织的文化、风格和工作效率，让外界更多地了解了企业，扩大了企业的知名度。

二、编制招聘计划

（一）招聘计划的概念

员工招聘准备阶段，一些事务性的工作通常由人力资源部门的招聘专员去完成，例如制订招聘计划，撰写、发布招聘信息等。下面，我们先学习如何开展招聘计划的编制工作。

招聘计划是招聘工作的基础。要进行有效的招聘，招聘到公司所需要的人才，就必须制订好招聘计划。所谓招聘计划，是指公司根据发展目标和岗位需求对某一阶段招聘工作所做的安排，包括招聘目标、招聘员工的类型及数量、信息发布的时间与渠道、甄选方案及时间安排等方面内容。招聘计划是招聘工作的一个环节，其工作成果体现为最终的招聘工作方案。

企业应该重视招聘计划的制订以及招募时间、宣传渠道选择等方面的工作，从而达到节约选拔与培训成本，人与职位相适应的目标。

（二）招聘计划的内容

具体来讲，员工招聘计划包括以下内容。

1. 招聘需求信息的采集与整理

人员招聘工作一般是从提出和确定招聘需求开始的。公司要对外招聘人才，招聘人员需求大致包括下面三种可能情况：一是公司发展新业务对人才的需求，这是由于公司未来业务发展出现的人才空缺，每个公司的人力资源规划对公司的人力资源需求已作出了大致的估计，尤其是人员需求短期规划（如本年度），针对公司实际情况预测出了本年度内公司对人员的具体需求；二是公司在职人员离职产生的职位空缺；三是现有人力资源配置不合理，即人与岗位的不匹配导致的职位空缺。招聘时首先要明确招聘的具体目标是什么，即需招收多少人，每个职位的人员需要哪些专业背景、从业经历，掌握哪些知识、技能等，以此作为招聘活动的指导。

在制订招聘计划前，人力资源部每年通常要进行需求调查，即发放人才需求调查表到各部门，由具体用人部门填写下一年度的用人需求。招聘需求调查表如表 3-1 所示。

表 3-1　××公司 2016 年度人才需求调查表

部门名称（盖章）：　　　　　　　　　　　　　　　　　填表日期：

岗位名称	所需人数	任职条件					到岗时间	备注（其他特殊要求）
		学历	专业	年龄	性别	从业经历		

　　　　　　　　　　　　　　　　　　　　　　　　　　　　　负责人签字：

确定员工招聘需求是一个多方论证的过程。人力资源部需要根据工作描述、工作说明书、人力资源规划以及企业用人部门提出的人员需求，通过调查、分析和内部综合平衡，以及与用人部门的负责人进行沟通、协商，从而确定出人员招聘的净需求。在此基础上，制作成职位招聘汇总表报公司领导讨论审批，审批通过后即可着手开展下一步的招聘工作。

以德国西门子公司为例，西门子每年都会实施招聘需求的统计工作。每年的五六月份，根据上一年的业务状况和明年业务发展的需求，各个业务部门就开始考虑预算。公司需要拓展哪方面的业务、组织结构有什么样的调整、某一业务需要多少人，这都是需要考虑的问题。而后，他们会把下一年度需要哪方面的人、需要多少人统计出来；接着，根据实际业务的发展、业务量的增长、工作分配情况，分时段把需要的人分批招聘进来。至于聘哪一方面的人、招多少人，是跟业务需要和每年的计划挂钩的，超出计划外的招聘需求需要上级部门批准。对于员工的去留，业务经理会起到最主要的作用，人力资源部也会从人事的角度给出建议。如果出现较大分歧，由业务部门做最终的决定。

2. 招聘信息发布的范围、时间

信息发布的范围是由招聘对象的范围来决定的。发布信息的面越广，接收到该信息的人就越多，应聘者也会更多，挑选的余地也就更大，即"人才蓄水池"（talent pool）的容量越大，招聘到合适人选的概率也相应地有保证，只是费用也会相应地增多。这就需要我们根据人才分布规律、求职者活动范围、人力资源供求状况及成本大小等确定招聘区域。一般招聘区域选择的规则是：高级管理人员和专家一般在全国范围内招聘，甚至可以跨国招聘；而专业技术人员可以跨地区招聘；一般办事人员在本地区招聘就可以了。例如，某家企业在进行不同职位招聘时，招聘的范围是有所区别的，如图 3-1 所示。

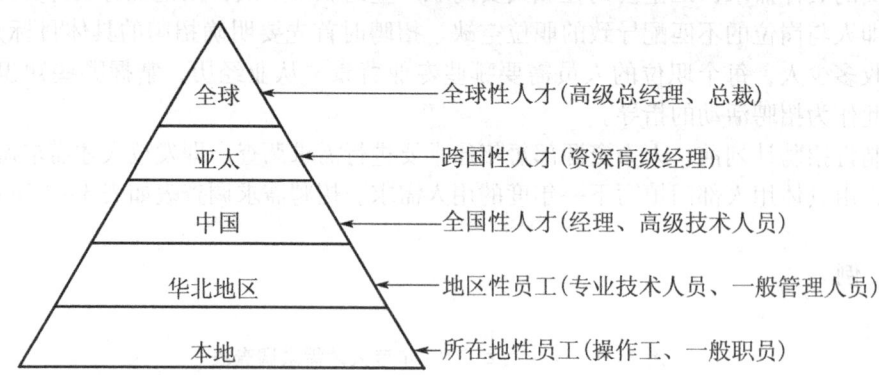

图 3-1　招聘范围示意图

（资料来源：董克用等. 人力资源管理概论[M]. 北京：中国人民大学出版社，2003.）

如何确定招聘信息发布的时间？如果招聘工作不能按计划进行，公司就无法按计划开展工作，从而造成较大的经济损失。招聘信息的发布时间受人员需求的时间限制，一般通过倒推来确定发布的时间。这就需要我们对招聘过程中各阶段所需的时间有一个比较准确的了解，以此准确估算信息发布的时间，及时进行招聘信息的发布。表 3-2 列出了在招聘过程中从接收个人简历到新雇员开始工作的时间阶段的一般分布。

表 3-2 招聘中的事件所用时间

事　件	平均天数
收到个人简历到发出面试通知	5
发出面试通知到面试	6
面试到提供工作	4
提供工作到接受所提供的工作	7
接受工作到实际开始工作	21
总的时间	43

以任务情境中该高速公路公司的招聘工作为例,某工程项目在 2016 年 8 月初预计可以开工,预定招聘工程技术人员等职位,这些人员就需在 6 月底前到岗,以便有一个月时间作岗前培训等工作。而招聘的选拔工作估计需要一个半月时间,那么,招聘信息的发布时间至少必须在 5 月初左右,招聘起始的选拔日期(接收简历)则可初定在 5 月中旬。

3. 招聘渠道

招聘渠道一般分为内部招聘和外部招聘两个基本渠道。内部招聘是指组织采用职位公告、岗位竞聘或部门推荐等方式在组织内部招聘新员工。外部招聘则是根据一定的标准和程序,从组织外部的众多应聘者中选拔获取所需要人选的方法。对外部招聘而言,根据招聘对象的来源和素质要求,人力资源部可确定从媒体广告、专业招聘网站、人才市场、员工推荐、校园、委托猎头公司等一种或几种渠道进行招聘。例如某公司招聘业务、客户经理等人员,要求有 2 年以上从业经验,显然不适合到高等院校招聘应届毕业生,而必须通过人才市场等途径才能招聘到所需的人才;而一般的文员、秘书,无须有实际工作经验的要求,则可从高等院校应届毕业生中招聘。

4. 招聘小组成员的构成

在大多数企业中,都有专门机构(即人力资源部)负责人员的招聘。根据招聘职位的重要性不同,通常一般基层员工由人力资源部或会同具体用人部门负责人进行面试即可;而对于重要岗位人员和公司中高层管理人员的招聘,公司会成立一个面试小组,小组成员一般由公司领导成员组成。有些大型公司甚至聘请一些特定方面的专家参加面试小组。

另外要注意的是,招聘工作人员的素质、形象关系到招聘的效果,影响到公司的形象和声誉。因应聘者到公司应聘对公司的最初了解是先从招聘工作人员开始的,他们的办事能力和效率及外观形象都向应聘者传递着公司的理念和文化信息。因此,应挑选外貌形象佳、有经验、熟悉公司情况和岗位,且表达能力强的人员作为招聘工作人员。

5. 招聘方式

招聘计划要确定对应聘者进行测试和选拔的方式,具体方案包括对应聘者的面试、笔试、实际操作等测试安排,考核的场所、时间、题目设计者姓名等。

6. 招聘预算

招聘预算是考虑招聘的成本开支,包含广告刊登费用、印刷宣传资料、面试会场布置、人才交流会费用、到人才市场现场招聘所需的差旅费用等。

招聘计划表的范例如下。

××公司招聘计划

一、招聘目标（人员需求）

职务名称	人员数量	其他要求
软件工程师	5	本科以上学历，35 岁以下
销售代表	3	本科以上学历，相关工作经验 3 年以上
行政文员	1	专科以上学历。女性，30 岁以下

二、信息发布时间和渠道

1. ××日报　　　　　1 月 18 日
2. ××招聘网站　　　1 月 18 日

三、招聘渠道

软件工程师：招聘网站、人才市场

销售代表：招聘网站、人才市场

行政文员：高校、招聘网站

四、招聘小组成员名单

组长：王岗成（人力资源部经理），对招聘活动全面负责。

成员：赵刚（人力资源部薪酬专员），具体负责应聘人员接待、应聘资料整理；

　　　小刘（人力资源部招聘专员），具体负责招聘信息发布、面试、笔试安排。

五、选拔方案及时间安排

1. 软件工程师

资料筛选：开发部经理，截至 1 月 25 日；

初试（面试）：开发部经理，1 月 27 日；

复试（笔试）：开发部命题小组，1 月 29 日。

2. 销售代表

资料筛选：销售部经理，截至 1 月 25 日；

初试（面试）：销售部经理，1 月 27 日；

复试（面试）：销售副总，1 月 29 日。

3. 行政文员

资料筛选：行政部经理，截至 1 月 25 日；

面试：行政部经理，1月29日。

六、新员工上岗时间
预计在2月1日左右。

七、费用招聘预算
1. ××日报广告刊登费，4 000元；
2. ××招聘网站信息刊登费，800元。
合计：4 800元。

八、招聘工作时间表
1月11日：起草招聘广告；
1月12～13日：进行招聘广告版面设计；
1月14日：与报社、网站进行联系；
1月18日：报社、网站刊登广告；
1月19～25日：接待应聘者、整理应聘资料、对资料进行筛选；
1月26日：通知应聘者面试；
1月27日：进行面试；
1月29日：进行软件工程师笔试（复试）、销售代表面试（复试）；
1月30日：向通过复试的人员通知录用；
2月1日：新员工上班。

员工招聘准备工作包括根据人力资源规划确定人员的净需求，并根据人员录用政策和工作说明书要求，确定员工招聘的来源，在此基础上编制具体的招聘计划。同时，还应制作与准备好招聘工作所需的相关表格及其他文件资料。

【知识拓展】

当前企业人员招聘的特点

进入20世纪90年代以后，组织的招聘思想和招聘实践出现了许多新的特点，主要原因有：一是随着全球经济的一体化，企业间竞争程度的加剧，劳动供给和需求发生变化，与过去相比，劳动者的就业稳定性受到很大挑战，人们的职业观念也发生了很大的变化，高流失率直接增加了招聘工作的频繁性；二是由于人力资源管理已经从战术管理的层次上升到了战略管理的层次，招聘管理工作也向着战略化方向发展，人力资源规划与人力资源计划工作得到更多的重视，作为管理系统中的人员的内部招聘体系得到很大的发展。这些新特点主要表现为：

1. **倡导以人为本的招聘理念**

以人为本的招聘理念下，企业自己的利益不再高高在上，而是强调企业利益与个人利益的一致。在招聘过程中，为了找到真正适合企业的高潜质人才，为了让应聘者适应和同化于本企业，招聘甄选呈现出要求越来越严格、花费的时间越来越长的趋势，以此使企业和员工都能充分认识未来的工作可能性。通用电气公司前总裁杰克·韦尔奇认为通用电气公司所做的一切就在于把宝押在所选择的人才上，而他本人更是身体力行，通用电气公司500名高级职位的应聘者，他都要亲自面试，视应聘者为上帝；对落聘者，他更是善待，心存感激。20世纪80年代出现的一种新的招聘思想：真实职位预视，同样也体现了以人为本的招聘新理念。真实职位预视思想强调：招聘人员需要给应聘者以真实、准确、完整的有关职位的信息，才能产生应聘者与企业匹配的良好效果，从而带来较低的员工流失率。

2. 注重企业文化的匹配性

在20世纪90年代，这一管理思想开始在招聘工作中被广泛运用，它对招聘的指导作用日益显现。实践证明，那些与企业文化不能融合的人员，即使是有能力和技能的，对企业的发展也会有不利之处。许多优秀的企业，如丰田公司，实行的是所谓的"以价值为基础"的招聘战略。在招聘过程中，他们不仅看一个应聘者工作方面的资格，如技能、能力、教育、经历等，而且更关注他们的价值观和个人品质。因此他们在面谈中努力寻找经历和价值观与公司的企业文化相吻合的应聘者。丰田美国公司总裁所说的话很有代表性："您可能会觉得很吃惊，不过我们公司的招聘和录用过程的确是很耗费精力的过程，也是很痛苦的过程。我们的招聘和录用过程不是为了尽快填补职位空缺而设计的，我们的招聘和录用是为这些职位寻找最好的就职者，我们寻找的是能够自己进行思考的人，这些人有自己解决问题的能力。其次，我们寻找那些能够在团队气氛中工作的人。简单来说，我们寻找的是有强壮心智的人，而不是有强壮脊梁的人。我们把筛选一个团队成员看成是一种长期投资决策。为什么要去雇用一个有问题的雇员而最后又不得不解雇他呢？"企业文化是企业的灵魂，是推动企业发展的不竭动力。只有当招聘理念与企业文化保持高度一致时，才能保证招聘与企业战略的高度契合，实施战略招聘。

3. 甄选过程重点化和细化

更多企业人力资源形成的重心从招聘转为甄选，工作的细致程度和工作量加大。甄选过程被重点化和细化。人力专家和部门经理们在筛选上更加细致而审慎。传统的个人简历、面试、测试仍被广泛使用，而背景调查、心理测验、角色模拟、评价中心等比较新颖的筛选手段开始普及。优秀的企业组织普遍采用复杂的心理测验来挑选那些适合本组织需要的人才。筛选和面试的时间越来越长，花费越来越大，筛选和面试的要求也越来越严格。

4. 招聘行为以具体的招聘哲学或理念为指导

很多优秀的企业在长期的招聘实践中逐步总结摸索出符合本企业发展战略的招聘哲学或理念，并因此而积聚起一大批优秀的人才。微软在吸纳人才方面的目标是"寻找比我们（微软现有员工）更为出色的人"。微软正是以这种用人理念吸引着成千上万的毕业生和其他想进入微软工作的人。此外，比较典型的招聘理念还有松下电器的"寻求70分人才"；思科公司的"我们永远在雇人"等。

5. 招聘营销策略不断创新

首先表现为企业更注重招聘的品牌效应。在企业管理中普遍重视的品质管理在人力资源管理中也得到体现。企业像对待产品的声誉一样对待自己在劳动力市场上的品牌效应。为此，企业严格选择招聘人员，招聘人员要能够充分体现出企业的形象。其次，很多成功的企业非常重视招聘的宣传工作，展开强大的宣传攻势，以获得人才竞争的优势。如联合利华的商业夏令营、欧莱雅公司的商业策划国际大赛、普华永道每年在北大等校举办的大型招聘会等，以及一些跨国公司在名牌大学设立奖学金等方法，都是企业为了更长远的人力资源储备、发展后备人才抢得先机的策略表现。

6. 网络招聘国际化趋势

跨国公司招聘与甄选已移至虚拟空间里展开，招聘过程中使用计算机资料库和互联网发布招聘广告和对应聘者实施进一步甄选已经变得非常普遍和越来越规范。信息技术加快了跨国企业成为跨国招聘网络平台上的成员，促使更多的企业实现人才招聘的国际化，人才搜寻的空间更加广泛，人才招聘呈现网络化、国际化趋势。IBM、英特尔等许多跨国公司早已开始在网上接收简历，世界500强企业中96%以上的人才招聘是通过网络实现的。

7. 招聘管理信息技术不断发展

人力资源管理系统是人力资源管理与信息技术相结合产生的电子信息管理系统。进入21世纪，越来越多的企业开始使用基于浏览器和服务器结构模式的候选人跟踪软件，国内外许多人力资源管理系统的供应商都已将招聘管理集成在企业研发的人力资源管理系统中，系统主要支持职位发布、简历收集、来源控制、人才库管理、面试流程管理等日常招聘工作，并开始实现了整合企业招聘门户、支持多人协作等招聘业务的全程管理。近年来，基于云计算模式的招聘管理系统逐渐将招聘管理模块从人力资源管理中单独拿出来细化，并根据用户自身需求，研发了各种人力资源、招聘流程管理解决方案，涵盖传统及网络化的外包产品和服务商管理，形成了多种一流招聘解决方案，成为一体化的人才招聘管理平台。

（资料来源：王振. 企业人力资源管理师［M］. 北京：中国劳动社会保障出版社，2014：54 - 57.）

【网上练习】

收集一份详细的招聘计划样本。

【思考与讨论】

1. 公司的人才需求包括哪几方面？
2. 如何根据计划用人时间来确定招聘信息的发布时间和招聘日期？
3. 招聘预算包括哪些费用开支？

任务 2　招聘信息发布

【任务情境】

高速公路公司人力资源部拟订的招聘计划经审批通过后，人力资源部开始着手撰写招聘广告，之后将该招聘广告提供给相关的报纸、招聘网站和人才市场。招聘信息发布出去后，公司人力资源部期待着应聘者投递简历。

【任务要求】

请为该高速公路公司撰写一份招聘广告。

【任务目标】

理解招聘广告在吸引合格应聘者投递简历方面所起的重要作用；了解招聘广告的格式和内容；能够根据工作需要撰写完整、规范、合法、富有吸引力的招聘广告。

【任务考核】

教师根据所提交招聘广告的内容是否完整、合法、适用、吸引力程度进行评分。

【核心概念】

招聘广告；应聘申请表；面谈评价表。

【知识精讲】

在招聘过程中，公司一方面需要尽可能地吸引应聘者，另一方面还可以利用招聘过程进行企业形象的宣传活动。因此，招聘广告的好坏，直接关系到招聘的质量。好的招聘广告，可以吸引众多的应聘者前来关注，同时又能提高企业的知名度和形象。招聘广告的制作与发布，是整个招聘工作的重要一步。

一、招聘广告的制作

确定招聘计划后，人力资源部就要对招聘进行宣传，拟定招聘广告词。一份优秀的招聘广告应该充分显示企业对人才的吸引力和企业自身的魅力。撰写广告词要求语言简明清晰，招聘对象的条件一目了然。措辞既要实事求是，又要热情洋溢，表现出企业对人才的渴求和应有的尊重。

一份完整的广告词一般包括四部分。第一部分是标题或启事；第二部分是公司的简介，介绍公司的性质、经营业务范围、规模、业绩成果情况，未来的发展战略等内容，以便让应聘者能大致了解公司的基本情况；第三部分是广告词的正文内容，即拟招聘职位名称、数量及任职要求、工作职责以及工作地点等；第四部分是结尾部分，即公司的地址、邮编、网址、邮箱以及联系人、联系（咨询）电话、应聘截止日期等。

当然，为了达到较好的视觉效果、提高招聘质量的目的，可聘请专业设计公司对招聘广告词版面进行设计，将公司的 logo 或有标志性的办公大楼、重大庆典活动场面等放在广告词版面上（或作为背景），借此来宣传公司，提高公司的知名度和吸引更多的求职者前来应聘。当然，公司的简介要恰如其分，不能夸大其词。否则应聘者一旦了解公司后发现真实情况并非像宣传那样，就会影响公司的企业形象。

一份富有吸引力的招聘广告，对吸引应聘者可以起到事半功倍的效果，以下广告范例设计用年轻人的语言表达招聘要求，信息充分，风格活泼，传递出鲜明的时代特色和企业文化，有助于吸引新生代人群的注意。

招聘 公司前台 1 "枚"

【公司行业】第三方支付业
【工作地点】广州市天河北路 689 号光大银行大厦 804—813 室
【上班时间】每周 5 天，7.5 小时/天
【月薪范围】2 500～3 000 元
【联系邮箱】chen_mz@slpayment.com
【任职资格】
1. 大专以上学历，专业不限，女性，相貌端正，身高 160 cm 以上；
2. 一年以上公司前台工作经验，熟悉前台工作流程，熟练使用各种办公自动化设备；
3. 工作积极热情、细致耐心，具有良好的沟通能力，性格开朗，待人热诚。
【岗位职责】
1. 负责公司前台接待及电话转接；
2. 收发传真、信件、报刊等；
3. 负责复印、传真和打印等设备的使用与管理工作；
4. 对办公用品的领用、发放、出入库做好登记；
5. 负责每月统计公司员工的考勤情况，考勤资料存档；
6. 协助上级完成公司行政事务工作及部门内部日常事务工作；
7. 为其他部门提供及时有效的行政服务。

二、招聘广告的发布

招聘广告词拟定后，公司要将招聘信息通过某种渠道向社会发布，向社会公众告知用人计划和要求，确保有更多符合要求的人员前来应聘。

招聘广告发布应遵循如下原则：一是面广原则，即发布招聘广告的面越广，接收到该信息的人就越多，应聘的人也越多，招到合适人选的可能性也就越大；二是及时原则，即在尽可能的条件下，招聘广告应尽早向社会发布，这样有利于缩短招聘进程，同时让更多的人获取信息，使应聘人数增加；三是层次原则，即根据招聘岗位的特点，有针对性地向特定层次的人员发布招聘广告。

根据招聘对象的来源和素质要求，公司可选择从媒体广告、微信平台、网络、人才市场、校园、委托猎头公司等一种或几种渠道进行招聘。因此，根据招聘渠道正确地选择在报纸、网络等媒体发布招聘广告也是很重要的。招聘广告的发布渠道通常有下列几种途径。

（一）报纸

报纸广告是企业进行招聘时使用较为频繁的媒体，它的特点是能够在某一特定地区内将信息传递给大量正在寻找工作的人，价格也相对低廉。它的主要优点是应聘者可以在不同的时间、地点被多个不同的读者阅读，能够方便地复印、抄写，是企业发布招聘广告采用最广泛、最多的媒体，也深受广大应聘者的欢迎。目前，在广州地区的《广州日报》《南方都市报》《羊城晚报》《信息时报》《新快报》等报纸都设有人才招聘专栏供企业刊登招聘广告，各家报纸的覆盖面和版面收费标准不尽相同，需根据招聘范围及招聘预算来确定。

（二）专业招聘网站

目前，专业招聘网站广告已成为企业一种新兴的用于招聘活动的形式。在专业招聘网站网络上发布招聘广告信息不仅不受篇幅、时间限制，覆盖范围也不受限制，还可以尽情地采用最先进的电脑技术将招聘广告装饰得有声有色来吸引应聘者和网民浏览。目前国内比较常见的招聘网站有中华英才网（http：//www.chinahr.com）、前程无忧（http：//www.51job.com）、智联招聘（http：//www.zhaopin.com）、南方人才网（http：//www.job168.com）、中国研究生招聘网（http：//www.chinaedunet.org）等。

目前许多企业都建立了自己的门户网站。当然，也可在企业自己的网站刊登招聘广告。

（三）互联网时代的新招聘方式

进入互联网时代，人才招聘广告发布、投放也有新的形式和途径。一是通过APP、微信朋友圈、专业论坛、公众号等新工具开展招聘活动，已成为企业人才招聘常用的新形式；二是采用将人才测评与招聘相结合的新模式。以"测聘网"为例，该网站采用全新的"智能招聘"商业模式，凭借专业的"人才测评技术"关注个人职业发展路径，为供需双方提供更加精准的招聘及求职信息，实现测评技术与招聘渠道的结合。求职者可以利用专业的信息反馈系统了解招聘企业的人才筛选标准，而招聘企业可以依照科学的测评结果选聘合适的人才。

（四）其他途经

目前，各高等学校都有校园网，设有就业专栏，可在那里发布招聘广告，吸引应届毕业生应聘。另外，在人才市场现场张贴招聘广告也是常见的招聘广告发布方式，可吸引参加现场招聘的人前来应聘。

同时，招聘模块外包的新模式也悄然兴起，企业可以将人才招聘模块外包给人力资源公司，由人力资源公司代理实施人才招聘工作。

三、设计应聘申请表

任何一家企业对外招聘人才，每个职位都有具体的任职要求，如专业、学历、年龄、性别、从业经历及业绩、职称或职业资格要求等。应聘者求职简历提供的个人资料有时内容很不齐全，格式也五花八门，从这些内容不齐全、格式不一的简历中筛选符合条件的应聘者，阅读审查起来确实很费劲。那么，科学地设计应聘申请表，招聘人员就能从内容符合要求、格式统一的应聘申请表中轻松地挑选到符合条件的应聘者。

应聘申请表一般应包括如下信息：一是应聘者的姓名、性别、年龄、学历、专业、职称、职业资格等基本信息；二是应聘者的教育背景、工作经历及工作业绩，能从事何种工作等情况；三是应聘者的婚姻状况、主要社会关系情况；四是应聘者的住址、联系电话等信息。

四、设计面谈评价表

各用人单位的招聘流程可能有所不同，但招聘的第一步是基本相同的，即人力资源部（或用人部门）对应聘者的初步面试。初步面试合格，方能进入下一轮的复试。所谓初步面试，是指面试人根据面试过程中的观察与言语问答所收集到的信息，对应聘者的素质特征及工作动机、工作经验等进行价值判定的过程。面谈评价表，即应用预先设计好的评价量表对这些因素做出正式的评价或评级，以便面试人做出总体评价和是否进入复试建议。表 3-3 所示为某公司的面谈评价表。

表 3-3　面谈评价表

姓名		性别		出生年月	
毕业院校				所学专业	
毕业时间				应聘职位	

提示：请面谈人员就适当的格内打"√"，不能确定的就免打。

评价项目	分　值				
	5分	4分	3分	2分	1分
仪表/举止/态度	极佳	佳	平实	略差	极差
体格、健康	极佳	佳	普通	稍差	极差
表达能力与反映能力	特强	优秀	平平	稍慢	极差
沟通能力与团队协作能力	特强	优秀	平平	略差	极差
事业心与以往工作稳定性	极强、稳定	很强、较稳定	普通、稳定	稍差、不稳定	极差、极不稳定

续上表

所具经历与应聘职位的配合程度	极配合	配合	尚配合	未尽配合	未能配合
前来本公司服务的意志	极坚定	坚定	普通	犹疑	极低
计算机应用能力	精通	熟练	一般	略通	不懂

综合评价：

总评	□拟予试用 □列入考虑 □不予考虑		
		面谈人：	
		日期： 年 月 日	

【知识拓展】

社交媒体在招聘中的运用

随着互联网特别是移动互联网的发展，社交媒体的运作（如微博、微信、人人网等）越来越发达，很多企业建立了自己的微博和微信账号，可以利用这个平台发布招募信息，并与粉丝互动。

一、社交媒体招募形式

社交媒体是网络人际传播、群体传播和大众传播等多种传播形态的融合，发表在其上的信息会被"粉丝""粉丝的粉丝"层层转发，"裂变式"的传播可以在短时间内实现几何级数的扩散。如此快速的信息传播速度是传统招聘形式很难企及的。很多企业看中微博、微信的高效率及"零成本"，企业的官方微博已经成为求职者获得就业信息的一个重要来源，信息和消息的获得比传统招募渠道更直接和有效。

二、社交媒体招募的优点

社交媒体招募的优点主要体现为：

（1）信息精炼、效率高。传统招聘网站每天有大量招聘信息弹出，内容繁杂，重点不突出，而微博和微信内容短小精悍，增强了信息的可读性和传递的有效性。

（2）定位精准，信息传播针对性强。无论微博还是微信，关注的人群很多都是有同样背景的专业人士，招聘信息的发放非常有针对性。

（3）即时通讯克服了传统招募信息滞后的弱点。

（4）信息传达形式多样，可以有文字、图片和语音等，有更强的吸引力，并能提供便捷的互动平台。

（5）成本低。社交媒体招聘相比传统招聘渠道，成本几乎为零。并且由于企业和求职者之间可以实现直接互动，效率较招募渠道大大提高，也降低了成本。

二、社交媒体招募的缺点

社交媒体招募的缺点主要表现为：

（1）对企业知名度要求较高，小企业使用效果欠佳；

（2）不易验证发布信息的真实性，还需进一步的线下交流；

（3）有时企业过分关注雇主形象宣传，宣传大于招聘本身，忽视了社交媒体的招聘作用；

（4）缺乏特色，有些社交网站忽视不同人群的差异，只是简单复制一种成功模式，导致招聘效果的不确定。

【网上练习】

登录招聘网站了解企业招聘信息，并模拟填写简历应聘。

【思考与讨论】

1. 企业招聘广告的发布有哪些主要途径？
2. 如何设计应聘申请表才能有助于组织筛选人才？
3. 面试评价表的评价标准从何而来？

任务3　员工选拔与录用

【任务情境】

××企业校园招聘方案

××企业是一家从事洗化用品生产的公司，根据企业战略部署计划和业务量的增长，现企业需要招聘一定数量的人员共同加入到企业中来，一同促进企业的发展。

一、校园招聘的目的及意义

刚走出校园的大学生，他们充满激情、可塑性强、善于发现问题。招聘一批具有专业知识技术的人才，一方面可以充实企业的专业人才队伍，另一方面也可以为企业管理者和技术人才储备后备力量。

二、招聘人数计划表

面向2016届毕业生的招聘计划表见表3-4。

表3-4 2016届毕业生招聘计划表

专业	类别	招聘人数（单位：人）	院校名称	学历（本科及以上）
工商管理	工商管理类			
法学	法学类			
广告学	新闻传播学类			
生物科学	生物科学类			
不限	储备人才			

三、招聘标准

（1）优秀的团队合作精神；

（2）务实的工作态度；

（3）较强的创新能力。

四、招聘方案设计

企业规划的招聘方案见表3-5。

表3-5 招聘方案一览表

专业	院校名称	时间	地点	预算费用（元）
工商管理				广告宣传费：1 000 资料、设备：1 200 人工成本：2 600
法学				
广告学				
生物科学				
不限				

五、招聘的实施

1．招聘的准备工作

（1）前期和学校的沟通。

（2）参加招聘的人员的确定。参加此次校园招聘的工作人员有总经理、用人部门的主要负责人、人力资源部经理、招聘专员、培训专员、薪酬专员、绩效考核负责人、具有校友身份的员工。

（3）相关资料的准备。包括企业的宣传资料、考题的准备。

（4）展台的布置。包括宣传标语的布置、仪器设备的准备。

（5）广告宣传。将准备好的企业宣传资料由有校友身份的员工向学校的毕业生分发，做好招聘前期的广告宣传。

2．招聘实施

进入校园正式展开招聘工作时，一般的程序如图3-2所示。

在招聘工作正式开始前，先播放事先准备好的资料影片，吸引众多的学生前来观看。

接着，通常由副总裁介绍企业的概况，内容主要包括以下几个方面：

（1）企业创建初期的情况；
（2）企业目前主要经营的业务；
（3）企业目前的发展状况；
（4）企业文化；
（5）用人政策。

在毕业生投递简历的同时，招聘人员会解答他们的问题。招聘人员在接收简历的时候可以向毕业生问一些问题，例如，"你最喜欢历史上的哪个人物？为什么？""请谈谈在大学期间的一些主要社会实践活动以及学到了什么？"招聘人员会根据毕业生的回答做出初步的简历筛选，通知进入第一轮考核的人员通常是计划招聘人数的300%。

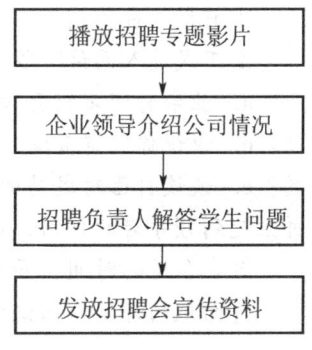

图3-2 校园招聘流程图

3. 笔试、面试

（1）笔试。经过初步的简历筛选后在一个星期之内，通知应聘者参加选拔的第一个环节——笔试。

①笔试的地点安排在公司的会议室和培训室，时间为60分钟，主要测试应聘者的综合素质，范围涉及常识、推理判断、分析问题、想象力、领导力、专业知识测试六方面，具体内容见表3-6。

表3-6 笔试内容一览表

综合能力测试试题分为五个部分，限时45分钟	1. 基本常识（占试题的5%）； 2. 推理判断题（占试题的20%）； 3. 计算题（占试题的10%）； 4. 问题分析题（占试题的30%）； 5. 想象力试题（占试题的5%）
	考核点 1. 效率； 2. 思维灵活度
领导能力测试，限时15分钟	主要是开放性的问题（占试题的30%），考查应聘者的领导潜质
专业技能测试 （作为笔试之外独立的一部分，是对有专业限制的学生进行的单独考试）	对象：有专业限制的部门的应试者，如技术研发部、质检部门等
	考核内容：要求应聘者就某些专题进行学术报告或者就自己的毕业论文与专业人士探讨，并请公司资深科研人员加以审评
	考察其专业水平

②根据笔试成绩的结果，再次淘汰一部分人员，笔试成绩合格的人员进入下一轮的考核——面试阶段，进入面试阶段人员的比例占计划招聘人数的200%，面试时间一般为45分钟。

（2）面试。第一轮面试由人力资源部经理整体把握，由人力资源部经理和招聘专员作为面试的主考官。采用结构化面试的方式。其步骤大致分为四个阶段：

①前期气氛的铺垫。双方相互介绍,营造良好的氛围。

②正式进入面试阶段,面试的问题主要包括以下内容:

a. 业余时间比较喜欢哪一方面的书籍? b. 请谈谈学习生活当中印象最深刻的一件事情。c. 说说你做得最满意的一件事情。d. 在大学四年中难免有摩擦,请问你是如何解决的? e. 谈谈自己对成功的理解(针对学生干部,请其谈谈在团队活动中如何采取主动,并且起到领导者的作用,最终获得所希望的结果)。f. 对自己的简要评价。

③在合适的时间,面试官会把面试引向结尾,让应聘者问自己感兴趣的问题。

④面试的评价。面试考官根据应聘者的表现在面试评价表(见表3-7)上打分。

表3-7 面试评价表

姓名		性别		年龄	
应聘职位		所属部门		面试日期	
考核内容	评价等级				
	A（不符合企业要求）	B（一般,基本符合）		C（较好,超出一般水准）	D（优秀）
仪容仪表					
语言表达能力					
灵活应变能力					
个人影响力					
专业知识					
总体评价					

面试主考官评价:

签字:　　　日期:　　　年　月　日

第二轮面试的主考官一般由企业高层领导、用人部门的经理、人力资源部经理三人组成,进入这一阶段的人员占计划招聘人数的150%。

4. 做出录用决策

应聘者从参加校园招聘会到最后被通知录用需要大约20天。公司根据应聘者几轮考核的表现,最终做出录用决策,并为被录用者办理入职手续。

六、招聘的总结与评估

公司招聘结束后,需要对整个校园招聘工作进行总结和评估。评估的主要指标包括招聘人员的数量是否达到计划的目标、录用人员的素质是否符合企业的要求、招聘的成本是否控制在预算之内。

(资料来源:孙宗虎等. 招聘与录用管理实务手册 [M]. 北京:人民邮电出版社,2007:64.)

学习情境三　员工招聘与录用

【任务要求】

1. 四人一组,轮流扮演上述校园招聘方案中面试环节的面试官和求职者。
2. 每位同学需准备下列材料:填好的招聘申请表或简历一份、面试问题清单、面试评价表。
3. 担任面试官时,面试时间约为15～20分钟,填写面试评价表约3分钟。
4. 扮演求职者时,要求提前填好招聘申请表,选择其中一个职位进行应聘。

【任务目标】

通过该实训项目,熟悉面试的程序及应注意的问题,将理论与实践相结合,增强感性认识。

【任务考核】

教师根据学生的外在表现(参与度、积极程度)、角色扮演的精准度、招聘资料的完整与适用程度,对各小组的学习表现进行评分。

【核心概念】

内部招聘;外部招聘;甄选;面试;背景调查;录用;招聘效果评估。

【知识精讲】

"得人者昌,失人者亡"说明了招聘在人力资源管理中的重要地位。在整个招聘过程中最核心的应当是人才甄选工作。通过甄选,可以把不适合的申请者在进入企业之前就排除在门外,而不是等他们进入企业之后再花费时间、精力和金钱去处理。人才的甄选可以通过人才测评、面试、笔试、情景模拟等方式进行,经过多年的实践,还有许多新的甄选工具正在被开发出来并投入使用。无论甄选技术如何发展,不可否认的事实是:想要在短时间内判断一个人是否与岗位要求相匹配绝对不是一件容易的事,这也是一些知名企业愿意投入大量时间、人力在招聘工作上的原因。显然,能在实践中有效运用甄选工具,是成为资深"伯乐"的必备条件。

一、招聘渠道

(一)内部招聘

1. 内部招聘及形式

内部招聘是指在公司出现职务空缺后,从公司内部选拔合适的人选来填补这个位置,是员工招聘的一种特殊形式。内部招聘的常见方式有以下几种:

(1)主管推荐

主管推荐是本企业的主管(或其他领导成员)根据企业职务空缺的需要,推荐其熟悉的合适人选给企业进行选择和考核。因为主管人员对职位胜任要求和员工的能力、具体表现都比较了解,最有发言权,因此成功的概率很大。在企业内部采取这种方法,往往是

上级推荐下级，这也有利于企业的管理及对候选人的全面考核。但是，采用内部推荐的方式必须有约束条件，就是推荐工作必须在规范的推荐流程和制度中进行，要注意实事求是，任人唯贤，否则有可能出现人为偏差。

（2）内部竞聘

内部竞聘也叫内部的竞争上岗，也是内部招聘最常见的方法之一。典型的内部竞聘程序是将职务空缺通知发布出去，并使所有的相关员工都能看到，然后让他们参与公平的岗位竞争。职务空缺通知要较全面地描述竞聘岗位的名称、工作职责和任职要求，以及报名截止日期等，符合任职要求的员工都可以自愿报名申请竞聘该职位。人力资源部要认真筛选这些申请，将不符合竞聘条件的员工加以剔除，然后组织符合条件的申请人进行笔试等考核和公开演讲答辩。

竞争上岗演讲的组织安排：首先要确定某个日期进行竞争上岗演讲，按岗位逐个组织竞聘者演讲答辩，评委小组一般由公司领导班子、人力资源部经理和相关业务部门的经理组成。通常一个职位有几个人参与竞聘，一般采取抽签决定竞聘顺序。竞聘者首先作自我介绍，然后陈述对竞聘岗位的认识、有何工作设想以及自己的竞争优势等。评委们提出各种问题，竞聘者一一回答。最后，评委们根据其现场表现情况、工作思路、理念以及结合平时的工作业绩等情况择优录用，最终决定职位的候选人。为了创造气氛，许多企业通常组织其他员工在现场助威。

实施内部竞聘的关键，在于用人标准的公开、公正、公平竞争和落实，对于实现组织公平和纠正主观意志偏差是非常有意义的。整个竞聘过程能让评委们和竞聘者都清晰地了解职位晋升的能力和要求，落选者也能心平气和地接受落选的事实。

2. 内部招聘的利弊

内部招聘作为企业人员补充的一种途径，好处在于重视企业与员工之间的长期合作、共同发展，能鼓舞士气，意味着赋予员工更多的职责、更丰富的工作内容和更富挑战性的工作机会，激励性强。另外，内部员工对企业情况比较了解，熟悉本企业文化，上岗之后磨合期短，比较容易适应新的工作环境。最后，内部招聘的招聘成本较少，因他们都是内部员工，公司对他们的情况也较了解，不需花很多精力对他们进行能力测试，省去背景调查、培训等环节，节省人力物力。

当然，内部招聘也有它的缺点，如用人部门容易搞小圈子、自我保护，外面的优秀人才进不来。如选拔不严格，很容易将人员提升到一个其不能胜任的工作岗位，造成操作不公，产生内部矛盾。另外，组织内部缺少人才流动，思想容易封闭而失去活力，不利于创新。

（二）外部招聘

1. 外部招聘及形式

在通常情况下，内部招聘往往不足以满足企业的用人需求，尤其是当一个企业处于创业时期、快速发展时期或需要特殊人才时，仅有内部招聘是不够的。这时候，企业会把目光转向社会这个巨大的人力资源市场，即借助社会劳动力市场，开展外部招聘。外部招聘是指公司面向社会劳动力市场寻找合适的人选，把他们吸引进入公司中，以解决职务空缺的问题。因此，外部招聘的实质，是公司与员工之间建立起劳动关系，使一般的社会劳动力转化为特定公司的组织成员。外部招聘的实施方式有以下几种。

（1）广告招聘

发布招聘广告是企业招聘人才最常见的方式，许多企业通过媒体以广告形式获得所需的人选。前面已作过介绍，可选择的广告媒体很多，如报纸、杂志、网络等。好的广告不仅能吸引所需的人员前来应聘，还能扩大企业的知名度和社会形象。在刊登招聘广告时，一定要注意选择合适的媒体，如想在全国招聘人才，则招聘广告不能刊登在地方性的报纸上，而要选择覆盖面较大的媒体。另外，如果要招聘一名机械类工程师，那么将广告登在机械或自动化类报刊上，就比登在农业类报刊上的效果好。

（2）校园招聘

在高等院校进行招聘，已成为企业喜欢运用的招聘渠道，也是企业招聘初级专业技术人员及管理人员的一个重要来源。每年都有成千上万的大学生、研究生从高等院校毕业，有些大型企业每年都会到固定的几所乃至几十所高校招聘人才，选择他们所需要的人才补充企业的人力资源。毕业生经过几年的专业学习和训练后，具备良好的专业知识、技能和理解能力，他们还没有形成职业定势又充满活力，容易接受新生事物，可塑性很强，是企业补员、保持活力的最有效办法。每年高校都会举行校园招聘会，邀请用人单位进场招聘人才。当然企业也要有所选择，结合自己招聘人才的要求和各高校的专业设置、培养特点等情况，有选择地参加校园招聘会，才能招到合适的人才。比如企业招聘的职位主要是机械制造、自动控制等，则要选择参加工科院校的招聘会。又如小型企业可在当地的院校中招聘，而大型企业则多挑选名牌大学进行招聘。

（3）借助中介机构

对于企业专业性很强的人才或中高层管理人员，从一般的招聘会是很难招到的，有时必须借助专业的市场中介，如人才交流中心、职业介绍所、猎头公司等机构。这类机构专门从事人才流动中介工作，联系面广，掌握的信息多。因此通过人才交流中心选择人员，用人单位可以很方便地在其人才库中寻找专业性强、基本符合条件的人员。猎头公司有专业的、广泛的资源，拥有储备人才库，搜索人才的速度快、质量高。招聘企业的中高层管理人员，猎头公司是非常好的选择。当然委托中介机构进行招聘需要支付一定费用，但与由企业自己进行招聘所需投入的人力、物力相比，招聘成本相差不大，而且效果更好。

（4）员工或熟人推荐

企业内部员工或企业的社会关系网络、熟人推荐，也是外部招聘的一种常用方式，他们把企业外部的合适人员介绍给公司，推荐的人选也往往比较可靠。当然，公司也要按招聘流程将推荐人选与其他渠道的应聘者一起进行考核，公平竞争，优秀者则予以录用。不能因为是员工或熟人推荐的，企业就降低任职要求，或不需经过考核程序就直接录用。

2．外部招聘的利弊

外部招聘的好处在于社会人才市场是个巨大的市场，人员的来源多样化，甚至是国际化，可为企业提供源源不断的人才，有利于招到高质量人才；其次，通过外部招聘人才，能改变企业的组织风格和适时实施战略转型；最后，新入职人员能够给企业带来新思想、新方法，对于保持企业的活力是很重要的。

但由于外聘对象来源于企业外部，也有明显的不足之处：一是外聘人员对企业不够了解，适应企业、进入工作角色和文化认同慢，磨合期会比较长；二是外部招聘的成本较高，要对应聘者进行科学的甄选，决策风险大，判断应聘者是否符合任职条件有时也是一件不太容易的事，有些企业成立自己的职业评价中心，这都是为了更好地实现外部招聘甄选人才；三是由于外部招聘是采取"空降"的形式，有时会打击现有人员的工作积极性。

二、员工的甄选

员工录用标准确定之后，必须根据这一标准选择合适的员工，这是人员甄选的任务。所谓人员甄选，是指通过各种方法、技术及考核面试，将选择范围逐步缩小，最终确定合格人选。要在众多的应聘人员当中准确地把优秀的人选识别出来，并不是一件简单的事情。因为在招聘活动中既要考核应聘者的专业知识、岗位技能等专业因素，又要考核应聘者的职业道德、进取心、工作态度、性格等非智力因素。员工的选拔、甄选过程一般包括对所有应聘者的情况进行初步的审查、知识与心理素质测试、面试等过程。

（一）资料筛选

人力资源部通过电子邮件、邮寄、现场招聘会、推荐材料等方式收集和接收应聘人员个人资料，并做好整理登记。整理分类的原则一般按应聘岗位来分类，每个岗位都有一定数量的应聘者。招聘人员必须对应聘者的资料进行审查筛选，重点审查其学历、专业、工作经历、工作业绩等情况，将学历、专业、经历和资格条件明显不符合任职要求的人员先过滤剔除掉。

招募筛选金字塔

"招募筛选金字塔"可以帮助确定为了雇用一定数量的新员工，具体需要吸引多少人来申请工作（见图3-3）。

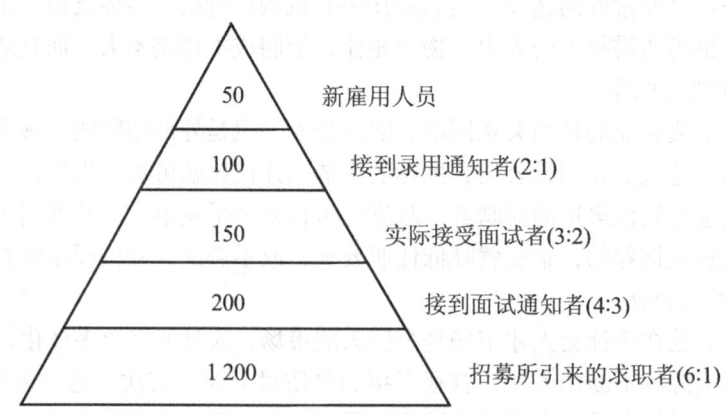

图3-3 招募筛选金字塔

（资料来源：[美]加里·德斯勒著. 人力资源管理[M]. 第2版，刘昕译，北京：中国人民大学出版社，1997.）

（二）初次面试

初次面试即一般性考察，通常由人力资源部实施。有些应聘者在简历里极力美化自己，但实际情况相差悬殊。通过安排面谈，按照工作岗位要求进行一般性考察以及观察应聘者显而易见的素质，把明显不合格的应聘者筛选出去。主持面试者在面试后须填写《面谈评价表》，将面试的情况和是否同意参加复试的意见填写上。初试通过的应聘者，才能进入下一轮的复试。面试切忌以貌取人，意气用事。

（三）笔试测试

笔试即专门性考察，是一种最古老又最基本的人员甄选方法。笔试内容可以是通用知识、也可以是专业知识的能力测试等，一般按不同岗位的要求，准备好书面测试题，安排应聘人员进行考核。应聘者的一般能力和专业能力在其教育水平和所学专业中已有体现，但教育状况与实际工作能力仍有差距，高分低能的情况并不少见。笔试主要考核应聘者对相关工作要求的基本业务知识的掌握程度和管理能力等。通过专业知识的能力测试，检查应聘者理解、执行、表达、沟通的实际工作潜能，可以大致了解其专业背景和管理能力等情况。

笔试试题要根据岗位的要求科学设计，内容可以是多方面的，如一般性知识、案例分析、综合设计、领导能力测试（适合管理人员）、价值观或道德观等内容。

（四）其他测试

除了上述的普遍能力测试外，根据职务工作的性质，有的企业或组织还会进行另外一些特殊能力的素质与能力测试，以了解应聘者对特殊工作的适应性。

1. 劳动技能测试

如果某些岗位有劳动技能方面的要求，就必须进行这种测试。例如，教师除了须具备专业的知识和技能外，其语言表达和组织教学能力显得非常重要，学校在招聘教师时，都要安排试讲（特别是对没有讲课经验的应届毕业生）。通过一节课的试讲，考察其是否能将知识点讲清楚，学生能否听懂，是否具备教师的素质和教育教学能力。

2. 职业心理测试

职业心理测试是运用心理测量技术了解被试者智力水平和个性特征的一种方法。目前，这种方法是企事业单位在招聘中判定求职者个体差异的有效工具，使用较广泛。职业心理测试的内容主要分为以下几大类：学业成就测试、职业兴趣测试、职业能力测试、职业人格测试和投射测试。

3. 管理能力测试（文件筐测试）

文件筐测试也叫公文处理测试。面试单位提供文件、备忘录、邮件、请示、报告、申诉信等文件，被试者根据自己的经验、知识、能力、性格、风格去处理 5～10 份文件。本测评可以用于测试应聘者的组织与规划能力、分析能力、判断能力和决策能力等。

4. 领导能力测试（无领导小组）

主试官给出一个与工作有关的题目，让一组被试者自由讨论，从而观察每个人的主动性、权力欲望、综合分析决策能力、时间控制能力、容忍力、说服力、口头表达能力、自信心、心理压力的耐受力、精力和人际交往能力等。

（五）正式面试

通常而言，人员甄选必不可少的程序是正式面试，正式面试和初次面试相比，面谈技术的使用更加严格，一般由用人部门负责人与人力资源部人员共同担任面试官。正式面谈的目的在于在短时间的直接交谈中，面试考官根据应聘者在面试中的回答情况和行为表现来判断每位应聘者的素质与能力。在面试过程中，应聘者通过面试问题的回答来最大限度地展现自己对工作岗位的理解和认识，而面试考官要能够在短暂的面试时间里对应聘者的表现和超越应聘者言谈之上的信息来预测他是否能够满足工作岗位的具体要求，而作出判断是否考虑录用。

1. 面试的准备和实施

面试实施之前，招聘工作人员应做好面试前的各项准备工作。例如设计面试问题、面谈评价表，编写面试提纲和答案，安排面试地点、布置会场，安排面试考官等面试准备工作。面试小组一般由5～7人组成，并设组长，负责主持面试工作。面试开始后，一般让应聘者作简单的自我介绍，然后各位面试考官提出问题，由应聘者一一作答。面试的形式有结构化面试、非结构化面试等。所谓结构化面试，即面试考官根据面试提纲控制整个面试的进行，严格按照提纲对每个应聘者分别作相同的提问，对所有的应聘者按照统一标准进行。而非结构化面试没有固定的模式，面试考官随意提问一些问题，目的是考核其随机应变等能力。面试考官在面试提问的过程中，要重点了解应聘者的仪容、仪表等举止、姿态及精神面貌，专业知识和特长，工作经验和以往业绩情况，求职动机，个人的兴趣与爱好，人际交往与沟通技巧，应变能力，分析判断能力等情况，并从上述的各项考核项目中对应聘者作出综合评价。面试评价表的范例如表3-8所示。

表3-8　××公司面试评分表

姓名		性别		出生年月	
学历		专业		应聘岗位	
面试项目	内容说明	分值	得分	备注	
外貌形象	外貌仪容是否端庄，穿着、举止是否得体大方，是否充满自信	10			
语言表达能力	语言表达是否干练，口齿是否清楚，回答问题的技巧、能力如何	10			
专业知识和技能	基础知识和专业知识掌握情况	30			
逻辑思维和灵活应变能力	逻辑思维和灵活应变能力情况	10			
事业进取心	工作兴趣及事业进取心	10			
综合分析能力	综合分析能力情况	10			
工作经验和以往业绩	是否有相关工作经验、以往取得的工作业绩情况	20			

续上表

综合得分	
综合评语	
录用与否意见	

面试人：

2．甄选决定

面试结束后，招聘组织人员要根据面试小组对每个人的打分情况，及时整理应聘者评分表，计算每一位应聘者的分数，并按照分数进行排名。如果小组成员对候选人录用意见一致，没有争议，那么分数排名在前面的就是录用的对象；如存在争议，面试小组须根据面试评分和相关测试记录等情况进行综合评价，最后择优选取录用名单交公司领导审批。

确定录用名单必须坚持原则，它关系到整个招聘工作的质量。整个甄选过程必须以对应聘者全面考核的结论为依据，由面试小组集体讨论决策，避免个人主观偏见，防止被用人的不正之风干扰。

（六）背景调查

对于一些重要岗位的候选人，单凭最后面试的情况决定录用，有时显得有些欠缺。因为面试在短时间里不可能对其实际工作能力、团队精神、道德品质等情况有足够的了解。有些企业为慎重起见，会对面试合格的候选人进行背景调查。背景调查的方法很多，常见的有：电话调查，即根据应聘者在应聘表中填写的工作、学习经历，打电话到其学习或工作过的单位，了解其在原学习的学校或工作过的单位的具体表现情况；派人上门，到应聘人员工作过或学习过的单位向其接触过的有关人员进行调查，以掌握第一手材料；发函调查，即通过邮寄调查表的形式到其原工作、学习单位，结果与前两种相似。

目前，应聘者伪造学历、职称和工作经历的事也时有发生，通过背景调查可以立即将这些不诚信的人排除在外。

进行背景调查应注意的问题

在进行背景调查的时候，要提前收集信息，准备好调查表，同时，应该注意以下的问题：

（1）事先通知应聘者。在进行背景调查前，应先告知应聘者，并要求其提供相关的必要信息，如前公司的电话、前直接主管的职位和联系方式等。这项内容可以设计在应聘申请表中，要应聘者填写应聘申请表时连同工作经历等信息一起填写。

（2）根据不同职位使用适合的背景调查方法。背景调查的精度取决于招聘岗位本身

的责任水平，责任较大的岗位要求进行准确、详细的调查，如对于管理人员、重要的职能及关键岗位，甚至可以启用中介公司进行深入调查。如果是一般职位的员工，只需要根据其提供的联系方式，致电前任公司进行调查。此外，对于外籍或者出国留学或者由海外归国工作的应聘者也应该进行调查。对回国的人员，可以通过国家教委对其海外的学历进行认证。可以根据我国驻国外领事馆的证明信判断其在国外居留的时间和目的；和他们在国外的公司联系，或通过核查推荐信的形式对其工作经历予以核实和确认。需要注意的是，背景调查主要是对于应聘者工作情况相关方面的调查，而无关的特别是涉及个人隐私的问题，要坚决避免，同时，还要做好书面形式的记录，以作为是否录用该应聘者的依据。

（3）背景调查内容应以简明、实用为原则。内容简明是为了控制背景调查的工作量，降低调查成本，缩短调查时间，以免延误上岗时间而使用人部门人力吃紧，影响业务开展。同时，优秀人才往往被几家组织互相争夺，长时间的调查会给竞争对手制造机会。实用指调查的项目必须与工作岗位需求高度相关，避免查非所用，用者未查。

（4）遇到不一致的信息，不要轻易下结论。在调查过程中，要注意分辨通过背景调查到的关于应聘者的各种情况，这些情况既有客观情况，也会有诸如关于应聘者的性格等主观性较强的内容。由于有些调查结果的主观程度较强，在决定是否录用时，要谨慎使用这些调查结果。

最后，背景调查应与应聘者其他甄选结果结合使用，因为背景调查并不是万能的，错误和失真有时难以避免，但如果将背景调查同其他甄别手段相结合，进行多维验证，就会大大提高选择的准确性。对背景调查的信息应综合分析再下定论，尽量使所下结论的依据更充分，不宜草草论断。例如，某位领导对下属有个人的成见，或是工作过程中有矛盾，在回应调查问题的时候，给出的评价信息可能会带有很多个人的偏见，因此，对信息要有辨别力，不可不信，但又不可盲目相信。

三、员工的录用

录用人员报告经企业领导审批确定之后，人力资源部就要发出录用通知书。有些企业为了节省时间，有时也用电话通知或电子邮件。录用通知单里要写清楚录用职位、报到日期、需携带证书和资料、其他注意事项等。对于未录用的应聘者，招聘单位应以辞谢。这样做有利于维护企业的良好社会形象，也可以体现对未录用者应有的尊重。此外，这些落选者资料可存入公司的人才库中，一旦公司急需用人，可直接与他们联系，从而减少招聘时间和费用。

员工录用过程一般可分为入职手续的办理、劳动合同的签订、试用、转正等几个阶段。

（一）入职手续的办理

接到聘用通知后，候选人应在指定日期内到人力资源部报到，如因故不能按期报到，应事先报告人事部门，另行确定报到日期。入职报到程序为：

一是到人力资源部办理报到登记手续，报到时须提交个人的身份证、学历证明、职称证原件及复印件、近期体检报告、免冠近照2张和公司要求提供的其他资料，填写有关个人资料信息的登记表。如果候选人是从其他单位离职后应聘的，还须提供与原单位解除劳动关系的证明（离职证明）。

员工提供的个人资料必须真实、准确、完整，如发现有伪造、虚假，用人单位有权对候选人作出相应的处理（包括辞退等）。

二是由人事部门组织阅读和学习公司的规章制度，领取《员工手册》《岗位说明书》等资料，并签署《员工入职声明》，签订劳动合同。

三是凭人力资源部开具的入职报到表到各个职能部门报到，领取文具、安排住宿等。

四是与用人部门领导（经理）见面，接受工作安排。

（二）劳动合同的签订

按《劳动合同法》的要求，在新员工入职报到的一个月内，双方必须签订劳动合同。在签订劳动合同前，公司必须组织新员工学习公司的有关规章制度，明确岗位要求等。签订劳动合同后，明确双方的责任、义务与权利。

（三）试用期

试用期是指企业对新录用员工进行考察的期限。在试用期间，企业对新上岗员工进行尝试性使用，对员工的能力与潜力、个人品质与心理素质进行进一步考核。新入职员工的试用期按其劳动合同期限进行约定，一般为1～3个月，最长不超过6个月，试用期间领取试用期工资。公司将在新员工试用期满前进行考核，如果不符合录用条件或不能胜任岗位的要求，公司可以终止对新员工的试用，与其解除劳动合同。

（四）转正

试用期满前，员工个人须向公司提出转正申请。一般由用人部门会同人力资源管理部门根据新员工在试用期间的具体表现进行考核，做出鉴定，对表现良好、符合公司要求的新员工，按期转正，使其成为正式员工。

四、招聘效果评估

（一）招聘有效性分析

招聘评估主要指对招聘的结果、招聘的成本和招聘的方法等方面进行评估。一般在一次招聘工作结束之后，要对整个招聘工作做一个总结和评价，目的是提高今后招聘工作的效率和质量，让招聘工作更加科学、合理，同时降低招聘成本。

所谓招聘有效性是指企业或招聘者在适宜的时间范围内采取适宜的方式，实现人、职位、企业三者的最佳匹配，以达到因事任人、人尽其才、才尽其用的目标。

招聘有效性既需要通过结果来衡量，也需要通过行为或活动加以体现。招聘有效性可以从下面三个方面进行理解：

一是招聘匹配度。匹配度是衡量招聘有效性的核心指标。招聘工作的最终目的是为了招募到企业所需要的人才。因此，评价招聘工作的核心指标应该是招聘到的人才与企业需求相匹配。美国人力资源协会的调查也佐证了这一点，其调查结果显示，美国企业对招聘工作效果的评估指标依照重要程度排序为：录用质量（匹配度）的高低；顾客满意程度；时间投入的多寡；成本的高低。对招聘匹配度的评估可以考虑两方面情况：首先，招聘人员的工作经验、能力表现等与岗位需求相匹配；其次，招聘到的人员业绩表现达到满意以上水准。

二是招聘的及时性。招聘及时性反映出招聘工作的效率，招聘及时才能不耽误用人部门工作的开展。招聘及时性的保证需要通过制订完善的招聘计划、选择有效的信息发布渠道及招聘渠道、严谨的招聘过程把控等工作来实现。

三是招聘的费用。招聘费用也是招聘有效性不可或缺的判断指标。若是招聘成本过高，哪怕招聘到的人符合需求，招聘的有效性也必然大打折扣。

概括地说，招聘有效性应该从人员匹配度、招聘及时性、招聘成本三方面进行判断。第一判断指标是招聘到的人员的匹配度，属于结果指标；匹配度是通过招聘到的人员在工作中反映出来的，招聘及时性、招聘费用是次要判断指标。

（二）招聘成本的评价

招聘成本的评价是指对招聘中的费用进行调查核实，并对照预算进行评价的过程。招聘成本分为招聘总成本与招聘单位成本。招聘总成本是人力资源的获取成本；而招聘单位成本＝招聘总成本/录用人员数量。

当企业进行小型招聘时，招聘成本的评价比较简单。如果是一次大型招聘活动，涉及多种不同招聘来源和招聘方法，那么就要对招聘成本进行综合分析和分类分析。

每年的招聘预算是全年人力资源开发与管理总预算的一部分，招聘预算主要包括招聘广告预算、招聘测试预算、差旅费用预算、其他费用等。

每年招聘结束后，要进行核算，检查招聘经费的使用情况，并核算单位招聘成本。如果成本低，录用人员多，就证明招聘效率高。

（三）录用人员的评价

录用人员的评价是指根据招聘决策对录用人员的质量和数量进行评价的过程。对录用人员数量的评价，通常用三个指标来衡量：

录用比＝录用人数/应聘人数

招聘完成率＝录用人数/计划招聘人数

应聘比＝应聘人数/计划招聘人数

前面已经作过介绍，如果企业进行的是一次大型招聘活动，涉及多种不同招聘来源和招聘方法，由于录用人员的来源不同，通常录用的方法也不尽相同。进行录用人员分析，有利于企业了解某一类人才通过何种招聘渠道来招聘最有效，有利于企业了解某一类人才最有效的测试或录用方法。

另外，对录用人员质量的评价，是指录用者与其应聘的职位所要求的知识技能的符合程度。一般通过试用期或年度的考核工作，可以判别新入职员工的工作情况，是否符合要求，对于改进今后的招聘工作是很有好处的。

【知识拓展】

招聘时应注意的问题

1. 简历并不能代表本人

最通俗的一个说法是：简历的精美程度与应聘者个人能力无关。招聘专员可以通过简历大致地了解应聘者的情况，初步判断出是否需要安排面试。但招聘专员应该尽量避免通过简历对应聘者做深入的评价，也不应该因为简历对面试产生影响。

2. **工作经历比学历重要**

对于有工作经验的人而言，工作经历远远比他的学历重要。他以前所处的工作环境和他以前所从事的工作最能反映他的需求特征和能力特征。特别是一些从事高新技术研发的人员，如果在两三年里没有在这个领域做过工作，很难说他能掌握这方面的先进技术。另外，从应聘者的工作经历中还可以反映出他的价值观和价值取向，这些东西远远比他的学历所显示的信息更加重要。

3. **不要忽视求职者的个性特征**

对岗位技能合格的应聘者，我们要注意考察他的个性特征。首先要考察他的性格特征在这个岗位上是否有发展潜力，有些应聘者可能在知识层面上适合该岗位的要求，但个性特征却会限制他在该岗位上的发展。比如一个应聘技术攻关的应聘者，他可能掌握了相关的知识，但缺乏自学能力，并且没有钻研精神，显然他不适合这个岗位。

4. **让应聘者更多地了解公司**

招聘和求职是双向选择，招聘专员除了要更多地了解应聘者的情况外，还要让应聘者能够更充分地对公司的情况进行了解。应注意的是，当应聘者与公司进行初步接触时，应聘者一般都会对公司有过高的估计，这种估计会形成一个应聘者与公司的"精神契约"。招聘专员让应聘者更多地了解公司的目的之一就是打破这种"精神契约"（而不是加强）。

应聘者对公司不切实际的期望越高，在他进入公司后，他的失望也就会越大。这种状况可能会导致员工对公司的不满，甚至离职。所以，让应聘者在应聘时更多地了解公司是非常重要的。

5. **给应聘者更多的表现机会**

招聘人员应该尽可能为应聘者提供更多的表现机会。比如，在应聘者递交应聘材料时，可让应聘者提供更详尽的能证明自己工作能力的材料。另外，在面试时，招聘人员可以提一些能够让应聘者充分发挥自己才能的问题。如："如果让你做这件事，你将怎么办？""在以前工作中，你最满意的是哪一项工作？"等等。

6. **面试安排要周到**

为了保证面试工作的顺利进行，面试安排非常重要。首先是时间安排，面试时间既要保证应聘者有时间前来，要保证公司相关领导能够到场；其次是面试内容的设计，比如面试时需要提哪些问题，需要考察应聘者哪些方面的素质，等等，都需要提前做好准备。最后要做好接待工作，要有应聘者等待面试的场所，最好备一些公司的宣传资料，以备应聘者等待时翻阅。面试的过程是一个双向交流的过程，面试安排得是否周到体现了一个公司的管理素质和企业形象。

7. **注意自身面试时的形象**

关于应聘者在面试时应该如何注意自己的形象这个话题已经谈了很多。实际上，面试时招聘人员也应该注意自身的形象。招聘人员首先应注意的是自己的仪表和举止，另外要

注意自己的谈吐。在向应聘者提问时，应该显示出自己的能力和素养。

8. 如何识别假文凭

其一是观察法。通过眼睛观察和真文凭的对比来识别假文凭。如果周围有真文凭可以将它与需识别的文凭进行对比，这时往往可以发现其真伪。

其二是提问法。通过对应试者的学识、常识和能力的提问来鉴别文凭的真假。根据文凭中的专业，面试人员提一些专业性问题可以初步判断文凭的真伪性；假如面试人员对应试者的专业不甚了解，可以采取一些提问技巧，如问其最好的同学是谁，再复核确定其文凭的真伪。

其三是核实法。面试人员可以与文凭所在学校的学籍管理部门联系，让他们协助调查该文凭的真伪。此外，还可通过相关网络进行文凭真伪的查证。目前，中国高等教育学生信息网（http：//www.chsi.com.cn）是学历证书查询的唯一网站。

（资料来源：http：//www.hnrc.com.）

【网上练习】

上网收集企业招聘人才的面谈题目，尝试进行回答。

【思考与讨论】

1. 内部招聘如何保证公开、公平、公正地落实？
2. 比较内部招聘与外部招聘的利弊。
3. 如何有效审查、筛选应聘资料？
4. 入职手续的办理一般包括哪些步骤？
5. 如何根据企业的岗位要求设计转正申请表？

【思考与讨论】

某公司人力资源部为了探究更有利于公司招聘所需职位人员的渠道，在对此次招聘的相关资料进行整理的基础上，形成了一份统计表（见表3-9）。

表3-9　××公司××职位招聘渠道分析表

	招聘渠道				
	校园招聘	员工推荐	报刊广告	网上招聘	猎头公司
吸引求职简历的数量（份）	300	50	400	300	20
接受面试的求职者人数	160	45	280	120	20
合格的应聘人数	120	40	100	40	19
实际录用人数	50	15	20	8	7
总成本（元）	30 000	12 000	20 000	15 000	45 000

请计算各种招聘渠道的招聘录用比率和实际录用人员的单位成本。

新知新技：五种创新招聘方式

招聘已经进入了一个新时代，现在的雇主更加看重求职者的网络表现，大多数公司已经成功地把社交媒体和招聘工作融为一体，形成全新招聘方式。

1. 社会化人才

采用比赛和游戏的方式，让求职者表达自己的想法和见解，而不是呈现在简历中一成不变的标准化证书。他们在比赛中的表现，能够展示个人的天赋资质而非教育经验，这才是就业市场的前景。通过比赛招聘头脑聪明的求职者，不仅是因为最优秀的人才能够在竞争中脱颖而出。更重要的是，这些求职者将在招聘过程中了解公司的发展重点、目标和使命。

2. 设定时限的商业挑战

万事达卡今年举行的"无现金社会"招聘活动吸引了350多位符合条件的求职者，相比之下，公司历年来每刊登一则招聘广告只能收到20到30份求职申请。求职者被要求通过第三方社会媒体来解释"无现金社会"对自己的意义，他们有四周时间来完成这项挑战。有人制作了视频，有人通过博客的形式成功推出了"无现金到五月"的宣传活动。

3. 招聘影响力

除了培养职场人才，企业必须建立强有力的雇主品牌，让潜在员工产生共鸣。同样地，社交媒体能够展示求职者的个人品牌。这迫使企业小心谨慎地打造雇主品牌，以吸引顶尖人才的加入。他们必须使用社交媒体这种方式，不仅要吸引和保持粉丝，还要打造让年轻员工产生共鸣的品牌，以符合他们对雇主的期望。

下面这项研究的结果可能会让你大吃一惊。研究机构 Net Impact 对 1 726 所高校的学生进行的调查显示，有58%的学生愿意减薪15%，为符合自己价值观的组织工作。

这会激励越来越多的组织在招聘过程中建立他们对社会责任的承诺。

4. 创新的要求

IBM 商业价值研究院对 1 500 名企业总裁的调查显示，在充满不确定性的商业环境中，总裁们把"创意"和"创新"看作决定企业未来的重要领导能力。

但是企业不会等到员工开始行动才接受创新培训，恰恰相反，他们正在把创新能力融入招聘流程。

我们看到在招聘过程中，越来越多的公司要求申请人解决商业挑战，为新产品或新服务提供输入设计，推销创意理念，或者对公司面临的阻碍进行分析。这些类型的商业挑战，旨在挑选具有创新思维和 T 型技能的求职者，这些技能意味着他们拥有某个领域的丰厚知识，能够结合跨学科的协作能力。

5. 招聘过程引入竞争机制

德勤会计师事务所（Deloitte）、埃森哲咨询公司（Accenture）和普华永道公司（PwC）都是最早对招聘进行反思的专业服务机构，普华永道公司在招聘流程中建立了竞争机制，为了培养求职者的批判性思维、团队合作和沟通技巧——这都是员工在该公司获得成功所需的关键技能，这家公司建立了 xTREME Gamesg 平台，致力于培养会计专业本科生掌握他们所需的业务技能。

（资料来源：http://blog.hr.com.cn/html/Ol/n-96901.html）

学习情境四 员工关系管理

岗 位 描 述

【岗位名称】

员工关系管理专员/劳动关系管理专员/劳动关系协调员。

【岗位职责】

员工关系管理岗位的主要职责是：负责劳动关系的建立、变更、解除和协调等工作。具体职责包括以下几个方面：

（1）熟练掌握国家的各种劳动法律法规，熟悉各种办事流程；

（2）协助上级主管进行公司劳动管理制度的制定和完善，对可能出现的情况提出有效的解决方案和预防办法；

（3）负责公司全体员工劳动合同书及各类专项协议的签订、续订及保管工作；负责劳动合同变更书、终止和解除劳动合同通知书的拟定及发送；

（4）试用期员工的考核，了解新员工试用期的各项评核信息，并对评核信息进行核实；

（5）负责员工的转正、调动、辞职、离职、辞退等日常手续的办理，并及时存档；

（6）员工背景信息核实，管理员工信息档案，完善公司各项人事数据资料，填制和分析各类人事统计报表；

（7）作为用人单位在劳动争议调解委员会中的代表参与劳动争议调解工作，作为用人单位的代理人参与劳动争议仲裁和诉讼活动；

（8）及时收集员工的各种信息，了解员工的各种动态，做好人事调查工作；

（9）帮助建立积极的员工关系，协调员工与管理层的关系，组织策划员工的各类活动。

任 务 解 析

亲爱的同学们，企业在日常经营活动中，通常会安排专人如员工关系管理员来负责劳动关系管理的事务性工作，负责起草订立劳动合同、员工档案管理、劳动争议信息收集与协调处理、员工沟通管理等。自从 2008 年 1 月 1 日《劳动合同法》《就业促进法》实施以来，国家陆续颁布了《社会保险法》等多部劳动法律，并不断对之前的劳动法律进行修订，中国企业在员工雇佣管理过程中需要遵循的法律框架越来越严格。如果劳动争议频频发生，不但会影响企业经营任务的完成和绩效目标的实现，也会影响企业在社会上的用工形象。通过本情境的学习，你需要熟悉我国现行的劳动法律法规，掌握开展劳动合同管理的工作要求，知道当出现劳动争议时应当如何处理。在此基础上你还要理解劳动争议预防工作的重要性，加强沟通，了解员工的需求与满意度情况，努力构建和谐的劳动关系。本学习情境包含以下学习任务：

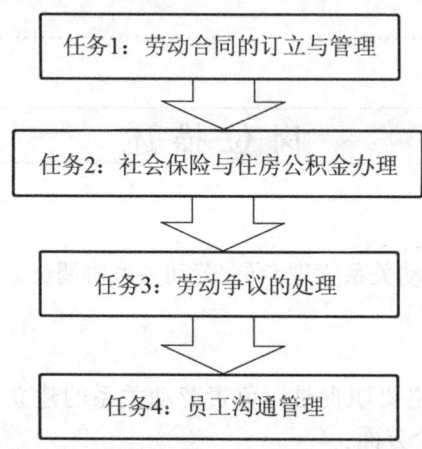

学 习 目 标

【知识目标】

☞ 理解劳动合同的含义；
☞ 掌握劳动合同的试用期和劳动合同期限的确立要求；
☞ 掌握劳动合同的续订、变更、解除、终止等概念；
☞ 掌握社会保险的概念及种类；
☞ 掌握住房公积金的概念；
☞ 掌握典型劳动争议的类型及处理途径；
☞ 了解企业如何防范劳动争议的发生；
☞ 理解管理沟通的概念；
☞ 了解员工满意度调查的必要性。

【技术技能目标】

☞ 能够根据员工的不同情况，签订合法有效的劳动合同；
☞ 能够进行劳动合同的续订、变更、解除、终止等手续办理；
☞ 能够计算企业和员工缴纳的社会保险费；
☞ 能够计算企业和员工的住房公积金缴存数额；
☞ 能够处理简单的劳动争议；
☞ 初步掌握管理沟通的方法；
☞ 初步掌握开展员工满意度调查的方法。

学习情境四 员工关系管理

任务1　劳动合同的订立与管理

【任务情境】

严先生在广东省一家著名的方便面公司从事人力资源工作。公司在全省范围内的各大卖场、超级市场常年安排促销小姐，以推销自己的产品。可是严先生接手时发现，促销小姐流动性极大，促销部门对于促销小姐的用工也极不规范，不仅不签订劳动合同，社会保险等费用也从不缴纳，以至于人力资源部门要频频处理此类纠纷。于是严先生决定着手规范促销部门的用工。可是促销部门主管却提出了异议：我们这里的人员流动那么大，原本不签合同可以随用随走，如果签订合同，那用工太不灵活了，根本无法操作。在很大的阻力面前，严先生很头疼：如何能做到既能照顾流动性，又能合法用工呢？

【任务要求】

1. 请结合案例讨论企业用工为什么要订立劳动合同。
2. 请使用《广东省劳动合同范本》为该公司制定一份针对促销员的劳动合同。

【任务目标】

了解订立劳动合同的重要性，熟悉劳动合同的条款；熟悉劳动合同订立、变更、解除、终止的工作要求；能够就单位劳动关系管理工作的规范性、合法性提出建议。

【任务考核】

教师参考以下标准对学习成果进行评价：
（1）能引用法律条文说明签订劳动合同的必要性和不签合同的风险；
（2）劳动合同各项条款填写合法、完整、准确，符合企业用人要求。

【核心概念】

劳动合同；劳动合同的试用期；劳动合同期限；劳动合同续订；劳动合同的变更；劳动合同解除；劳动合同终止。

【知识精讲】

员工关系管理是企业组织管理的重要方面，随着"人"在企业中重要性的不断加强和国家劳动法律、法规更加规范、严格，员工关系管理已经成为影响企业发展的重要方面，同时也是企业风险的重要来源。员工劳动关系管理是指通过规范化、制度化的管理，使劳动关系双方（企业与员工）的行为得到规范，权益得到保障。这项工作的内容有：劳动合同的订立、续订、变更和解除的管理；员工日常档案管理、员工劳动安全的教育与管理；员工劳动争议的处理。显然，劳动关系管理是对人的管理，是一个思想交流的过程。劳动关系管理中，劳动合同是重要的一个环节，也是一项基础性工作，大量的劳动争

议是因订立、变更、解除、终止劳动合同而引起的。

一、劳动合同的订立

（一）劳动合同的含义

劳动合同也称为劳动契约或者劳动协议，是劳动者与用人单位确立劳动关系，明确双方权利和义务的协议。

我国自1986年实施劳动合同制度以来，劳动合同制度已经成为调整劳动关系必不可少的法律机制，同时劳动合同也是用人单位与劳动者发生劳动争议时主张权利的依据。劳动合同能够控制劳动者在劳动过程中的行为，规范劳动活动，调整劳动关系，从而达到组织社会劳动、合理使用劳动力、稳定劳动关系的作用。

在《中华人民共和国劳动合同法》（以下简称《劳动合同法》）颁布之前，劳动关系建立的标志是劳动合同的签订，这导致了很多不签订劳动合同的实际用工纠纷无法取证，极大地损害了劳动者的利益，而《劳动合同法》的颁布改变了这一点。《劳动合同法》第七条规定："用人单位自用工之日起即与劳动者建立劳动关系。"《劳动合同法》第十条规定："建立劳动关系，应当订立书面劳动合同。未同时订立书面劳动合同的，应当自用工之日起一个月内订立书面劳动合同。用人单位与劳动者在用工之前订立劳动合同的，劳动关系自用工之日起建立。"这就明确了劳动关系建立的标志是实际用工，而非劳动合同的签订。不管劳动合同签订与否，只要有实际用工行为，就意味着已经建立劳动关系。

事实劳动关系

事实劳动关系是指用人单位与劳动者之间没有签订劳动合同，但劳动者在事实上为用人单位提供有偿劳动的一种劳动关系。劳动法明确要求建立劳动关系应订立劳动合同，因此，事实劳动关系是不规范的，也是不合法的，极易引发劳动争议。以下这些情况容易出现事实劳动关系：部门私自用工；不向人力资源部汇报，不经人力资源部同意，私自外聘助手进行工作；在人力资源部与员工正式办理入职手续之前，同意员工入职；劳动合同到期之后，不及时续签，导致与员工没有书面合同却仍然存在劳动关系；将部门劳务外包。

（二）劳动合同的条款

《劳动合同法》第十七条规定，劳动合同的条款主要包括法定条款和约定条款。

1. 法定条款

法定条款包括以下内容：

（1）用人单位的名称、住所和法定代表人或者主要负责人；

（2）劳动者的姓名、住址和居民身份证或者其他有效身份证件号码；

（3）劳动合同期限，具体包括3种：一是有固定期限的劳动合同；二是无固定期限的劳动合同；三是以完成一定工作为期限的劳动合同；

（4）工作内容和工作地点：包括工种及岗位名称、工作地点及场所；

（5）工作时间和休息休假：包括加班加点、工作班制；

（6）劳动报酬：包括工资制度、工资给付标准、工资给付时间、给付周期、工资计算办法、奖金津贴获得条件及标准、工资不得低于当地最低工资给付标准；

（7）社会保险：包括劳动者的生育、养老、疾病、死亡、伤残、失业等保险项目的缴费标准、缴费方式等办法；

（8）劳动保护、劳动条件和职业危害防护，包括劳动工作条件、劳动工具、生产工作流程、安全操作规程、安全卫生制度、健康检查、女工及未成年工特殊保护和伤亡事故处理制度；

（9）法律、法规规定应当纳入劳动合同的其他事项。

2. 约定条款

"劳动合同除前款规定的必备条款外，用人单位与劳动者可以约定试用期、培训、保守秘密、补充保险和福利待遇等其他事项。"这就是劳动合同协商条款的规定。

（1）试用期限：试用期包含在劳动合同期限中，最长不得超过6个月，具体规定见下文；

（2）培训：双方约定培训条件、培训期间的工资待遇、培训费用的支付方法、服务期限；

（3）保密事项：凡是用人企业的商业机密，劳动者有保守机密的责任，保密范畴要加以明确规范；

（4）补充保险和福利待遇：补充养老及医疗等保险和适应企业特点的福利待遇；

（5）当事人协商约定的其他事项：如住房、公务车或子女教育费补贴等。

（三）劳动合同订立的程序

劳动合同的订立程序是指劳动合同在订立过程中必须履行的手续和必须遵循的步骤。根据我国劳动法律法规的规定以及实践中的做法，对于新录用的人员，订立劳动合同一般的程序如下：

首先是用人单位向社会发布招聘信息，载明具体岗位名称、数量、任职条件、工作地点及待遇等，向社会发出订立劳动合同的邀请；其次应聘者自愿报名应聘，即投简历应聘，这是应聘者对用人单位订立劳动合同邀请的响应；再次是用人单位对应聘者是否符合招聘岗位的录用要求进行面试、笔试等考核过程后，择优录用应聘人员，并对候选人发出录用通知。最后，对于接到录用通知的候选人，须按指定的日期到用人单位人力资源部门报到。用人单位提出劳动合同草案文本，介绍单位的规章制度，然后双方充分协商劳动合同的内容，并达成一致的意见，由双方签字盖章，劳动合同生效。劳动合同文本一式两份，双方各执一份。

（四）劳动合同档案管理

用人单位与劳动者订立劳动合同之后，人力资源部应当对本单位签订的劳动合同指定专人进行统一管理，对员工劳动合同进行编号和编写目录，一般将员工的劳动合同文本放置在员工的人事档案中，妥善保存。另外，《劳动合同法》第五十条第三款还规定："用人单位对已经解除或者终止的劳动合同文本，至少保存两年备查。"

（五）订立劳动合同应注意的几个事项

1. 用人单位要依法建立和完善劳动规章制度

《劳动合同法》第四条规定：用人单位应当依法建立和完善劳动规章制度，保障劳动者享有劳动权利，履行劳动义务。

所谓用人单位规章制度，是指用人单位制定的适用于该单位的劳动规则，是劳动者在共同劳动过程中必须遵守的行为规范与准则。其主要包括以下内容：劳动合同管理、工资管理、社会保险福利待遇、工时休假、奖惩及其他劳动管理规定等。用人单位与劳动者签订的劳动合同中都有劳动者必须遵守用人单位规章制度的原则约定。法律对用人单位制定的规章制度有一定的要求，以防止用人单位利用所谓"内部规则"来损害劳动者的合法权益。因此，用人单位制订的规章制度必须符合以下几个原则：

（1）规章制度必须依法制订。用人单位的规章制度必须是由用人单位依法制定的，包括内容合法和程序合法。内容必须符合《劳动法》《劳动合同法》及有关法律、法规；程序合法是指规章制度的制定必须符合法律规定的程序，如规章制度必须是有权部门制作批准，对于法律规定必须经过职代会或职工大会及法律规定的其他民主形式通过的，还必须按法定的民主程序制定。

（2）规章制度不得违反劳动合同和集体合同的约定。

（3）规章制度必须明确向劳动者公示。未经公示的企业内部规章制度，职工无所适从，对职工不具有约束力。首先，用人单位在与员工签订劳动合同时，应当告知公司相应的规章制度；其次，制定新的规章制度后，应当组织全体员工进行培训并做书面记录，将相应的证据保存下来，避免以后的举证困难。

常用的公示方法有：①将规章制度作为劳动合同的组成部分，以附件的形式体现；②将单位规章制度汇编成册，向每位员工发放，并制作发放表签收；③以会议的形式传达，并制作会议签到表等。

2. 不得扣压身份证或收取钱物

《劳动合同法》第九条规定：用人单位招用劳动者，不得扣压劳动者的居民身份证或者其他证件，不得要求劳动者提供担保或者以担保名义向劳动者收取钱物。《劳动合同法》第八十四条第一款规定："用人单位违反本法规定，扣压劳动者身份证件的，由劳动行政部门责令限期退还劳动者本人，并依照有关法律规定，给予处罚"。《劳动合同法》第八十四条第二款规定："用人单位违反本法规定，要求劳动者提供担保、向劳动者收取财物的，由劳动行政部门责令限期退还劳动者本人，并以每人五百元以上二千元以下的标准处以罚款；给劳动者造成损害的，应当承担赔偿责任。

3. 劳动合同的期限

劳动合同期限是指劳动合同的有效期间。在劳动合同的有效期限内，劳动者与用人单位依据劳动合同的规定享有权利、承担义务，期限届满劳动合同即告终止。根据《劳动合同法》第十二条规定，劳动合同分为固定期限劳动合同、无固定期限劳动合同和以完成一定工作任务为期限的劳动合同三种形式。

固定期限劳动合同，是指用人单位与劳动者约定合同终止时间的劳动合同，这种合同的有效期限非常明确，如以一年或两年为有效期限的劳动合同。例如，小王 2016 年 6 月底从广州某高校毕业，受聘于广州科创发展有限公司，签订的劳动合同期限从 2016 年 7 月 1 日起至 2018 年 6 月 30 日止，有效期限是两年，属于固定期限劳动合同。

无固定期限劳动合同，是指用人单位与劳动者约定无合同终止时间的劳动合同。通常称为长期合同。合同签订后，如无特殊情况，劳动者与用人单位的劳动关系无限期延续，直至劳动者依法享受基本养老保险待遇。例如，老张在某公司连续工作已超过 10 年，原来签订的劳动合同在 2015 年 12 月 31 日期满，经与公司协商一致，重新签订劳动合同，期限从 2016 年 1 月 1 日起至法定的终止条件出现时止，则属于无固定期限劳动合同。

以完成一定工作任务为期限的劳动合同，是指用人单位与劳动者约定以某项工作的完成为合同终止条件的劳动合同。这种合同的特点是，既不是没有期限，也不是有固定的具体期限，是以合同中规定的工作任务完成作为合同期满的有效期限。以项目承包方式完成承包任务为期限的劳动合同通常采用此类合同，如劳动者小黄与某建筑工程公司签订以完成一定工作任务为期限的劳动合同，以某大厦工程开工到竣工验收作为合同期满的期限。

5. 劳动合同的试用期

根据《劳动合同法》第十九条的有关规定，用人单位与劳动者可以约定试用期，试用期包含在劳动合同期限内。劳动合同的试用期是指用人单位对新聘用的劳动者进行考察的期限。规定劳动合同试用期，有利于维护双方当事人的合法权益。在试用期间，用人单位可以考察新聘用的劳动者的实际工作能力和其他表现情况，以确定是否符合录用条件；对劳动者来说，则可以考察用人单位，了解其真实情况，对其企业文化是否有认同感，自己是否能适应。

试用期的长短由当事人双方协商确定，但最长不得超过六个月。对于试用期，《劳动合同法》第十九条规定：劳动合同期限三个月以上不满一年，试用期不得超过一个月；劳动合同期限一年以上不满三年，试用期不得超过两个月；三年以上固定期限和无固定期限的劳动合同，试用期不得超过六个月。

另外，《劳动合同法》第十九条还规定：同一用人单位与同一劳动者只能约定一次试用期。以完成一定工作任务为期限的劳动合同或者劳动合同期限不满 3 个月的，不得约定试用期。

试用期包含在劳动合同期限内。劳动合同仅约定试用期的，试用期不成立，该期限为劳动合同期限。

白领主管做了半年廉价工

齐小姐去年刚刚攻读完硕士，今年 4 月到一家公司应聘。公司刚刚开发了一个新项目，技术比较高端。公司让齐小姐做主管，并签订"试用期合同"，如果双方期满后都感

觉合适，再签订3年的合同。齐小姐工资只有3 000元，而公司里同级别的主管每个月拿12 000元。齐小姐兢兢业业地在公司里一直干到7月初，终于可以"转正"，但公司又说"再考察3个月"。齐小姐很不情愿地熬到9月底，老总主动找到齐小姐，"你很有能力，但你不适合这份工作"，一句话，将半年"廉价工"的齐小姐轻松踢走。之后，她从另一个主管口中得知，这个项目期限就是半年！由于涉及专业比较高端，所以"留下你，平时也难得用到，浪费成本"。

点评：根据《中华人民共和国劳动合同法》第十九条，"以完成一定工作任务为期限的合同"不得约定试用期；根据第二十条，试用期工资不低于本单位同岗位工资或合同约定工资的80%，且不得低于单位"所在地最低工资标准"。所以公司应直接跟齐小姐签订合同，并支付齐小姐12 000元的正式工资。

二、劳动合同的管理

（一）劳动合同的续订

劳动合同的续订，是指劳动合同期满，经双方协商同意重新签订劳动合同。续订劳动合同应完成以下工作：

1. 征求劳动者意向

对于员工续订劳动合同，在年度考核结果的基础上，用人单位劳动关系管理专员一般应在合同到期前一个月左右，可以通过调查问卷的形式，向劳动合同即将到期且考核结果称职的员工发出续签劳动合同的书面意向书，由员工在意向书上签名确认。如员工在劳动合同到期后本人不愿意在用人单位继续工作，则在意向书上选择"不续签"选项，并签名确认。如双方同意续订，应在劳动合同到期一个月内办理续订。

2. 签署劳动合同

用人单位人力资源部在员工劳动合同到期时，将新的劳动合同文本交给员工，双方充分协商劳动合同的内容，劳动者与用人单位就劳动合同的内容取得一致意见，达成协议后，经双方签字盖章，劳动合同即告成立、生效。

当然，对于考核不合格、不能胜任岗位工作的员工，用人单位根据其实际情况，决定是否与其续订劳动合同。如不与其续订劳动合同，则须在劳动合同到期前，向其发出终止劳动合同的书面通知，由该员工签收确认。

要注意的是，《劳动合同法》第十四条对于应该签署无固定期限劳动合同的情况做了规定，如果劳动者符合条件并且提出订立无固定期限的劳动合同，用人单位同意续签合同的，此时应当与劳动者签订无固定期限劳动合同，这里"应当"即是"必须"，如果用人单位提出续订的是固定期限劳动合同则属于违法行为，劳动者可以拒绝。

劳动合同的续订意向书范例如下所示。

××公司续订劳动合同意向书

《续订劳动合同意向书》存根

劳动合同期限类型为：□固定期限 □无固定期限 □以完成一定工作任务为期限

附：劳动合同文本，一式两份。

甲方签发人：（盖章）　　　　　　　　乙方签字：

签发时间：　　年　　月　　日　　　　签字日期：　　年　　月　　日

《续订劳动合同意向书》

员工：

双方所签期限为：　　年　　月　　日至　　年　　月　　日的《劳动合同》（编号：　　），因劳动合同期限届满，现在向你发出《续订劳动合同意向书》。

本次续订劳动合同期限类型为：□固定期限；□无固定期限；□以完成一定工作任务为期限。续订合同期限为：　　年　　月　　日至　　年　　月　　日。其他条款请详见《劳动合同》。

收到此通知书后一周内决定是否签署劳动合同，并填写是否同意续订意见（在下面选择打"√"）。如同意续订，将签订好的劳动合同交还人力资源部（一份）备案。

1. 同意续订　□　　2. 不同意续订　□

甲方签发人：（盖章）　　　　　　　　乙方签字：

签发时间：　　年　　月　　日　　　　签字日期：　　年　　月　　日

（二）劳动合同的变更

1. 劳动合同变更的概念

《劳动合同法》第三十五条规定：用人单位与劳动者协商一致，可以变更劳动合同约定的内容。变更劳动合同，应当采用书面形式。变更后的劳动合同文本由用人单位与劳动者各执一份。

劳动合同双方已订立的合同条款达成修改补充协议的法律行为，称之为劳动合同的变更。劳动合同的当事人双方或单方对劳动合同的内容都可以提出修改或补充意见，但必须有正当理由。它发生于劳动合同生效后尚未履行或尚未完全履行期间，是对劳动合同所约定的权利和义务的完善和发展，是确保劳动合同全面履行和劳动过程顺利实现的重要

手段。

依法订立劳动合同，未经原订合同双方的协商一致、平等自愿决定，不得擅自变更原劳动合同的内容，包括劳动合同明确的工作岗位。当然，如果原劳动合同对工种岗位未作出明确约定，只是抽象地规定由用人单位安排工作或劳动任务，用人单位在合同履行期间，安排劳动者在不同岗位工作，是企业行使用工自主权，不属于法律上劳动合同的变更。

2. 劳动合同变更的程序

（1）变更情势的确认

进行劳动合同变更，企业劳动关系管理专员首先要进行变更情势的确认，如发生不可抗力或出现致使劳动合同全部或部分条款无法履行的其他情况，诸如企业迁移、被兼并、企业资产重组等。但不包括用人单位濒临破产进行法定整顿期间或者生产经营状况发生严重困难，确需裁减人员的情况。

（2）合同变更的协商

劳动合同变更应该遵循合法、自愿、平等原则，由企业人力资源部门统一组织。在协商一致的基础上，用书面形式记载变更的内容，注明变更的日期，由当事人双方签字、盖章后成立。需要注意的是，变更合同是对部分合同条款进行修改、增加或取消。劳动合同变更后，未变更的部分仍然有效，应当继续履行。劳动合同变更必须依法进行，否则不受法律保护。

案例一：

任某，某批发部业务员，与单位签订长期劳动合同。2016年2月，某批发部为扩大业务范围，搞活经营，将原批发部一分为二，分别成立某批发公司及某有限公司。任某随之也被安排到某有限公司工作，在某有限公司要求与任某重新签订劳动合同时，遭任某拒绝，任某要求给予经济补偿，再重新签订劳动合同。

案例分析：

用人单位在激烈的市场竞争中优胜劣汰，公司的合并、成立时有发生，用人单位必须根据合并或成立的具体情况，依据劳动法律、法规及时变更签订劳动合同。根据《劳动合同法》第三十四条规定，用人单位发生分立、合并等情况，原劳动合同继续有效。劳动者不能要求给予经济补偿。

案例二：

王某，女，2013年10月被某棉纺厂招聘为合同制工人，在纺织车间工作，合同期5年。2015年8月，王某向厂劳资处报告经医院检查自己怀孕8个月，医院建议停止上夜班劳动，并在工作时间内安排中间休息，以免影响胎儿和孕妇健康。车间温度高，噪声大，站的时间久，加之要上夜班，为此，王某要求厂部调换相对轻松的不上夜班的工作岗位。而厂方以车间人手不够，没有先例为由拒绝调换，提出要么继续上夜班，要么扣发工资、奖金。王某遂以自己身体实在吃不消为由向当地劳动争议仲裁委员会申诉。

案例分析：

国务院《女职工劳动保护规定》第7条规定，怀孕7个月以上（含7个月）的女职工，一般不得安排其从事夜班劳动，在劳动时间内应当安排一定的休息时间。本案中王某怀孕8个月，按上述规定可以要求停止夜班劳动，享受工间休息待遇，用人单位应该为其变更工作岗位，厂方拒不同意，并以扣工资、奖金相威胁是错误的，应当纠正。

（三）劳动合同的解除

劳动合同的解除，是指劳动合同的当事人双方依法提前终止劳动合同的法律效力，解除双方的权利和义务关系。

1. 劳动合同的协议解除

《劳动合同法》第三十六条规定：用人单位与劳动者协商一致，可以解除劳动合同。

协商解除劳动合同应当是自愿的，不论是由劳动者先提出还是用人单位先提出，都应该体现双方的真实意思，自愿、平等、协商一致。这是签订劳动合同的基本原则，也是协商解除劳动合同的基本原则。

2. 用人单位解除劳动合同

（1）《劳动合同法》第三十九条规定，劳动者有下列情形之一的，用人单位可以解除劳动合同。这主要是针对有过错的劳动者劳动合同的解除。

一是在试用期间被证明不符合录用条件的。劳动者在试用期内被证明不能胜任合同规定中的工作，不符合录用的条件，履行合同便不可能，并且可能造成用人单位利益的损失，因此用人单位可以单方解除劳动合同。

二是严重违反用人单位的规章制度的。劳动者严重违反用人单位的内部规章制度，就等于劳动者一方违反劳动合同规定应当履行的义务。因此用人单位可以单方解除劳动合同。

三是严重失职、营私舞弊，给用人单位造成重大损害的。严重失职是指没有完成本职工作；营私舞弊是指因图谋私利而玩弄欺骗手段做犯法的事情，是主观故意的行为。两者都是违反劳动合同的行为，同时又给用人单位造成重大损害，因此用人单位可以单方解除劳动合同。

四是劳动者同时与其他用人单位建立劳动关系，对完成本单位的工作任务造成严重影响；或者经用人单位提出，拒不改正的。

五是劳动者以欺诈、胁迫的手段或乘人之危，使用人单位在违背真实意愿的情况下订立劳动合同的。这种情况下签订的劳动合同是无效的劳动合同，用人单位有权解除劳动合同。

六是被追究刑事责任的。劳动者被依法追究刑事责任，往往被限制人身自由，导致劳动合同根本无法履行，因此用人单位可以单方解除劳动合同。

（2）《劳动合同法》第四十条规定，劳动者有下列情形之一的，用人单位提前30日以书面形式通知劳动者本人或者额外支付劳动者一个月工资，可以解除劳动合同。这主要是针对劳动者自身原因导致劳动合同解除的情况。

一是劳动者患病或者非因工负伤，在规定的医疗期满后不能从事原工作，也不能从事用人单位另行安排的工作的。

二是劳动者不能胜任工作，经过培训或者调整工作，仍不能胜任工作的。

(3)《劳动合同法》第四十条第三款还规定，劳动合同订立时所依据的客观情况发生变化，致使劳动合同无法履行，经用人单位与劳动者协商，未能就变更劳动合同内容达成协议的，此时用人单位需提前三十日以书面形式通知劳动者本人或者额外支付劳动者一个月工资，可以解除劳动合同。这主要是客观原因导致用人单位单方解除劳动合同。

另外，《劳动合同法》第四十二条对在某些情况下，用人单位不得解除劳动合同也作了具体的规定，用人单位须掌握法律规定。

3. 劳动者解除劳动合同

依照《劳动合同法》第三十七条规定：劳动者提前30日以书面形式通知用人单位，可以解除劳动合同。劳动者在试用期内提前3日通知用人单位，可以解除劳动合同。这是劳动者主动提出解除劳动合同（即辞职），用人单位无须支付经济补偿。

另外，依照《劳动合同法》第三十六条规定：用人单位与劳动者协商一致，可以解除劳动合同。如果是劳动者主动提出，用人单位与劳动者协商一致解除劳动合同的，用人单位也无须支付经济补偿。

但依照《劳动合同法》第三十八条规定：用人单位有下列情形之一者，劳动者可以解除劳动合同：在第三十八条里列举了六种情形，显然在这种情况下，用人单位有过错，依照《劳动合同法》第四十六条第一款规定，用人单位必须向劳动者支付经济补偿。

4. 劳动合同的解除程序

(1) 劳动合同解除情势的确认。企业员工关系管理专员应随时关注员工劳动合同履行情况，并积极依据劳动法、企业规章制度，收集需解除劳动合同的情势信息，逐级汇报，协商决定是否解除劳动合同。

(2) 作出合同解除决定。人力资源部与员工所在部门协商后，报企业相关领导层，作出合同解除决定。人力资源管理部门劳动关系管理专员应根据相关规定，及时通知被解除合同的员工，并依据相关规定，计算、给付劳动者相应的经济补偿，出具解除劳动合同书、解除合同证明，向员工户口所在地社会保险经办机构转移员工档案并备案。

(四) 劳动合同的终止

1. 劳动合同的终止情形

劳动合同的终止是指劳动合同法律效力依法消灭，即劳动合同所确立的劳动合同关系由于一定的法律事实的出现而终结，劳动者与原用人单位原有的权利和义务不复存在。

根据《劳动合同法》第四十四条规定，有下列情形之一的，劳动合同终止：一是劳动合同期满的；二是劳动者开始依法享受基本养老保险待遇的；三是劳动者死亡，或者被人民法院宣告死亡或者宣告失踪的；四是用人单位被依法宣告破产的；五是用人单位被吊销营业执照、责令关闭、撤销或者用人单位决定提前解散的；六是法律、行政法规规定的其他情形的。

2. 劳动合同的终止程序

(1) 劳动合同终止的情势的认定

企业员工关系管理专员应随时关注员工劳动合同履行情况，并积极依据劳动法、企业规章制度，收集需终止劳动合同的情势信息，逐级汇报，协商决定是否终止劳动合同。人力资源部与员工所在部门协商后，报企业相关领导层，作出合同终止决定。

（2）作出合同终止决定

人力资源管理部门员工关系管理专员应根据相关规定，及时将被终止的合同通知员工。并依据相关规定，计算、给付劳动者相应的经济补偿。出具终止劳动合同的证明，向员工户口所在地社会保险经办机构转移员工档案并备案。

劳动合同解除（终止）通知书的范例如下所示。

解除（终止）劳动合同通知书

_____同志（先生、女士）：

_____年____月____日公司与你签订的____年期限的固定期限劳动合同（合同编号：_____），由于_____原因（或因劳动合同期满），根据《中华人民共和国劳动合同法》第____条第____款和公司的_____规章制度第____条的规定，决定从____年____月____日起解除（终止）劳动合同。

根据有关规定，符合（或者不符合）发给经济补偿，发给您相当于本人解除合同前12个月平均工资（____元/月）（或企业上一年度职工月平均工资）_____个月工资的经济补偿金，共计人民币_____元整。特此通知。

甲方：_____（签字盖章）　　　　乙方：_____（签字盖章）

____年____月____日　　　　　　　　　____年____月____日

（五）经济补偿的支付

1. 用人单位支付经济补偿的情形

（1）解除劳动合同

用人单位解除劳动合同，有下列情形之一的，须向劳动者支付经济补偿：

一是用人单位与劳动者协商一致解除劳动合同。按照《劳动合同法》第四十六条第二款的规定："用人单位依照本法第三十六条规定向劳动者提出解除劳动合同并与劳动者协商一致解除劳动合同的，用人单位应当向劳动者支付经济补偿"；

二是用人单位依照《劳动合同法》第四十条规定解除劳动合同的；

三是用人单位依照《劳动合同法》第四十一条第一款规定解除劳动合同的。

（2）终止劳动合同

用人单位与劳动者终止劳动合同，用人单位是否须向劳动者支付经济补偿金，需要对终止的情况作具体分析。《劳动合同法》基于稳定劳动关系、维护劳动者权益的立法目的，在第四十六条规定了三种情况下用人单位终止劳动合同须向劳动者支付经济补偿金。

第一,除用人单位维持或者提高劳动合同约定条件续订劳动合同,劳动者不同意续订的情形外,依照《劳动合同法》第四十四条第一款规定终止固定期限劳动合同的。

也即当双方签订的固定期限劳动合同期满时,用人单位提出续订劳动合同的条件高于原劳动合同而劳动者不愿意续签。此时,双方终止固定期限劳动合同,用人单位要向劳动者支付经济补偿金。

第二,依照《劳动合同法》第四十四条第四项"用人单位被依法宣告破产"终止劳动合同,用人单位要向劳动者支付经济补偿金。

第三,依照《劳动合同法》第四十四条第五项"用人单位被吊销营业执照、责令关闭撤销或者用人单位决定提前解散的"规定终止劳动合同的,用人单位要向劳动者支付经济补偿金。

显然,第二、第三种情况终止劳动合同是迫不得已的事情,并非劳动者、用人单位在订立劳动合同时所能预见的,背离了双方建立劳动关系的目的。所以,这两种情况终止劳动合同,用人单位也要向劳动者支付经济补偿金。

2. 经济补偿的标准

《劳动合同法》第四十七条规定:经济补偿按劳动者在本单位工作的年限,每满一年支付一个月工资的标准。六个月以上不满一年的,按一年计算;不满六个月的,向劳动者支付半个月工资的经济补偿。这是对一般劳动者的经济补偿标准。

对于一些高收入的劳动者,《劳动合同法》第四十七条对此做了限定性的规定:劳动者月工资高于用人单位所在直辖市、设区的市级人民政府公布的上年度职工月平均工资3倍的,向其支付经济补偿的标准按职工月平均工资3倍的数额支付,向其支付经济补偿的年限最高不超过12年。本条所称月工资是指劳动者在劳动合同解除或者终止前12个月的平均工资。

案 例

某S公司于2015年3月15日向其员工高某发出于2015年4月15日解除劳动合同的书面通知书。此前,高某于2013年9月1日与S公司签订了为期三年的有固定期限劳动合同,请计算S公司须支付的经济补偿数额。高某2014年4月至2015年3月的收入情况如表4-1所示。

表4-1 高某2014年4月至2015年3月的收入情况　　　　单位:元

年份	2014年									2015年		
月份	4	5	6	7	8	9	10	11	12	1	2	3
工资额	3 600	3 580	3 580	3 620	3 560	3 580	3 500	3 600	3 800	4 000	3 800	3 680

解:高某解除劳动合同前12个月的月平均工资 = (3 600 + 3 580 + … + 3 680)/12 = 3 658.3元。高某在S公司工作的年限为1年 + 7.5个月,根据《劳动合同法》有关规定,公司须支付其2个月工资标准的经济补偿。

经济补偿为 3 658.3×2=7 316.6 元。如 S 公司要求高某在 2015 年 4 月 15 日离职,则须向高某支付一个月的代通知金,S 公司总共须支付高某经济补偿为 7 316.6 元+3 680 元=10 996.6 元。

3. 经济补偿和赔偿金的区别、适用情况

(1) 支付经济补偿金的适用情况

用人单位应当向劳动者支付经济补偿的,主要分为以下几种情形:

①劳动者依法解除劳动合同的;
②用人单位向劳动者提出解除劳动合同并与劳动者协商一致解除劳动合同的;
③用人单位非过失性辞退劳动者;
④用人单位依法裁员;
⑤劳动合同到期终止(用人单位维持或者提高劳动合同约定条件续订合同,劳动者不同意续订的除外);
⑥特殊情形下用人单位停止经营而导致劳动合同终止的;
⑦法律、行政法规规定的其他情形。

(2) 赔偿金适用情况

在《劳动合同法》及相关法律法规规定的情形之外,用人单位单方面解除或终止劳动合同的(即"违法终止或解除"),劳动者可以选择以下方式:

①要求继续履行劳动合同;
②不要求继续履行劳动合同,直接要求用人单位支付赔偿金。

当用人单位违法终止或解除劳动合同的,劳动者如果选择继续履行劳动合同的,无权再要求用人单位向其支付赔偿金。但是在劳动合同客观上不能继续履行的情况下,则仲裁员或法官可以裁决用人单位支付赔偿金。

(3) 经济补偿金与赔偿金在计算标准上的区别。

①经济补偿的简易计算。实际工作年限应支付的经济补偿数额不满 6 个月的支付半个月工资,6 个月以上不满 1 年的支付 1 个月的工资,每满 1 年支付 1 个月的工资。另外,当劳动者月工资高于用人单位所在地(直辖市、设区的市级人民政府公布)上年度职工月平均工资 3 倍的,经济补偿的标准按职工月平均工资 3 倍的数额支付,支付年限最高不超过 12 年。

②赔偿金的计算标准。用人单位违法解除或终止劳动合同,劳动者不要求继续履行劳动合同或劳动合同已经不能履行的,用人单位应当按照经济补偿标准的 2 倍向劳动者支付赔偿金。

【知识拓展】

公司制定和修改劳动规章制度的主要做法

一、关注制定依据及执行效力

公司依据现行有效的法律法规与规章,包括宪法、法律、行政法规、地方性法规、单行条例及劳动方面的行政规章、政策来制定劳动制度，由于相关的法律法规并不能事无巨细地明确、详尽劳动管理事宜。因此，劳动法赋予用人单位这一管理自主权，用人单位有权根据自身情况，遵照相关法律规定，制定劳动规章制度。

劳动规章制度是公司的劳动管理宪章，是劳动管理的自治规范和行为守则，一经制定、生效，对公司的全体成员皆具有约束力，在内容与实施上相当于法律、法规的延展和具体应用，是公司的内部管理法。

二、重视制定制度的生效要件

劳动规章制度一经制定，并立即产生效力，有效的劳动规章制度必须同时具备三个要件：①经过民主程序制定；②不违反国家法律、行政法规及政策规定；③已向劳动者公示。

在制定程序方面，由公司人力资源部提出草案，提请工会或职工代表大会讨论修改，由职工代表大会或全体职工审议通过。另外，设立意见箱，在制定规章过程中使员工有提出意见、建议的权利，并且员工的建议和意见能充分体现在规章的制定过程中。同时，公司在制定规章制度的过程中，保留工会、职代会、全体职工大会或者员工参与制定规章的证据，如在集体讨论、审议时要求职工参与并签名，保存建议信、意见书原件等，报送劳动行政部门审查备案。

在内容合法方面，公司依据本单位的生产、经营、管理的实际情况，将法律、法规、政策的条款具体化，使它们具有可操作性，但具体化后的劳动规章制度内容不应有违反国家法律、行政法规和政策的规定。劳动规章制度要规范员工的行为，必须设立处罚规定，对员工因不服从纪律、过失给公司造成的损失设立赔偿规定，同时确保规定不违反法律规定。劳动法律法规及相关政策极其庞杂、繁多，若制定时能完全遵守、有理有据，在执行时便会畅通无阻，让员工口服心服，避免不必要且耗时耗力的调解、仲裁与诉讼。

在公示员工方面，劳动规章制度应当以公司的正式文件形式向全体职工公布，从公布之日起才能在本单位生效。在公示的过程中，公司应该注意保存公示的证据。公示的方式一般有如下几种。

（1）作为劳动合同的附件，做到人手一册，在劳动合同中专款约定："劳动者已经详细阅读，并愿遵守用人单位的《劳动规章制度》"。

（2）将规章交由员工阅读，并且在阅读后签字确认。确认的方式有以下几种：

①在规章的尾页签名；

②另行制作表格进行登记；

③制作单页的《声明》或者《保证》。签名的内容应包括员工确认"已经阅读、明了"，并且承诺"遵守"。

（3）在厂区公共区域将规章内容全文公告，并且将公告的现场以拍照、录像等方式记录备案。

（4）召开全体职工大会或者组织全体职工进行集中学习、培训，让员工在报到表上签名。

三、确保劳动制度有效执行的措施

（1）在劳动管理过程中，应当严格依据生效规章来进行管理、规范，做出管理决策，使公司管理行为皆有内部依据；

（2）有效而严格地执行，在彰显规章价值的同时，能促使员工增强纪律意识，自觉遵守规章；

（3）当发生劳资争议时，双方有了参照依据，规章能起到引导、协调作用；

（4）对员工的奖惩，既有事实依据，又有法律、规章依据，如此能有效避免员工的无理投诉、仲裁及诉讼。

在劳动规章制度执行的过程中，因单位生产、经营、管理等情况可能发生变化，且现行的法律、法规、政策等也在不断更新，故劳动规章制度也应当及时进行修订。必要的修改、补充，更能体现、展示规章在运作中的实际价值。

四、聘请法律顾问专业协助

公司的规章制度请专业人士协助制作，可以达到如下效果：规章能完全遵守法律、法规、政策的相关规定，具有合法性；规章从形式到内容都能做到尽善尽美，具有规范性；律师协助、讲解，更能引起员工对规章的重视，具有严肃性；结合实践经验，保障有效执行，并能实现科学预防，具有可操作性。

【网上练习】

请上网搜集劳动关系管理方面的专业网站或关注此方面的公众号，不定期阅读相关的文章、案例。

【思考与讨论】

1. 劳动合同订立的一般程序是什么？
2. 在什么情况下，用人单位要与劳动者签订无固定期限劳动合同？
3. 为什么用人单位的规章制度必须向劳动者公示？
4. 用人单位在什么情况下，不得解除劳动合同？
5. 在什么情况下，用人单位终止劳动合同须向劳动者支付经济补偿金？

任务2　社会保险与住房公积金办理

【任务情境】

小梁是广东××职业技术学院的人力资源部人事专员。最近，人力资源部经理为她调整了新的工作岗位，负责办理学院员工的社保、公积金业务。其具体工作职责包括：负责收集参保人员资料，办理社会保险和住房公积金的增减手续；审核月报、社保费用申请和缴纳；为公司员工办理社会保险。到底该如何开展这些工作呢？小梁连忙上网查找相关资料……

【任务要求】

1. 请选择广东省内任一个地级市，收集整理当地社保办理的程序、缴纳的金额比例，

以及与此相关的社保办理登记表、参保人员增减表。

2. 假如某员工的缴费工资为3 000元，请计算单位和员工本人每个月需缴纳的社会保险费各是多少。

3. 假如某员工小杨是新入职员工，其参加工作当月的工资是5 000元，企业和个人的缴存比例分别是8%和12%，请计算小杨每月住房公积金账户的缴存数额是多少？

【任务目标】

了解社会保险的办理程序；了解社会保险缴费基数和费率的情况，能计算单位和员工需缴纳的社会保险费；能计算员工住房公积金的缴存数额。

【任务考核】

教师参考以下标准对学生学习成果进行评价：
（1）所收集资料的完整、准确程度；
（2）学生对概念的认识与把握的准确程度；
（3）计算过程与结果的正确性。

【核心概念】

社会保险；养老保险；医疗保险；失业保险；工伤保险；生育保险；住房公积金。

【知识精讲】

一、社会保险的办理与缴纳

（一）社会保险的内容

社会保险是指根据国家法律法规，使劳动者在老年、患病、工伤、失业、生育等情况下获得帮助和补偿，防止收入的中断和丧失，以保障劳动者基本生活需求的一种社会保险制度。社会保险的内容，也即社会保险的险种，或者说保险项目。世界各国根据自己的国情和经济发展水平，设置的保险项目也有所不同。我国的《劳动法》第七十条规定："国家发展保险事业，建立社会保险制度，设立社会保险基金，使劳动者在老年、患病、工伤、失业、生育等情况下获得帮助和补偿。"

随着2011年7月1日《社会保险法》的实施，标志着社会保险的发展进入到社会性、统一性、法制性阶段。社会保险立法明确了社保工作的重要性。社会保险是企业员工福利待遇的重要组成部分，根据国家有关"五险一金"缴存基数和缴纳比例的规定，企业应该及时足额地为员工缴纳各种保险。企业员工"五险一金"的办理一般由人力资源部门薪酬专员和劳动关系专员合作完成。劳动关系专员负责核实员工的劳动关系存续情况和员工参保情况；薪酬专员负责编制员工福利预算方案，经人力资源部经理审核、人力资源总监批准后实施。

目前，我国的社会保险主要种类包含下述几种。

1. 养老保险

养老保险是指劳动者达到法定退休年龄或因年老、疾病丧失劳动能力时，按国家规定退出工作岗位并享受社会给予的一定物质帮助的一种社会保险制度。政府建立养老保险基金，并以税收优惠的形式负担部分费用，职工和用人单位按工资收入的不同比例，按月向社会保险经办机构缴费。职工缴费的全部加上用人单位缴费的一部分实行个人账户储存。劳动者在到达法定退休年龄和缴费年限时，可按月领取政府的养老金和享受其他的养老待遇。我国的离休、退休、退职制度属于养老保险范畴。养老保险待遇包括离休、退休费、退职生活费以及物价补贴和生活补贴。

一群鸬鹚辛辛苦苦跟着一位渔夫十几年，立下了汗马功劳。但随着年龄的增长，它们腿脚不灵便，眼睛也不好使了，捕鱼的数量越来越少。后来，渔夫又买了几只小鸬鹚，经过简单训练，便让新老鸬鹚一起出海捕鱼，由于渔夫的精心调教，加之老鸬鹚的"传帮带"，新买的鸬鹚很快学会了捕鱼的本领，渔夫很高兴。

新来的鸬鹚很知足，下定了知恩必报的决心，一个个拼命地为主人工作。而那几只老鸬鹚因为老得不能出海了，主人便对它们冷淡起来，吃的、住的都比新来的鸬鹚差远了。日子一久，几只老鸬鹚瘦得皮包骨头，奄奄一息，另外几只老鸬鹚干脆被主人杀掉炖了汤。

一日，几只年轻的鸬鹚突然集体罢工，任凭渔夫如何驱赶，再也不肯下海捕鱼。渔夫抱怨说："我待你们不薄呀，给你们小鱼，住着舒适的窝棚，时不时还让你们休息一天半天，你们不思回报，却闹起了情绪。怎么这么没良心呀！"这时，一只年轻的鸬鹚发话了："主人呀，你对我们越好，我们越害怕。你想想，现在我们身强力壮，有吃有喝，但老了，还不落个老鸬鹚一样的下场?!"

【管理感悟】鸬鹚从最初希望"有吃有喝"，到企盼"年迈体弱时也有小鱼吃"，这些要求都是合情合理的。倘若企业人力资源管理者忽视了这些需求，最终只能导致"鸬鹚"罢工，从而使企业蒙受更大损失。其实，看一个企业，不只是看其对年轻员工的态度，更要看其对待老年员工的态度。

2. 医疗保险

医疗保险是社会保险制度的重要组成部分。医疗保险是指由国家立法，通过强制性社会保险原则和方法筹集建立医疗保险基金，当参加医疗保险的人员因疾病、伤残或生育等原因需要治疗时，由经办医疗保险的社会保险机构按规定提供医疗费用补偿的一种社会保险制度。医疗保险与养老、失业、工伤、生育等其他保险一起，共同对劳动者的生、老、病、死、残起着保障作用。

试用员工也有权享受医疗期

楚某到某日用化工厂应聘成功后，与该厂签订了5年期的劳动合同。合同约定：前3

个月为试用期。

上班后的第 10 天晚上，楚某和妻子下班后一同前往幼儿园接女儿回家。走到自己家楼下时天色已黑，加之楼道内的电灯损坏，楚某只好抱着女儿摸黑上楼。可就在上楼时楚某突然一滑，致使身体重心失控，跌倒后滚落到楼下，造成右腿骨折，怀里抱着的孩子也受了重伤。妻子赶紧喊来邻居，把楚某和孩子送进了附近的医院。

就在楚某住院治疗期间，日用化工厂以合同试用期内楚某出现意外、身体状况已不符合工厂的要求为由，决定解除与楚某签订的劳动合同，并拒绝为楚某负担医疗费用。

楚某得知日用化工厂的这个决定后非常不满。他认为，厂方在其受伤未愈的情况下，既不为其支付医疗费用，又解除劳动合同，违反了劳动法的规定。一气之下，躺在病床上的楚某当即委托了自己的妻子作为代理人，向当地劳动争议仲裁委员会提出了仲裁请求：

（1）要求撤销日用化工厂作出的与本人解除劳动合同的决定，恢复双方的劳动合同关系。

（2）要求日用化工厂按照厂内医疗费报销规定为本人报销医疗费。

（3）要求日用化工厂给予本人 3 个月的医疗期。

日用化工厂的领导对楚某提出的仲裁请求持反对意见，认为楚某在试用期内非因工负伤，造成骨折后需要住院治疗，此时其身体状况已经不符合工厂的要求，所以，厂方有权与他解除劳动合同。又因为楚某在试用期，不是本厂正式职工，所以也不应当享受医疗期和医疗费报销待遇。那么，日用化工厂的观点到底对不对呢？

点评：根据劳动法的规定，医疗期是指企业职工因患病或非因工负伤停止工作治病休息，不得解除劳动合同的时限。医疗期并不以试用期为否定条件，而是以职工在用人单位工作时间的长短确定医疗期待遇。因此，无论是否在试用期内，只要劳动者患病或非因工负伤，至少应该享受 3 个月的医疗期待遇，并应根据《劳动法》的规定，在楚某享受医疗期期间不得解除劳动合同。另外，由于当地还没有实行医疗保险社会统筹，企业还应当负担职工的部分医疗费，日用化工厂应当按照本单位医疗报销制度中的有关规定，为楚某报销部分医疗费。同时，在楚某享受治病的医疗期期间，还应按照国家规定向其支付病假工资。

（资料来源：试用员工也有权享受医疗期［EB/OL］. 2010 – 04 – 20［2012 – 02 – 12］. http：//www. cnpension. Net/sbal/ylbx/2010 – 04 – 20/1119560. Html.）

3. 失业保险

失业保险是指国家通过建立失业保险基金的办法，对因失去工作而暂时中断生活来源的劳动者提供一定的基本生活需要，并帮助其重新就业的一种社会保险制度。

4. 工伤保险

工伤保险是指劳动者因在生产经营活动中所发生的或在规定的某些情况下，遭受意外伤害、职业病以及因这两种情况造成死亡，在劳动者暂时或永久丧失劳动能力时，劳动者或其遗属能够从国家、社会得到的必要物质补偿，以保证劳动者或其遗属的基本生活，以及为受工伤劳动者提供必要的医疗救治和康复服务。

5. 生育保险

生育保险是指妇女劳动者因怀孕、分娩导致不能工作，收入暂时中断，国家和社会给予必要物质帮助的社会保险制度。生育保险待遇包括产假、产假工资、生育补助金和医疗服务等。

（二）社会保险日常业务的办理

《中华人民共和国劳动法》第七十二条规定：社会保险基金按照保险类型确定资金来源，逐步实行社会统筹。用人单位和劳动者必须依法参加社会保险，缴纳社会保险费。劳动者依法享受相应的社会保险待遇。目前，因劳动者的户口性质不同，各地政府对劳动者参加社会保险的种类规定也有所不同。具体参保项目和缴纳社会保险费率按各地社会保险管理局相关社会保险管理条例执行。

1. 基本养老保险缴费基数和养老保险费的费率

（1）缴费基数

职工基本养老保险缴费基数的确定，各地政府都作了规定。以广东省为例，《关于贯彻国务院完善企业职工基本养老保险制度决定的通知》（粤府〔2006〕96号）规定：个人缴费以参保人月应税工资、薪金收入为基数。参保人月应税工资、薪金高于全省上年度在岗职工月平均工资300%的，以全省上年度在岗职工月平均工资的300%为缴费基数；参保人月应税工资、薪金低于全省上年度在岗职工月平均工资60%的，以全省上年度在岗职工月平均工资的60%为缴费基数。

（2）缴费费率

职工基本养老保险缴费，各地政府根据国家的法律法规都作了明确规定。以广州市为例，市人社局等部门下发《关于调整广州市城镇企业职工基本养老保险单位缴费比例的通知》，2015年1月1日起，广州市城镇企业职工基本养老保险单位缴费比例将由现行的20%和12%，统一为14%。

2. 基本医疗保险缴费基数和保险费的费率

基本医疗保险缴费基数的确定与基本养老保险缴费基数相同。以广州市为例，按现行《广州市城镇职工基本医疗保险试行办法》规定：在职职工个人和用人单位分别按其缴费基数的2%和8%缴纳基本医疗保险缴费。

基本养老保险和基本医疗保险目前实行社会统筹和个人账户相结合的办法。

3. 失业保险缴费基数和保险费的费率

失业保险缴费基数与基本养老保险缴费基数相同。广州市人社局等三部门在2016年2月联合发出《广州市人力资源和社会保障局 广州市财政局 广州市地方税务局转发关于调整失业保险费率的通知》，该通知将自2016年3月1日起实施。该通知明确自3月1日起，单位基准费率降为0.8%，对应的浮动费率分别为0.8%，0.64%，0.48%三个档次；个人费率从0.5%降为0.2%。

4. 工伤保险缴费基数和保险费的费率

2016年7月1日，广州市人社局联合市财政局、市地税局发布《关于调整广州市工伤保险费率及有关问题的通知》，根据不同行业的工伤风险程度，重新划分了工伤保险行业风险类别，基准费率也由原来的三档0.5%，1.0%，1.5%相应调整为八档0.2%，0.4%，0.7%，0.9%，1.1%，1.2%，1.3%，1.4%，工伤保险由单位缴交，个人不需要缴费。

5. 生育保险缴费基数和保险费的费率

根据广州市政府官网 2015 年 8 月挂出的《广州市职工生育保险实施办法》(以下简称《办法》),广州市职工生育保险的单位缴费费率仍维持 0.85%,即用人单位应当按本单位上月全部在职职工工资总额的 0.85% 按月缴纳生育保险费。职工生育保险由单位负责缴费,职工个人无需缴费。

以广州市为例,城镇职工参加社会保险,社会保险费率如表 4-2 所示。

表 4-2 广州市社会保险缴费费率情况

险 种	单 位	个 人	备 注
基本养老	14%	8%	
基本医疗	8%	2%	
失业保险	0.8%～0.48%	0.2%	单位共三个档
工伤保险	0.2%～1.4%	—	单位共八个档
生育保险	0.85%	—	
合计	23.85%	10.2%	失业保险按 0.8% 计算,工伤保险按 0.2% 计算

从表 4-2 我们可以看出:目前,基本养老、基本医疗和失业保险由国家、用人单位和员工三方筹集,而工伤保险、生育保险由国家、用人单位筹集,员工个人不需缴纳。

以某员工为例,如该员工的缴费工资为 3 000 元,则单位和个人的各项社会保险缴费额如表 4-3 所示。

表 4-3 社会保险缴费计算　　　　　　　　　　　　　　　　　　单位:元

险 种	单 位		个 人		备 注
	比例	缴费额	比例	缴费额	
基本养老	14%	420	8%	240	
基本医疗	8%	240	2%	60	
失业保险	0.8%	24	0.2%	6	
工伤保险	0.2%	6	—	—	
生育保险	0.85%	25.5	—	—	
合计	23.85%	715.5	10.2%	306	

从上表可看出:该员工个人每月须缴纳社会保险费为 306 元;用人单位每月须为该员工缴纳的社会保险费为 715.5 元。

二、住房公积金办理与缴费

(一) 公积金办理

住房公积金是职工及其所在单位按规定缴存的具有保障性、互助性、长期性的属职工个人所有的长期住房储备金。住房公积金是国家强制性建立的互助性储备金，它通过增加单位缴存部分及减免个人所得税来提高缴存人的购买住房的支付能力。1994年11月23日，财政部、国务院住房制度改革领导小组、中国人民银行联合下发了《建立住房公积金制度的暂行规定》，标志着我国住房公积金制度的建立。建立住房公积金制度，是我国住房制度改革的重要内容，对促进城镇住房建设，改善城镇居民居住条件，提高城镇居民的生活水平，保障住房制度改革的顺利进行，都具有重要意义。

《国务院住房公积金管理条例》第十五条规定：单位录用职工的，应当自录用之日起30日内到住房公积金管理中心办理缴存登记，并持住房公积金管理中心的审核文件，到受委托银行办理职工住房公积金账户的设立或者转移手续。

单位与职工终止劳动关系的，单位应当自劳动关系终止之日起30日内到住房公积金管理中心办理变更登记，并持住房公积金管理中心的审核文件，到受委托银行办理职工住房公积金账户转移或者封存手续。

（二）缴存基数

按《国务院住房公积金管理条例》第十七条规定：新参加工作的职工从参加工作的第二个月开始缴存住房公积金，月缴存额为职工本人当月工资乘以职工住房公积金缴存比例。

单位新调入的职工从调入单位发放工资之日起缴存住房公积金，月缴存额为职工本人当月工资乘以职工住房公积金缴存比例。

对于在职员工的缴存住房公积金基数，广州市住房公积金管理中心也下发相应文件规定，2016年7月1日—2017年6月30日广州市住房公积金缴存基数具体如下：自2016年7月1日起，职工个人住房公积金缴存基数调整为2015年职工个人月均工资总额。广州公积金最高缴存基数不得超过广州市统计部门公布的2015年职工月均工资的5倍，由于广州市2015年职工月平均工资是6 764元，因此广州市2016年度住房公积金缴存基数上限相应调整为33 820元（6 764元×5＝33 820元）。

（三）缴存比例

按广州市现行住房公积金缴存规定：单位及个人的住房公积金缴存比例各为5%～12%，具体缴存比例由单位和个人根据实际情况自行选择。每个单位只能选定一个单位缴存比例，个人缴存比例应当等于或高于单位缴存比例。缴存比例取1%的整数倍。

（四）其他事项

住房公积金缴存基数、缴存比例、职工住房公积金个人缴存部分确定后，在本缴存年度内不得变更。

各缴存单位在核定本单位职工住房公积金缴存基数、缴存比例及缴存额后，应以一定的方式告知职工本人，接受职工监督，以维护职工合法权益。

按《国务院住房公积金管理条例》第十九条规定：职工个人缴存的住房公积金，由所在单位每月从其工资中代扣代缴。

单位应当于每月发放职工工资之日起5日内将单位缴存的和为职工代缴的住房公积金汇缴到住房公积金专户内，由受委托银行计入职工住房公积金账户。

【知识拓展】

工伤认定的范围

职工有下列情形之一的，应当认定为工伤。
（1）在工作时间和工作场所内，因工作原因受到事故伤害的。
（2）工作时间前后在工作场所内，从事与工作有关的预备性或者收尾性工作受到事故伤害的。
（3）在工作时间和工作场所内，因履行工作职责受到暴力等意外伤害的。
（4）患职业病的。
（5）因工外出期间，由于工作原因受到伤害或者发生事故下落不明的。
（6）在上下班途中，受到机动车事故伤害的。
（7）在工作时间和工作岗位，突发疾病死亡或者在48小时之内经抢救无效死亡的。
（8）在抢险救灾等维护国家利益、公共利益活动中受到伤害的。
（9）职工原在军队服役，因战、因公负伤致残，已取得革命伤残军人证，到用人单位后旧伤复发的。
（10）法律、行政法规规定应当认定为工伤的其他情形。

职工有下列情形之一的，不得认定为工伤或者视同工伤。
（1）因犯罪或者违反治安管理条例伤亡的。
（2）醉酒导致伤亡的。
（3）自残或者自杀的。

【网上练习】

查找本省（或市）的社会保险基金网，了解社会保险缴费费率情况。

【思考与讨论】

1. 为什么要建立社会保险制度？
2. 目前我国的社会保险包括哪些种类？
3. 企业员工的住房公积金缴存基数如何确定？
4. 企业和员工的住房公积金缴存比例有何规定？

任务3　劳动争议的处理

【任务情境】

某公司2015年1月1日对其原有的规章制度进行修订，增加了部分条款，但是该公司并没有采取任何民主程序，且没有将新制定的条款向员工进行公开公示。2015年8月1日，该公司根据自己的规章制度解雇员工胡某，胡某不服，向劳动争议仲裁委员会申请仲裁，胡某提出公司的规章制度的制定程序不合法，且公司没有对新增加的条款向其进行公示，该公司在答辩时表示据以解雇胡某所使用的规章制度条款是在 2015 年 1 月 1 日前所制定的，可以作为解雇胡某的依据使用。

问题：该公司的答辩理由在法律上是否成立？

【任务要求】

1. 请结合案例讨论劳动争议处理的重要性；
2. 收集一个劳动争议处理案例；
3. 了解如何依法处理劳动争议，能够进行举证材料准备。

【任务目标】

了解引起劳动争议的主要原因；掌握处理劳动争议的法律途径；掌握劳动争议法律文书的撰写要求。

【任务考核】

学生分组，每个小组就上述任务开展工作，并选派代表进行任务成果展示。
教师参考以下标准对各小组学习表现进行评分：
（1）小组活动中，学生的外在表现（参与度、讨论发言积极程度）；
（2）小组活动中，学生对概念及法律知识理解的准确程度；
（3）文件制作的完整与适用程度。

【核心概念】

劳动争议；调解；仲裁；诉讼。

【知识精讲】

为了保证用人单位有良好的工作秩序，避免劳动关系双方的冲突激化，合理、合法地处理劳动争议是非常重要的。

一、劳动争议处理

现实生活中，一些企业的人力资源管理者缺乏对劳动争议的防范意识，不能有效防止劳动争议的发生。在劳动争议发生时，处理方法和措施都有不恰当甚至是违反法律法规的情况发生。其实，如果人力资源管理者认清自己的角色定位，掌握处理技巧，是可以有效避免劳动争议处理中的不当行为的，可以为企业和员工带来更多的帮助。

（一）劳动争议的概念

劳动争议又称劳动纠纷，是指用人单位与劳动者之间因劳动权利和劳动义务所发生的纠纷。它是用人单位与劳动者因贯彻劳动立法、执行劳动规章而发生的纠纷。劳动争议是劳动关系不协调的反映，只有妥善、合法、公正、及时地处理劳动争议，才能维护劳动关系双方当事人的合法权益。

(二) 劳动争议处理的范围

2008年5月1日起实施的《劳动争议调解仲裁法》规定了我国劳动争议的范围：

(1) 因确认劳动关系发生的争议。

(2) 因订立、履行、变更、解除和终止劳动合同发生的争议。

(3) 因除名、辞退和辞职、离职发生的争议。

(4) 因工作时间、休息休假、社会保险、福利、培训以及劳动保护发生的争议。

(5) 因劳动报酬、工伤医疗费、经济补偿或者赔偿金等发生的争议。

(6) 法律、法规规定的其他劳动争议。

(三) 劳动争议的解决途径

劳动争议发生后，当事人双方应通过合法的渠道和方式予以解决，我国的法律、法规、规章对此作了明确规定。《中华人民共和国劳动法》第七十七条规定：用人单位与劳动者发生争议，当事人可以依法申请调解、仲裁、提起诉讼，也可以协商解决。调解原则适用于仲裁和诉讼程序。

《中华人民共和国劳动争议调解仲裁法》对此也作了相关规定：发生劳动争议，劳动者可以与用人单位协商，也可以请工会或者第三方共同与用人单位协商，达成和解协议。发生劳动争议，当事人不愿协商、协商不成或者达成和解协议后不履行的，可以向调解组织申请调解；不愿调解、调解不成或者达成调解协议后不履行的，可以向劳动争议仲裁委员会申请仲裁；对仲裁裁决不服的，除本法另有规定的外，可以向人民法院提起诉讼。劳动争议处理程序如图4-1所示。

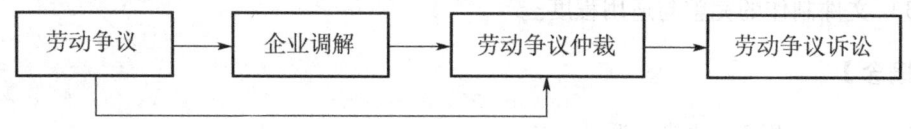

图4-1 劳动争议处理程序

(四) 劳动争议仲裁时效性

《劳动争议调解仲裁法》对申请仲裁的时效期间作了具体规定，其中第二十七条规定："劳动争议申请仲裁的时效期间为一年。仲裁的时效期间从当事人知道或者应当知道其权利被侵害之日起计算。前款规定的仲裁时效，因当事人一方向对方当事人主张权利，或者向有关部门请求权利救济，或者对方当事人同意履行义务而中断，从中断时起，仲裁时效期间重新计算。因不可抗力或者有其他正当理由，当事人不能在本条第一款规定的仲裁时效期间申请仲裁的，仲裁时效中止。从中止时效的原因消除之日起，仲裁时效期间继续计算。劳动关系存续期间因拖欠劳动报酬发生争议的，劳动者申请仲裁不受本条第一款规定的仲裁时效期间的限制；但是，劳动关系终止的，应当自劳动关系终止之日起一年内提出。"

(五) 典型劳动争议的处理

法律规定公司与劳动者解除劳动合同的，必须符合法律规定的条件，否则就属于违法解除劳动合同，是要承担法律责任的。到底公司违法解除劳动合同有哪些常见情形呢？以下是具体介绍。

1. 公司违法解除劳动合同的常见情形

1) 法律明确规定不得解除劳动合同但用人单位强行解除

根据《劳动合同法》第四十二条规定，劳动者有下列情形之一的，依照本法第四十条、第四十一条的规定用人单位不得解除劳动合同：

（1）从事接触职业病危害作业的劳动者未进行离岗前职业健康检查，或者疑似职业病病人在诊断或者医学观察期间的；

（2）在本单位患职业病或者因工负伤并被确认丧失或者部分丧失劳动能力的；

（3）患病或者非因工负伤，在规定的医疗期内的；

（4）女职工在孕期、产期、哺乳期的；

（5）在本单位连续工作满15年，且距法定退休年龄不足5年的；

（6）法律、行政法规规定的其他情形。

2) 用人单位在法律规定的条件未满足时解除劳动合同

根据《劳动合同法》的规定，在相关条件满足的情况下，用人单位可以分别协议解除劳动合同、单方即时解除劳动合同和单方预告解除劳动合同。

（1）协议解除劳动合同的条件

根据《劳动合同法》第三十六条，用人单位与劳动者协商一致，可以解除劳动合同。如果用人单位打算协议解除劳动合同却没能与劳动者达成一致，则协议解除的条件不存在。如果此时用人单位强行解除劳动合同，则用人单位应当承担相应的法律责任。

（2）用人单位单方即时解除劳动合同的条件

根据《劳动合同法》第三十九条，在存在如下情况时用人单位可以单方即时解除劳动合同：

①在使用期间被证明不符合录用条件的；

②严重违反用人单位的规章制度的；

③严重失职、营私舞弊、给用人单位造成重大损害的；

④劳动者同时与其他用人单位建立劳动关系，对完成本单位的工作任务造成严重影响，或者经用人单位提出，拒不改正的；

⑤因本法第二十六条第一款第一项规定的情形致使劳动合同无效的。

（3）用人单位单方预告解除劳动合同的条件

根据《劳动合同法》第四十条和第四十一条，只有符合如下条件时，用人单位才可以单方预告解除劳动合同：

①劳动者患病或者非因工负伤，在规定的医疗期满后不能从事原工作，也不能从事由用人单位另行安排的工作的；

②劳动者不能胜任工作，经过培训或者调整工作岗位，仍不能胜任工作的；

③劳动合同订立时所依据的客观情况发生重大变化，致使劳动合同无法履行，经用人单位与劳动者协商，未能就变更劳动合同内容达成协议的；

④依照企业破产法规定进行重整的；

⑤生产经营发生严重困难的；

⑥企业转产、重大技术革新或者经营方式调整，经变更劳动合同后，仍需裁减人员的；

⑦其他因劳动合同订立时所依据的客观经济情况发生重大变化，致使劳动合同无法履行的。

3）用人单位解除劳动合同的程序不符合法律规定

为了保护劳动者的合法权利，防止用人单位滥用解除合同的权利，用人单位在解除劳动合同时应当遵循法律规定的程序。如果用人单位在解除劳动合同时不遵循法律规定的程序，其行为同样构成《劳动合同法》第四十八条规定的违法解除劳动合同，并因此承担相应的法律责任。

用人单位依据《劳动合同法》第四十条解除劳动合同的程序：用人单位提前30日以书面形式通知劳动者本人或者额外支付劳动者1个月工资，同时用人单位应当事先将理由通知工会。应当注意的是，如果用人单位选择额外支付劳动者1个月工资，则用人单位无须提前30日书面通知劳动者本人即可解除劳动合同。

用人单位依据《劳动合同法》第四十一条解除劳动合同的程序：用人单位提前30日向工会或者全体职工说明情况，听取工会或者职工的意见后，将裁减人员方案向劳动行政部门报告。

公司违法解除劳动合同的情况包括违反法律规定以及解除的程序不符合法律规定，在这些情况下公司解除与劳动者的劳动合同的，除了要对劳动者进行经济补偿金的赔偿外，还需要承担行政责任。

2. 典型劳动争议案例

引起劳动争议的原因很多，在实践中，主要有以下几个方面：变更工作岗位、末位淘汰制、员工录用、试用期辞退员工、加班费发放、薪酬福利等争议，下面通过几个典型的案例来说明如何处理劳动争议。

（1）变更工作岗位

案情简介：

2008年10月，张先生进入上海某宾馆工作，担任车队队长，双方签订了一份自2008年10月14日至2012年10月13日的劳动合同。2011年6月22日下午，张先生接到礼宾部的电话，要求派车送房客到浦东机场。张先生遂安排车队司机吴某前去送客，但吴某以没吃晚饭影响身体健康为由予以拒绝，并且借此事谩骂、推搡张先生。张先生当即打电话给前台经理和总经理，要求对此事进行处理，但未得到答复。2011年6月24日，张先生收到宾馆开出的过失单，认定张先生6月22日在宾馆内与同事吵架、互相谩骂，影响恶劣，并给予张先生书面警告。

张先生在收到过失单的同时，还被人事专员口头告知免去其车队队长职务，次日起到餐饮部成本核算岗位报道。因为牵涉到调岗降薪，张先生没有同意。6月27日，人事经理找张先生谈话，并让他在一份劳动合同变更协议上签字。张先生看到协议上不仅调整了工作岗位，工资也由原来的 3 750 元下降到 2 900 元。张先生没有在协议上签字，只是口头表示"同意到餐饮部成本控制员岗位上班，但不同意工资变更，同意的原因是退让，不同意的原因是维护自身基本的合法权益。"6 月 28 日，张先生开始在餐饮部上班，并等候宾馆关于岗位及薪资的回音。2011 年 7 月 29 日张先生收到工资单，发现工资为 2 900 元，遂于 8 月 2 日申请劳动仲裁，要求用人单位撤销调整岗位的通知，继续履行原合同，以 3 750 元为标准补发工资，并支付 8 月 2 日至仲裁裁决作出之日的工资。

裁判结果：

劳动争议仲裁委认为，张先生已经实际接受了新的岗位，并办理了岗位变动手续，宾馆按新岗位的工资支付张先生的劳动报酬并无不当，因此不支持张先生的仲裁请求。张先生不服，起诉至法院。一审法院认为，双方当事人已经在按新的情况履行变更后的劳动合同，且有证据能够证明，显然劳动合同的变更已经成立，因此不支持张先生的诉讼请求。

（2）"末位淘汰制"属于违法解除合同

案情简介：

2013 年 5 月，张某应聘于某管理咨询有限公司，于次月签订了三年的劳动合同。张某在工作中一直非常努力，但是由于刚刚大学毕业，人脉资源较少、销售技巧缺乏等原因，业绩一直不太理想，10 月份的销售业绩排名倒数第一。2013 年 11 月 2 日，张某接到了公司的解除劳动合同通知书。公司经理解释称，因张某销售业绩不佳，在公司的绩效考核中位于倒数第一，不能胜任工作，根据公司制定的"末位淘汰制"规定，决定与张某解除劳动合同。张某不服，遂向当地劳动人事争议仲裁委员会申请仲裁，要求公司继续履行劳动合同，赔偿自己的相关损失。

争议焦点：

管理咨询公司认为，公司有权利在"合法"的范围内制定本公司的规章制度，关于解除张某的劳动合同是按照公司章程办事的，公司没有任何违法行为。

张某认为，公司的"末位淘汰制"本身就不合理，而且自己一直努力工作，并无半点懈怠，公司无缘无故的辞退是不合理的，公司应该给自己一个说法。

律师解疑：

每个企业都有自己的管理章程和办法，公司为了提高盈利水平，调动员工的积极性，采取绩效管理的方法是无可厚非的，但必须做到合法合理。该公司的"末尾淘汰制"本身就有其不合理性，劳动者业绩处于末位的情况总是客观存在的。

根据《劳动合同法》第三十九条规定，劳动者有下列情形之一的，用人单位可以解除劳动合同：（一）在试用期间被证明不符合录用条件的；（二）严重违反用人单位的规章制度的；（三）严重失职，营私舞弊，给用人单位造成重大损害的；（四）劳动者同时与其他用人单位建立劳动关系，对完成本单位的工作任务造成严重影响，或者经用人单位提出，拒不改正的；（五）因本法第二十六条第一款第一项规定的情形致使劳动合同无效的；（六）被依法追究刑事责任的。张某不符合上述条款中的任何一款，所以企业的行为

不符合劳动法的规定。即使劳动者绩效考核处于末位，这并不能确认张某不能胜任本职工作，需要正确分析处于末位的水平是否在正常范围内，用人单位是不能直接解除劳动合同的，应当根据《劳动合同法》第四十条规定，对劳动者进行培训或调岗，只有在经培训或调岗后仍不能胜任工作的情况下，才能解除劳动合同并支付经济补偿金。

(3) 员工录用

案情简介：

王小姐应聘上海某化妆品公司行政文员职位，笔试合格后，又经过了层层面试，最终进入公司上班。入职当天，公司与王小姐签订了两年的劳动合同，并约定了两个月的试用期，在试用期考核合格后将予以转正，但是双方签订的劳动合同并未约定具体的录用条件。王小姐非常珍惜这份工作，除了不迟到、不早退外，每天都提前30分钟上班，把当日全部工作做完后才下班，有时直至深夜。一个月后，公司人事部突然通知王小姐，她的试用期考核不合格，并向其发出解除劳动合同的通知书。王小姐不服，向公司人事部讨要说法，人事部向其出示了试用期考核表，在考核表中只有其考核等级被评为D，但是考核表中的考勤考核、技术操作、主管评分等若干项则没有具体的评分。于是王小姐向当地的劳动争议仲裁委员会申请劳动仲裁。

案例分析：

试用期解除劳动合同，企业须拿出合法有效的证据。与在正式的劳动关系中的解除合同相比，试用期内的解除条件要稍低，但也并非是随随便便就可以辞退员工的，用人单位必须提出合法有效的证据，否则就会因无法举证而陷入被动。

首先，员工入职前，企业就应当确定明确的录用条件和岗位职责，并且进行公示。设定有效的录用条件才能避免在争议时既缺乏理由，又缺乏证据。同时，明确录用条件为员工指明了努力的方向，一旦员工真的达不到要求，也有明确的证据和理由认定员工不符合录用条件而进行合理合法的解聘。录用条件最好有书面文件，可以是招聘广告、岗位说明书，并最好在劳动合同或本人签字确认的员工手册中进行细化。录用条件通常可以分为几类：①能力因素，如学历、经历；②身体因素；③态度因素，如团队合作能力；④法律因素，如原单位的关系解除证明。

其次，要建立一套试用期的绩效评估制度，明确考核标准、考核方式及考核方法。用人单位制定的考核内容、评分原则及决定劳动者是否最终被证明符合录用条件的客观依据应当事先告知劳动者，并让其签字认同，考核结果也要行使告知义务，绝不能暗箱操作。考核应当客观，建议在试用期内应合理安排考核周期，以保证考核的公正。

还有一点值得注意的就是，用人单位以不符合录用条件为由解除劳动合同的必须是在试用期内，一旦超过试用期限，哪怕只是超过一天，用人单位也不能再以此为由解除其与劳动者之间的劳动合同。

(4) 加班费争议问题

事件：

2009年10月1日，职工赵某与承德某矿业公司签订一年期书面劳动合同，到期后又续签一次。双方约定，合同终止日期为2011年9月23日。按照公司管理制度，赵某作为管理人员，每月工资为2 400元，按出勤及绩效上下浮动。合同到期后，单位终止了双方的劳动关系。赵某要求单位支付其公休日加班费、法定假日的加班费及驻矿专项补助等。

赵某认为，自己与另外两名职工负责"小南沟煤矿"的全面管理工作，必须轮流值班、带班，根本不可能在公休日和法定假日休息。2010年和2011年春节期间，他均按规定执行了24小时值班。有相关的会议纪要、会议记录可以证明，相关管理人员、监管人员也可以证明。

单位称，根据原始"记工单"和公司考勤管理办法等证据，赵某在公休日和法定假日都正常休息，不存在公司要求在公休日、节假日不允许报出勤的情况。2010年和2011年春节期间，赵某的工资均已按实际出勤天数发放，有"记工单"为证，不存在克扣春节期间工资的情况。

双方不能达成一致，经当地劳动争议仲裁后，赵某诉至承德市鹰手营子矿区法院。

审理：

关于公休日加班，一审法院认为，出工记录由赵某及该矿负责人李某负责，对此，赵某表示认可。公司依据该记录核算赵某等管理人员的工资，并足额支付了工资。职工关于公休日加班的证据之间存在相互矛盾的地方，不能相互印证。对赵某在公休日加班要求发给加班费的主张不予支持。

关于法定假日的加班工资。一审法院认为，在公司提供的"记工单"或"工资核算单"上，除2010年春节休班外，只体现了公休日休班，但未体现法定假日休班或法定假日遇公休日进行调休的记录，在工资中也没有体现发放法定假日加班加薪数额。2010年1月1日至2011年9月23日，共有19个法定假日，扣除2010年春节已经休班3天，有16个法定假日。根据赵某月工资为2 400元和每月折算工作日21.75天，公休日加班发2倍工资，16天为3 530.88元。

赵某对此不服，提出上诉，二审承德市中级人民法院经审理，判决驳回上诉，维持了一审判决。

提醒：

加班与值班、备班不同。通常所说的加班，是指职工在标准工作时间制度之外时间完成本职工作或领导安排的具体工作，或者完成计件定额后超额完成的计件工作。值班一般是指在正常工作时间之外，职工在单位承担简单的文件信息传递、简单巡视，基本不影响正常休息的工作。备班一般是指职工在单位规定地点休息或从事简单的准备工作或收尾工作。此外，还存在着从进入单位至工作地点较远、路上时间比较长的情况。比如矿山职工，从下井到工作地点之间，在途中需要花费较长的时间。加班应按国家规定支付劳动报

149

酬，对于值班、备班类情形，职工虽然不能在家休息但也不计算为加班，由用人单位按程序制定制度，一般通过发放岗位补贴等名目予以适当弥补。

对于不同岗位（职业）人员的加班加点的待遇，加班费的规定也有所不同。1995年1月1日起施行的《河北省劳动厅关于企业劳动者加班工资支付问题的通知》规定，"厂级高级管理人员和非直接从事生产的中层管理人员，不享受加班加点工资待遇。上述不执行加班加点工资待遇的人员，如确需在休息日、法定休假节日加班和每天法定工作时间外加点的，事后应给予同等时间的补休"。因此，提醒单位制作考勤表、记工单之类的记录，对于法定假日、工休日的处理，应当由特别符号来显示是否调休，或做特别的记载，以防止将来发生争议，企业处于说不清的境况。

（资料来源：河北工人报．2014年05月26日03版．）

（5）用人单位能否以员工拒绝加班违纪开除

案情简介：

王某是某公司的技术员工。双方签订了为期两年的劳动合同，合同期限从2010年2月1日至2012年2月3日，月工资4 000元。2011年7月29日，公司由于接到大宗订单，需要加快生产效率，遂安排员工加班。王某由于个人原因，一直没有进行加班。公司连续向王某发出两次"不服从公司管理安排"的处分书。2011年8月25日，公司以王某严重违反公司规章制度为由开除王某。王某不服，委托律师申请劳动仲裁，主张公司支付违法解除的赔偿金。

律师分析：

用人单位由于生产经营需要，经与工会和劳动者协商后可以延长工作时间，但必须符合法律的规定，并支付相应的工资报酬。对于用人单位单方面延长工作时间的安排，劳动者有权拒绝执行。在本案中，公司安排加班的行为并未与工会和劳动者达成一致，王某有权不加班，该公司也不能以王某不加班的行为作出违反规章制度的处理，否则构成强迫劳动者加班。因此，该公司开除王某的行为属于违法解除，应当向王某支付相应的赔偿金。

审理结果：

本案经劳动仲裁，裁决公司支付违法解除劳动关系的经济赔偿金16 000元整。后公司不服起诉到法院，经一审法院审理仍旧判决公司支付赔偿金16 000元。公司仍不服上诉至二中院，在二中院调解下，王某当庭获得15 000元现金赔偿。此案就此了结。

（6）用人单位未依法缴纳社会保险，劳动者离职能否获补偿？

案情简介：

齐某于2011年3月1日入职某消防设备有限公司大连分公司（下称消防公司），任市场后续部主任一职，并签订了书面劳动合同，劳动合同自 2011 年 3 月 1 日至 2013 年 3 月 1 日止。2012 年 2 月、3 月，消防公司以齐某在 2011 年底管理不到位导致货款丢失为由，扣发齐某两个月的津贴各 500 元。2012 年 4 月，齐某上班 1 天，经消防公司批准，休假一个月，其中包含 7 天带薪年休假，其余为无薪假期，消防公司支付当月工资 1 250 元。2012 年 5 月，齐某上班 3 天，消防公司未支付工资。2012 年 5 月 17 日，齐某以消防公司拖欠工资及未依法缴纳社会保险为由，书面通知消防公司解除劳动合同，该通知于次日送达。齐某应得薪酬由基本工资、奖金、提成、探家补助构成，齐某解除劳动合同前 12 个月月平均工资为 5 915 元。齐某在职期间，消防公司未依法为其缴纳社会保险，未支付采暖费补贴。

2012 年 6 月 6 日，齐某委托律师申请劳动仲裁，要求消防公司支付拖欠工资、解除劳动合同经济补偿金、采暖费补贴以及赔偿失业保险待遇损失合计近 2 万元。

案例分析：

本案案情比较简单，消防公司对齐某主张的未依法为其缴纳社会保险费这一事实无任何异议。同时，由于消防公司未提供证据证明齐某在 2011 年底货款丢失事件中存在过错，消防公司扣发津贴及后续的降薪行为无任何事实和法律依据，已构成未及时足额支付劳动报酬。依据《劳动合同法》第三十八条及第四十六条之规定，齐某以消防公司未依法缴纳社会保险费、未及时足额支付劳动报酬为由单方解除劳动合同，消防公司应按齐某在本单位的工作年限支付解除劳动合同经济补偿金。

裁判结果：

大连市劳动人事争议仲裁委员会裁决消防公司向齐某支付拖欠工资及 25% 的经济补偿金、解除劳动合同经济补偿金、失业保险待遇损失、采暖费补贴合计 14 000 余元。目前，该裁决已生效并全部执行。

律师提醒：

当劳动者以用人单位存在未及时足额支付劳动报酬、未依法缴纳社会保险费等违法情形为由解除劳动合同时，最好通过邮局快递（EMS）书面通知用人单位，通知中须注明解除事由即用人单位存在违法情形，否则无法获得解除劳动合同经济补偿金。同时，还应注意保留 EMS 回执单、解除通知备份等。

二、劳动争议处理法律文书写作

（一）劳动争议仲裁举证材料的准备

劳动争议发生后，当事人可以向本单位劳动争议调解委员会申请调解。调解不成，公司或当事员工可以向劳动争议仲裁委员会申请仲裁。在接到劳动争议仲裁委员会的开庭通知后，公司或当事员工应当准备什么材料呢？

1. 基本情况材料

申诉人、被申诉人、第三人基本情况的材料。当事人为自然人的应提供其姓名、性别、年龄、职业、工作单位、住址；当事人为企业、个体经济组织、国家机关、事业组织、社会团体的应提供其工商登记情况或法人登记情况。

2. 劳动争议仲裁举证材料的准备

根据《劳动争议调解法》等法律规定，当事人在劳动争议仲裁过程中的举证责任分配事项明确如下：

（1）劳动争议仲裁过程中的举证责任分配遵循"谁主张，谁举证"的原则，当事人对自己的主张有责任提供证据。

（2）劳动者一方当事人在劳动争议仲裁过程中应承担的举证责任如下：

①劳动者一方当事人主张劳动关系成立的，应当提交相应的劳动合同（聘用合同）或就领取工资、福利待遇、办理社会保险及工作管理（如工作证、服务证等）提供相关证据；

②劳动者一方当事人主张工资标准高于合同约定或已实际领取的工资数额的，应就其主张的工资标准举证；

③劳动者一方当事人主张用人单位减少工资等报酬的，应就用人单位减少工资等报酬的事实举证；

④劳动者一方当事人追索申请仲裁之日两年前的工资等报酬的，原则上由劳动者一方当事人举证；

⑤劳动者一方当事人主张加班工资的，应就加班事实的存在举证；

⑥劳动者一方当事人主张业务提成的，应就存在业务提成的事实（包括用人单位与劳动者一方有业务提成的约定或用人单位关于业务提成的规定、业务提成的支付时间、业务提成的支付标准以及计提提成的业务由劳动者完成等）举证；劳动者一方当事人与用人单位约定业务提成在业务款项收回后才支付的，对业务款项回收的举证责任由劳动者一方当事人承担；

⑦劳动者一方当事人主张奖金、年终奖或年终双薪的，应就双方存在奖金、年终奖或年终双薪的约定或用人单位的相关制度以及奖金、年终奖或年终双薪的金额等事实举证；

⑧劳动者一方当事人主张订立无固定期限劳动合同（聘用合同）的，应就订立无固定期限合同条件的成就举证；

⑨劳动者一方当事人主张用人单位解除劳动合同（聘用合同）或解除事实劳动（人事）关系的，应就解除合同或解除事实劳动（人事）关系的事实举证；

⑩劳动者一方当事人主张工伤保险待遇及其赔偿的，应就存在因工伤损害的事实及工伤认定、伤残等级鉴定结论及鉴定时间、工伤住院治疗起止时间及费用、同意转院治疗的证明及所需交通费和食宿费、应安装康复器具的证明及费用等事实举证；

⑪女职工主张"三期"（孕期、产期、哺乳期）权利的，应就存在"三期"的事实、起止时间以及是否存在晚育、难产、领取独生子女证等事实举证；

⑫劳动者一方当事人要求享受患病或非因工负伤医疗期待遇的，应就本人患病或非因工负伤的事实以及本人实际参加工作年限等事实举证；

⑬劳动者一方当事人对社会保险办理情况有异议的，应当提交《员工参加社会保险清单》，但用人单位未为劳动者办理社会保险的除外；

⑭依法应由劳动者一方当事人承担的其他举证责任。

（3）用人单位一方当事人在劳动争议仲裁过程中应当承担的举证责任如下：

①劳动者一方当事人已举证证明在用人单位处工作，但用人单位主张劳动关系不成立

的，用人单位应当提交反证；

②用人单位应就劳动者一方当事人的入职时间及其在本单位的工作年限举证；

③劳动者一方当事人主张双方未签订劳动合同（聘用合同），用人单位予以否认的，用人单位应就双方已签订劳动合同（聘用合同）的事实举证；

④用人单位主张双方未签订劳动合同（聘用合同）的责任完全在于劳动者一方当事人且用人单位无过错的，用人单位应当就此举证；

⑤用人单位应当就劳动者一方当事人已领取工资等报酬的情况举证；

⑥劳动者一方当事人主张用人单位存在克扣或无故拖欠工资等报酬，用人单位否认的，用人单位应就劳动者一方当事人申请仲裁前两年内的工资等报酬支付情况举证，但劳动者一方当事人有证据证明其在申请仲裁前已向用人单位主张过权利的，用人单位应就劳动者一方当事人首次主张权利前两年内的工资等报酬支付情况举证；

⑦用人单位延期支付劳动者工资等报酬，劳动者一方当事人主张用人单位系无故拖欠的，用人单位应就延期支付工资等报酬的原因举证；

⑧用人单位减少劳动者一方当事人工资等报酬的，应就减少工资等报酬的原因及依据举证；

⑨用人单位提出解除劳动合同（聘用合同）或事实劳动关系的，用人单位应就解除劳动合同（聘用合同）或事实劳动关系所依据的事实和理由举证；

⑩用人单位主张劳动者一方当事人严重违反纪律或用人单位规章制度的，应就劳动者一方当事人存在严重违反纪律或用人单位规章制度的事实以及用人单位规章制度的制订程序及内容合法并已向职工公示的事实举证；

⑪用人单位应就已实际发生的工伤保险待遇及赔偿等支付事实举证；

⑫劳动者一方当事人主张用人单位未为其办理社会保险，用人单位否认的，应当就为劳动者一方当事人办理社会保险的情况举证；

⑬劳动者一方当事人主张未休年休假，用人单位予以否认的，应就劳动者一方当事人已休年休假的事实举证；

⑭与争议事项有关的证据属于用人单位掌握管理的，用人单位应当提供；

⑮依法应当由用人单位承担的其他举证责任。

（4）法律法规、规章及本规则没有具体确定举证责任的，仲裁庭可以根据公平、诚实信用原则，综合当事人的举证能力等因素合理确定举证责任的承担。

（二）劳动争议法律文书的写作

主动要求仲裁的公司或当事员工如向劳动争议仲裁委员会申请仲裁，或在接到劳动争议仲裁委员会的开庭通知后，都需要撰写劳动争议仲裁申请书或答辩书。

1. 劳动争议仲裁申请书的写作

劳动争议仲裁申诉申请书一般包括三部分，即首部、正文、尾部。

（1）首部

首部应写明以下内容：

①标题：劳动争议仲裁申诉申请书。

②争议当事人：申诉人与被申诉人。个人应写明姓名、性别、年龄、职业、工作单

位、住址等。单位应写明名称、单位性质、地址、法定代表人姓名、职务。有委托代理人的，应写明代理人的姓名、工作单位、职务等情况。

（2）正文

正文应包括：

①仲裁请求事项：指申诉要达到的目的和要求。请求事项要具体明确。

②事实和理由：应简要说明双方建立劳动关系的时间、方式以及劳动合同的主要内容；双方争议的形成过程和争议的焦点；主要证据（应说明证人姓名、住所、物证、书证的来源等）；提出请求事项的主要法律依据。

（3）尾部

尾部应包括：申诉申请书呈送的仲裁机构名称、申诉人姓名或名称（签章）、申请时间（年月日）。同时写明提交的副本份数（按被申诉人人数提交）、物证、书证件数。

申诉申请书叙述的事实应实事求是，突出重点。请求事项要简明扼要，引用法律条文要准确。

范 例

申请人：孙××。

被申请人：常熟市××机械有限公司。

仲裁请求：

1. 裁决被申请人向申请人支付解除劳动合同的经济补偿金8 500元（2×4 250）；

2. 裁决被申请人向申请人支付因其2010年3月至2011年9月期间未与申请人签订书面劳动合同所应支付的双倍工资差额46 750元（6×4 250）；

3. 裁决被申请人向申请人支付休息日加班工资为40 544元，法定节假日加班工资为6 942元，合计47 486元；

4. 裁决被申请人向申请人支付9月份工资1 656元（138元×12天）；

5. 裁决被申请人为申请人补缴自2010年3月至2011年2月期间的各项社会保险费。

事实和理由：

申请人于2010年2月23日正式在被申请人处工作，具体在公司售后服务部从事维修工作。当时公司没有与本人签订劳动合同，口头上约定基本工资为每月2 400元，出差另外有补贴和津贴（每天50元）。2011年2月份基本工资增加到每月3 000元。在这一年多的工作过程当中，本人得到了公司、客户的一致好评。但是2011年9月初，公司领导突然要求本人回去先休息一个星期。可是当本人休假回公司以后，公司领导却要本人去其他车间工作，工资实行计件，当即被本人拒绝了。然而，公司领导却说要么去新岗位工作，要么自己打报告辞职，把本人的8月份工资结清就算了。对于公司在未与本人协商一致的情况下，突然强行变更本人工作岗位的事情，本人感到实在遗憾和无奈。鉴于公司擅自变更本人的工作岗位，加之公司未为本人缴纳自2010年3月入职至2011年2月期间的社保费以及2011年3月至2011年9月的未足额缴纳社保费的状况，本人已经于2011年9月13日书面通知被申请人解除劳动合同。本着友好和谐处理双方的劳资纠纷的原则，本人请公司在接到我报告后及时结清尚未支付的8月份工资（9月底已付）以及2个月工资的解除合同经济补偿金给本人；同时，公司一直未与本人签订书面劳动合同，公司应该依法支付11个月的双倍工资差额给本人，但是被申请人一直拒绝。

申请人为了维护作为劳动者的合法权益，根据《劳动合同法》和相关法规的规定，特向你委申请仲裁，请求依法申请人的上述请求。

此致
常熟市劳动争议仲裁委员会

申请人：孙晓平
2012年1月8日

孙××诉常熟市××机械有限公司的加班工资计算明细：
2010年度：日工资水平＝2 400元/21.75＝110元
休息日加班工资：104天×110元×200%＝22 880元
法定节假日加班工资：11天×110元×300%＝3 630元
合计：26 510元

2011年度：日工资水平＝3 000元/21.75＝138元
休息日加班工资：64天×138元×200%＝17 664元
法定节假日加班工资：8天×138元×300%＝3 312元
合计：20 976元

加班费总额：47 486元（其中休息日加班工资为40 544元，法定节假日加班工资为6 942元）。

2. 劳动争议仲裁答辩书的写作

劳动争议仲裁应诉答辩书是由劳动争议仲裁案件的被申请人向劳动争议仲裁委员会提交的陈述自己意见和事实的法律文书。被诉人应当针对申诉书的请求事项、事实和理由提出答辩意见，并同时引用相关的法律、法规、政策规定以及有关证据进行反驳，以此说明申诉人的主张没有合理性或者合法性。

劳动争议仲裁答辩书一般包括三部分，即首部、正文、尾部。

(1) 首部

首部应写明以下内容：

①标题：劳动争议仲裁答辩书；

②答辩人：个人应写明姓名、性别、年龄、工作单位、职业、住所等。单位应写明名称、单位性质、地址、法定代表人姓名、职务。有委托代理人的，应写明代理人的姓名、工作单位、职务等情况。

(2) 正文

事实与理由：针对申诉书的请求事项、事实和理由提出答辩意见，并同时引用相关的法律、法规、政策规定以及有关证据进行反驳，以此说明申诉人的主张没有合理性或者合法性。

（3）尾部

答辩书呈送的仲裁机构名称、答辩人姓名或名称（签章）、申请时间（年月日）。提交的物（书）证件目录。

范 例

答辩人：××市建筑总公司

被答辩人：张××

答辩人因张××诉答辩人请求确认其父与我司确认劳动关系一案，提出答辩如下：

一、张××之父张×系经其老乡招揽到我司工地干活，我司并不知情。我司是在张×发生事故后才发现有此人在我司工地干活。经了解，张×于×××年××月××日经其老乡进入到工地干活，报酬亦是由其老乡支付。其老乡未经我司同意私自请张×到工地工作，是其个人行为。

二、张×发生交通事故是其严重违反交通法规所致，不在工作地点、上下班路线上发生事故，且是在与工作无关的路上发生事故，依法不具有为工伤的条件。根据《广东省工伤保险条例》第九条规定，职工有下列情形之一的，应当认定为工伤：（一）在工作时间和工作场所内，因工作原因受到事故伤害的；（二）工作时间前后在工作场所内，从事与工作有关的预备性或者收尾性工作受到事故伤害的；（三）在工作时间和工作场所内，因履行工作职责受到暴力等意外伤害的；（四）患职业病的；（五）因工外出期间，由于工作原因受到伤害或者发生事故下落不明的；（六）在上下班途中，受到机动车事故伤害的；（七）法律、行政法规规定应当认定为工伤的其他情形。但根据××市公安局交通警察支队××大队认定的事实，张×是在跨越路面绿化隔离带横过道路时被另一正常行驶的车辆碰撞致死，事故认定书认定张×在设有隔离设施、跨越路面绿化隔离带横过公路是造成事故的主要原因，司机疏忽大意对发现的危险情况没有及时采取避让措施是造成事故的次要原因，张×违反了《交通安全法》第63条的规定。另外，我司施工人员租住在××××，当时施工地点在××××，而张×发生事故地点在×××，不是我司施工人员上下班途中的路线，事发时，我司施工人员在×××做×××，故张×是在办私事的过程中发生事故，据我司了解，张×在医院的遗物中有一张当日的租房交款收据，此收据现已经为申请人或者其家属所持，张×当时应当是私自出去租房的过程中发生事故。

三、即使确认双方有劳动关系，根据上述理由，张×也不能认定为工伤死亡，我司愿意从人道主义出发，与申请人协商。

此致

××市劳动争议仲裁委员会

答辩人：××市建筑总公司

二〇××年××月××日

（资料来源：法律快车.）

【知识拓展】

劳动争议的处理方法

劳动争议的一般处理方法包括协商、斡旋、调解、仲裁和审判。

一、协商

协商是争议双方采取自愿的方法解决纠纷。根据双方的合议或团体协议，相互协商，和平解决纷争。

二、斡旋

斡旋是在争议双方自我协商失败的情况下，由第三者或中间人介入，互递信息，传达意思，促成其和解。斡旋分为自愿斡旋和强制斡旋。自愿斡旋是一方或双方自愿接受斡旋和解建议；强制斡旋出现在仲裁或审判程序中，是政府使用强制手段介入劳动纠纷，以预防罢工和关闭工厂。

三、调解

1. 劳动争议调解的概念

劳动争议调解是指调解委员会对用人单位与劳动者之间发生的劳动争议，在查明事实、分清是非、明确责任的基础上，依照国家劳动法律、法规，以及依法制定的企业规章和劳动合同，通过民主协商的方式，推动双方互谅互让、达成协议、消除纷争的一种活动。调解虽然不是劳动争议处理的必经程序，但却是劳动争议处理制度中的"第一道防线"，对解决劳动争议起着很大的作用，尤其是对于希望仍在原单位工作的职工，通过调解解决劳动争议当属首选步骤。它具有及时、易于查明情况、方便争议当事人参与调解活动等优点，是我国劳动争议处理制度的重要组成部分。

2. 劳动争议调解的机构

调解委员会是实行调解工作的机构。根据《劳动法》和《劳动争议调解仲裁法》的相关规定，发生劳动争议，当事人可以到下列调解组织申请调解：①企业劳动争议调解委员会；②依法设立的基层人民调解组织；③在乡镇、街道设立的具有劳动争议调解职能的组织。企业劳动争议调解委员会由职工代表和企业代表组成。职工代表由工会成员担任或者由全体职工推举产生，企业代表由企业负责人指定。企业劳动争议调解委员会主任由工会成员或者双方推举的人员担任。

四、仲裁

劳动争议仲裁是指劳动争议仲裁委员会对用人单位与劳动者之间发生的劳动争议，在查明事实、明确是非、分清责任的基础上，依法作出裁决的活动。劳动争议仲裁具有较强的专业性，其程序与司法程序相比，较为简便、及时。在我国，仲裁是处理劳动争议的中间环节，也是劳动争议诉讼的前置程序。劳动争议当事人自愿将劳动争议提交劳动争议仲裁委员会处理，由其就劳动争议的事实与责任作出对当事人具有约束力的裁决。

五、审判

审判是法院依照司法程序对劳动争议进行审理并作出判决的诉讼活动,是处理劳动争议的最终程序。人民法院参与处理劳动争议,从根本上将劳动争议处理工作纳入了法制轨道,有利于保障当事人的诉讼权,有助于监督仲裁委员会的裁决,有利于生效的调解协议、仲裁裁决和法院判决的执行。《劳动争议调解仲裁法》规定,对劳动争议仲裁委员会不予受理或者逾期未作出决定的劳动争议,申请人可以就该劳动争议事项直接向人民法院提起诉讼。

【网上练习】

请上网查找劳动争议仲裁庭审的视频进行观看,了解仲裁的程序、对双方当事人的要求等。

【思考与讨论】

1. 企业如何防范劳动争议的发生?
2. 企业劳动争议一般通过什么途径加以解决?
3. 企业如何做好劳动争议举证材料的准备?
4. 劳动争议仲裁申请书与答辩书的结构和内容有何不同?

任务4 员工沟通管理

【任务情境】

IBM 的双向沟通

IBM 强调双向沟通(two way communication),IBM 至少有四条制度化的通道给员工提供申诉机会。

第一条通道是高层管理人员面谈(executive interview)。这个高层经理的职位通常比你的直属经理的职位高,也可能是你经理的经理或是不同部门管理人员。员工可以选择任何个人感兴趣的事情来讨论。所面谈的问题将会分类集中处理,不暴露面谈者身份。

第二条通道是员工意见调查(employee opinion survey)。

第三条通道是所谓的"直言不讳"(speak up)。在 IBM,一个普通员工的意见完全有可能送到总裁郭士纳的信箱里。没有经过员工同意,"speak up"的员工身份只有一个人即负责整个"speak up"的协调员知道,所以你不必担心畅所欲言过后会带来风险。

第四条通道是申诉(open door),最初意义上的申诉是指管理人员办公室的大门随时向员工敞开,而 IBM 总裁郭士纳经常反向执行申诉,直接跑到下属的办公室问某件事做得怎么样了。

(资料来源:王凌峰. 薪酬设计与管理策略 [M]. 中国时代经济出版社,2005.)

学习情境四　员工关系管理

【任务要求】

1. 请结合案例讨论企业为什么要实施管理沟通。
2. 实地调查：到一家公司了解实施管理沟通的情况。
3. 实地调查：到一家公司了解如何开展员工满意度调查。

【任务目标】

了解公司如何实施管理沟通，如何进行员工满意度调查；能够协助组织开展定期或不定期的组织沟通工作，能够协助组织进行满意度调查工作。

【任务考核】

学生分组，每个小组就上述任务开展工作，并选派代表进行任务成果展示。
教师参考以下标准对各小组学习表现进行评分：
（1）小组活动中，学生的外在表现（参与度、讨论发言积极程度）；
（2）小组活动中，所收集资料的完整和丰富程度；
（3）文件制作的完整与适用程度；
（4）演讲表达精彩程度。

【核心概念】

管理沟通；满意度调查。

【知识精讲】

现代企业强调管理方和员工之间的沟通和合作。高明的管理者绝对擅长处理员工关系，他们不仅能处理劳动争议，更能在平时的工作中加强沟通，防微杜渐。对管理者而言，清楚地了解员工的需求与愿望，进行良好的沟通应当贯穿于劳动关系管理的全过程。这种沟通应更多采用柔性的、激励性的、非强制的手段，从而提高员工满意度。如果企业清楚地了解每个员工的需求和发展愿望，并尽量予以满足，而员工也为企业的发展作了全力奉献，那么，相信在这个企业里建设"和谐的劳动关系"已经具备了最重要的条件。

一、管理沟通

为确保公司与员工的有效沟通和传递，及时了解员工的需求、意见和建议，传达公司的各项政策，让各级人员理解和执行，促进公司管理工作的有效实施，许多公司都建立了比较完善的员工沟通制度。通过多渠道的沟通，一方面可以将公司的重大发展战略、经营业绩和重大事项及时传达给员工，鼓舞员工的士气，激发员工的荣誉感和归属感；另一方面可以及时了解员工的需求、意见和建议，促进员工的参与感，发挥员工的主人翁精神。员工沟通的常用渠道如下。

（1）员工接待日

公司所有员工均可自愿参加。一般定为每半年或每季度第一个月的第一周举行，如接待日有变化会提前公告。员工接待日由人力资源部组织,公司领导、工会主席、人力资源部总经理(总监)负责接待,人力资源部负责对员工接待情况(需求、意见和建议)进行记录,填写员工接待情况记录表。

(2) 专题座谈会

就某个专题举行员工或员工代表座谈会,广泛听取员工对某个专题实施或开展某项活动的意见。专题座谈会由公司领导主持,人力资源部负责记录,会后撰写会议纪要,并发送给公司领导和各部门。

(3) 设立意见箱(邮箱)或公告栏

员工有意见、建议可以发邮件或在公司OA系统进行沟通,公司及时张贴通知、通告、文件和资料。

(4) 日常工作的沟通

管理者和员工在日常的工作中随时都可以沟通,不受时间、地点的限制。

案例

上饶供电公司领导与员工"一对一"面对面谈心

江西网络广播电视台上饶讯 9月9日,上饶供电公司党委书记肖炜孝轻车简从,只身一人来到运维检修部(检修分公司),找来十多名班站长或专业室专职,分别进行了"一对一"、面对面的谈心谈话。"你在工作和生活中有什么困难,无论是对公司或是对部门,还是对领导有什么意见和建议的,今天都可以放心大胆地说,放心地提,我们要毫无顾虑、坦诚相见地谈心,以促进今后工作的开展。"肖书记在与每位班站长、专职的亲切交谈中,详细地询问了他们当前的工作生活情况,征询了他们对运维检修部员工队伍建设、员工培训学习、绩效管理、县市一体化管理等各项工作的意见及建议,并一一认真做好记录,以指导运维部调整后新班子下一步的工作思路。

"今天我直接、实事求是地谈了自己的感受和想法,肖书记帮助我解决了许多困惑和问题,我现在顿感心头亮堂了很多,对工作充满了信心,从今天起绝不辜负领导的期望。这种谈心方式让我倍感亲切与温暖。"一位刚谈完心的班长激动地告诉运检部的其他人。

肖书记谈心谈话活动从早上8:30开始,除了中午2个小时吃饭午休,一直谈到了下午近18:00。变电运检室主管谢细华不想错过与肖书记谈心的难得机会,虽然时间已近17:10,身在横峰的他"飞"一样地往回赶。但当得知肖书记因还有其他要事已经结束当天的谈话时,遗憾写在了他的脸上。

据了解,自公司党委开展"三严三实"教育专项工作以来,肖书记率先垂范,多次深入各基层单位倾听员工的心声,与员工进行沟通互动,极大地激发了员工的工作积极性,促进了企业和谐。

(资料来源:江西网络广播电视台. http://sr.jxgdw.com, 2015 – 09 – 14 14:49.)

二、满意度调查

在现代企业人力资源管理的具体操作过程中,管理方除了从企业战略需要来思考、设计和执行制度流程之外,员工的利益诉求也纳入其中。现代企业的制度设计和操作过程中都要求进行充分的内部调研,深入了解员工关于某项专题的看法和要求。

员工满意度调查便是人力资源管理内部调研项目之一。企业为什么要开展员工满意度调查?它对进一步提高员工满意度和对公司的忠诚度,增强凝聚力起到什么作用?员工满意度调查可以让企业清楚自己的问题出在哪里,有针对性地制定解决问题的方案或措施并加以实施,从而提高员工的工作热情,降低人才流失率,提高企业业绩。许多企业每年都开展员工满意度调查工作,许多企业将员工满意度视为人性化管理的重要指标之一。一些大型企业还聘请专业的顾问公司来开展员工满意度调查,调查完全由顾问公司操作,员工只需配合顾问公司的问卷调查或访谈。员工所提出的所有问题和抱怨都会被公司高层责令相关部门做出反应,包括解释问题发生的原因、制订详细的整改方案或计划(包括时间表),并将实施的结果反馈给公司高层。这种做法在很大程度上提高了员工对公司的满意度和归属感,是留住人才和提高公司管理水平的好办法。

员工满意度调查可以定期或不定期展开。定期调查可以在每年、每半年、每季甚至每月举行,不定期调查一般在企业发生组织结构变化,员工变动频繁、流动率大,员工不停抱怨公司和管理人员,工作效率低,出现人力资源危机隐患等情况下开展。

员工满意度调查的形式包括发放调查表、座谈和访谈等。

上海施乐公司每年度举行一次员工满意度调查(公司内称为 EMSS,即雇员激励及满意度问卷调查)。这是上海施乐在管理上的一个特点。员工满意度调查的问卷内容、调查方式和实施过程,是全体员工对公司管理层的考核评估,也是员工参与管理的过程,对公司改进管理,加强沟通,提高员工的积极性,有很大的正面作用。

员工满意度调查问卷的内容,包括对管理层的决策、执行、沟通,管理层对下属的交流与反馈、尊重与信任、公平与合作,以及对员工激励、培训、发展、薪酬、团队合作等方面,通过 70 多个问题,进行不记名的个人满意度倾向的调查。调查结果通过第三方进行统计分析,所以,这也是一个公平、公开和公正的对管理层工作与能力的评估。

每年度员工满意度调查工作主要有以下几个过程:年初公开年度 EMSS 的目标—每年 11 月份实施调查—公布调查结果—进行根源分析—提出改进计划—实施改进—向员工反馈改进的结果情况。

施乐在实践中感到,员工满意度调查结果出来后采取的这一系列活动是体现调查效果的关键,是达到调查目的、找出根源、提出措施、实施改进、提高员工参与积极性的重要环节。

例如,在一次调查结果中,员工对"交流/信息"的项目满意度不高,工作小组(由跨部门人员组成)进行了根源分析,认为主要有三个方面的原因:高级经理对交流不重视；上下级的交流没有制度化、经常化；交流工具少、方式单一化等。针对管理上的问题和根源，公司制订了行动计划，其内容包括：高级经理、部门经理定期与员工代表召开"圆桌会议"交流意见、分享信息；公司每年召开两次员工大会，会上除了总经理向员工报告公司经营状况，还安排了员工向总经理提问、相互对话的时间；各部门每月一次员工会议；人力资源部和工会走访职工家庭，特别是长期出差或出国人员家庭；加强与分公司职员交流，等等。这一系列的行动和实施后的情况都向员工反馈，公布上述项目的完成情况，以改进管理，增强员工参与的积极性。

（资料来源：前进策略＆零点调查．肖明超．2004-8-14.）

【知识拓展】

公司辞退员工的谈判技巧及情绪控制

《杜拉拉升职记》里有一句经典台词：没炒过鱿鱼的人力资源不是优秀的人力资源。的确如此，辞退员工是任何一家公司必然会产生的现象，由此引出的辞退员工的谈话也是人力资源最头疼但又不得不面对的环节。如果人力资源处理得不好，既会影响企业的正常发展，又会对人力资源工作稳定产生影响。更有甚者，如果碰到员工情绪对抗，很有可能发生暴力事件甚至是集体冲突，对劳资双方均不利，所以谈判技巧显得至关重要。

一、谈判的前期准备

谈判就是一场战争，作为战争的发起者，人力资源必须做好准备工作。本着要辞退某一名或者几名员工的前提，人力资源首先应当把握好自己的角色扮演。如果是人力资源单独和员工谈，那么代表的仅仅只是公司，也就是员工的直接对立方；如果人力资源和律师一起谈，那么他可以选择员工的间接对立方，将直接对立的角色让给律师来扮演。除了角色扮演问题以外，还有以下内容需要准备。

1. 谈判地点的准备

对于谈判地点，建议选择开阔而明亮的空间，比如说带玻璃窗户的会议室、环境比较安静的咖啡厅等，但不建议选在封闭的小会议室、环境嘈杂的开放办公区、狭窄的咖啡厅等。

2. 谈判时间的准备

作为谈判的发起方，人力资源应该选择对自己最为有利的时间。英国的科学家曾做过研究，在一天中，员工注意力最集中的时间是上午10点至11点，而最疲惫的时间是下午1点至2点，所以我们建议谈判时间最好选择在下午一点半左右，而谈判的时间不宜超过半个小时。再有需要注意的是，在可知的范围内，尽量不要选择对员工有纪念意义的日子，比如员工的生日、结婚纪念日、三八妇女节等。

3. 面谈需要准备的材料

首先是被辞退者的个人资料、档案；其次是《协商一致解除合同协议》《辞退通知书》；录音笔、白纸、签字笔等也需要随身携带。

二、面谈需要注意的形象

面谈时的着装最好是严肃大方的职业装,女性人力资源如果能化个淡妆是最好的。

三、谈判时人力资源应有的信念

意志、信念对谈判的帮助很大,在谈判开始之前你做好了充分的思想准备,就不用担心在谈判中害怕、紧张。人力资源在谈判之前必须有以下信念:

(1) 辞退员工是企业客观存在的现象,所以辞退员工的面谈便成为人力资源分内的工作,作为一名成熟的人力资源,一定不能逃避;

(2) 辞退面谈时要尊重客观事实,对事不对人;

(3) 学会换位思考,充分尊重员工的合法利益,合法、合理辞退员工;

(4) 创建和谐的谈判氛围。

当然,所有信念的前提是:人力资源在谈判的过程中一定要保护自身安全。

四、谈判的过程及注意事项

谈判流程可以分解成前奏、正题、尾声三个环节。

1. 前奏

前奏部分主要是寒暄,比如问问员工今天中午吃的什么、每天乘坐什么交通工具上班、家里人身体好不好等。寒暄的目的一是和员工拉近距离;二是了解员工的近况,以免出现员工有不能辞退的情形,仍然一意孤行导致违法辞退。然后要对员工入职以来的工作表示适当的肯定,再说明公司的现状及员工工作的不足之处,寒暄的时间不宜过长,3分钟即可。

2. 正题

接着进入谈判正题。人力资源应当主动开口,告知员工出于综合考虑,决定与员工协商一致解除劳动关系,看员工的反应,根据员工的不同反应,人力资源要做出不同的应对:

①对于态度平静、不说话、面无表情、目光呆滞、纹丝不动的员工(我们称之为自我否定型),人力资源应打破僵局,让员工开口说话,比如问一些特别简单的问题,一旦员工开口说话了,谈判基本就进入实体阶段了。

②对于态度理性、跟人力资源讲条件、讲道理、讲理由的员工(我们称之为自我肯定型),人力资源应该比员工更为理性,向员工清晰地分析他提出来的理由是否充分、条件是否合法。

③对于情绪激动、暴跳如雷、蛮不讲理的员工(我们称之为自我保护型),人力资源管理者应该保持充分的冷静,不要跟员工发生正面的冲突和顶撞,待员工情绪稳定一些以后再做沟通。例如,某公司员工听说要被开除,直接躺在地上撒泼,扬言要赖上企业一辈子,后来发现律师和人力资源都不理他,在地上躺了20分钟后还是自己起来跟企业谈解除条件了。

④对于根本就不跟人力资源谈,听完解除决定后起身就离开的员工(我们称之为自我逃避型),人力资源应当适当挽留员工,但挽留次数不宜过多,以挽留一次为原则。

根据马斯洛需求理论,被辞退员工的需求可以分为物质需求和精神需求两个部分。对

于工资较低、工作年限较短、家庭条件较差的员工，他们对物质的需求暂时高于精神需求，所以也许一份稳定的收入或者较高的经济补偿金能够对员工起到作用。但是作为工资较高、社会阅历比较丰富的员工来说，工作带给他们的不仅仅只是一份稳定的收入来源，更多的是体现他们被社会认可、被他人接受和尊重的程度，金钱对他们的弥补作用反而比不上为其做好职业指导或者给予充分的尊重。

3. 尾声

当双方条件谈得差不多时，人力资源可以择时促成，并签署书面解除协议，或者做出单方解除通知，如果一直无法达成一致，本次谈判失败，人力资源可以平静地结束本次谈判，择时机再谈，但对于解除理由明显合法的情形，比如员工有违法犯罪行为、员工连续旷工达到制度规定可以解除的天数等，人力资源在谈判中也不用过多顾虑，可以通知员工解除合同了。

五、谈判中解除方式的确认

为了避免出现违法解除，规避员工申请仲裁的风险，人力资源应该事先确认好解除的方式，将风险降到最低。解除方式的风险由小到大可以划分为以下三种：

1. 劝说员工主动辞职，体面地离开

这种方式比较适合公司想辞退员工，员工也不一定想在公司干；或者员工犯了一些小错误，又不至于解除合同的情形。这种方式基本不会产生法律风险，主动提出辞职，交完《辞职报告》的员工也基本不会申请仲裁，但用人单位应规避员工依据《劳动合同法》第三十八条提出解除后要求经济补偿金的风险。

2. 双方协商一致解除劳动合同

这种方式的风险也比较小，建议人力资源在签署《双方协商一致解除合同协议》时将解除时间、解除方式具体写入合同中，并明确表述双方再无其他任何争议。

3. 企业单方辞退员工，确保解除理由合理、合法，实体和程序均符合法律规定。

辞退员工谈判并非一件容易的事情，需要人力资源在实践中去多多锻炼，积累经验。希望本文对各位人力资源从业者有所裨益，尽量减少劳动纠纷的发生。

(资料来源：公司如何辞退员工谈判技巧及情绪控制 [EB/OL]. 2013-12-05. http://blog.sina.com.cn/s/blog_5f98d3100101p1g7.html.)

【网上练习】

请上网查找一份员工满意度调查问卷。参考网址：www.isoyes.com。

【思考与讨论】

1. 企业为什么要强调加强公司与员工的沟通？
2. 员工沟通的常用渠道有哪些？
3. 开展员工满意度调查有哪些形式？

学习情境四　员工关系管理

新知新技：企业未依法缴纳社会保险费用存在的法律风险

自我国《社会保险法》颁布实施以来，各企业、员工积极缴纳社会保险费用已成为社会常态，但仍存在部分企业为减少经营成本通过各种方式拖延、逃避缴纳社会保险费用，从而致使企业处于法律风险的漩涡。

一、企业依法缴纳社会保险费用是我国法律规定的强制性义务，非因法定事由不得减免

虽然我国法律明确规定了企业、员工都应当依法按时足额缴纳社会保险费用，员工应缴部分由企业代扣代缴，但是仍存在部分企业未能及时足额缴纳相关社会保险费用，并尝试各种方式拖延、逃避缴纳社会保险费用的现象。例如：企业内部规定员工试用期满后再办理相关的社会保险或员工工作满一年后才能参加社会保险；通过不与员工签订劳动合同逃避为员工办理社会保险；企业与员工私下签订协议，约定由企业将应当用于缴纳社会保险的费用直接支付给员工，员工承诺由此产生的纠纷，企业不承担任何法律责任等。

因缴纳社会保险费用是企业与员工共同的法定义务，不能通过企业内部规定或双方协议约定免除任何一方应承担的法定义务，所以不论企业内部有何规定或企业与员工之间存在何约定，都因违反法律的强制性规定而无效。

【相关法律规定】《中华人民共和国社会保险法》第五十八条、第六十条。

【相关案例】新疆维吾尔自治区乌鲁木齐市新市区人民法院（2015）新民一初字第261号乌鲁木齐高新技术产业开发区掌上明珠家具店与刘永智劳动争议案

裁判要旨：本院认为，本案双方当事人就劳动关系起止时间存在争议，原告作为用人单位应当掌握被告的入职手续、考勤记录等资料，但原告未提交任何有效证据对被告的用工时间加以证明，亦未能提供有效证据对被告提供的证据进行反驳。因此，本院对被告陈述的用工事实及提交的工资表复印件予以采信。根据《中华人民共和国劳动法》第五十条规定："工资应当以货币形式按月支付给劳动者本人。不得克扣或者无故拖欠劳动者的工资"。本案中，双方当事人均认可2014年8月起未发放工资，故原告应当向被告支付2014年8月1日至9月17日工资。关于工资数额，原告提交的工资表中无领取人签字，故根据《安装协议书》中约定存在提成以及被告提供的工资表，原告应当向被告支付2014年8月1日至9月17日工资8 760.53元。关于社会保险费，根据《中华人民共和国劳动法》第七十二条明确规定，用人单位和劳动者必须依法参加社会保险，缴纳社会保险费。《中华人民共和国社会保险法》第五十八条规定，用人单位自用工之日起三十日内为职工向社会保险经办机构申请办理社会保险。社会保险是国家的法定保险，是法律强制性规定，用人单位和劳动者不能以任何方式逃避缴纳社会保险费的义务。本案原告关于将社会保险费以现金形式发放的陈述违反法律强制性规定，且根据原告提供的8月份工资表也不能证明其将社会保险费在工资中发放。故本院对原告的诉称不予支持。原告应按社会保险经办机构核定的缴费基数为被告补缴2014年3月至2014年9月的社会保险费，期间利息由原告承担。

二、企业未依法缴纳社会保险费用将面临被加收滞纳金、处以罚款、媒体曝光等的行政处罚法律风险

企业应当按时足额向社会保险费征收机构缴纳社会保险费用，未按时足额缴纳的，由社会保险费征收机构责令限期缴纳或补足，并自欠缴之日起按日加收滞纳金。企业欠费之日在2011年7月1日前的，滞纳金分段处理：对于2011年7月1日以前的欠费，企业主动补缴或经责令按时补缴的，不核定滞纳金；企业经地税机关责令改正，逾期仍不改正的，按照《社会保险费征缴暂行条例》第十三条，由地税机关按日加收2‰的滞纳金。对于2011年7月1日以后企业的欠费，由地方税务机关按日加收0.5‰滞纳金。逾期仍不缴纳的，由有关行政部门处欠缴数额1倍以上3倍以下的罚款。

企业未按时足额代扣代缴应当由员工缴纳的社会保险费用的，由社会保险经办机构责令缴纳，并自欠缴之日起按日加收0.5‰的滞纳金，且企业不得要求员工承担滞纳金。

另，为督促企业、员工及时足额缴纳社会保险费用，社会保险费征收机构将针对拒不清缴欠费、情节严重的企业，通过报刊、广播、电视、网络等各种媒体进行公告，由社会各界共同监督。

【相关法律规定】《中华人民共和国劳动法》第一百条；《中华人民共和国社会保险法》第六十二条、第八十六条；《社会保险费征缴暂行条例》第十三条；《社会保险费申报缴纳管理规定》第十一条；《广东省地方税务局征收社会保险费欠费管理暂行办法》第六条、第十六条。

【相关案例】深（福）社限令〔2014〕C002号《深圳市社会保险费限期缴纳（补足）指令书》关于深圳市江南国际旅行社有限公司社会保险补足指令书的送达公告

经查，你单位存在未按时足额缴纳2013年10月至2013年12月社会保险费的违法行为，因你单位已搬离注册地址，且无法联络单位相关人员，现公告送达本案深（福）社限令〔2014〕C002号《深圳市社会保险费限期缴纳（补足）指令书》。本公告自发布之日起经过60天即视为送达。

内容如下：经查，你单位未依法缴纳2013年10月至2013年12月期间的社会保险费26 839.66元，违反了《中华人民共和国社会保险法》的规定，以上违法事实有社会保险缴费通知单等有关证据为证。现依据《中华人民共和国社会保险法》第八十六条之规定，责令你单位自本指令书送达之日起15日内到深圳市社会保险基金管理局福田分局征收科补缴欠缴社会保险费26 839.66元，滞纳金386.41元（滞纳金缴纳标准为自欠缴之日起按日加收万分之五），共计27 226.07元（滞纳金计算截至2013年12月26日，实际金额以缴交日为准）。逾期仍不缴纳的，我局将依据《中华人民共和国社会保险法》第六十三条之规定强制征缴，并由社会保险行政部门处欠缴数额一倍以上三倍以下的罚款。你单位如对本处理不服，可于本指令书送达之日起60日内向深圳市人力资源和社会保障局申请复议，或者于本指令书送达之日起三个月内直接向福田区人民法院提起诉讼。

三、企业未依法缴纳社会保险费用将面临的劳动用工风险

（1）企业未依法为员工缴纳社会保险费用的，员工有权随时单方解除劳动合同，并

要求企业向其支付经济补偿，如企业拒绝支付经济补偿，员工有权请求劳动行政部门责令支付，逾期不支付的，企业还应按应付金额百分之五十以上百分之一百以下的标准向员工加付赔偿金。

【法律规定】《中华人民共和国劳动合同法》第三十八条、第四十六条、第八十五条；《中华人民共和国劳动合同法实施条例》第十八条。

【相关案例】山东省德州市中级人民法院（2014）德中民终字第1164号武城宝福邻购物中心有限公司与孙淑兰劳动争议纠纷上诉案

裁判要旨：本院认为，根据双方诉辩主张，本案争议的焦点为：上诉人是否应向被上诉人支付经济补偿金的问题。为劳动者缴纳社会保险费是用人单位的法定义务。武城县社会医疗保险事业处为被上诉人孙淑兰颁发的社保证表明，自2013年1月起，被上诉人的参保单位变更为上诉人武城宝福邻购物中心有限公司，上诉人应当依法为被上诉人缴纳社会保险费，而上诉人武城宝福邻购物中心有限公司未为被上诉人孙淑兰缴纳社会保险费，依据《劳动合同法》第三十八条第一款第（三）项的规定，用人单位未依法为劳动者缴纳社会保险费的，劳动者可以解除劳动合同。本案中，被上诉人孙淑兰与上诉人解除劳动合同，符合法律规定。根据《劳动合同法》第四十六条第（一）项的规定，劳动者依照本法第三十八条规定解除劳动合同的，用人单位应当向劳动者支付经济补偿。

（2）企业未依法为员工缴纳社会保险费用，且社会保险经办机构无法补办，致使其无法享受社会保险待遇的，员工有权要求企业赔偿损失。

【相关法律规定】《最高人民法院关于审理劳动争议案件适用法律若干问题的解释（三）》第一条。

【相关案例】湖北省武汉市中级人民法院（2014）鄂武汉中民商终字第00389号武汉玛丽文化用品有限公司与范应明等劳动争议案

裁判要旨：本院认为，本案争议的焦点为：关于玛丽公司是否应为范应明办理失业保险登记以及赔偿范应明失业保险待遇损失。《中华人民共和国社会保险法》第五十条规定："用人单位应当及时为失业人员出具终止或者解除劳动关系的证明，并将失业人员的名单自终止或者解除劳动关系之日起十五日内告知社会保险经办机构。失业人员应当持本单位为其出具的终止或者解除劳动关系的证明，及时到指定的公共就业服务机构办理失业登记。失业人员凭失业登记证明和个人身份证明，到社会保险经办机构办理领取失业保险金的手续。失业保险金领取期限自办理失业登记之日起计算。"根据上述规定，办理失业登记及领取失业保险金手续的主体是失业人员。故范应明主张玛丽公司办理失业登记的请求不应支持。但是，对于玛丽公司因未依法履行缴纳社会保险费义务，造成范应明即使办理了失业登记也存在的失业保险金差额损失，该公司应予赔偿。根据查明的事实，范应明2004年10月到玛丽公司工作后，玛丽公司于2008年8月才为其缴纳失业保险费，欠缴2004年10月至2008年7月期间的失业保险费。根据失业保险的相关法律及政策规定，如果玛丽公司足额为范应明缴纳失业保险，则范应明失业后可以享受17个月失业保险金，现按其实际缴费年限计算，范应明只能享受11个月的失业保险金，故玛丽公司应向范应明赔偿失业保险金损失为4 284元（714元/月×6个月）。玛丽公司主张范应明系主动意愿中断就业的，不符合领取失业保险待遇的条件。人力资源和社会保障部《实施〈中华人民共和国社会保险法〉若干规定》第十三条明确规定非因本人意愿中断就业包括劳动者本人依照劳动合同法第三十八条规定解除劳动合同的情形。因此，玛丽公司的主张本院不予采纳。

（3）企业未依法为员工缴纳社会保险费用，员工发生工伤时，由企业按照工伤保险待遇项目和标准向员工支付赔偿费用。

【相关法律规定】《工伤保险条例》第六十二条。

【相关案例】新疆维吾尔自治区农八师中级人民法院（2015）兵八民一终字第110号石河子市中新创包装容器有限公司与楚凤兰劳动争议纠纷上诉案

裁判要旨：本院认为，根据上诉人中新创包装容器公司的上诉理由和被上诉人楚凤兰的答辩意见，本案的争议焦点为：上诉人中新创包装容器公司是否应当支付被上诉人楚凤兰停工留薪期工资、一次性伤残补助金、一次性就业补助金、一次性医疗补助金及劳动能力鉴定费。本案中，被上诉人于2012年4月21日至2013年8月31日期间在上诉人单位从事冲床工作，于2013年8月31日在为上诉人工作时受伤，虽然双方未签订书面劳动合同，但被上诉人在上诉人单位所从事工作属于上诉人的主要经营业务范围，工作期间接受上诉人的安排管理，并由上诉人为其发放工资，根据《劳动和社会保障部关于确立劳动关系有关事项的通知》第一条的规定，上诉人与被上诉人之间存在事实劳动关系。《劳动和社会保障部关于实施〈工伤保险条例〉若干问题的意见》（劳社部函〔2004〕256号）第一条规定："职工在两个或两个以上用人单位同时就业的，各用人单位应当分别为职工缴纳工伤保险费。职工发生工伤，由职工受到伤害时其工作的单位依法承担工伤保险责任。"根据该规定，虽然石河子总场仍然为被上诉人楚凤兰缴纳社会保险费，但上诉人作为被上诉人的实际用人单位，亦不能够免除为被上诉人缴纳工伤保险费的责任。本案中上诉人未为被上诉人缴纳工伤保险费，故根据《中华人民共和国社会保险法》第四十一条第一款"职工所在用人单位未依法缴纳工伤保险费，发生工伤事故的，由用人单位支付工伤保险待遇。用人单位不支付的，从工伤保险基金中先行支付"的规定，应当对被上诉人的工伤保险待遇承担赔偿责任。

（4）企业招聘录用处于停薪留职、提前退休、下岗待岗、企业经营性停产放长假等情形下的员工，应当为该员工缴纳社会保险费用，否则依《劳动法》《劳动合同法》等承担相应的法律责任。

【相关法律规定】《最高人民法院关于审理劳动争议案件适用法律若干问题的解释（三）》第八条。

【相关案例】江苏省常州市中级人民法院（2013）常民终字第1594号常州中北物业服务有限公司与关龙河医疗保险待遇纠纷上诉案

裁判要旨：本院认为，本案的争议焦点为：关于中北物业是否应为关龙河缴纳社会保险的问题。根据相关法律法规的规定，在建立劳动关系后为劳动者参加社会保险，系用工单位的法定义务。中北物业与关龙河于2013年1月8日建立劳动关系。中北物业作为用工单位应依法为关龙河缴纳社会保险。根据相关规定，在停薪留职、提前退休、下岗待岗、企业经营性停产放长假等情形下，劳动者与新用人单位建立劳动关系的，应当由新的用人单位与劳动者按相关规定缴纳社会保险费用。无论关龙河与黑龙江华山农场责任有限公司是否存在停薪留职、下岗待岗、企业经营性停产放长假等情形，现中北物业作为关龙河的新用工单位也应依法为关龙河缴纳社会保险。

四、企业未依法缴纳社会保险费用将面临直接划拨、扣押、查封、拍卖等强制征收法律风险

企业未按时足额缴纳社会保险费的，由社会保险费征收机构责令其限期缴纳或者补足，逾期仍未缴纳或者补足的，社会保险费征收机构可以向银行和其他金融机构查询其存款账户；并可以申请县级以上有关行政部门作出划拨社会保险费的决定，书面通知其开户银行或者其他金融机构划拨社会保险费。企业账户余额少于应当缴纳的社会保险费的，社会保险费征收机构可以要求该企业提供担保，签订延期缴费协议。企业未足额缴纳社会保险费且未提供担保的，社会保险费征收机构可以申请人民法院扣押、查封、拍卖其价值相当于应当缴纳社会保险费的财产，以拍卖所得抵缴社会保险费。

【相关法律规定】《中华人民共和国社会保险法》第六十三条；《社会保险费申报缴纳管理规定》第十六条、第二十一条、第二十三条、第二十五条；《广东省地方税务局征收社会保险费欠费管理暂行办法》第七条、第九条、第十条。

【相关案例】深（福）社限令催告〔2015〕E001号《深圳市社会保险监察履行行政决定催告书》关于深圳汉唐酒业股份有限公司社会保险行政决定催告书的送达公告

经查，深圳汉唐酒业股份有限公司存在未依法缴纳2014年5月至2014年7月社会保险费的违法行为。因该单位未在注册地址办公，且无法联络单位相关人员，现我局依法对你单位公告送达深（福）社限令催告〔2015〕E001号《深圳市社会保险监察履行行政决定催告书》，本催告书自公告发布之日起经过60天即视为送达。

文书内容如下：经查，你单位存在未依法缴纳2014年5月至2014年7月社会保险费的违法行为。我局于2015年2月14日向你单位送达深（福）社限令〔2014〕E0067号《深圳市社会保险费限期缴纳（补足）指令书》，你单位在法定期限内既未申请行政复议，又未提起行政诉讼，也未履行缴费义务。依照《中华人民共和国行政诉讼法》第九十五条及《中华人民共和国社会保险法》第六十三条的规定，我局拟申请人民法院强制执行该行政决定。现根据《中华人民共和国行政强制法》第五十四条之规定履行催告程序，请你单位自收到本催告书之日起10日内到深圳市社会保险基金管理局福田分局缴纳欠缴的社会保险费本金30 526.42元，滞纳金2 329.17元（两项共计32 855.59元，滞纳金缴纳标准为自欠缴之日起按日加收万分之五，计算截至2014年12月4日，具体金额以实际到账日为准），逾期未履行缴费义务的，我局将依法申请人民法院强制执行。你单位有权在收到本催告书之日起3日内到深圳市社会保险基金管理局福田分局提出陈述和申辩。逾期不陈述、申辩的，视为放弃陈述和申辩的权利。

综上所述，企业依法为员工缴纳社会保险费用是我国法律规定的强制性义务，非因法定事由不得减免，如企业存在未能依法及时足额缴纳社会保险费用的情形，将给企业带来大量劳动用工、行政处罚等方面的法律风险。

（资料来源：刘彩凤. 企业未依法缴纳社会保险费用法律风险汇总［EB/OL］. 2015－07－07. http：//www.acla.org.cn/html/lvshiwushi/20150707/21751.html.）

学习情境五

培训与职业生涯规划

岗 位 描 述

【岗位名称】

培训与职业发展专员。

【岗位职责】

培训与职业发展专员岗位的主要职责是：通过学习、训练等手段来提高员工的工作能力和知识水平，最大限度地促进员工的个人素质与工作需求相一致，从而达到提高工作绩效的目的。其具体职责包括以下几个方面：

（1）公司内部培训需求调查，会同直属上级共同确认需求；

（2）协助上级编制并完善公司的年度培训与发展计划；

（3）协助上级建立并优化培训体系，建立内部及外部师资库、教材库、试题库和案例库等；

（4）内部培训活动的具体执行和后勤协助，确保培训顺利完成；

（5）联系各类培训机构，办理员工外部培训事宜；

（6）执行培训效果评估工具，编写评估报告；

（7）管理员工培训档案，编制培训类报表和分析报告；

（8）设计并落实员工的职业生涯发展规划，跟踪关键员工的职业生涯发展规划落实情况。

任 务 解 析

通过招聘，你所在的企业获得了自己所需的员工，双方建立起劳动关系。对于新员工，为了使他们尽快适应岗位工作需要，必须对其进行培训；对于老员工，为了帮助他们更新知识、提高工作能力，满足其自身发展需要和企业发展的要求，也必须进行培训。本学习情境要求你了解确定企业员工的培训需求的方法，学习制定科学的培训方案；在此基础上，作为"培训专员"，你需要协助上级完善组织的培训体系，开展具体的培训项目实施工作，并进行过程管理和培训工作总结，以保证员工培训的质量和后续培训的进一步完善。需要注意的是，培训工作通常注重培养员工满足当前岗位的需要；为了应对未来的挑战培养后备人才，还需要进行人力资源开发、员工职业发展工作。员工职业生涯管理就是一种典型的人力资源开发工具，通过员工职业生涯管理，员工得以借助公司平台实现有序、科学的个人发展。本项目包含以下任务：

学习情境五　培训与职业生涯规划

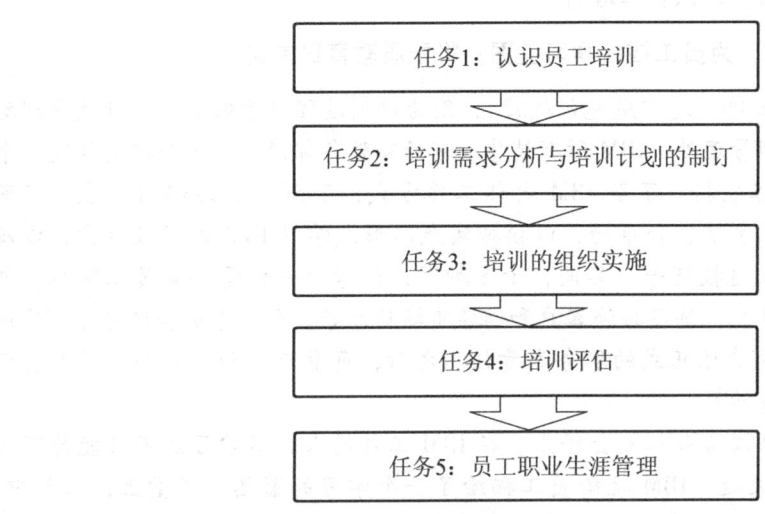

学 习 目 标

【知识目标】

☞ 了解员工培训的类型和目的；
☞ 掌握员工培训需求分析的基本方法；
☞ 熟悉员工培训实施的工作内容；
☞ 了解员工培训组织实施管理的相关知识；
☞ 熟悉员工培训效果评估的基本内容；
☞ 了解职业生涯、职业生涯管理的概念；
☞ 掌握企业职业生涯管理及个人职业生涯管理的内容。

【技术技能目标】

☞ 能够独立完成员工培训需求调查和分析；
☞ 能独立制订员工培训计划；
☞ 能组织实施员工培训；
☞ 能对员工培训进行效果评估；
☞ 能运用职业管理的基本原理协助组织开展员工职业生涯管理工作。

任务1　认识员工培训

【任务情境】

员工培训有助于提升员工能力，打造企业人才队伍。下面我们通过三个世界知名企业

的员工培训管理方法来初步认识员工培训。

IBM：“魔鬼”训练，为员工描绘学习蓝图，将素质教育日常化

有人称IBM的新员工培训是"魔鬼训练营"，因为培训过程非常艰辛。除行政管理类人员只有为期两周的培训管理外，IBM所有销售、市场和服务部门的员工全部要经过三个月的"魔鬼"训练，内容包括：了解IBM内部工作方式，了解自己的部门职能；了解IBM的产品和服务；专注于销售和市场，以模拟实践的形式学习IBM怎样做生意，以及团队工作和沟通技能、表达技巧等。其间，十多种考试像跨栏一样需要新员工跨越，包括：做演讲、笔试产品性能、练习扮演客户和销售市场角色等。全部考试合格者才可能成为IBM的一名新员工，有自己正式的职务和责任。之后，负责市场和服务部门的人员还要接受6～9个月的业务学习。

事实上，在IBM，培训从来都不会停止。在IBM工作的人，不学习是不可能待下去的。从进入IBM的第一天起，IBM就给员工描绘了一个学习的蓝图。课堂上，工作中，经理和师傅言传身教，员工自己通过公司内部的局域网络自学、总部的培训以及到别的国家工作和学习等，庞大而全面的培训系统一直是IBM的骄傲。鼓励员工学习和提高，是IBM培训文化的精髓。如果哪个员工要求涨薪，IBM可能会犹豫；如果哪个员工要求学习，IBM肯定会非常欢迎。

IBM非常重视素质教育，基于此，IBM还设置了"师傅"和"培训经理"这两个角色，将素质教育日常化。每个新员工到IBM都会有一个专门带他的"师傅"，而培训经理是IBM专门为照顾新员工、提高培训效率而设置的一个职位。

西门子：新人培训，帮你"导入"；老员工培训，心中有数

西门子公司针对新员工设计了一个"导入计划"，以帮助他们尽快适应工作。该培训管理计划不脱产，时间为六个月。新进入公司的员工必须根据每一阶段的培训，不断地调整自己的心态和工作状态，以最快的速度适应工作环境。培训期同时也是试用期，公司可以随时解雇不称职员工。

除了对新员工的必要培训，西门子公司为每一个员工提供了一流的培训和个人发展机会。西门子深信员工的知识、技能和对工作的胜任能力是公司最宝贵的资源，也是公司成功的基础。为了配合公司在中国的业务发展，使本地员工获得现代化、高质量的培训与教育，西门子公司于1997年10月在北京成立了西门子管理学院。该学院的培训涵盖了高级管理培训教程、业务和管理研讨会、职业和商务等几大领域，旨在提高公司中层管理人员的管理能力，加速管理人员本地化并在不同的领域培养员工的各种能力。西门子管理学院不断地改进和拓展培训项目，为员工未来的发展做准备。在公司内部的网站上，每个阶段都明确公布出下一步的人才需求倾向和培训方向。有志于在新岗位上锻炼的员工，可以根据自己的情况决定自己参加哪种培训，真正做到了心中有数。

宜家：培训每时每刻，随时随地

宜家（IKEA）在五大洲的30多个国家拥有170多家分店。宜家不喜欢把人放在一间屋子里整齐地坐好听老师讲课，"服务行业本身不适合这种方式的培训管理，因为涉及产

品和顾客，你总不能把产品拆了，把各式各样的顾客拉到这里来做示范吧！"因此，宜家的培训是在员工之间，尤其是在新老员工之间，进行每时每刻、随时随地的经验分享与言传身教。宜家的培训规划有很多种，就英语来说，宜家一方面会聘请外教，另一方面也会送员工去语言培训中心学习。宜家认为，更实用也更便利的应该是公司内部的环境，宜家是一家跨国公司，工作语言是英语，而在和客户打交道的时候，也会经常碰到客户讲英语的情况，在这种现实场景中学习语言可谓得天独厚。

宜家还有一个特别之处，就是它的"外援"——来自瑞典总部的员工，分布在宜家的各个部门，并不都是管理人员。这样做的目的是希望把宜家的企业文化渗透到每一个细胞里去，而不只局限于"头脑"部分。

【任务要求】

请阅读上述案例材料，讨论下列问题，并提交案例分析答卷。
1. IBM、西门子和宜家都分别进行了哪些类型的员工培训？
2. IBM 为什么要给员工描绘学习蓝图？
3. 西门子公司在北京成立西门子管理学院的目的是什么？

【任务目标】

理解员工培训的类型和员工培训的意义。

【任务考核】

教师参考以下标准对各小组学习表现进行评分：
（1）小组活动中，学生的外在表现（参与度、讨论发言积极程度）；
（2）案例分析是否言之有理，分析透彻，逻辑严密，观点明确；
（3）文件资料制作的完整与适用程度。

【核心概念】

员工培训；培训的类型；培训的意义。

【知识精讲】

一、员工培训的概念

当今时代，竞争日益纷繁复杂，技术日新月异，并改变着我们的工作、生活方式。企业该怎么做才能使自己立于不败之地？国以才立，政以才治，业以才兴，要在竞争中获胜，必须拥有高素质的人才，而员工培训正是提高员工素质、优化人力资源的重要手段。

员工培训（employee training）是指那些通过一定的措施和手段，补充和提高员工的知识和技能，增强员工的工作满意度和对组织的归属感与责任感，从而提高组织的工作效率，实现组织人力资本增值和预期的社会经济效益的有目的、有计划、有组织的人力资源管理活动。随着现代经营管理理念的普及，企业管理层对员工培训与开发工作的认同也有

了很大提升，许多企业已经不再将员工培训看作"成本"，而是看作一项长期"投资"。

二、员工培训的类型

员工培训与其他常规教育，特别是学校教育的区别在于：从性质上讲，员工培训是一种继续教育，是常规学校教育的延伸；从内容上讲，员工培训是对受训人员的专业知识和特殊技能进行有针对性的培训，是为了使其适应工作的需要；从形式上讲，员工培训表现为灵活多样，立足于实践需要，而不像学校教育那样整齐划一。组织培训的主体是组织的全部员工，由于员工工作岗位不同，员工的发展需求不同，所以员工培训的类型多种多样。

（1）根据培训对象划分

根据培训对象的不同，培训可以分为：管理人员培训、专业技术人员培训、基层员工培训及新员工培训。管理人员培训主要是让他们掌握必要的管理技能、管理理论和先进的管理方法；专业技术人员培训是让他们提高专业领域的能力，旨在提高其新产品研制能力，同时培训财务、沟通技巧、团队建设、人际交往和外语等方面的知识与能力；基层员工培训是提高员工操作技能，是针对不同岗位所要求的基本知识与能力进行训练；新员工培训，即为新进入组织的员工指引方向，使之对新的工作环境、条件、工作关系、工作职责、工作内容、规章制度和组织经营理念等有所了解，使其能尽快地融入组织和岗位工作之中。

（2）根据培训涉及的范围划分

根据培训涉及的范围，培训可以分为普通培训和特种培训。普通培训是针对广泛的对象，培训的内容范围广、适应面广，如管理知识的培训。特种培训是指针对特定岗位、特定对象、特定的培训内容而进行的培训，如专项技能的训练。

（3）根据培训时间期限划分

根据培训时间，员工培训可以分为：长期培训、中期培训和短期培训。

（4）根据培训方式划分

按培训方式可以将培训分为脱产培训、半脱产培训和业余培训等。脱产培训是指接受培训者在一段时期内完全脱离工作岗位，接受专门培训后，再继续回原岗位工作。半脱产培训是指接受培训者在保证岗位工作基本正常的情况下，每天或每周抽出一部分时间参加培训。业余培训是指接受培训者完全利用个人业余时间参加培训，不影响正常生产或工作的培训形式。

（5）根据培训体系划分

根据培训体系可以将培训分为组织内部培训体系和组织外部培训体系两种。组织内部培训体系包括基础培训、适应性培训、日常培训、个别培训和目标培训等；组织外部培训体系按教育机构来划分，可分为两大类：全日制的高等院校、专门教育培训机构。

新员工入职培训

小李：第一天我提早10分钟到了人力资源部，被告知"请稍坐，一会儿有人带你转转"。1小时后，我被领到了一间会议室。几分钟后，里面的面试者发现我不是来应聘的，而是新员工。一阵道歉后，我被领去见我的主管。主管大声地叫来一个文员，让他带我转转。在我被介绍给其他员工的同时，那个文员一直在抱怨着那个主管的脾气有多坏。吃午饭时，我问能不能申请调到别的部门去，他们说6个月后才能调动。我想我是不是该趁早换个工作了。

小王：我的入职培训棒极了！我到了以后被带到休息室。喝过咖啡、吃过点心后，我拿到一本员工手册，上面解释了公司的绝大部分福利及政策。接着放了一段有趣的电影解释公司的历史、设施、重要人物及各部门的联系方式。接下来的一个小时是问题与解答时间。我们沿着厂区做了个小小的旅行，然后公司请我们吃午饭。午饭时，我的主管加入进来，边吃边介绍我们的部门并回答一些问题。饭后我的培训就开始了。

通过以上案例，请思考：
(1) 新员工培训的价值何在？其目的是什么？
(2) 新员工培训的主要内容是什么？如何才能做好新员工培训？

三、员工培训的特征

员工培训的对象是企业的在职人员，培训性质属于继续教育的范畴，具有鲜明的特征。

(1) 目的性

培训都是为了服务某一特定目的，针对性极强，没有目标的培训在现实中是不存在的。

(2) 广泛性

员工培训涉及组织的各个层面，从最高层管理者到最基层的操作员工都是培训对象。员工培训的内容涉及组织当前生产经营活动或将来需要的知识、技能以及其他问题，而且员工培训的方式与方法也具有广泛性。

(3) 层次性

员工培训内容的深度具有层次性，内容既可以是战略层面的理念，也可以是操作层面的具体技术。

(4) 协调性

员工培训是一个系统工程，各个组成要素之间要协调平衡。组织应从经营战略出发，确定培训的模式、内容和对象；组织要根据企业发展的模式、速度和方向，外部环境的变化，合理确定接受培训者的总量与结构；最后还要准确地根据培训目标，合理地设计培训方案并认真执行。总之，要求培训内容层次、培训目标与工作需要、培训环节、培训项目之间协调，使培训系统运转正常。

（5）经济实用性

培训的经济实用性是指培训的投入与产出成比例，保证投资的效益。培训成果要能实现转移或转化成生产力，并能迅速促进组织竞争优势的发挥与保持。

（6）持续性和速成性

随着科学技术的日益发展，人们必须不断接受新的知识，不断学习，任何组织的员工培训都将是伴随组织成长的全过程。员工学习的主要目的是适应岗位和组织发展的需要。所以，培训一般针对性比较强、周期短，具有速成性的特点。

（7）实践性

培训的目的性非常明确，一般是"缺什么补什么""要什么给什么"。所以培训应根据员工的生理、心理以及一定的工作经验等特点，在方法上注重实践性，强化训练，要求短期内突出员工的培训效果。

四、员工培训的意义

加强员工培训对于组织和员工个人来说都具有十分重要的意义，通常表现在以下五个方面：

（1）培训是提高员工职业能力的重要手段

员工培训的直接目的就是发展员工的职业能力，经过培训的员工，往往掌握了新的知识，获得了更新的工作方法，工作技能明显提高，劳动熟练程度逐渐加强，员工获得了更大的职业竞争力，晋升和较高收入也成为可能。

（2）培训是企业竞争优势的重要来源

通过技术培训，可以使企业的技术队伍知识、技术、观念不断更新，企业才能走在新技术革命的前列。另一方面，培训着眼于提高人的素质，而人是企业最根本、最主要的竞争优势。所以，企业想要在激烈的竞争中立于不败之地，就必须不断培训。

（3）培训是一种有效的管理沟通手段

培训过程本身就是组织管理层与普通员工一个平等交流的平台，管理者通过培训可以向下属传达思想、理念，普通员工也可以通过培训平台向管理者表达自己的价值观、信念。一是在培训时，管理者和下属是师生关系或者同学关系，心理关系更加融洽，更容易交流和沟通，传达和接受的效果也会更好；二是在备课和授课的过程中，管理者可以更系统地整理自己的思想，而且在与学员的交流中，还可以使这些思想更加完善，提高自己的领导能力。

（4）培训也是帮助员工适应战略目标调整与转变的重要手段

随着科学技术的迅猛发展，知识更新、技术更新的周期越来越短，企业及员工面临激烈的竞争，需要不断调整自己的战略以适应市场不断变化的需要。培训工作可以有效地解决企业对人力资源的需要问题，即帮助员工掌握新知识、新技能、新观念以适应企业战略目标调整与改变的需要。

（5）培训是建立优秀组织文化的有利杠杆

在市场经济和知识经济时代,组织外部环境日趋复杂,企业竞争愈加激烈,企业文化更加重要。企业文化建设不是孤立的,特别是离不开人力资源管理活动。在企业文化的践行、落地实施过程中,培训就是建设企业文化的重要环节。员工培训时应把企业文化作为重要内容,在培训过程中不断加以宣传、讲解和强化。

【知识拓展】

三种学习理论

员工培训的一项重要职能就是促进学习,实质上是被培训人员的学习过程。它通过周密的组织安排来帮助员工发现和获得所需要的知识和能力,使他们更好地完成本职工作。心理学界多年来对人类的学习规律进行了大量的科学研究,提出了一些理论和原则。因此,了解和掌握一些学习理论对提高培训效益、增强培训效果具有重要的意义。在此,我们主要介绍有代表性的三种学习理论。

1. 行为主义学习理论

行为主义学习理论在斯金纳提出的操作条件反射理论的基础上研究行为矫正的具体方法和措施,提出正强化、负强化和惩罚等手段。

正强化是指预期行为发生后予以奖励和表彰的反应。在这种刺激作用下,个体感到对自己有利,能满足需要,从而增加行为的强度或频率。

负强化是指其行为发生后消除令人不愉快或烦恼的因素或环境的反应。在这种刺激作用下,个体也感到对自己有利,能消除不愉快的环境影响,从而增加行为的强度或频率。

惩罚是指一种行为发生后给予行为个体不喜欢的东西或取消行为个体喜欢的东西的反应。在这种刺激作用下,个体感到不愉快或对自己不利,从而降低行为的强度或频率。

行为主义学习理论对可观察的行为进行研究,强调刺激反应,认为学习是经历体验的结果。个体通过发现其上一次做得有多好(或多坏),以及为什么好(或坏),从而改进学习计划,以取得更好的学习效果。可见,反馈在学习中非常重要。反馈可能是回报,也可能是惩罚,回报包括正强化与负强化。理论和实践均表明,如果一个特别行为得到回报,那么它可能会被重复;而如果它得到惩罚,则它就有可能在将来被避免。

惩罚或回报是行为调整的基础。心理学家认为回报比惩罚对改变行为更有效。这一观点是通过对动物的试验及人的实验得出来的。因为惩罚使被惩罚的人产生害怕、愤恨、敌意等情绪,而对良好行为的回报正好相反,因此,回报确保将来行为顺从的可能性更大。

2. 认知主体学习理论

随着社会和技术的不断进步,强调刺激—反应以及把学习看作是对外部刺激作出反应的行为主义学习理论,已经让位给强调认知主体的内部心理过程并把学习者看作是信息加工主体的认知学习理论。

认知主体心理学认为,我们所要学习的是思维,学习思维过程是重要的,也是经得起检验的。认知主体学习理论关于学习的主要观点包括:在研究可观察行为的同时,也研究思维过程;行为是由认知思维过程决定的;我们学习认知结构及达到目标的方式;问题的解决涉及一个人的洞察力和理解力。

3. 建构主义学习理论

严格地说，建构主义学习理论仍属于认知主体学派，它是认知主体学派学习理论在科学技术高度发展时代的发展。多媒体计算机和基于因特网的网络通信技术所具有的多重特性特别适合于营造建构主义的学习环境。也就是说，多媒体计算机和网络通信技术可以作为建构主义学习环境下的理性认知工具，能有效地促进学习者的认知发展。因此，随着多媒体计算机和网络教育的飞速发展，建构主义学习理论正越来越显示出其强大的生命力，并在世界范围内日益扩大其影响。

建构主义学习理论的基本内容有两个方面：

（1）关于学习的含义

建构主义认为，知识不是通过教师讲授得到的，而是学习者在一定的情境即社会文化背景下，借助其他人（包括教师和学习伙伴）的帮助，利用必要的学习资料，通过意义建构的方式而获得的。这也就是说，获得知识的多少取决于学习者根据自身经验去建构有关知识的意义的能力，而不取决于学习者记忆和背诵教师讲授内容的能力。应用网络与计算机技术进行多媒体教学，以及以学员为中心的启发式教学等都是这一理论的实际应用。

（2）关于学习的方法

建构主义提倡在教师指导下以学习者为中心的学习。也就是说，既强调学习者的认知主体作用，又不忽视教师的指导作用，教师是意义建构的帮助者与促进者，而不是知识的传授者与灌输者。学习者是信息加工的主体，是意义的主动建构者，而不是外部刺激的被动接受者和被灌输的对象。

（资料来源：陈东健. 人力资源开发与管理，苏州大学出版社，2004.）

【网上练习】

利用网络了解现代培训的发展趋势，并撰写一份 500 字以上的小论文评述对现代培训发展的看法和建议。

【思考与讨论】

1. 员工培训工作是动态的还是静态的？为什么？
2. 新员工培训有什么作用？

任务 2 培训需求分析与培训计划的制订

【任务情境】

B 公司是一家区域性医药连锁公司，相较于国内大多数连锁企业，成立的时间也不算短。经过 5 年的发展，该企业在当地区域市场占有了龙头老大的地位。但是与老百姓、海王星辰、成大方圆等国内医药连锁巨头相比，无论从企业规模与盈利能力都无法相提并论。该企业老总不甘于现状，开始进行外部区域的扩张。为了配合企业的拓展，该企业老总在企业内部进行了大大小小不少于100场的培训。既有内部的培训，也有外部的培训。但是随着扩张的不断进行，企业面临的问题也接踵而至。企业当地市场经过几年的深度挖掘，业务规模趋于饱和，业务量以及毛利率都很难继续提高。新兴市场不断亏损，业务量无法提升，利润也不能补偿企业拓展而产生的成本。此时企业上下都在不断深思：为什么做了如此多的培训，却不能取得预期的效果？

B公司聘请了一家咨询公司为公司进行基于集团管控、组织模式、薪酬及绩效管理等方面的管理咨询。在咨询的过程中，专家组对企业培训现状进行了调查。人力资源部经理介绍说，该企业培训管理做得相当规范，培训需求调查、培训计划制订、培训实施、培训现场管理、培训效果评估等方面都做了。专家组也参加了该企业举办的几场培训，培训现场气氛很热烈，主持人与员工也进行了大量的互动，现场反应很不错。专家组百思不得其解：究竟问题出在什么地方呢？

在调阅B公司相关培训资料的过程中，专家组发现每年该企业在做年度培训计划之前，人力资源部会发一个通知，让总公司各部门与各事业部把本年度的培训需求上报。由人力资源部简单汇总后，制定本年度公司培训计划，上报总裁办公会审议通过后执行。

9月份公司又新招聘了一批大学生，希望通过这批"初生牛犊"来打开销售市场，B公司应该如何对这批新员工进行培训呢？

【任务要求】

1. 请讨论下列问题：
（1）B公司培训的问题出在哪？
（2）B公司应该如何进行培训需求分析？
2. 在进行需求分析的基础上，每个学习小组为B公司编制一份新员工培训计划。

【任务目标】

针对组织发展和员工发展的需要进行培训需求分析，明确培训需求分析的核心要素；掌握培训计划的内容，学会制订新员工培训计划的方法。

【任务考核】

任课教师或者成立专门评价小组，评价小组可以由老师和学生组成，教师对评价小组成员进行评价培训。评价者可参考以下标准对各小组的学习成果进行评价：
（1）小组活动中，学生的外在表现（参与度、讨论发言积极程度）；
（2）培训需求分析切合组织实际情况，分析全面；
（3）培训计划内容完整，程序正确，格式规范。

【核心概念】

培训需求；培训计划。

【知识精讲】

企业员工培训是一项系统工程，要求既能符合企业目标，又能让其中的每一个环节实现员工个人、工作和企业三方面的最优化。一般说来，员工培训的操作流程包括培训需求分析、制订培训方案、培训前的准备、培训的实施、培训的评价反馈等环节，如图5-1所示。

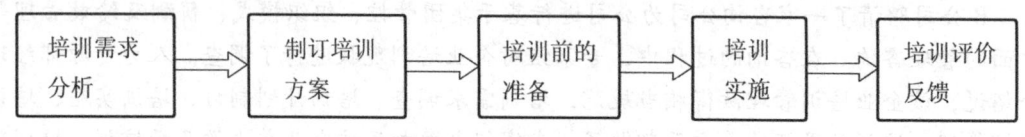

图5-1 员工培训操作流程

一、培训需求分析

培训需求分析是培训工作的起点。员工培训需求分析是指在规划与设计每项培训活动之前，由企业主管、人力资源部门、培训工作人员等采用各种方法与技术，对参与培训的所有组织及其员工的培训目标、知识结构、技能状况等方面进行系统的鉴别与分析，以确定这些组织和员工是否需要培训及需要何种培训的一种活动或过程。培训需求分析是培训管理活动的第一个环节，它决定培训能否瞄准正确的目标，进而影响到能否设计与提供有针对性的培训课程，因此对培训的有效性起着至关重要的作用。

（一）培训需求产生的原因

企业经营出现的问题并不都能靠培训解决，企业产生培训需求的原因包括企业经营方向的变化、企业的人员变化、绩效低下等。

1. 绩效低下

企业绩效的提高是培训的重要目的。员工的工作态度、技能及知识直接关系到企业的效率。怠工、操作失误和事故等将使员工无法达到应有的绩效，因此培训是必不可少的。

2. 企业经营方向的变化

企业经营方向一旦发生变化，企业所面临的环境和条件也会发生变化，企业对每一个员工的要求也会发生变化，这时企业所有的员工都可能面临着适应新环境和新工作条件的要求，培训需求由此产生。

企业引进新设备、新技术或新工艺，重组和管理风格的变化，企业重新定位等情况的出现，使得组织和个人要在变化的环境中做出灵活的反应。

3. 企业的人员变化

企业要健康发展，企业内部的员工就应该在稳定的基础上不断地流动。同时，为了满足企业发展的需要，企业还需要从外界引进人才，淘汰不合格的员工。企业内部员工在新岗位上难免遇到问题，这些都可以通过培训来解决。

（二）培训需求分析的任务

综合说来，培训需求分析（training demand analysis）的任务就是要回答以下问题：

(1) 为什么要培训（why）

人力资源开发就是要最大程度挖掘组织中人的潜力，使人在工作中充分发挥其优势。

(2) 谁需要培训与培训谁（who）

虽然组织培训的对象是组织的所有员工，但每次培训不可能都是以所有员工为对象，它可能只涉及某种岗位、某个部门或某类员工。因此，要确定谁要培训、对谁培训、哪些人员不属于本次培训范畴等方面的问题。

(3) 培训什么（what）

员工需要因岗位、经历、学历、视野、理想不同而不同，在培训对象确定的前提下，每次培训的内容要适合培训对象的需要。

(4) 培训时间（when）

培训时间有两个含义：一是培训时机，像职位晋升或岗位调整、新技术或新工序应用、内部改革、工作业绩下滑等都是实施培训的好时机；而对于基本的知识、技能和素质，应在员工上岗前就进行培训，一般不集中培训，并且随入职情况分散进行。二是培训的具体时间点，培训实施的具体时间安排应满足：培训对象普遍适宜；不影响组织整体工作；其他因素的支持。

(5) 培训成本（cost）

在培训方案中要有明确的培训预算，以供领导者决策参考。

(6) 怎样培训（how）

根据培训目标和内容，具体采取什么形式的培训，运用什么培训方法，以保证培训目标的实现。

(7) 培训地点（where）

根据培训的安排，要确定培训是在公司内部还是在公司外部；培训是在室内还是在户外；培训的具体地点在哪里。

（三）培训需求分析的内容

培训需求分析应从组织层面、工作层面、人员层面三个方面来进行，如图 5-2 所示。

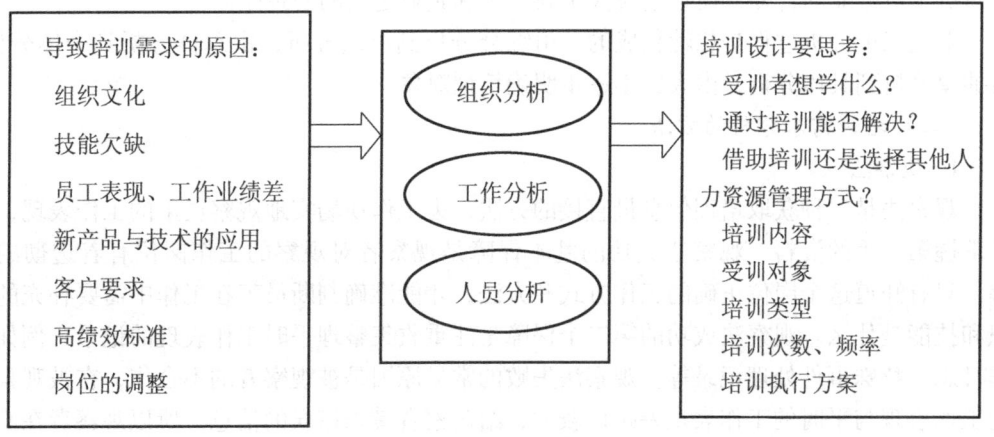

图 5-2 培训需求分析程序图

1. 组织层面的培训需求分析

对组织层面的培训需求的分析包括对组织战略、组织目标、组织资源和组织环境的考察。分析的目的是为了保证培训计划符合组织的需求，并保证与组织的实际情况相吻合。组织层面的培训需求分析的关键是明确两件事：

（1）来自现实的需要。培训内容必须与企业当前的工作紧密相关，培训是为企业目标服务的，企业发展需要各方面的均衡发展，一旦在某一方面出现缺口，培训工作就应及时弥补。例如，企业处于成长阶段，实行扩张战略，这使得组织需要大量的基层管理人员来支持组织的成长，那么目前就可能需要为有潜质的员工提供管理技能培训，使他们能够胜任更有挑战性的新工作。

（2）明确可以满足的需求。对组织在运作中表现出来的需要哪些是培训可以满足的，哪些则是培训无法满足的，要进行分析。培训不是解决问题的万能良方，不是企业的所有目标都可以通过员工培训来满足的。例如，企业中用人的裙带作风所带来的在用人制度上任人唯亲的问题就不是培训可以解决的。因此在做培训计划时不要有通过培训解决所有问题的想法。

2. 工作层面的培训需求分析

工作层面的培训需求分析主要是通过对工作任务和岗位责任的研究，发现从事某项工作的具体内容和完成该工作所需具备的各项知识、技能和能力，以确定培训项目的具体内容。工作层面的培训需求分析的结果也是将来设计和编制相关培训课程的重要资料来源。对员工个人所在岗位的工作进行全面的分析，需要确定的因素主要有工作的复杂程度、工作的饱和度、工作内容和形式的变化。

3. 人员层面的培训需求分析

对人员层面的培训需求分析是了解员工对培训的需求、培训教育的态度和学习的积极性。培训是一个双向交流的活动，如果员工对这种交流持否定态度，带着逆反的心态，那么培训的效果可能会适得其反。例如，某企业在第二天对新进的一批大学生进行为企业奉献一切的教育，结果遭到了在心理上尚未真正接受企业的大学生的共同抵触，不但没有激发新员工对企业的喜爱，而且还拉大了新职工和企业之间的心理距离。

上述三种分析过程是相辅相成的，由综合分析到单项分析，由总体分析到个体分析，由抽象分析到具体分析，由大到小逐步明确培训对象。

（四）培训需求分析的方法

1. 观察法

观察法是一种获取培训信息最直接的方法，去工作现场实地观察员工的工作表现，可以掌握第一手的资料。观察法成功的基本保障是观察者对观察的工作岗位有着透彻的了解，只有知道这个岗位正确的工作方式和方法，才能准确判断员工在工作中需要补充的知识和技能是什么。观察法成功的第二个保障是注重收集整理平时工作表现的记录，例如工作日志、特殊事件处理记录等。观察法失败的常见原因是被观察者的不合作，在被观察时的工作表现与平时的工作表现差距比较大，给观察者带来错误的信息，所以观察者在赢得被观察者理解和配合的同时，还要适度地隐藏自己的观察目的，争取观察得到的信息尽可能真实全面。观察法的不足之处：一是对观察者有较高的专业技能要求，二是比较耗费时间。

2. 访谈法

访谈法就是直接与员工进行面对面的交谈，可以是正式的，也可以是非正式的。访谈法的效果如何，取决于在访谈过程中双方的交流情况和谈话之后对谈话内容的分析整理。在访谈开始前，最好首先确定需要何种信息，然后准备访谈提纲。访谈中提出的问题可以是开放性的，也可以是封闭性的。访谈法需要专门的技巧，在进行访谈之前，一般要对访谈人员进行培训。另外，访谈法与问卷调查法有时可以结合使用，通过访谈来补充或核实调查问卷的内容，讨论填写不清楚的地方，探索较深层次的、较详尽的原因。

3. 问卷调查法

问卷调查法是以标准化的问卷形式列出一组问题，要求调查对象就问题进行打分或者做是非选择。当需要进行培训需求分析的人员较多，并且时间较为紧迫时，就可以准备一份问卷，以信函、传真或直接发放的方式让对方填写，也可以在进行面谈和电话访谈时由自己填写。

问卷调查法的优点是其灵活的形式和广泛的应用面，还可采用多样的提问方式，自主性高，成本较低，而且便于总结和报告。问卷调查法也有其不足之处：缺乏个性发挥的空间，而且要求科学的问卷内容设计和明确的说明，问卷深度不够，返回率可能会比较低。

4. 关键事件法

关键事件是指那些对组织目标起关键性积极和消极作用的事件。关键事件的记录为培训项目分析提供了方便而有意义的消息来源。关键事件法可用于考察生产过程和企业活动情况，发现潜在的培训需求。关键事件法要求管理人员记录员工工作行为中的关键事件，包括导致事件发生的原因和背景、员工特别有效或失败的行为、关键行为的后果，以及员工自己能否支配或控制行为后果等。

5. 绩效分析法

培训的最终目的是改进工作绩效，减少或消除实际绩效与期望绩效之间的差距，因此，对个人或集体的绩效进行考核可以作为分析潜在需求的一种方法。

6. 经验预计法

有些培训需求具有一定的通用性或规律性，可以凭借丰富的管理经验进行预计。对于预计到的培训需求，可在需求发生之前采取对策，这样既避免了当需求临时出现时给培训工作带来的压力，又防止了可能发生的某些由于缺乏培训带来的损失。

7. 头脑风暴法

在实施一项新的项目、工程或推出新的产品之前需要进行培训需求分析时，可将一群合适的人员集中在一起共同工作、思考和分析。在公司内部寻找那些具有很强分析能力的人并让他们成为头脑风暴小组的成员。公司外部的有关人员，如客户和供应商，也可以参加小组。

案例

海尔的培训工作

海尔培训工作的原则是"干什么学什么，缺什么补什么，急用先学，立竿见影。"在此前提下首先是价值观的培训，"什么是对的，什么是错的，什么该干，什么不该干，"这是每个员工在工作中必须首先明确的内容，这就是企业文化的内容。对于企业文化的培训，除了通过海尔的《海尔人》进行大力宣传以及通过上下灌输的表率作用之外，更重要的是进行员工互动培训。海尔在员工文化培训方面进行了内容丰富多彩的、形式多样的培训及文化氛围建设，如通过员工的"画与话"、灯谜、文艺表演、找案例等，用员工自己的画、话、人物、案例来诠释海尔理念，从而达成理念上的共识。

二、培训计划撰写

经过培训需求分析，明确了培训需求以后，即可确定培训计划。培训计划必须满足组织及员工两方面的需求，兼顾组织资源条件及员工素质基础，并充分考虑人才培养的超前性及培训结果的不确定性。

培训计划按不同的划分标准，有不同的分类。以培训计划的时间跨度为分类标志，可将培训计划分为长期、中期和短期三种类型；按计划的层次可分为公司培训计划、部门培训计划与管理培训计划三种类型。

一个完整的培训计可以根据5W1H来确定培训计划的架构及内容。

（一）培训的目的（why）

在组织一个培训项目的时候，一定要清楚培训的目的：为什么培训？要达到什么样的培训效果？怎样培训才有的放矢？每个培训开发项目都应当确定符合自身的切实可行的总体目标及具体目的，只有目的明确，才能为培训计划提供方向、指针、架构，才能将对象、内容、时间方法和教师等要素有机结合，才能为衡量培训效果提供评估依据。

（二）培训的对象（whom）

在组织、策划培训项目时，首先应明确培训的对象。培训学员的选定可由各部门推荐，或自行报名再经甄选程序而决定。员工培训的对象，可按照阶层分为普通操作员级、主管级及中高层管理级，也可按照职能分为生产系统、营销系统、质量管理系统、财务系统和行政人事系统等。

（三）培训的负责人和培训师（who）

员工培训必须确定具体的培训项目负责人。大型企业往往设置有专门的培训中心、学校甚至员工大学，配有专职教师与教学行政负责人。培训部门的负责人和人员以及培训专家负责分析、调查培训需求，确定培训的目标，编写考核标准以及评估各个培训项目。

员工培训成功与否与培训教师有着很大的关系。企业可优先聘请内部人员做培训师，如内部无适当人选时，再考虑聘请外部培训师。受聘的培训师必须具有广博的知识、丰富的经验及专业的技术，才能受到受训者的信赖与尊敬，同时还要有卓越的训练技巧和对教育的执着、耐心与热心。

（四）培训的内容（what）

在明确了培训的目的和期望达到的学习效果后，接下来就需要确定培训中所传授的信息了。尽管具体的培训内容千差万别，但一般来说，培训内容包括三个层次，即知识培训、技能培训和素质培训，如图 5-3 所示。究竟该选择哪个层次的培训内容，应根据培训内容层次的特点和培训需求来选择。

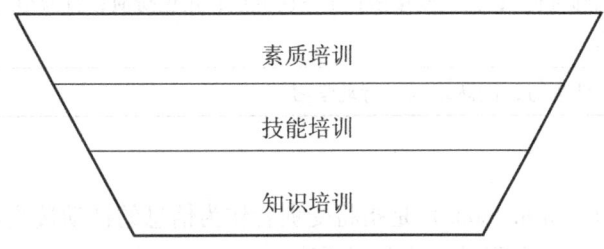

图 5-3 培训内容层次结构

知识培训是组织培训中的第一层次。知识培训有利于理解概念，增强对新环境的适应能力，减少组织引进新技术、新设备和新工艺的障碍。同时，要系统掌握一门专业知识，则必须进行系统的知识培训。技能培训是组织培训中的第二层次。所谓技能就是指通过训练形成的顺利完成某项工作的动作系统。技能一旦学会，一般不容易忘记，如骑车、游泳等。每次采用新设备、引进新技术都不可避免地要进行技能培训。素质培训是组织培训的第三层次，也是最高层次，包括正确的价值观、积极的态度、良好的思维习惯和较高的目标等。

究竟选择哪个层次的培训内容，是由受培训者的具体情况决定的。一般来说，管理者偏向于知识培训与素质培训，而一般职员则倾向于知识培训和技能培训。究竟培训什么，最终是由受训者的知识、能力与素质和预期的职务要求之间的差距所决定的。

（五）培训的场所（where）

培训内容及培训方法决定着培训场所及设备的选用，选择合适的培训场地是确保培训成功的关键要素之一。

培训场地应选在交通便利、舒适、安静、独立而不受干扰的地方，为受训者提供足够的自由活动空间。培训场地布置应注意细节，场地设施要确保足够和运转良好。座位的安排应便于培训交流互动。通常扇形座位安排对培训十分有效，不仅便于培训师的讲课，也便于培训师与受训者之间的交流。

（六）培训日期的选择（when）

培训项目的时间和期限，一般而言，可以根据培训的目的、培训的场地、讲师及受训者的能力、上班时间等来决定。一般新员工培训可在实际从事工作前实施，培训期限可以是 7~10 天，甚至一个月；而在职员工的培训，则可以根据受训者的工作能力、经验来决定培训期限的长短，培训时间的选定以尽可能不过分影响工作为宜。

(七) 培训的方法 (how)

根据培训的目的、内容、场地等的不同，所采取的培训方法也有区别。培训方法大致可分为三类：演示法、专家传授法和团队建设法。下面介绍几种培训方法及其优缺点和适应范围，如表5-1所示。

表5-1 培训主要方法

演示法	讲座法；远程教育；视听法
专家传授法	"以师带徒"；情景模拟法；个案研究法；角色扮演；行为塑造；交互式视频；互联网培训
团队建设法	探险性学习；团队培训；行动学习

1. 演示法

演示法（presentation methods）是指将受训者作为信息的被动接受者的一些培训方法。主要包括传统的讲座法、远程学习法及视听法。

（1）讲座法

讲座法指培训者通过语言表达传授给受训者培训内容的培训方法。讲座法是员工培训中最常见的方法。讲座法可同时对许多人进行，成本低，节省时间；有利于系统地讲解和传授知识；易于培训者掌握和控制培训进度；有利于更深入地讲解有难度的内容。讲座法的不足在于培训效果受制于受训者的参与、反馈以及与工作实际的关联程度；它的内容具有强制性，传播形式单调，不易引起受训者的注意；信息的沟通与效果跟教师水平密切相关。因此，它可作为其他培训方法的有效补充，如远程教育。

（2）视听法

视听法是利用幻灯片、电影、录像或录音等视听教材进行培训的方法。这种方法利用人体感觉（视觉、听觉、嗅觉等）去体会，比单纯讲授给人的印象更深刻。录像是最常用的培训方法之一，被广泛运用在提高员工沟通技能、面谈技能和客户服务技能等方面，但录像很少单独使用。视听教学法表现出许多优点：视听教材可反复使用，降低成本；教材内容与现实情况比较接近，形象生动，感受性强，易于接受。但是，视听教学的视听设备的制作费用较高，且合适的视听教材也不易选择，学员易受视听教材和视听场所的限制。该方法通常与讲座一起向员工展示实际的生活经验和例子。

（3）远程教育

远程教育通常被一些地域上较为分散的组织用来向员工提供关于新产品、企业政策或程序、技能培训以及专家讲座等方面的信息。远程教育包括电话会议、电视会议、电子文件会议以及利用个人电脑进行培训。培训教程的教材和讲解稿可通过因特网或者可读光盘分发给培训者。培训者与受训者可利用电子邮件、电子留言板或电子会议系统进行相互联系。

2. 专家传授法

专家传授法是一种要求受训者积极参与体验学习的培训方法。这种方法有利于开发受训者的特定技能、理解技能和行为，将其应用于工作中，可使受训者亲身经历一次工作任务完成的全过程。专家传授法包括"以师带徒"、情景模拟、个案研究、角色扮演、行为塑造、交互式视频以及互联网培训等。下面介绍几种主要的方法。

(1)"以师带徒"

该方法是选择一名有经验的导师对受训者进行关键行为的示范、实践、反馈和强化，以达到培训目的，这些受训者被称为"学徒"。一些技能行业如电工、砖瓦匠等多采用"以师带徒"的方法。

该方法的不足之处在于：第一，师带徒只对受训者进行某一技能或工作的培训；第二，由于新技术的变化，许多管理者会认为学徒们只接受了范围狭窄的培训而不愿雇佣他们；第三，师带徒培训的员工也会因只接受某种特定的技能而不能获得新技术或技能，难以适应工作环境的变化。

(2) 角色扮演

角色扮演法是设定一个最接近现状的培训环境，指定受训者扮演角色，借助角色的演练来理解角色的内容，从而提高分析问题、解决问题的能力。该方法通过亲自实际操作加深对技能的理解和掌握，实践性强，效果明显，费用相对较低，多用于人际关系能力的培训。但是强调的是个体表现，不利于学员团队精神的培养，且实施操作比较复杂。

角色扮演法可以分为两类，一类是结构性的，提供学员某种情境，要求一些成员担任各个角色并出场表演，其余学员观看表演，注意与培训目标有关的行为，表演结束后进行情况汇报，表演者、观看者联系情感体验来讨论表演者表现出的行为。另一类是非结构性的，学员在学习过程中学会发现新的行为模式，减少在人际交往中的拘束感和过强的自我意识。

(3) 情景模拟法

情景模拟法是一种模拟现实工作中的真实情景，受训者的决策结果反映其在"模拟"的情境中发生的真实情况。该方法常用来传授生产和加工技能、管理和人际关系技能。为了保证模拟效果，模拟环境要尽可能逼真，必须与实际的工作环境有相同的构成要素。

(4) 个案研究法

个案研究法是将实际发生过或正在发生的客观存在的真实情景，用一定视听媒介，如文字、录音、录像等描述或再现出来，让受训者进行分析思考，学会诊断和解决问题以及优化决策。它特别适合于开发高层管理能力，如分析、综合、评价能力。个案研究法的有效性取决于受训者的参与度和案例的质量。该方法的优点是提供了一个系统的思考模式。在个案学习过程中，接受培训可得到管理方面的知识和技能，培养先进的思想观念；有利于提高受训者解决实际问题的能力；个案研究法还可以使受训者在对情况进行分析的基础上，提高承担不确定风险决策的能力。

(5) 行为塑造

行为塑造是指向受训者提供一个演示关键行为的模型，并给他们提供实践的机会来模仿学习的训练方法。该方法基于社会学习理论，适应于学习某一种技能或行为，而不太适合于知识信息的学习。

(6) 网络培训法

网络培训法是指以多媒体和互联网技术为媒介，依靠单机、局域网或互联网提供的交互式环境进行员工培训。企业可开发内部网,将文字、图片乃至音像等培训资料放在网上,从而形成一个网上资料馆、网上课堂。网络培训的优势在于方便培训不受时间和空间及地域的限制,成本较低,除了要制作培训资料外,几乎没别的费用;培训易于控制,能实现自我导向和自定进度的培训指导,能监控受训者的绩效;信息量大,尤其适用于新知识、新理念的传递。还可以通过超级链接,同时为多人提供不同步的培训资料。

3. 团队建设法

团队建设法是提高团队或群体成员的技能和团队协作能力的培训方法。它注重团队技能的提高,以保证进行有效的团队合作。团队建设法包括团队培训、行动学习和探险性学习。

(1) 团队培训

团队培训是通过协调在一起工作的不同个体的绩效从而实现团队共同目标的方法。团队培训方法很多,可以利用讲座或录像向受训者传授沟通技能,也可通过角色扮演或仿真模拟给受训者提供讲座中强调的沟通性技能的实践机会。如波音公司有250个工作团队,每队有8～15个成员从事飞机设计工作。队员包括不同专业背景的工程师、可靠性能专家、质量专家及市场营销专业人员。波音公司利用团队培训提高了设计波音777的工作团队的设计方案的有效性。

(2) 行动学习

行动学习是给团队或工作群体提出一个实际工作中所面临的问题,让团队队员合作解决并制订出行动计划,再由他们负责实施该计划的培训方式。一般来讲,行动学习包括6～30名员工,其中包括顾客和经销商,团队构成可以不断地发生变化。行动学习涉及的是员工实际面临的问题,所以可使学习和培训成果的转化达到最大化,它有利于发现阻碍团队有效解决问题的一些非正常因素。

(3) 探险性学习

探险性学习也称为野外培训或户外拓展,它是利用结构性的室外活动来开发受训者的团队协作和领导技能的一种培训方法。该方法适用于开发与团队效率有关的技能,如问题解决能力、风险承担能力等。练习结束后,应由一位有经验的训练师组织参与者进行学习交流,正确引导。由于探险性学习是在开放的户外,受训者经常接触有一定风险的活动,危险系数较高。因此,探险性学习一定要让专业的培训机构来运作,具体采用时要慎重。

以上介绍的各种方法的适用范围、培训效果等均有所不同。作为管理者或培训者,在实际工作中应将培训方法和培训目标紧密结合,正确选择有效的培训方法。

资　料

户外拓展

户外拓展训练属于典型的体验式培训形式。英文原意为一艘小船驶离平静的港湾,义无反顾地驶向未知的旅程,去迎接一次次挑战。这种训练起源于第二次世界大战期间的英国。当时大西洋商务船队屡遭德国人袭击,许多缺乏经验的年轻海员葬身海底。针对这种情况,汉斯等人创办了"阿伯德威海上学校",用来训练年轻海员在海上的生存能力和船触礁后的生存技巧,使他们的身体和意志得到锻炼。战争结束后,许多人认为这种训练应当保留,于是拓展训练的独特创意和训练方式逐渐被推广开来,训练对象也由最初的海员扩展到军人、学生、工商界人员等各类群体。训练目标也由单纯的体能、生存训练扩展到心理训练、人格训练和管理训练等。

(八)培训预算

培训预算就是对每次培训的投入的预先安排,反映的是每次培训的直接成本。组织决策者不仅仅会关心每次培训的具体目标、内容、对象、时间、地点、师资等,而且也会关心每一项投资的投入与产出,培训预算正是他们直观衡量培训投入值不值的一个重要依据。所以方案中的预算要必需、合理和经济,这样方案才可能被通过。

综合以上内容,可以制定出具体的培训计划。图 5-4 所示是一个简易的培训计划样本,企业可以在进行培训需求分析后,按照培训计划的内容撰写培训计划,帮助培训项目的实施。

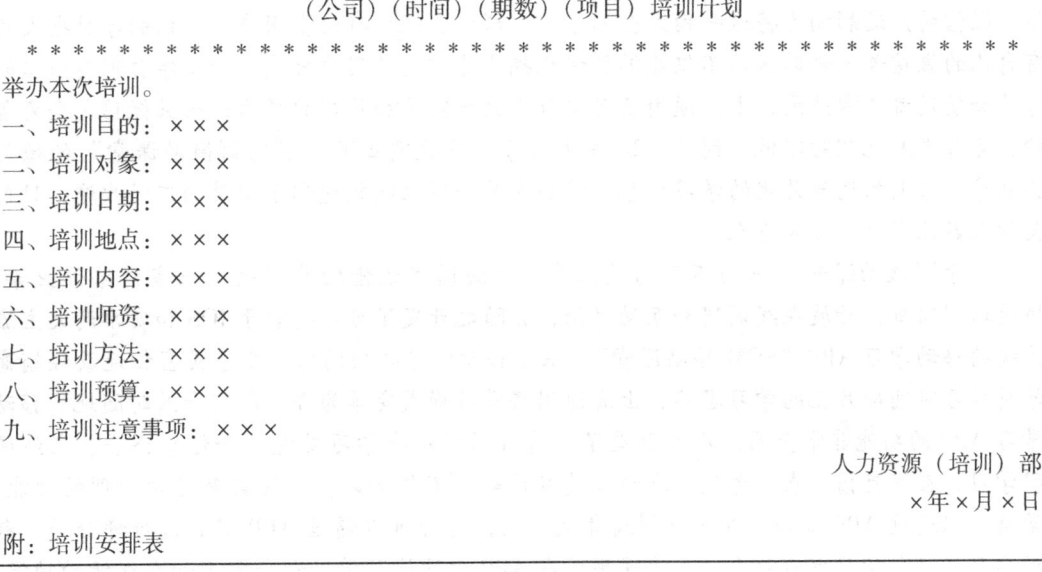

表 5-4　培训计划样本

【知识拓展】

移动学习在培训中的运用

在互联网及无线通信技术飞速发展的今天,终端设备的功能也越来越强大。无论是电脑还是手机等移动终端设备都在快速地提升软硬件的配置水平,使得以前未曾想过的工作生活方式得以实现。移动学习作为新型的学习方式,它实现了在任何时间、任何地点开展的自主学习模式。那么如何把移动学习应用起来?怎样才能吸引学员?下面以上海通用电器的例子来了解移动学习在员工培训中的应用。

上海通用汽车经销商培训中心的经验是:第一,企业提供能够适应学员学习习惯的平台。中心负责人建议:"对于 E-Learning 业务刚起步的公司,制作一些移动学习的 APP 或者是采用公众微信号的方式,这更符合学员开展学习的新习惯。"第二,要提供精品的课程内容。上海通用汽车不玩太多的新概念,只做符合学员需求的课程。过去,公司也有一些介绍车辆技术的课程,将近一个小时,学员根本不愿意去看。对于学员来说,涡轮增压手段可能是他最想知道的,而那部分内容只需要 3~5 分钟就能够了解清楚,因此课程的内容一定要精、要短。第三,要树口碑。有了适合的平台和内容,也未必有学员买账,还要通过各种渠道去推广,因此,树立口碑非常重要。

为了提高培训覆盖面、培训到达率和培训效率,上海通用将移动学习引入培训领域。上海通用发现,当下智能手机、平板电脑等移动终端已经渗入人们生活的每一个角落。据统计,人们平均每 6 分钟就会看一下手机。人们的生活渐渐地离不开移动终端,微信、滴滴打车、手机导航等已经成为人们生活中不可分割的一部分。人们对于移动终端的黏着度和依赖性成为上海通用引进员工培训的有效凭借。

面对移动学习的种种优势,上海通用毫不犹豫地大力发展了这一全新的学习模式,并借助微信的广泛影响力将这一模式全面推广。微信已经拥有大量用户,培训的学员也大都有自己的微信号。借助微信不仅能够让课程拥有非常高的用户黏度,由于学员们对微信的操作和使用都非常熟悉,上海通用还可以节省大量宣传和推广的精力;而且微信是全免费的,运营成本也相对较低。因此,2013 年上海通用便建立了"经销商微动课堂"的微信公众号,每天推送碎片化的学习内容。该公众号一经上线就受到了学员的广泛欢迎,目前关注人数已攀升至近 4 万人。

鉴于"微动课堂"居高不下的关注度,上海通用还借助其影响力来宣传培训业务,报道培训项目,开展在线调研和互动讨论,并随之开发了可以安装于 IOS 和安卓两大主流系统的移动学习 APP "SGM 移动课堂"。基于移动学习必须同培训业务紧密相连及经销商学员学习时间碎片化的学习思路,上海通用将学习模式变革为即学即用和随时随地。移动学习 APP 的功能非常全面,基本涵盖了所有常用的在线学习功能,如信息公告、在线课程学习、在线直播、在线考试、在线成绩查询等。不仅如此,它还具有培训管理的功能,学员可以通过 APP 签到、查询培训或考试时间,老师可以通过 APP 实时进行评分等。移动学习使混合学习更有效率。上海通用还在 APP 中设计了学习积分排名和在线活动功能。学习积分排名能够根据学员在 APP 的学习情况进行全国和区域的排名,激发学员的学习意愿,大家都你争我赶地学习,希望取得好名次;线上活动可以让学员将积分兑换成虚拟礼物在社区中互相赠送,有些积分甚至可以兑换实物礼物,这就大大提升了社区的互动性和趣味性。上海通用还会不定期地举办在线学习奖励活动,为 APP 聚集人气并营造学习氛围。当然,根据学员需求和新增功能需求,定期对版本进行更新也不可或缺。

移动课堂上线以后,许多学员反馈移动化学习给他们的学习带来了很多便捷性。他们能够随时随地在第一时间学习最新的课程并进行考试。如果有客户询问他们不熟悉的产品知识,他们能够马上打开 APP 进行查漏补缺,有时他们甚至将 APP 当成一种辅助销售工具,通过 APP 把课程中的产品卖点介绍给客户。

总而言之,移动技术创新丰富了培训方式,将原本被动的在线学习系统转变成更为主动的直播加移动学习模式,将一切学习资源变得触手可及和生动有趣,通过便捷性方式将学员不断地吸引到培训学习中来，使学习转变成他们的习惯和生活的一部分。

【网上练习】

利用网络搜索员工培训计划范例并评析。

【思考与讨论】

1. 培训需求分析的关键点在哪里？
2. 培训是不是万能的？哪些问题是通过培训解决不了的？
3. 怎么设计培训安排表？试着设计一个"××公司中层管理人员财务管理业务培训安排表"。

任务3　培训的组织实施

【任务情境】

爱琳公司是一家非常有实力的企业，大约两个月前，他们找到一家培训机构，希望得到法律方面的培训。培训机构的李先生很快就为他们找到了一位知名专家，这位专家各方面的背景都得到了企业的认可，于是这次培训工作就开始了。

一、培训前期准备

为了把这次培训做得更好，李先生专门做了员工需求调查，并且把调查结果向专家做了反馈。离培训还有1周左右的时候，该企业负责培训的Y经理打来电话，询问为什么现在还没有培训的讲义资料。于是，李先生赶紧询问讲义事宜，专家解释称，由于这次培训实战性很强，主要是针对人员具体性的问题进行现场的解答与处理。在李先生的一再坚持下，专家说，这段时间非常忙，讲义可能来不及准备，作为补救措施，现在市场上正好有这方面的书籍出版，可以配给培训学员人手一册。李先生把这些情况向人力资源经理反馈，经理自然非常不乐意，凭着多年的培训经验，他感觉这样很不保险，没有讲义，将不能保证培训效果。他希望能重新换个专家，但由于临近培训时间，很难找到合适的专家。

二、培训开始前的检查

培训开始前一天，李先生针对培训现场进行了现场考察，了解了讲师对培训场地的要求，检查了各类培训器材的运行状况。总体来说，该企业在这方面的准备还是比较充分的。然而培训时间为期两天，需提前预订返程车票，但由于临近国庆，车票早在几天前预订一空。幸好天无绝人之路，售票处还有仅存的几张到邻近城市的机票，该企业财大气粗，赶紧买下了机票。

在与专家的交流过程中，不幸的事情又发生了，由于专家近期忙于业务工作，课程还是没有来得及准备，他解释说，这些课程都是他耳熟能详的，现场发挥绝对没有问题。听到这些，李先生很是担心，暗地里后悔自己没跟讲师及时联络，这可如何是好？不行，绝对不能没有准备就去上课，免得到时信马由缰、词不达意。在培训机构的坚决要求下，讲师也不顾疲劳连夜奋战，终于拿出一个粗略的提纲，这时已经是深夜了。

【任务要求】

请讨论下列问题，并提交案例分析结果。
1. 案例中的培训管理存在哪些问题？
2. 应如何做好培训实施前的组织与管理工作？

【任务目标】

理解培训实施的管理对于培训的成功至关重要；熟练掌握培训实施的环节。

【任务考核】

教师参考以下标准对各小组学习成果进行评价：
（1）小组活动中，学生的外在表现（参与度、讨论发言积极程度）；
（2）学生对概念的认识与把握的准确程度，分析是否透彻，表达是否清晰；
（3）文件资料制作的完整与适用程度。

【核心概念】

培训组织；培训实施；培训总结。

【知识精讲】

一、落实培训组织工作

培训组织工作是保证培训工作顺利开展的重要环节，是贯穿于整个培训过程的一系列具体工作，需要培训组织者根据培训计划、企业实际情况、培训项目要求等逐一落实。

（一）确定培训时间，通知培训学员

对于培训时间的确认，要充分考虑培训对象的工作班次状况、培训师的参考意见以及培训课程本身的要求。培训时间的确定既要考虑整个课程的培训时长，也要考虑单科培训时长。原则上白天培训时间不超过 6 小时，晚上培训则以 2 小时以内为宜。在确定了培训时间后，要及时根据培训安排，制定明确的培训日程表，以利于操作。培训日程表例子如表 5-2 所示。

表 5-2　××公司新员工入职培训内容和日程安排

培训日期	培训时间	培训地点	培训内容	培训对象	主讲人
2011.08.10	8:30-11:40	公司本部二楼展示厅	公司简介、规章制度	新员工	刘佩华
	15:00-17:00	公司本部二楼展示厅	保密制度	新员工	刘佩华

续上表

培训日期	培训时间	培训地点	培训内容	培训对象	主讲人
2011.08.16	8:30—11:40	公司本部二楼展示厅	商务礼仪	新员工	张碧莲
	14:30—15:30	公司本部二楼展示厅	公司软件开发业务流程及规范介绍	新员工	李少平
	15:40—16:40	公司本部二楼展示厅	公司系统集成业务、硬件、网络知识介绍	新员工	王强
	17:00—18:00	公司本部二楼展示厅	安全消防、知识培训	新员工	袁诚志

(资料来源：王丽莹. 人力资源培训与开发，华南理工大学出版社，2011.)

在培训实施前要根据培训计划的相关信息，进一步审核培训学员名单，查看是否有变化，同时还需要具体考虑学员的工作内容、工作经历与资历、工作意愿、工作绩效、业务部门主管态度、公司政策等因素。审核无误后，发出培训通知并做好相关沟通、协调工作。培训组织者必须通过邮件或公告栏张贴或发放正式的培训通知，并打电话给培训讲师和受训人员（人不多时）或部门负责人（人多时），确保将培训信息通知到相关人员。培训通知主要说明：培训时间、地点、内容、讲师、培训纪律、所带资料、培训检验考核等，通知提前一周内公告即可。

（二）做好后勤准备，布置培训场所

为确保培训效果，根据培训需要对培训场所合理选择后，需要对培训场所进行必要的布置，以营造培训氛围，激励参训人员培训的积极性与主动性，同时要做好培训的后勤准备工作。

培训现场的具体要求：

（1）保证教学环境良好，例如合适的教室容纳量、舒适的课桌椅、良好的采光和音响效果、适宜的温度；

（2）保证教学设备齐全；

（3）保证合适的住宿条件，以适应不同层次学员的要求；

（4）为外出参观、考察提供足够的车辆；

（5）解决专、兼职教师的交通问题；

（6）交通便利，保证学员来去方便。

培训室所需用品（设备）有：可供上网的电脑1台、投影1套、音响设备一套、白板1至2块、培训台若干、椅子若干（根据培训人数而定，需购买可叠放式背椅）、培训室标语及展板若干、白板笔2支、白纸及磁钉若干，等等。

> 资料

某公司内部培训准备清单

课程名称：_____ 日期：_____

- 公司内部请示审批程序完成确认
- 主题设计
- 邀请演讲者
- 学员人数确认
- 租用培训场地/宿舍
- 设备准备（计算机/投影仪/白板/水笔）
- 教材准备
- 学习用品准备（白纸、笔、其他用品）
- 证书准备
- 培训日程表准备
- 车辆（接送培训师）
- 车辆（接送学员）
- 学员宿舍分配
- 下发培训通知
- 进一步了解学员培训需求
- 就餐准备
- 茶歇用品准备
- 姓名标签
- 培训评估问卷准备
- 布置场地
- 分组名单准备
- 晚间娱乐项目准备

（三）制定培训规则，强调培训纪律

一项培训必须有严格合适的培训纪律作为保证，才能保证培训的顺利进行及成功。特别是在企业培训工作当中，培训纪律无论是对于受训人员还是对培训师甚至是培训组织管理者都十分重要。否则，培训效果就会大打折扣。通过制定培训纪律来管控培训实施，将培训纪律提前告知培训学员，对促使学员认真学习有极大的帮助。培训纪律一般包括培训出勤要求、培训课堂要求等。

二、培训课程的实施

做完相关准备工作后，课程就进入具体的实施阶段。无论何种类型的培训课程，开始实施以后要做的第一件事情就是介绍。培训介绍的具体内容包括：本次培训的主题；培训师介绍；培训目标和日程安排；培训效果的考核评估方式；培训管理规则及培训纪律；"破冰"活动；学员自我介绍。明确而系统的培训介绍可使每一名参与培训的人员都准确了解培训活动的组织安排，确保培训活动顺利开展。

课程讲解是教学过程的重要组成部分，其目的是使受训者能掌握新知识和新能力。培训师在讲授时，要按照知识、技能点的内在联系，贯彻有关的教学原则和所选用的多种培训方法的要求，用清晰的表达、明快有条理的板书、相适应的教学方法，将课程的内容、要点，准确无误地传授给受训者并指导其进行学习，使学员对教程有全面的了解并达到培训目标。在此过程中，培训组织人员要及时关注培训进展工作，为教师和学员提供帮助，确保培训活动有序进行。

表5-3是培训工作及职责安排表的例子，该表根据时间将具体职责分派到个人，可以很好地安排培训开始前的准备工作。

表5-3 培训工作及职责安排表

权责内容	管理者	完成时间	培训负责人	完成时间	培训组织者	完成时间
培训通知					√	提前2~4周
培训确认	√		√		√	通知后1~2周
准备教材					√	培训前1~2天
准备培训记录表						培训前1~2天
准备培训场地及设施			√		√	培训前1天
录入培训记录						培训后1周内
制作培训报告表			√			培训后1周内
评估培训成果	√		√		√	根据计划来定
培训的跟踪和指导	√		√			根据计划来定
在职指导	√					

（资料来源：喻玉峰、倪春丽. 员工培训实务，机械工业出版社，2015.）

三、培训回顾与总结

在培训课程结束时，培训师可以用提问、复述、随机练习等方法，帮助学员理清思路、增强记忆，检查学员的理解程度，发现问题，及时弥补不足，使所学知识与技能得到及时巩固。巩固课程是为了加深对新内容的理解，尽可能地做到融会贯通。

在培训后，培训组织者还必须及时对培训实施涉及的各类文件资料进行整理归档，这是完整的培训管理中一项很重要的工作。相关培训资料主要包括：培训方案、培训计划、培训教材、培训教案、出勤记录、培训影音资料、培训评估资料等。此外，还要关注培训费用管理，要跟踪培训成本与收益，进行必要的指标分析，为培训工作管理作出准确的判断。

待培训结束，培训组织者还要及时对培训学员的表现和培训活动的组织过程作出总结性评价，要对培训的效果作出评估。如果可能的话，还需撰写培训工作项目总结报告。对于专门的人力资源管理培训机构来说，还应该进行年度培训工作总结，针对年度培训计划认真检查，逐项落实；成功的要总结经验，甚至积淀成组织文化；失败的要找到原因，查找根源。年度培训总结要求实事求是，突出重点，强调效益分析。

【案例】

海尔的实战技能培训

海尔为各类人员设计了不同的升迁途径，使员工一进入企业就知道该向哪个方向发展，怎样才能获得成功。为此海尔为员工创造各种学习机会，进行以市场为目标的各种形式的培训，以提升员工的能力和素质。

技能培训是海尔培训工作的重点。海尔在进行技能培训时重点是通过案例、到现场进行的"即时培训"模式来进行。具体说来，是抓住实际工作中随时出现的案例（最优事迹或最劣事迹），当日利用下班后的时间立即（不再是原来的停下来集中式的培训）在现场进行案例剖析，针对案例中反映的问题或模式来统一人员的动作、观念、技能，然后利用现场看板的形式在区域内进行培训学习，并通过提炼，在集团内部的报纸《海尔人》上进行公开发表、讨论，形成共识。员工能从案例中学到分析问题、解决问题的思路及观念，提高员工技能，这种培训方式已在集团内全面推广实施。

对于管理人员则以日常工作中发生的鲜活案例进行剖析培训，且将培训的管理考核结果变为培训内容，利用每月8日的例会、每日的日清会、专业例会等各种形式进行培训。

【知识拓展】

培训课程实施技巧

一次成功的培训，首先应该是结构设计上的艺术品，元代乔梦符云："作乐府亦有法，曰凤头、猪肚、豹尾六字是也。"所谓凤头就是开场白设计应像凤头般短小而且美丽、娓娓动听；所谓猪肚是指培训的主体，即培训师表达思想和情感的部分，在逻辑、思想、情感上要充分展开。这部分内容要像猪肚般浩荡，有气势、有容量、丰富而饱满，内容条理清晰，逻辑严谨；所谓豹尾就是结尾的设计，要像豹子尾巴一样短小精悍，干净利落，戛然而止，收要收得响亮、痛快。

1. **精彩开场**

"万事开头难"，所以培训的效果从培训开场开始。开场白应达到三大目的：一是拉近距离，二是建立信任，三是引起兴趣，为下面的培训工作的顺利展开做好铺垫。

培训师在授课时的开场，主要包括两部分：一部分是自我介绍，另一部分便是课程导入式的开场了，后者的主要目的是为了导入课程主题和课程内容，让环节过渡更流畅。课

程导入式的开场,常用的方法主要有6种:

(1) 开门见山

开门见山是指直截了当,直奔主题,不拐弯抹角,直接告诉大家你要和大家分享什么。这样做的优点,听起来非常清爽,缺点是过于单调和老套,但这却是最保险的一种方法。也就是说,如果那些花里胡哨的做法你处理得不够好,那就采用开门见山的方法。

比如:在讲TTT这门课程的时候,课程导入式的开场可以是:"在这三天时间里,我将和大家共同学习TTT课程。本期TTT培训主要包括三个部分:培训师的表达技巧、培训师的授课艺术以及课程设计与开发技能。"

(2) 问题导入

问题导入是在课程开场时,抛出一个问题,引发大家思考。当然,这个问题必须与课程主题有关。

比如:"大家怎么理解TTT?"或者"你认为培训师是一个怎样的角色?"亦或"你认为作为一名合格的培训师,需要具备哪些能力?"等。

(3) 目标导入

目标导入这种方法是为了说明为什么要上这门课,比如"我们公司正在加紧人才培养建设,需要壮大培训师队伍,提升培训师的整体素质和职业技能,所以安排了这次TTT培训师实战技能提升课程"。

(4) 案例故事

本方法是先和大家分享一个真实案例或故事,从而过渡到课程主题。相较于陈述背景,学员更愿意听案例和故事。

比如:同样是TTT课程,开场也可以是这样的,"前段时间,我去某企业考察交流,对方的高管跟我说了这样一段话:'在我们公司,每个人的业务能力强是必需的,如果同时他还会讲课,帮助企业培训和培养人才,他在我们这里一定会受到重用,并且不管是在职位上还是在薪酬上,都是发展速度最快的那一个。我们公司特别注重培训,争取让每一个人都学会讲课。'所以,现在不再是以前老黄牛的年代了,你还得学会表达,甚至影响他人。"

(5) 活动互动

选择一个操作起来相对简单,不需要复杂道具的小活动作为开场也是一个不错的选择,但这个小活动不仅仅是为了调节课堂气氛的,更多是为了导入课程主题。

比如:一堂"沟通"课的开场,可以采取这种方法:"从这一刻开始,请大家认真聆听我所说的每一句话,请大家把两根食指高高举过头顶,用你的两根食指摆出一个人字,记得要让我从这个方位看到一个'人'字,好!开始,我说3,2,1之后,大家定格,不要动,3,2,1,定格。"这个时候,你会发现现场大体有两种答案,从培训师的方位来看,一种是"人"字,一种是"入"字。此时,培训师可以延伸到沟通课题,接着说:"所以,你会发现,沟通出现问题,最基本的原因,无非有3种:表达者没有表达清楚;接收者没有听清楚;表达者和接收者理解不一致。这就是我们今天的培训要解决的问题:如何做到有效沟通。"

(6) 新闻热点

这种方法类似于案例故事，以时下正在发生的事情作为案例，因为正在发生，所以更容易引起共鸣。比如：在朋友圈疯狂传播《穹顶之下》的那段时间，有培训师正在讲"当众演讲艺术"这门课，培训师的开场可以是"最近有一段100多分钟的演讲非常火"，大家马上会回应"穹顶之下"，由此拉开本次课程的序幕。

关于授课开场的方法，远不止这么多，以上6种是极为常见的，我们可以根据不同的课题、不同的场合，来选择合适的开场方法。当然，不管选择哪一种，它一定是为导入课程主题和内容而服务的。

2. 有效控场

培训师每天面对的是一个个有思想的生命，培训现场也应该是激荡心灵、碰撞智慧的孵化器。但是，培训过程毕竟是一个严格执行课程计划的标准化过程，怎么处理发生在培训现场的突发事件，是一个事关呵护学员个性、执行培训计划、矫正不良习惯、解决诸多矛盾的复杂过程。

常用的控场技能：

手势——在做讲授的肢体补充时，手部应在胸以上。手心向上表示诚恳；手掌下压表示决断；双手成T形表示制止。

位置——讲师合理的板书位、演讲位、主持位、讲解位，直接影响课堂注意力的集中与分散。如果出现需要制止的情况，可以走到事发位置讲课，自然平息干扰。

眼控——可以运用眼睛表达出鼓励、赞赏、反对、批评等。目光也表示关注和重视。目光集中是为了吸引所有学员；目光分散是为了关注所有学员。

声技——利用敲击、顿足、瞬间安静等方法进行告诫、提示等。

身技——比如走到学员中间实施无声控场。这里提倡多用夸奖、肯定的亲近的肢体动作，比如竖大拇指、拍肩等。

口技——主要通过提问、复述、告诫等调动注意力。

脑技——比如通过讲故事、说笑话、做游戏等进行脑力转换，活跃气氛，启发思考。

3. 完美收场

课程是否能够画上完美的句号，给学员留下回味无穷的深刻印象，收场的作用是不可忽视的。收场如果得当，可以起到锦上添花之效，给学员以美的享受。

衡量成功收场的标准：

（1）渲染学习气氛，使学员期盼再次参加培训。

（2）引起学员思考，激活冲动感。

（3）重温所学知识，巩固培训内容。

常见的收场方法：

（1）对课程进行总结

拿出5分钟时间，对所讲授的内容进行高度概括。这种收场方法对理清思路、增强记忆具有科学意义。比如："今天的培训内容就到这里，下面，让我们一起来回顾我们的所学所得……"

（2）振聋发聩，进行激励

学习的目的是使用。你的课程即将结束，如何把知识转化为行动是培训师的终极职责。培训师可以进行适当的"煽情"，激发学员的热情，达到培训气氛的"沸点"。

（3）引经据典，发人深省

一段至理名言、一组恰当的数据，都可以增强论点的权威性，并使结尾优雅脱俗。比如："楼房越高，人越陌生；宠物越多，人越孤独；客厅越大，朋友越少。73%的邻居老死不相往来……我想，改变这些现象，就是每一位社会工作者面临的历史新课题。"

（4）新颖脱俗，游戏结束

培训的结尾也可以选择使用歌唱、舞蹈、游戏、感言等更多的形式，使本次培训"余香缭绕，相伴长久"。

（资料来源：唐建光．企业培训师教程．广东经济出版社，2008．http://www.vccoo.com/v/451b32．）

【网上练习】

上网搜索一份培训项目工作总结和一份年度培训工作总结，并加以比较评析。

【思考与讨论】

1. 培训实施中应注意什么问题？
2. 请列出培训实施中的关键点。
3. 要成为一个优秀的培训师，还得修炼哪些方面的技能？

任务 4　培训评估

【任务情境】

B公司是一外贸企业，为了提升企业的竞争力，针对部分业务人员进行了为期三天的商务礼仪培训，希望通过培训，使每个学员能运用规范的商务礼仪进行各种商务活动，塑造良好的企业形象。培训结束后，人力资源部门为了解受训者对培训项目的感性认识，同时为将来课程的改进收集信息，要求受训者填写培训课程评估表。

【任务要求】

请讨论下列问题：
1. 如果要对B公司的培训效果进行考核与评价，可以针对哪些项目进行考核？
2. 请根据上述情况，为该企业设计一份培训课程评估表。

【任务目标】

明确培训评估的必要性；熟练掌握培训评估的项目内容；能够协助组织开展培训效果评估工作，撰写培训效果评估报告。

【任务考核】

教师参考以下标准对各小组学习成果进行评价：
（1）小组活动中，学生的外在表现（参与度、讨论发言积极程度）；
（2）培训课程评估表的质量：能真实考核到培训效果，考核项目全面、划分合理，表述得当；
（3）文件资料的完整与适用程度。

【核心概念】

培训评估；培训效果；培训成本。

【知识精讲】

组织花了大量的人力、物力和财力进行培训，希望实现培训目标，能解决组织实践中遇到的问题。为了保证每次培训不流于形式，组织必须针对培训建立一套培训评估体系来考核培训效果。

一、培训评估

（一）培训效果评估

培训效果是指在培训过程中受训者所获得的知识、技能、才干和其他特性应用于工作所获得的效应与成果。有效的培训对员工个人的影响是直接的，他们可以学到各种新的知识或技能，从而提高自身价值，企业则因此可获得某种经济上的收益。

培训效果评估，是指系统地收集必要的描述性和判断性信息，以帮助作出选择、使用和修改培训项目的决定。通过培训效果评估，可以及时地总结经验与教训，发现新的培训需要和问题，使培训目标、培训内容、培训方式、培训教材、培训讲师的选择更适合本组织的需要，从而有效地指导未来的培训工作，达到预期的目的。因此，培训评估不仅仅是培训结束后的培训结果的评估，在制定培训决策、实施培训的过程中都必须贯穿培训评估。培训评估最终是为了培训效果的最大化。培训评估要综合考虑下面几个问题：从时间和工作负荷量上考虑是否值得进行评估？评估的目的是什么？重点对培训的哪些方面进行评估？谁将主持和参与评估？如何获得、收集、分析评估的数据和意见？应该以什么方式呈报评估结果？

（二）培训评估的类型

1. 非正式评估和正式评估

根据评估的正式程度，可以把培训评估分为非正式评估和正式评估。

一般来说，非正式评估的主观性较强。其优点有：不会给受训者造成太大的压力；可以更真实、准确地反映出受训者的态度变化；方便易行，几乎不需要耗费什么额外的时间和资源。

正式评估一般具有较为详细的评估方案、测量工具和评判标准。这种评估的优点有：可以将评估结果与最初的计划进行比较核对；在数据和事实的基础上作出判断，使评估结论更具客观性、更有说服力；更容易将评估结论用书面的形式表现出来，如记录、报告等。

2. 建设性评估和总结性评估

根据评估的目的，可以把培训评估分为建设性评估和总结性评估。

建设性评估是指以改进培训项目为目的，而不是以是否保留培训项目为目的的评估，通常是一种非正式的主观性的评估。这种评估方式可以帮助受训者看到自己的进步，从而使其产生某种满足感和成就感。

总结性评估是指在培训结束时，对受训者的学习效果和培训项目本身的有效性作出评价而进行的评估。它经常是正式的、客观的评估。这类评估只能用于决定培训项目的"存亡"，而不能作为项目改进的依据，只能用来决定是否给予受训者某种资格，而无法评价受训者学习中的进步。

3. 培训前评估、培训中评估和培训后评估

按照培训评估切入的时间，培训评估可以分为培训前评估、培训中评估和培训后评估。

培训前评估在培训计划制订或实施的前期进行，包括对培训需求进行整体评估、培训对象的知识和技能等的评估、培训对象的工作成效及行为评估、培训计划评估。

培训中评估包括对培训组织准备工作的评估、参训者参与培训情况的评估、培训内容和形式的评估、培训工作者的评估、培训进度和中间效果的评估、培训环境和培训设施应用的评估。

培训后评估主要在培训活动结束时进行，又可分为即时效果评估、中期效果评估和长期效果评估。即时效果评估一般在培训刚结束时，通过即时评估评判培训目标的达成情况、受训者的反应、培训者的工作绩效等。中期评估用来判断受训者在培训中所学的知识、技能等在工作中是否能得到应用，即受训者、同事及其上级领导是否认为他的行为、技能、态度等因培训而发生了可喜的变化。长期评估主要用来评估培训对受训者、组织的长期影响。

表5-4所示是一个培训即时效果评估问卷的例子，一般在培训结束后一周内由受训者填写。

表5-4　×××培训后效果反馈表

培训班名称：	培训时间：	培训地点：
1. 你对本次培训的组织感到（　）。A. 十分不满　　B. 存在不足　　C. 满意		
请说明理由：		
2. 你对本次培训师资的看法（　）。A. 十分不满　　B. 存在不足　　C. 满意		
请说明理由：		
3. 你对本次培训教材的看法（　）。A. 十分不满　　B. 存在不足　　C. 满意		
请说明理由：		

续上表

4. 你对本次培训课程的看法（　　）。A. 太简单　　B. 尚可　　C. 恰到好处　　D. 太难

请说明理由：

5. 你对本次培训目标的看法（　　）。A. 明确　　B. 不明确

请说明理由：

6. 请具体说明通过本次培训你学到了什么。

7. 本次培训期望与实际对比（　　）。A. 吻合　　B. 局部不符　　C. 大部分吻合　　D. 根本不符

请说明理由：

8. 综合评价这次培训（　　）。A. 不满意　　B. 尚可　　C. 满意

请说明理由：

9. 你对类似培训的建议：

评价者：　　　　　　评价时间：　　　　　　　编号：

（三）培训评估的内容

培训评估主要是为了衡量培训的效益，通常包括对受训者评估、培训教师评估及培训机构评估等。对学员的评估又可分为不同的层面，如反应层的评估、学习层的评估、行为层的评估和结果层的评估，这就是"柯氏四层次评估模式"，请参考本任务"知识拓展"部分进行了解。

1. 对受训者评估

对受训者评估是培训评估中最主要、最基础性的评估。受训者是接受培训的主体，是培训目标的承受者。对受训者思想与行为变化进行检测和评定，可以为调节、控制培训教学过程、改进培训工作及评估教师的教学工作提供客观的依据。在实践中不论是培训的宏观评估还是微观评估，都是以受训者的评估为基础的。对受训者进行评估的目的有以下三个：评估受训者过去的成绩；评估受训者现在的才能；评估、预测受训者未来的发展。表5-5所示是一个对受训者培训后效果评估的范例。

表5-5　培训后效果反馈表

说明：此表在培训结束三个月后由受训者的主管人员填写。

培训班名称：　　　　培训时间：　　　　培训地点：

评价对象：　　　　岗位：　　　　年龄：　　　　性别：　　　　学历：

1. 受训者培训后态度的变化（　　）。A. 十分不满　　B. 存在不足　　C. 满意

请说明理由：

续上表

2. 受训者培训后能力的变化（ ）。A. 十分不满　　B. 存在不足　　C. 满意	
请说明理由：	
3. 受训者培训后与岗位的适应性（ ）。A. 适应　　B. 存在不足　　C. 不适应	
请说明理由：	
4. 受训者培训后工作绩效变化（ ）。A. 没有改观　　B. 变化不大　　C. 大大提高　　D. 更差	
请说明理由：	
5. 你对受训者本次培训的评价（ ）。A. 很好　　B. 一般　　C. 没效果	
请说明理由：	
6. 你对类似培训的建议：	
评价者：　　　　评价时间：　　　　　　编号：	

2. 对培训教师评估

培训教师在培训活动中处于主导地位，在一定程度上决定着培训的效果。因此，对培训教师进行评估，不仅有利于促进教育、教学过程的优化和教师素质的不断完善、提高，同时也可以为教师的聘任、奖励等管理工作提供科学的依据。对教师实施评估，首先应明确评估的范围，进而确定评估的具体内容和标准。

3. 对培训机构评估

对培训机构的评估是综合性的评估，所涉及的事和项目众多，为了突出重点，只要对功能和条件两个方面进行评估即可。功能评估是指对某个培训机构的教育、教学状态和功能发挥程度的分析、判断和评定。它是对受训者和培训教师评估的延伸和扩展。

在对培训机构的评估中，除对培训机构进行功能评估外，还要对该机构的培训条件进行评估。培训条件是指决定或影响培训活动状态及培训机构能耐发挥的各种因素，如领导者的素质和工作状态、培训教师的素质和工作状态、工作人员的素质和工作状态、物质条件及管理水平等。进行条件评估的目的在于分析、判断影响培训功能发挥程度的原因，以便采取相应的决策和改进措施。

培训功能评估侧重于对过去评估，即肯定已取得的培训成果，总结经验教训；条件评估则着眼于未来，为取得更大的教育效果创造条件。

二、培训工作中的误区

如果对组织培训的目标认识不清，培训没有与组织战略规划相一致，就很容易步入培训的误区。

1. 形式主义的培训

培训就是为了可以在工作汇报的表格中增加填写的内容，向上级主管部门汇报，为企业和个人的政绩添上值得夸耀的一笔。

2. 盲目培训

培训者对企业的培训需求不清楚或盲目跟风、赶时髦，追求新颖奇特，盲目崇外。社会上流行什么培训，就对职工进行什么培训；或贪新求"洋"，在培训项目的选择上喜欢猎奇，崇拜国外的培训教师和课程。

3. 填鸭式培训

培训追求"短平快"，不注重实际效果，在短时间内给学员以大量的知识，而不给他们消化的时间。太多的内容、太长的时间使人的学习效率下降，从而不利于学员吸收、转化。

4. 缺乏成本控制的培训

培训也是企业的一项投资，要认真考虑产出效益。造成培训投入与产出不成比例有以下几个原因：一个是培训目的性不强，片面追求大而空；二是培训只对人不对事。组织培训首先是为了满足组织和岗位的需要、改进企业的业绩，其次才是帮助职工实现职业理想。如果单纯从员工职业发展出发，培训出来的员工就有可能因为接受不了企业提供的工作环境和工作内容而远走高飞；三是把培训当成游玩的机会，专门找有名山大川或古迹或繁华城市的地点培训，名曰培训，实则游玩。

三、培训成本控制

培训成本分析是一种培训效果的货币量化评价方法。作为一项重要的人力资源管理活动，培训必然会发生费用支出，同时取得一定的收益。培训成本控制就是从定量的角度出发，保持培训的投入与收益平衡。

（一）培训成本

员工培训的成本，包括直接成本和间接成本。

1. 直接成本

直接成本是指在培训活动过程中所需要支付的全部实际费用。它直接反映在财务账户上，是一种显性成本。具体包括受训者的工资；培训师的报酬；培训教材、辅导资料的费用及打印、复印、装订费用；培训场地租借费用；培训器材的折旧费、维护与修理费用；因培训而发生的交通费用、食宿及电话费用；其他费用等。

2. 间接成本

培训的间接成本是培训活动的机会成本，一种是指同样的资源和时间用于培训而未用于其他活动给组织带来的无形损失，如因为团队成员参加培训而影响了工作进度，因而给组织带来的损失；另一种是指培训风险成本，如组织耗费大量财力培训员工，结果员工并没有实际运用所学的技能为组织服务而是离开了该组织。由于这种费用并没有实际发生，所以在财务账户上是显示不出来的。

（二）培训收益

有许多方法可以确定培训收益：一是通过对成功的受训者与不成功受训者的工作绩效比较；二是运用技术、研究及实践来确定与特定培训计划有关的收益；还可以在公司大规模投入资源前，通过实验性培训评价来考量获得的收益。

培训活动带来的收益体现在两个层次上：首先体现在员工个人层次，培训直接使员工知识增长，技能提高，工作态度得到改善，自身综合素质得到提升，为自我价值的实现创造了条件。其次，通过员工运用所学的知识、技能和改善的态度服务于工作岗位，最终体现在组织效益层面上，如组织劳动生产率得到提高、组织生产成本降低、组织效益大大提高等。

海尔的培训考核

"下级素质低不是你的责任，但不能提高下级的素质就是你的责任！"对于海尔集团内各级管理人员，培训下级是其职责范围内必需的项目，这就要求每位领导，即上到集团总裁，下到班组长，都必须为提高部下素质而搭建培训平台，提供培训资源，并按期对部下进行培训。特别是集团的中高层人员，必须定期到海尔大学授课或接受海尔大学培训部的安排，不授课则会被索赔，同样也不能获得职务升迁。每月进行的各级人员的动态考核、升迁轮岗就是很好的体现；部下的升迁，反映出部门经理的工作效果，部门经理也可据此续任、升迁或轮岗；反之，部门经理就是不称职。为调动各级人员参与培训的积极性，海尔集团将培训工作与激励紧密结合。海尔大学每月对各单位的培训效果进行动态考核、划分等级，等级升迁与单位负责人的个人月度考核结合在一起，促使单位负责人关心培训、重视培训。

【知识拓展】

柯氏四层次评估模式

关于培训效果的评估，最常用的是"柯氏四层次评估模式"（参见表5-6）。它是由美国威斯康星大学的柯克帕特里克教授提出来的。他将培训效果分为四个层次：反应层次→学习层次→行为层次→结果层次。

表5-6 柯氏"四级评估模型"

评估层次	结果标准	评估方向	评估的适宜内容
一	反应	各方对培训的感性满意度	对培训整体性感觉
二	学习	学到的知识、技能、态度、行为	学员取得的学习成绩
三	行为	认识的形成和工作行为的改进	学员形成的技能与态度
四	结果	由培训形成的结果	学员形成的知识、技能、态度、绩效等

1. 反应层次

反应层次是第一级评估，即评估受训者对培训的直观感受。这是培训效果评价的最低层次，主要通过调查受训者对培训各项目（培训方式、课程、讲师等）的印象和感觉来评价培训效果。通过调查表或面谈的方式来收集学员的反馈意见，如，受训者对培训师的看法、课程难度和期望价值、对培训组织是否满意、培训合理化建议等。

该评价通常在一门、一天或一次的授课结束后立刻进行，同时培训组织者也可以通过亲自参与培训，将受训人员的表现记录下来。如在某通信设备公司，每个员工参加培训后都要填一份课程评估表，其中的问题包括学员对教师、教材、时间安排等各项问题进行评估，并给予建议。这些都将成为课程设计部改进课程的重要依据。一级评估经常以访谈、问卷、观察形式实施（参见表5-7）。

表5-7 一级评估问卷样本

评估内容		优	中	差
培训的组织	本次培训的针对性如何？			
	对本次培训的整体感受如何？			
	本次培训的培训师水平和表现如何？			
	对本次培训的组织与服务满意吗？			
	本次培训的就餐、交通、住宿等安排如何？			
	本次培训时间、地点和环境安排如何？			
	本次培训的参与性如何？			
培训课程	本次培训的有关资料是否充足？质量如何？			
	对本次培训的教材感觉如何？			
	本次培训的课程安排如何？			
	对本次培训的创新性、系统性、实用性等满意吗？			
	本次培训的案例适用性如何？			
	本次培训在课时、速度和深浅程度安排上如何？			
	本次培训的课堂参与度如何？			

2. 学习层次

学习层次是第二级评估，即评估受训者的学习效果。该评估可通过理论考试或实地操作等方式进行，主要测定学员对知识、技能的掌握情况。学习评估经常以考试、测验、调查访谈、观察等形式实施，是目前最常见的一种评价方式。

3. 行为层次

行为层次是第三级评估，即评估学员在培训后的工作行为变化。行为评估主要评价受训者在受训后工作行为的改善，工作态度的转变，所学知识、技能的实际运用情况等。该层次评估可以通过上级、下级、同事、客户等相关人员对受训者的绩效进行评价，主要是上级。由于所学知识、技能转化成现实生产力需要时间，因此该类评估要在培训过后较长一段时间来进行。如某通信公司为了配合在华业务，加速管理人员本土化，特别设计了"中国强化管理"培训。学员培训前，要接受多项评估，以确定其培训前的能力水平。接受培训后3～6个月，进行再次能力评估。通过两次评估结果的对比分析，就可确定培训对学员能力发展所带来的影响和作用。三级评估经常采取访谈、问卷、观察、测试、绩效记录的评估样式（见表5-8）。

表5-8 三级评估问卷样本

评估内容	本人	上级	相关者
受训员工差距消失了吗？			
受训员工工作效率提高程度如何？			
受训员工工作态度改变程度如何？			
受训员工事故率前后比较有何差别？			
受训员工完成任务的工作质量如何？			
受训员工的岗位知识与技能改善程度如何？			
受训员工产生不利和负面效应了吗？			

4. 结果层次

结果层次是第四级评估，即评估培训结果，主要考察员工受训后工作绩效的改善。这是培训效果评价的最高层次，它可以通过实际工作中的具体指标来衡量，如产量、事故率、产品合格率、成本、利润、销售量、离职率、客户满意率等。

上述评估模式总的规则是：一级评估看反应；二级评估看考试；三级评估看行为；四级评估看业绩。一般而言，要使培训工作取得实效，必须对部分培训课程进行三级、四级深层次的评估。深层次评价不仅能够发现培训活动对组织的具体贡献，而且可显示出培训成果转化的真正障碍。

【网上练习】

利用网络观看免费的培训课程，挑选一堂课程进行评估。

【思考与讨论】

1. 培训效果评估的关键点在哪里？培训效果评估至少有几个层次？
2. 如何避免培训中的失误？
3. 核算培训成本对于培训有什么意义？

任务5　员工职业生涯管理

【任务情境】

A公司是江苏省的一家汽车零部件生产企业，经过10余年的发展，在国内市场已经处于领先地位，公司员工由创业时的100多人发展到近千人，现在总部已迁到上海浦东，同时在北京、沈阳等地开设了很多分公司。然而，其沈阳分公司的业务却始终不尽如人意，已有数位高层管理者相继离职。

对此，总公司十分不解。在江苏分公司与上海总公司，人员规模一直在增加，员工队伍却十分稳定。总公司特意派人飞赴沈阳，在一番考察之后，并未发现该分公司在薪酬福利、组织架构、工作流程与销售渠道上存在任何不妥。那么究竟是什么原因使沈阳分公司面临如此严重的人力资源危机呢？

在这家公司创业初期，公司总经理与副总经理、部门经理、技术人员、市场销售人员大都来自本乡本土，有一股拼劲。但公司发展了10余年，骨干员工逐渐被"外来的和尚"代替，他们是A公司从相关行业挖来或招聘到的精英人士，是在认同产品市场前景、对个人的职业发展有明确方向的情况下加入该公司的。A公司现在在上海与江苏两地成立了人力资源部，十分注重员工的培训发展规划，员工在企业中有足够的职业发展空间。尽管在上海、江苏，A公司的薪水与相关行业相比处于中下水平，但由于员工职业规划与企业发展目标一致，员工对公司有强烈的归属感和认同感，因此员工一直保持着创业初期的昂扬斗志。

沈阳分公司的情况就大不相同了。一方面，由于汽车行业配套零部件产品市场竞争相当激烈，已有多家企业进入；另一方面，新员工往往是冲着该公司的名气和薪资而来的，对这个行业缺乏了解，而从上海和江苏派去的骨干员工则感到自己今后在沈阳的发展前景模糊渺茫，"身在曹营心在汉"。显然，他们中大多数人都不明白自己在沈阳分公司的发展方向，自然也不会有明确的职业目标。一些骨干员工在经历了一些挫折，或者看到了更好的薪酬待遇后，选择了离开。特别令人深思的是，一个从上海派过去的分公司副总经理，在半年多时间里几次明确表示：如果不能担任分公司的总经理就将离开A公司。就在A公司高层管理者没有人认为他真的会离开时，他选择了跳槽到当地一家与汽车配套零部件生产完全不相关的企业，并在那里当上了CEO。

（资料来源：石金涛. 培训与开发（第二版），中国人民大学出版社，2009.）

【任务要求】

请讨论下列问题并形成案例分析。

1. A公司的上海总公司和江苏分公司的人员队伍为什么会更加稳定，业务为什么能发展得更好？
2. A公司沈阳分公司的副总经理为什么要离职？
3. A公司沈阳分公司的职业生涯管理活动应该从哪些方面着手？

【任务目标】

明确员工职业生涯管理的重要性；掌握员工职业生涯管理的内容。

【任务考核】

教师参考以下标准对各小组学习成果进行评价：
（1）小组活动中，学生的外在表现（参与度、讨论发言积极程度）；

（2）案例分析恰当，思路清晰，有较强的综合概括能力；
（3）文件资料的完整与适用程度。

【核心概念】

职业生涯；职业生涯规划；职业生涯发展；职业生涯管理。

【知识精讲】

古语云"凡事预则立，不预则废"。意思是说，不论做什么事，事先有准备，就能得到成功，不然就会失败。事实上，做事有计划对于一个人来说，不仅是一种做事的习惯，更重要的是反映了他做事的态度，是能否取得成就的重要因素。职业生涯伴随着我们人生的大部分时光，对职业生涯进行有计划的管理有助于人生目标的实现。

一、职业生涯管理相关概念

职业生涯指从职业生涯开始一直到职业工作结束的全过程，是一个人在其工作生活中所经历的一系列职业、职位、职务，以及与之相关的工作态度、工作动机、价值观的变化过程的统称。

职业生涯规划是指组织或者个人把个人发展与组织发展相结合，对决定个人职业生涯的个人因素、组织因素和社会因素等进行分析，制定个人一生中在事业发展上的战略设想与计划安排。规划像一座桥，连接着我们的现在和未来。职业生涯规划对于员工的个人发展与组织的发展都具有重要的意义，是人力资源开发的重要内容，与培训有密切的关系。职业生涯规划的内容主要包括：职业选择、职业生涯目标（可分为人生目标、长期目标、短期目标）的确立、职业生涯路径的设计；还包括与人生目标及长期目标相配套的职业生涯发展战略、与短期目标相配套的职业生涯发展策略的确立。在每个人的成长过程中，如果没有很好的规划，人生目标的实现往往会成为一句空话；即使有规划，如果不可行，那么在执行中也会出现失败。没有规划的人生杂乱无章，看似忙碌，却没有了方向。

职业生涯发展主要针对员工而言，职业生涯规划的实施即员工职业生涯发展。职业生涯规划制订好之后，员工着手在企业内部或企业之间（跨越组织的职业生涯设计）实施职业生涯规划。在实施职业生涯规划的过程中，员工将沿着原来设计的发展通道，不断地从一个岗位转移到另一个岗位，从比较低的层次上升到比较高的层次，直至达到职业生涯目标。伴随着岗位和层次的变化，员工必须不断接受新岗位和层次的挑战，不断提高自身素质，改善素质结构。也就是说，员工必须不断接受企业培训和自我培训，进行生理、心理保健，提高绩效。

职业生涯管理，就是组织和员工本人对职业生涯进行设计、规划、执行、评估、反馈的一个综合管理过程。职业生涯管理是员工与组织双方动态运动的过程，在组织和个人的不同发展阶段中有各自不同的管理任务与重点，因此，它更强调双方的协调与统一、变化与适应。在现代企业中，个人最终要对自己的职业发展计划负责，这就需要每个员工都清楚地了解自己所掌握的知识、技能、能力以及兴趣、价值观等，而且还必须对职业选择有清楚的了解。只有当个人目标与组织目标有机结合起来时，职业生涯管理才具有重大意义。职业生涯管理的步骤及责任担当如表5-9所示。

表5-9 职业生涯管理步骤以及企业和员工的责任

责任主体	第一步自我评价	第二步现实审核	第三步目标设定	第四步行动规则
员工的责任	确定改善机会和改善的需求	确定哪些需求具有现实性的开发方法	确定目标及判断目标进展状况	制定达成目标的步骤及时间表
企业的责任	提供评价信息,判断员工的优势、劣势、兴趣和价值观	就绩效评价结果以及员工与企业的长期发展规划相匹配之处与员工进行沟通	确定目标是具体的,富有挑战性的,且可实现的;承诺帮助员工达成目标	确定员工达成目标时所需要的资源,其中包括课程、工作经验以及关系等

二、职业生涯管理的意义

在复杂多变的社会经济环境中,职业生涯管理不再仅仅是为了帮助员工个人成长,它还是服务于一个组织获得持续发展的战略性资本。管理好员工的职业生涯,可以提高员工个人和企业的核心竞争力,增强适应性,共同应对外界经济环境的发展变化。具体来说,职业生涯管理的意义包括以下几个方面:

(1) 有利于应对社会经济变革的挑战;
(2) 有利于保持组织和员工的学习积极性;
(3) 有利于保持组织和员工的竞争优势;
(4) 有利于人力资源的合理配置;
(5) 有利于改善组织的文化建设;
(6) 有利于协调好工作与家庭的关系;
(7) 实现自我价值。

资　料

1953年,耶鲁大学对毕业生进行了一次有关人生目标的调查。当被问及是否有清楚明确的目标以及达成目标的书面计划时,结果只有3%的学生选择了肯定的回答。20年后,通过跟踪调查发现,那3%有达成目标书面计划的学生,在财务状况上远高于其他97%的学生。

西方有句谚语:"如果你不知道你要到哪儿去,那通常你哪儿也去不了。"我们的生活是忙碌的,忙碌中又往往充满了迷茫。向左走?向右走?有的时候,我们确实需要停下来,做好了准备再前进,也许会收到事半功倍的效果。

三、职业发展阶段理论

职业生涯发展一般要经历四个阶段:探索期、创业期、维持期、衰退期。在不同的阶段，人们关注的职业问题不同，对职业的了解和偏好也不相同。

（1）探索期（从16～24岁），主要是职业学习。在这个阶段个人关注的主要问题是：进行职业发展需要的知识、技能学习；对自己能力、职业兴趣的实际了解；寻找与自己性格和爱好相匹配的职业。

（2）创业期（从22～45岁）。个人经过不断打拼找到合适的职业，然后长期执著于本职工作，不断检验自己对职业选择的期望和本身的能力。

（3）维持期（从在45～60岁之间）。个人通常已在工作领域中找到定位，并且尽力维持此定位；除担负更多的职责外，还要培养下属人员。

（4）衰退期（60岁以后）。这是个人职业生涯的晚期，个人会面临权力和责任的缩减，直至退出职业生活。

四、个人职业生涯管理

个人职业生涯管理是指雇员根据对自身的主观因素和客观环境的分析，确立自己的职业目标和职业发展路径，并采取行动以实现职业目标的过程。个人职业生涯管理的主体是个人而非组织，但组织应了解员工的职业生涯规划，并通过相应的人力资源管理举措使之有助于组织目标的达成。一般来说，个人参与职业生涯管理的程序主要由自我评估、确立目标、职业选择、生涯策略、生涯评估五个步骤组成。

（一）自我评估

自我评估是对自己作出全面分析，主要包括自己的兴趣、特长、性格、学识、技能、智商、思维方式、道德水准以及社会中的自我定位等。个人在进行职业设计时，首先应客观、全面地了解自我，明确自己的职业兴趣、价值观，尤其是要明察自己职业能力的高低。

（二）确立职业目标

个人在进行职业生涯管理的过程中，必须确立切实可行的职业目标，这是职业生涯管理中关键的一点。

1. 锁定"职业锚"

个人在拟定职业目标时，应锁定自己的"职业锚"，即明确自己的职业定位，为自己未来的职业发展确定大致的方向。职业锚的概念是由美国麻省理工学院斯隆研究院的施恩教授提出的。所谓职业锚（career anchor），是自我意向的一个习得部分，是个人进入早期工作情境后，由习得的实际工作经验所决定，与在经验中自省的动机、需要、价值观、才干相符合，达到自我满足和补偿的一种稳定的职业定位。它是一个人在职业生涯中矢志不移追求的职业价值和职业成就。

职业锚可以分为五个基本类型：创造型、技术型、管理型、自主独立型、安全稳定型。

（1）创造型职业锚

创造型职业锚的员工有强烈的成就欲望，希望运用自己的才能干一番大事业。对他们来说，创建一个公司、以自己的姓名命名某个成果或事物是强烈的诱惑。这种人敢于冒险、勇于创新，也习惯于成为众人瞩目的角色。强烈的创造动机使他们很难完全听命于某一个人，保留一片属于自己的天空对他们来说是必不可少的。

(2) 技术型职业锚

技术型职业锚的员工只对工作中的技术内容有浓厚的兴趣，对技术之外的管理内容则视若无物，甚至认为管理无非是耍政治手腕，他们本能地抵制学习和应用这些管理知识，强调自己天生不是管人的料。

(3) 管理型职业锚

管理型职业锚的员工对感情世界有较深的理解，情商极高，有很好地与人打交道的能力和分析问题的能力，而且可以用有效的方法影响别人的行为。他们的眼光总是向着全面管理的层面，技术、技能只是他们晋升的工具，没有钻进去的愿望和快乐的感觉。

(4) 自主独立型职业锚

自主独立型职业锚的员工有强烈的自我意识，对个性和自我的需要要比其他方面的需要强烈得多，不喜欢过多的组织约束。他们认为组织的理性侵犯了他的私生活，要求能独立自主地安排自己的生活和工作。

(5) 安全稳定型职业锚

安全稳定型职业锚注重长期稳定的职业和体面的收入，对组织依赖性强。当他们个人的利益和要求得到保障时，对组织目标能够达到高认同，但是如果他们得不到这种保障，就很难再兢兢业业地工作了。

2. 职业目标的确立要满足社会需求

个人在拟定职业目标时，应充分考虑社会所需，在进行自己的职业生涯设计时，不仅要考虑自己的兴趣、爱好和所长，还要考虑社会的利益。只有社会需要的职业，才有发展的可能性。

3. 职业目标的设定要具体化、分阶段

所谓具体化，就是将职业目标以具体而明确的语词描述出来，以便将来在执行计划、评估成效时能有客观的依据。所谓阶段化，则是指要将职业目标分为长期目标、中期目标和短期目标三个层次。因为在人的整个职业发展历程中，一个远大雄伟的目标很少能够一气呵成，而必须分解成若干易于达到的阶段性目标。

4. 职业选择

职业选择的正确与否，直接关系到人生事业的成败。在作职业选择时，应善于进行职业生涯机会评估。所谓职业生涯机会评估，主要是分析内外环境因素对个体职业生涯的影响。在设计个人职业生涯时，应分析环境发展的变化情况、环境条件的特点等。在职业确定后，还要选择发展路线。发展路线不同，职业发展的要求也不相同；并且，职业生涯路线也不是一成不变的，应根据情况的变化做出适时、适当的调整。

5. 制定职业生涯策略

职业生涯策略是指为实现职业目标而采取的可行性较强的各种具体行动方案，有效的职业生涯设计需要有能够执行的职业生涯策略。撰写述职简历、面试应聘、商议工资待遇、工作中的表现与业绩、参加组织的培训和业余学习、构建人际关系网等，都可以看成是职业目标实现的具体努力。除此之外，职业生涯策略还包括超出目前工作之外的一些前瞻性的准备（如掌握一些额外的技能和专业知识），以及为平衡职业目标和其他目标（如生活目标、家庭目标）而作出的种种努力。

6. 进行职业生涯评估

有效的职业生涯设计需要有及时的反馈与修正，反馈与修正是指在达成职业目标的过程中自觉地总结经验教训，反省策略、方案是否恰当，不断纠正职业目标中出现的偏差，以适应环境的变化，增强实现目标的信心。

五、组织职业生涯管理

（一）组织职业生涯管理的导入

组织职业生涯管理是一种专业化的管理，是从组织（企业）角度对员工从事的职业和职业发展过程所进行的一系列计划、组织、领导和控制活动，以实现组织目标和个人发展的有效结合。企业在员工个人的职业发展中起着重要的作用，所以企业职业生涯管理与员工个人职业生涯管理是相互依存、相互作用、共同发展的。

企业导入职业生涯管理的程序如下：

1. 转变思维方式，树立职业生涯管理的观念

（1）成立职业生涯导入与管理委员会

规模稍大的企业，可以考虑成立一个职业生涯管理委员会，在导入期协调各个方面，提高导入的一致性和导入的效率。导入后该机构则负责制定重要的职业生涯管理政策，帮助人力资源管理部门协调职业生涯冲突。

（2）人力资源部门进行政策和制度的改造

在总经理的支持和职业生涯管理委员会的领导下，人力资源部门对企业人力资源管理工作进行系统化和柔性化改造，使之符合新的管理理念和开展职业生涯管理的要求。

（3）舆论宣传

在职业生涯管理期间，企业应利用开会、厂内报刊、广播电视、墙报等各种形式，积极宣传职业生涯管理，在比较短的时间内，营造职业生涯管理的氛围。

2. 教育培训是实现职业生涯管理的根本保证

所有管理人员，特别是中高级管理人员应无例外地参加职业生涯管理培训。各级管理人员接受培训的内容、时间先后要有所区别。总经理及高层管理人员率先接受培训，人力资源管理部门人员其后接受培训，之后才是对所有管理人员进行培训。同时技术人员、营销人员、基层管理人员都是职业生涯管理的高敏感人群，应首先在这些人群中导入职业生涯管理。组织可以考虑在实行 2～5 年后，在全体员工中推广职业生涯管理。此时，人力资源管理部门和各部门已经取得了一定职业生涯管理的经验，职业生涯管理也取得了初步成效，可起到示范作用。

（二）组织职业生涯管理的内容

组织职业生涯管理的具体内容包括：职业路径、职业选择、职业咨询、工作和家庭的联系、退休计划。

1. 职业路径

职业路径是指组织为内部员工设计的自我认知、成长和晋升的管理方案。下面介绍四种职业路径设计方式：

(1) 传统职业路径

所谓传统职业路径是一种基于过去组织内员工的实际发展道路而制定出的一种发展模式。这种模式将员工的发展限制于一个职业部门内或一个组织单位内，通常是由员工在组织中的工作年限来决定其职业地位。这种组织职业发展路径有一个很大的缺陷，即它是基于公司过去对员工的需求而设计的，但实际上随着组织的发展，原有职业需求已不再符合现今的组织发展要求。

(2) 行为职业路径

行为职业路径是一种建立在对各个工作岗位行为需求分析基础上的设计模式。它要求组织首先进行工作分析来确定各个岗位上的职业行为需求，然后将具有相同职业行为需求的工作岗位化为一族（这里的族是指对干部素质及技能要求基本一致的工作岗位的集合），以族为单位进行职业生涯设计。这种设计所产生的职业路径是呈网状分布的。这种灵活的职业发展路径设计能够给员工和组织带来巨大的便利，便于员工转换到新的工作领域，找到与自己兴趣相符的工作；组织也可以顺利实现人员转岗安排，保持整个组织的稳定性。

(3) 横向职业路径

前两种职业路径都是向组织中较高管理层的升迁之路，但组织内并没有足够多的高层职位为每个员工都提供升迁的机会，而且长期从事同一项工作会使人倍感枯燥乏味，影响其工作效率。因此，组织也可采取横向调动来使工作具有多样性，这样员工可以增加对组织的价值，也使他们焕发新的活力。这种设计一般也是建立在工作行为需求分析基础上的。

(4) 双重职业路径

传统的职业通道是组织中向较高管理层的升迁之路，而双重职业通道主要用来解决某一领域中具有专业技能，但并不期望或者不适合正常升迁程序后调到管理部门的员工的职业发展问题。职业锚理论告诉我们，员工都有自己的职业定位，而管理型只是若干种职业锚中的一种。因此，以管理层级设计为基础的职业通道显然不能满足拥有不同职业锚员工的职业发展需要。双重职业通道设计的基本理念是职业技术人员没有必要因为其专业技能的提升从事管理工作，技术专家的贡献是组织需要的，而且应该得到组织的承认。承认职业技术人员组织贡献的方式，不必是被提拔到管理岗位，而是要体现在薪酬的变更和地位的提升方面。双重职业通道的目的在于激励工程、技术、财务等领域中有突出贡献的员工。专业技术人员实行个人职业生涯发展可以不必走从管理层晋升的道路，避免了从优秀的技术专家中培养出不称职的管理者这种现象，且有助于专业技术人员在专业技术方面取得更大的成绩，保证了员工在适合自己的岗位上发展。因此，组织实行双重通道不仅能够保证聘请到具有高技能的管理者，而且能够保留和吸纳具有高技能的专业技术人员。

学习情境五　培训与职业生涯规划

海尔的职业生涯培训

海尔集团自创业以来，一直把员工的职业发展放在首位，上至集团高层领导，下至车间一线操作工人，集团根据每个人的职业生涯设计，为每个人制订了个性化的培训计划，搭建了个性化发展的空间，提供了充分的培训机会，并实行培训与上岗资格相结合。

海尔的人力资源开发思路是"人人是人才，赛马不相马"。在具体实施上给员工提供了3种职业生涯设计：一种是对着管理人员的；一种是对着专业人员的；一种是对着操作工人的。每一种都有一个升迁的方向，只要是符合升迁条件的，即可升入后备人才库，参加下一轮的竞争，跟随而至的就是相应的个性化培训。

——"海豚式升迁"是海尔培训的一大特色。海豚是海洋中最聪明、最有智慧的动物，它下潜得越深，则跳得越高。在海尔如果你有能力，就可以从一个小职员干到高层管理干部；即使你是一个高层管理干部，如果缺乏某方面的经验，也会被派到基层部门去锻炼。

——"届满要轮流"是海尔培训技能人才的一大措施。一个人长久地干一样工作，久而久之就形成了固化的思维方式及知识结构，这在海尔这样以"创新"为核心的企业来说是难以维持的。目前海尔已制定明确的制度，规定每个岗位最长的工作年限。

2. 职业选择

为了改善员工所做的职业选择决策，组织及其员工可以做而且应该做两件基本的事情。首先，员工必须对于自己的职业选择负责，即员工应当明白，职业选择中的许多重要决策必须由员工自己来做，而进行这些决策又要求员工制订大量的个人计划并付出大量的努力。进行职业规划的关键是进行自我透视：一是透视个人希望从职业中获得什么；二是透视个人的才能和不足；三是透视自己的价值观以及它们是否与自己当前正在考虑的这种职业相匹配。

职业心理学的研究表明，不同的职业有不同的性格要求。虽然每个人的性格都不可能百分之百地适合某项职业，但却可以根据自己的职业倾向来培养、发展相应的职业性格。不同性格特征的人员，既会影响到自己的工作岗位和工作业绩，也决定着自己从事的事业能否成功。

从早期的弗兰克·帕森斯开始，职业发展专家就专门把兴趣当作职业选择的一个重要组成部分。早期的职业咨询师认为可以通过确定兴趣来确定一个人未来职业的大致方向。兴趣通常被定义为"人们为了乐趣或享受而做的那些事"。心理学家发现，在不同的职业领域工作的人有着不同的兴趣模式。比如，IT程序员的兴趣与工程师、教师等是不同的。因此快速有效地测出兴趣有助于简化职业生涯规划的过程。

清楚地认识自己的兴趣只是完成了职业选择这一任务的一半。我们还应当确认哪些职业对自己来说是正确的（就职业性向、技能、职业锚以及职业偏好而言），并且在未来的若干年中有着较高的社会需求，保证自己的职业能让自己不断获得发展。

在职业选择中，企业可根据员工的能力开发需求，结合公司人才培养方向来帮助员工制定良好的职业生涯规划。员工能力开发需求表如表 5-10 所示。

表 5-10 员工能力开发需求表

编号：　　　　　　　填表人：　　　　　　　　　　　　　　日期：＿＿＿年＿＿＿月＿＿＿日

姓名				性别			年龄	
岗位名称				所在部门			直接上级	
所承担工作	自我评价			上级评价			上级评价实施依据	
	完全胜任	胜任	不能胜任	完全胜任	胜任	不能胜任		
工作内容 1								
工作内容 2								
对工作的希望和想法				目前实施结果情况				
达到目标所需知识和技能								
需要掌握但目前尚欠缺的知识和技能				所需培训的课程名称				
通过培训已掌握的知识和技能				已培训的课程名称				
对培训实施效果的意见								
需要公司提供的非培训方面的支持				上级意见				

（资料来源：王胜会．我的第一本 HR 入门书，人民邮电出版社，2013.）

3. 职业咨询

在职业发展过程中，有可能出现许多无法预测或必须面对的难题，如职位升迁、跳槽、职能转换、人际关系等，这时候，个人的经验和体会可能无法给予足够的决策支持。此时个人可能需要向专家进行咨询。职业咨询的目的就是为解决职业发展中的困惑，为个人作出明智选择提供参考意见和决策支持。

职业咨询按不同的对象主要可分为：青年与成人、家长与教师、女性和男性、失业者及转岗培训者等几大种。当咨询对象是成人时，则应更加注重帮助当事人作出明智的再选择，也应更多地涉及就业后的职业适应问题或劳动市场结构调整。

职业选择方向的咨询主要涉及两个层面：

（1）培养当事人提高职业决策能力，作出正确的职业决策。只有当个人自觉意识到职业决策的重要意义时，才能根据自身特点（包括身体的、心理的、兴趣的以及能力的几个方面）选择和决策职业方向。

（2）增加当事人谋职的信心和多种选择的机会。可从职业选择所必需的知识、技能和个人心理品质诸方面的培养来达到正确选择或终生职业教育的生涯目标。事实上，职业选择方面的咨询并不仅仅局限于学业结束之后的第一次职业选择，而是出现于个体全程的职业生涯中。这是因为随着社会的变化，个人的期望和需求也会在职业生涯和劳动实际中发生变化。

要帮助员工设定职业目标，进行职业生涯规划要借助科学的工具表单，员工职业生涯规划表如表5-11所示。

表5-11 员工职业生涯规划表

编号：		填表人：			日期：___年___月___日	
姓名			性别		年龄	
岗位名称			所在部门		直接上级	
教育状况	最高学历					
	所学专业					
	涉足领域					
参加过的培训						
具备技能/能力						
工作经历	时间		公司名称	所任岗位	职责描述	
请选择对自己最重要的三种需要	□弹性工作时间　□成为管理者　□薪酬　□独立 □稳定　□休闲　□和家人在一起的时间　□挑战 □成为专家　□创造					
请详细介绍自己的专长						
您对目前工作是否感兴趣，请说明						
请说明您希望选择哪条晋升通道						
请详细介绍自己的短期、中期和长期职业规划设想						

（资料来源：王胜会. 我的第一本HR入门书，人民邮电出版社，2013.）

4. 工作和家庭的联系

职业生涯的成功与家庭生活之间也有着非常密切的关系。个人与家庭发展遵循着并行发展的逻辑关系，职业生涯的每个阶段都与家庭因素息息相关，或协调或冲突。职业生涯与家庭的责任之间的平衡，对于年轻职员特别是女性职员尤为重要。每个人在社会生命周期中都扮演着多种社会角色，我们要在自己的职业上实现自己的职业目标，需要协调好自己工作与家庭两者之间的关系。

5. 退休计划

退休计划是组织向职业晚期的人员提供的，帮助他们准备结束工作，适应退休生活的计划。退休是组织保持更新与活力的必然需要。良好的退休计划，可以使人员尽快顺利地适应退休生活，维持正常的退休秩序，最终达到稳定组织从业人员心理，保持组织人员年龄结构的正常新陈代谢，提供更多的工作和晋升机会的目的。

【知识拓展】

霍兰德职业兴趣理论

20世纪70年代初期，美国学者霍兰德（J. Holland）提出了一种兴趣量表，他认为兴趣是描述人格特质的一种方法。作为兴趣、价值观、技能、态度和学习风格的综合体，人格这种广义概念在职业选择中起着非常重要的作用，而兴趣则是其中最主要的确定人与职业匹配程度的依据。

霍兰德发展了一种"表达式"的兴趣测量方法，兴趣量表的出现消除了兴趣测量和职业选择的神秘性，使得普通人也可以通过测量兴趣来找到与自己匹配的职业类型。霍兰德的兴趣匹配方式之所以成功是因为他提出的 RIASEC 六角模型。基于这个模型，人们可以比较一个领域中的兴趣与另一个领域中的兴趣，进而实现人与职业匹配。6 种个性类型及与之相匹配的职业如表 5-12 所示。

表 5-12　6 种个性类型及其相应的职业

类　型	个性特征	相应的职业
实际型：喜欢从事技术活动、体力活动	腼腆、诚实、有耐心、情绪稳定、顺从、实际	机械操作工、装配工、农民
研究型：喜欢思考、从事组织和理解的脑力活动	善于分析、创新，喜探索、善于独立思考	生物学家、经济学家、数学家、新闻撰稿人
社交型：喜交往、乐于助人	喜交际、友善、合群、善解人意	社会工作者、教师、咨询人员、临床心理学家
传统型：喜照章办事，喜欢从事有条理、有秩序、任务明确的活动	服从、讲求效率和实际，缺乏想象力、缺乏灵活性	会计、公司部门经理、银行出纳、档案保管员

续上表

类 型	个性特征	相应的职业
有魄力型：喜欢说服别人、影响别人、获取权力	自信、雄心勃勃、精力充沛、独断专行	律师、房地产经纪人、公关专业人员、小型商场经理
艺术型：喜欢模糊的、无秩序的活动，使之有创造性的表达能力	想象力丰富、超越常规、理想化、情绪化、不实际	画家、音乐家、作者、室内装潢师、设计人员

【网上练习】

搜索职业生涯规划样本，模仿样本进行个人职业生涯规划设计。

【思考与讨论】

1. 职业与个性的关系如何？
2. 在职业生涯中怎样看待职业调整？怎样进行职业调整？
3. 企业职业生涯管理对传统人事管理提出了哪些挑战？

新知新技：慕课（MOOC）时代

一、何为慕课

慕课（MOOC），即"大规模开放的在线课程"（massive open online course），是新近涌现出来的一种在线课程开发模式。MOOC，顾名思义，第一个字母"M"代表 massive（大规模），与传统课程只有几十个或几百个学生不同，一门 MOOC 课程动辄上万人，甚至更多；第二个字母"O"代表 open（开放），以兴趣导向，凡是想学习的，都可以进来学，不分国籍，只需一个邮箱，就可注册参与；第三个字母"O"代表 online（在线），学习在网上完成，无需旅行，不受时空限制；第四个字母"C"代表 course，就是课程的意思。

MOOC 把以视频为主且具有交互功能的网络课程免费发布到互联网上，供全球众多学员学习。其突出特点是以小段视频为主传授名校名师的教学内容，以即时测试与反馈促进学员学习，并基于大数据分析促进教师和学生改进教与学。MOOC 是"在线课程"层面上的网络教学形式之一，属于已经发展了十几年的在线教育系统的组成部分，对以往的网络教学有重要的借鉴意义，也是新时代的一种在线培训方式。MOOC 是一剂重要的催化剂，而非在线教育整体解决方案的全部或"秘方"。

二、历史发展

MOOC 的历史虽然短暂，但是却有一个不短的孕育发展历程。准确地说，它可追溯到 20 世纪 60 年代。1962 年，美国发明家和知识创新者 Douglas Engelbart 提出了一项研究计划，题目叫《增进人类智慧：斯坦福研究院的一个概念框架》，在这个研究计划中，Douglas Engelbart 强调了将计算机作为一种增进智慧的协作工具来加以应用的可能性。也正是在这个研究计划中，Engelbart 提倡个人计算机的广泛传播，并解释了如何将个人计算机与"互联的计算机网络"结合起来，从而形成一种大规模的、世界性的信息分享的效应。

自那时起，许多热衷于计算机的认识和教育变革家，比如伊凡·伊里奇，发表了大量的学术期刊文章、白皮书和研究报告，在这些文献中，极力推进教育过程的开放，号召人们将计算机技术作为一种改革"破碎的教育系统"的手段应用于学习过程之中。

MOOC 这个术语是 2008 年由加拿大爱德华王子岛大学网络传播与创新主任与国家人文教育技术应用研究院高级研究员联合提出来的。在由阿萨巴斯卡大学技术增强知识研究所副主任与国家研究委员会高级研究员设计和领导的一门在线课程中，为了响应号召，Dave Cormier 与 Bryan Alexander 提出了 MOOC 这个概念。George Siemens 与 Stephen Downes 设计和领导的这门课程名叫《连通注意与连通知识》，这门课程有 25 位来自曼尼托巴大学的付费学生，还有 2 300 多位来自世界各地的免费学生在线参与了这门课程的学习。所有的课程内容都可以通过 RSS feed 订阅，学习者可以用他们自己选择的工具来参与学习：用 MOODLE 参加在线论坛讨论、发表博客文章、在第二人生中学习，以及参加同步在线会议。从 2008 年开始，一大批教育工作者，包括来自玛丽华盛顿大学的 Jim Groom 教授以及纽约城市大学约克学院的 Michael Branson Smith 教授都采用了这种课程结构，并且成功地在全球很多大学主办了他们自己的大规模网络开放课程。

最重要的突破发生于 2011 年秋，来自世界各地的 160 000 人注册了由斯坦福大学 Sebastian Thrun 与 Peter Norvig 联合开出的一门《人工智能导论》的免费课程。许多重要的创新项目，包括 Udacity, Coursera 以及 edX 都纷纷上马，有十几个世界著名大学参与其中。

MOOC 课程在中国同样受到了很大关注。根据 Coursera 的数据显示，2013 年，Coursera 上注册的中国用户共有 13 万人，位居全球第九。而在 2014 年达到了 65 万人，增长幅度远超过其他国家。而 Coursera 的联合创始人和董事长吴恩达（Andrew Ng）在参与果壳网 MOOC 学院 2014 年度的在线教育主题论坛时的发言中谈到，现在每 8 个新增的学习者中，就有一个人来自中国。果壳网 CEO、MOOC 学院创始人姬十三也重点指出，和一年前相比，越来越多的中学生开始利用 MOOC 提前学习大学课程。以 MOOC 为代表的新型在线教育模式，为那些有超强学习欲望的"90 后"、"95 后"提供了前所未有的机会和帮助。Coursera 现在也逐步开始和国内的一些企业合作，让更多中国大学的课程出现在 Coursera 平台上。而在中国的 MOOC 学习者主要分布在一线城市和教育发达城市，学生的比例较大。

三、主要特点

（1）大规模："大规模网络开放课程"（MOOC）是指那些由参与者发布的课程，这些课程是大型的或者是大规模的，它才是典型的 MOOC。

（2）开放课程：尊崇创用共享（CC）协议。只有当课程是开放的，它才可以称之为 MOOC。

（3）网络课程：这些课程材料散布于互联网上，人们的上课地点不受局限。无论你身在何处，都可以花最少的钱享受美国大学的一流课程，只需要一台电脑和网络连接即可。斯坦福大学校长约翰·L·汉尼希（John L. Hennessy）在一篇评论文章中解释说："由学界大师在堂授课的小班课程依然保持其高水准。"但与此同时，网络课程也被证明是一种高效的学习方式。如果和大课相比的话，更是如此。

四、教学形式

MOOC 是以连通主义理论和网络化学习的开放教育学为基础的。这些课程跟传统的大学课程一样循序渐进地让学生从初学者成长为高级人才。课程的范围不仅覆盖了广泛的科技学科，比如数学、统计、计算机科学、自然科学和工程学，也包括了社会科学和人文学科。慕课课程并不提供学分，也不算在本科或研究生学位里。绝大多数课程都是免费的。Coursera 的部分课程提供收费服务，你可以自由选择是否购买，也可以免费学习有这个服务的课程，并得到证书。课程不是搜集，而是一种将分布于世界各地的授课者和学习者通过某一个共同的话题或主题联系起来的方式方法。

尽管这些课程通常对学习者并没有特别的要求，但是所有的慕课会以每周研讨话题这样的形式，提供一种大体的时间表，大多数的课程通常会包括每周一次的讲授、研讨问题以及阅读建议等。

每门课都有频繁的小测验，有时还有期中和期末考试。考试通常由同学评分（比如一门课的每份试卷由同班的五位同学评分，最后分数为平均数）。一些学生成立了网上学习小组，或跟附近的同学组成面对面的学习小组。

五、优秀平台

1. 三巨头

（1）Coursera。目前发展最大的 MOOC 平台，拥有接近 500 门来自世界各地大学的课程，门类丰富，但也良莠不齐。

（2）edX。哈佛与 MIT 共同出资组建的非营利性组织，与全球顶级高校结盟，系统源代码开放，课程形式设计更自由灵活。

（3）Udacity。成立时间最早，以计算机类课程为主，课程数量不多，却极为精致，许多细节专为在线授课而设计。

2. 大学 MOOC

（1）Stanford Online。斯坦福大学官方的在线课程平台，与"学堂在线"相同，也是基于 Open edX 开发，课程制作可圈可点。

（2）NovoED。由斯坦福大学教师发起，以经济管理及创业类课程为主，重视实践环节。

（3）FutureLearn。由英国 12 所高校联合发起，集合了全英许多优秀大学，不过课程要等到下一年才会大批量上线。

（4）Open2Study。澳洲最大 MOOC 平台，课程丰富，在设计和制作上狠下功夫，值得一看。

（5）Vversity。来自德国的 MOOC 平台，课程尚且不多，不过在课程的设计和制作上思路很开阔。

（6）Ewant。由两岸五大交通大学（上海交大、西安交大、西南交大、北京交大、台湾交大）共同组建的 MOOC 平台。

（7）WEPS。由美国与芬兰多所高校合作开发，开设多门数学课程。授课对象包括开设院校的在校学生，课程内容符合教学大纲要求，考试合格者可获得开设院校所认可的该课程学分。

3. 慕课学习社区

（1）MOOC 学院（mooc.guokr.com）。MOOC 学院是最大的中文 MOOC 学习社区，收录了 1 500 多门各大 MOOC 平台上的课程。有 50 万学习者在这里点评课程、分享笔记、讨论交流。

（2）学堂在线（xuetangx）。学堂在线是清华大学于 2013 年 10 月 10 日推出的 MOOC 平台，面向全球提供在线课程。

（3）慕课网（imooc）。慕课网是由北京慕课科技中心成立的，是目前国内慕课的先驱者之一。现设有前端开发、PHP 开发、JAVA 开发、Android 开发及职场计算机技能等课程。其中课程包含初级、中级、高级三个阶段。

（4）酷学习（kuxuexi）。"酷学习"网是上海首个推出基础教育慕课的公益免费视频网站。在网站首页上，写着这么一句话："你有一个苹果，分给别人一半，你还有一半。你有一门知识，教会别人，你和别人都拥有一门知识。""酷学习的价值观，就是'免费、分享、合作'。"该网站创始人李旭辉表示，在做"酷学习"网站之前，他曾是优酷上海的总经理，对视频的热爱驱动他去无偿做这个公益慕课网站，"希望孩子们看了网站后能更加快乐地学习，尤其是边远地区教育资源贫乏的孩子也能得到优质的教学。"

（资料来源：百度百科及其他网络资料.）

学习情境六 绩效管理

岗位描述

【岗位名称】

绩效管理专员。

【岗位职责】

绩效管理专员的主要职责是：协助上级主管根据企业经营规划和人力资源规划的总体要求制定并落实绩效管理方案，进行绩效沟通和奖优罚劣，以达到鼓舞士气和调动员工积极性的目标。具体职责包括以下几个方面：

1. 制定绩效制度和考核方案
(1) 协助人事主管制定并完善公司绩效管理制度，不断优化绩效管理流程；
(2) 建立公司员工绩效考评指标体系，报主管领导和相关部门负责人审查；
(3) 在人事主管的领导下全面实施、推行公司的绩效考评制度。

2. 执行绩效考评
(1) 根据公司组织机构设计及绩效考评政策，编制各岗位绩效考评表；
(2) 会同各部门负责人组织实施各类员工的绩效考评工作；
(3) 负责向各部门解释说明绩效考评制度、流程等相关内容；
(4) 组织对员工的绩效考评工作，确保组织绩效的顺利开展。

3. 提供绩效考评服务
(1) 跟踪绩效考评实施过程，及时对被考核员工进行考核指导和帮助；
(2) 受理员工考核申诉，并进行申诉调查，提出处理方案；
(3) 收集各类工作岗位绩效信息，为考核指标体系建设提供依据；
(4) 建立并保管员工绩效考评档案，整理考核文件与资料。

任务解析

亲爱的同学们，人力资源管理被认为是企业管理的核心，绩效管理则被认为是人力资源管理的核心。公司一切整体的管理运营都是以绩效为导向的，都是围绕绩效而展开的。在企业经营活动中，我们需要对员工在工作过程中表现出来的工作业绩、工作能力、工作态度等进行随时的沟通和定期的评价，从而确保员工的工作活动以及工作产出能够与企业目标相一致。绩效考评是组织开展激励工作的基础，科学的考核本身也是激励手段之一，当员工发现他们的工作成果能被衡量与认可时，他们的工作激情将被点燃。因此，本学习情境首先要求你理解组织的激励工作，进而开展绩效管理工作的学习。作为绩效管理专员，除了处理绩效考评的事务性工作，你还可以挑战技术含量更高的工作，例如：建立目标责任体系、搭建指标评价体系、选择评价标准及评价方法等。本项目包含以下任务：

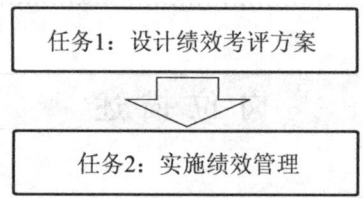

学习目标

【知识目标】
☞ 理解绩效管理的基本理论、原则和方法；
☞ 掌握绩效管理流程的相关知识。

【技术技能目标】
☞ 能够设计绩效考评方案；
☞ 能够设计绩效管理的流程，拟订绩效管理制度。

任务1　设计绩效考评方案

【任务情境】

A公司已有20年的历史，年营业额在12亿元左右。但以往的考评内容一成不变，考评流于形式，不能真实地反映员工的工作绩效。因此，人事部门全面修订考评制度，重新编制了考评表。2014年起，新的考评制度开始实行。

公司对普通员工的考评分为自我考评、上级考评和人事部门考评；对部门经理的考评分为自我考评、上级考评、人事部门考评和下级考评。考核既有月考核，也有年终考核。

月考核时，每月初部门经理在员工考核表上列出员工本月应当完成的主要工作，将考评表发给员工。考评表除了列出本月的工作要求外，还有固定的考评项目，如工作态度、工作品质、纪律性、协调能力、团队精神等，每项都说明了含义和分值。考评项目满分为100分，月末员工填写考评表为自己打分，交部门经理。部门经理在同一张考评表上为员工打分，交给人事部门。人事部门对员工进行最终的考评和分数汇总，并向员工通报当月的考评成绩。员工对考评结果有疑问，可直接向人力资源部反映。

普通员工的考评自评占30%，人事部门评分占10%，部门经理评分占60%。部门经理的考评上级占40%，自评占30%，下级评分占20%，人事部门评分占10%。

月度考核分数统计后记入个人档案，每季度取个人三个月平均成绩，进行排名（管理层、基层员工分两组进行），排名按3∶4∶3的比例划分，前30%员工A等，发放绩效工资的130%；占中间40%的员工B等，按实际绩效工资全额发放；排名后30%员工C等，发放绩效工资的60%。

在全年的考核过程中，会产生以下考核成绩：
① 部门月度考核成绩　　　　② 管理层月度考核成绩
③ 基层员工月度考核成绩　　④ 基层员工年度考评成绩
⑤ 管理层人员年度考评成绩

基层员工月度成绩：③

管理层（经理级以上）月度成绩：①×70% + ②×30%

基层年终考核成绩：$\sum$③ + ④

管理层年终考核成绩：$\sum$（①×70% + ②×30%）+ ⑤

考评结果应用于薪酬、晋升、培训等各方面。

【任务要求】
1. 请分析A公司使用了哪些绩效考评的方法？
2. 请根据案例材料，绘制出A公司普通员工的月绩效考评表。

【任务目标】
　　掌握绩效、绩效考评、绩效管理等概念；理解考评指标和标准的设计要求；熟悉各种考评方法的运用；能够根据考评制度制作考评表。

【任务考核】
教师参考以下标准对学生的学习成果进行评价：
（1）绩效管理的相关概念阐述清楚；
（2）绩效考评方法辨识准确；
（3）考评表设计规范，符合管理需要。

【核心概念】
　　绩效；绩效管理；绩效考评；绩效考评方法。

【知识精讲】

一、绩效、绩效管理与绩效考评的概念

（一）绩效
要测量和管理绩效，必须首先对绩效进行界定。绩效的内涵一般包括两个方面：一是工作的成果，即工作的成绩和经营的成果，如工作的效率（效果）、经营的利润等；二是工作中的行为表现和工作的过程，如影响员工工作成果产生的行为、技能、能力和素质等，是员工达到的阶段性结果以及在达到过程中的行为表现。

绩效通常具有以下特征：

（1）多因性

员工工作绩效的优劣不是由单一因素决定的，而是受制于主客观多种因素，它既受到环境因素的影响，又受到工作特征因素的影响，比如自主性、完整性等；它既受到员工自身能力个性因素的影响，也与组织的制度和机制有关，同时更受到员工的工作动机、价值观的影响。

（2）多维性

工作绩效尽管是工作结果的总称，但它表现在多种维度上，因此需从多种维度、多个方面去评估，如一位部门经理的工作绩效不仅从他的经营指标中反映出来，还应从他的管理指标中反映出来，比如对下属的监控指导、整个团队是否有创造性等。

（3）动态性

由于工作绩效只是一段时间内工作情况的反映，因此绩效呈现出变化，切忌以主观僵化观点看待绩效。

（二）绩效管理

绩效管理是指各级管理者为了达到组织目标对各级部门和员工进行绩效计划制定、绩效辅导实施、绩效考评评价、绩效反馈面谈、绩效目标提升的持续循环过程，绩效管理的目的是持续提升组织和个人的绩效。

（三）绩效考评

绩效考评是绩效管理工作的内容之一。绩效考评也称绩效评价、绩效考核或绩效评估。即通过运用科学的考核标准和方法对员工的工作绩效进行定期的考评，从中激励和发掘员工的潜力，以帮助企业达到预期的工作目标。简言之，是对员工的工作进行系统的评价。

有效的绩效考评，不仅能确定每位员工对组织的贡献情况，还可在整体上对人力资源的管理提供决定性的评估资料，从而改善组织的反馈机能，鼓舞士气，也可作为公平合理地酬赏员工的依据。

二、绩效考评的指标、权重与标准

（一）绩效考评指标

1. 绩效考评指标的含义

绩效考评中，用以衡量员工绩效的依据称为绩效指标。只有通过绩效指标，考评工作才具有可操作性。总体考核结果的优劣往往需要通过综合各个指标的考核结果来体现。例如，办公室的工作绩效可以通过文件编写质量、行政车辆管理、总体工作令领导满意度等指标来考核；出纳的绩效考评可以从现金收付、日记账登录、现金提存与保管等方面的指标来进行。

2. 考评指标的类型

(1) 根据绩效的内容，可以分为能力指标、态度指标和结果指标

绩效是员工的最终劳动成果，绩效的好坏取决于员工的劳动能力和劳动态度，所以绩效考评一般包括业绩、能力和态度的考评等内容。与此相对应，绩效指标也可分为业绩指标、能力指标和态度指标。业绩指标反映了员工承担岗位工作的成果，通常从任务完成度、工作质量、工作数量、工作时间、工作成本等多个方面进行衡量，往往采用定量的方式进行考评。能力指标反映员工在岗位工作过程中显示和发挥出来的能力，如经验、阅历、知识、技能熟练程度、判断能力、理解能力、研究能力、创新能力、改善能力、企划能力、计划能力、领导能力、协调能力等，往往采用定性的方式进行考评。态度是工作能力向工作业绩转换的"中介"。对于不同职位的员工来说，业绩考评指标会因岗位职责和目标任务的不同而不同，能力考评项目也会因岗位要求不同而不同。但是，不管职位差异，不论能力大小，态度考评的重点基本相同，通常包括积极性、热忱、责任感、纪律性、独立性、协调性，主要采取定性的方式进行考评。

(2) 根据绩效的重要程度，可以分为关键绩效指标、一般绩效指标和否决指标

关键绩效指标是衡量企业战略实施效果的指标，是企业战略目标经过层层分解产生的可操作性的指标体系，体现了对组织战略目标的增值作用。关键绩效指标虽然重要，但并非绩效指标的全部，尤其是对于一些支持性部门而言，如办公室、财务部、人力资源部等，他们的绩效指标很少源于组织的战略，更多的是来自于部门的职能或职责。因此在实际应用中，除了对关键绩效指标（KPI）进行考核，还应该将一些重要的其他指标引入绩效指标体系中，我们将这些指标称为一般绩效指标。一般绩效指标是指影响企业基础管理的一些指标，体现对企业各层次的履行规定与职责的基础管理要求。此外，还有一类指标被称为否决指标。它不同于其他指标，如果这种指标所对应的工作没有做好，将对企业带来直接且严重的后果。比如生产制造型企业将安全工作作为否决指标，即如果企业或某部门在安全工作上出现问题，则直接否决其本年度所有工作成绩，其结果是该部门领导人的考评成绩为零，本部门的绩效奖金为零。

(3) 根据指标的可量化程度，可以分为定量指标和定性指标

定量指标是指可以通过数据计算分析形成考评结果的指标，如销售利润率、顾客满意度以及产品数量等，其考评以数据结果为基础。一般而言，我们要求绩效考评指标要尽量量化，这样有助于客观地对指标进行考评。但是有很多绩效指标往往难以用量化的方式进行衡量，我们称之为定性指标。具体而言，定性指标是指无法直接通过数据计算分析考评内容，需对考评对象进行客观描述和分析来反映考评结果的指标，常见的定性指标主要是能力类或态度类的指标。为了使定性指标的考评尽量客观，常常采取定量化的方式予以转换，具体方式是将定性指标设定出不同级别的考评标准，并对每一种标准进行详细的描述，为考评主体在考评该指标时提供有效的参考。

(二) 绩效指标的权重

1. 指标权重的含义

绩效指标权重是对于各项指标重要程度的权衡和评价，权重的大小反映了企业各项工作的重点、难度以及在资源、精力投入上的差别。不同的权重往往导致不同的评估结果，因此，权重确定是考核指标体系设计中非常关键的一个环节，对于能否准确、客观地反映

部门或者员工的实际绩效起着至关重要的作用。权重体系是因指标体系而变的，先有指标体系，后才有相应的权重体系。指标权重的选择，实际也是对考核指标进行排序的过程。

2. 指标权重的设定

（1）主观经验法

这是一种主要依靠历史数据和专家直观判断确定权重的简单方法。这种方法需要企业有比较完整的评估记录和相应的评估结果，它是管理者根据自己的经验对各项评价指标重要程度的认识，或者从引导意图出发对各项评价指标的权重进行分配，也可以是集体讨论的结果。此法的优点在于决策效率高、成本低、容易为人所接受，适合专家治理型与规模比较小的企业；缺点是获得数据的信度和效度不高，而且有一定的片面性，对管理者的要求很高。

（2）层次分析法

层次分析法（AHP）将绩效指标分解成多个层次，通过两两比较下层元素对于上层元素的相对重要性，将人为的主观判断用数量形式表达和处理，以求得绩效指标的权重。运用层次分析法最大的优点是实现了定量与定性相结合，精度高，能准确地确定绩效指标的权重，因而使绩效指标间的相对重要性得到合理体现，为公正、科学地进行绩效评估奠定了基础。但此法操作稍显复杂。

（3）权值因子法

权值因子法首先是制作评价权值因素评价表，填写评价权值因素评价表。方法：将行因子与列因子进行比较。如果采用四分值时，非常重要的指标为 4 分，比较重要的指标为 3 分，同样重要的指标为 2 分，不太重要的为 1 分，很不重要的为 0 分，对各位人员所填权值因子判断表进行统计，将统计结果折算为权重。

（三）绩效指标的标准

绩效考评指标和每个指标的权重确定以后，还要确定每个指标的考核标准。绩效指标可以分为定性指标和定量指标，这两类指标要分别进行标准的设定。定性指标的标准可以直接从任职资格的行为标准中抽取或转换得出，定量指标则要根据具体情况设定考核标准。在设定绩效考评标准时，首先要确定基准值，如果我们考核体制的层次是奇数的话，那么处于中间层次的标准就应当视为基准，基准应该是正常情况下多数人都可以达到的水平。

三、绩效考评的方法

（一）分级法

（1）简单排序法

简单排序法也称序列法或序列评定法，即对一批考核对象按照一定标准排出"1，2，3，4……"的顺序。该方法的优点是简单、明确，易于理解和执行；缺点是在排序过程中难以体现公平。

（2）选择排列法

选择排列法也称交替排列法，是简单排序法的推广。选择排列法利用的是人们容易发现极端，不容易发现中间的心理，在所有员工中挑出最好的标杆，然后挑出最差的，把他们作为第一名和最后一名；接着在剩下的员工中再挑选出最好和最差的，分别排列在第二名和倒数第二名；以此类推，最终将所有员工按照优劣顺序全部排列。

（3）配对比较法

配对比较法是根据每一种绩效评价要素（如工作数量、质量）来将每一位雇员与其他雇员进行配对比较。其基本程序是：首先，画一张表，横轴为被评价员工，纵轴为被比较对象（全部罗列），对于每一种评价要素上可能出现的所有雇员配对情况全部罗列出来；其次，根据某一个绩效要素将配对中更好一些的雇员标注出来（用"+"和"-"表示）；最后，将每一位雇员得到的"+"号总数加起来，得出本要素被考评者的排列次序；以此类推，经过汇总整理，最后求出被考评者所有考评要素的平均排序数值，得到最终考评的排序结果，如表6-1所示。

表6-1 配对比较法：工作质量要素考评表

	A	B	C	D	E	F	总分
A	0	+	+	+	+	+	5
B	-	0	+	+	-	+	3
C	-	-	0	-	-	+	1
D	-	-	+	0	-	+	2
E	-	+	+	+	0	+	4
F	-	-	-	-	-	0	0
排序	1	3	5	4	2	6	

注：横列员工与纵列员工对比，优者划"+"，差者划"-"。

（4）强制分布法

类似于在一条曲线上进行等级区分，需要按照预定的比例将被评价者分布到相应的绩效等级上，比如通用电气绩效评价的等级分布采用"271"法则，最优的占20%，一般的占70%，较低的占10%。太阳微系统公司采用强制分布法对其4.3万名雇员进行绩效评价，把所有雇员划分为很多小组，每个小组30人左右，每个小组大约10%的人会被放到绩效水平最低的等级中，企业提供给这些人90天的绩效改进时间，90天后仍然在10%中，可以选择辞职或被解雇。

绩效是把双刃剑

房地产公司售楼的佣金很高，每出售一套楼房，销售人员就能得到一笔可观的回报，但行业竞争也非常激烈。为了激发销售人员的工作热情，某房地产公司决定采用排序法进行绩效评估，业绩最好的员工将额外得到公司的一笔奖金。根据这一政策，销售经理每个季度都要列出个人销售数量，并将排名上报公司。然而，方法实施后意想不到的负面效应出现了。一些销售人员为了排名而不择手段：抢本公司同事客户、故意误传或不传达客户电话信息……合作消失了，取而代之的是他们为争抢每一位客户时的勾心斗角。公司管理层的争论也很激烈：到底要不要坚持这种评估方法？从短期来看，公司业绩的确提高了，然而长此以往，公司的销售成绩和声誉却将受到影响。

（二）量表考核法

量表考核法是较为普遍和常用的绩效考评方法。此方法通常作维度分解，首先将一定分数或比重分配到各个绩效维度或评价指标上，然后由评价者根据评价对象的实际工作表现与评价指标列出的表现情况相对照，对评价对象作出程度判断并给出分值，最后汇总得出最终评价结果，如表6-2所示。通过设置量表（尺度）可实现量化考评，操作也比较简便。

表6-2　量表考核法示例

姓名		职务	
考核项目	评级记位		得　分
工作质量	5　　10　　15　　20　　25 太粗糙　不精确　基本精确　很精确　最精确		
工作数量	5　　10　　15　　20　　25 完成任务极差　完成任务较差　完成任务　较好完成　超额完成		
工作知识	5　　10　　15　　20　　25 缺乏　不足　一般　较好　很好		
工作协调	5　　10　　15　　20　　25 差　较差　一般　较好　很好		

（三）关键事件考核法

关键事件考核法是主管将一位下属在工作活动中所表现出来的非常好的行为或非常不好的行为（关键事件）记录下来，然后在每6个月左右的时间里，主管人员和其下属面对面地以所记录的事件为例，共同讨论被评价者的工作绩效。

关键事件法的优点：

（1）为管理人员提供了一些关于雇员的优良绩效和不良绩效的确切事实，便于向下属解释自己对他们绩效进行评价的结果；

（2）确保管理人员在全年中都会想着下属人员的绩效问题。这样绩效评价所反映的就不仅仅是雇员在最近一段时间里的绩效表现；

（3）关键事件记录还可以为主管提供一些具体例子来告诉下属，他们可以通过做些什么样的事情来消除自己的绩效缺陷。不过，如果没有一些量化的评价结果，这种方法在对雇员进行比较或进行工资决策方面就不是那么有效了。

缺点：

（1）对于什么是关键事件，并非在所有的经理人员那里都具有相同的定义；

（2）每天或每周记下对每个员工的表现和评价会很费时间；

（3）它可能使员工过分关注他们的上司到底写了些什么，并因此而恐惧经理的"小黑本"。

（四）行为锚定等级评价法

行为锚定等级评价法是通过用一些特定的关于优良绩效和不良绩效的描述性事例来对一个量化的尺度加以解释或锚定，将描述性的关键事件评价法和量化的等级评价法的优点结合起来，即量化等级加对应的关键事件。

行为锚定等级评价法

三位研究人员对一家连锁店中的结账员设计了一个行为锚定等级评价法。他们搜集了大量的关键事件，然后将他们划分为如下 8 种工作绩效评价维度：

（1）知识和判断能力；

（2）责任感；

（3）人际关系能力；

（4）经营或接待能力；

（5）验货台工作的组织能力；

（6）包装能力；

（7）货币交易能力；

（8）观察能力。

然后他们分别为这些绩效要素设计了各自的行为锚定评价等级。将工作绩效从"非常差"到"非常好"一共划分为 9 个等级。然后再用一些具体的关键事件（如针对知识和判断能力，"如果结账员了解商品的价格，那么将能发现商品标签上的错误，并且知道未挂标签商品的价格"等）来明确界定或说明"非常好"（等级 9）的工作是什么样。以此类推，对于这一绩效维度的评价尺度上的其他等级，也都运用几种其他的关键事件来建立行为进行锚定。

（五）行为观察法

行为观察法也叫观察评价法、行为观察量表法或行为观察量表评价法。它是在关键事件法的基础上发展起来的。此法与行为锚定等级评价法大体接近，只是在量表的结构上有所不同。它不是首先确定工作行为处在何种水平上，而是确认员工某种行为出现的概率，它要求评定者根据某一工作行为发生频率或次数的多少来对被评定者打分。如：从不（1分）、偶尔（2分）、有时（3分）、经常（4分）、总是（5分）。既可以对不同工作行为的评定分数相加得到一个总分数，也可按照对工作绩效的重要程度赋予工作行为的不同权重，加权后再相加得到总分。

（六）目标管理法

管理大师彼得·德鲁克最早提出了"目标管理"（management by objectives，MBO）的概念。德鲁克认为，目标管理是根据重成果的思想，先由企业确定并提出在一定时期内期望达到的理想总目标，然后由各部门和全体员工根据总目标确定各自的分目标并积极主动使之实现的一种管理方法。目标管理体现了现代管理的哲学思想，是领导者与下属之间双向互动的过程。实施目标管理，要求员工与主管共同协商制定个人目标，个人目标依据企业的战略目标及相应的部门目标而确定，并与他们尽可能一致；以制定的目标作为对员工考核的依据，从而使员工个人努力目标与组织目标保持一致，减少管理者将精力放到与组织目标无关的工作上的可能性。

（七）360度反馈评价法

360度反馈评价，也称为全方位反馈评价或多源反馈评价。传统的绩效评价，主要由被评价者的上级对其进行评价；而360度反馈评价则由与被评价者有密切关系的人，包括被评价者的上级、同事、下属和客户等，分别匿名对被评价者进行评价。被评价者也对自己进行评价。然后，由专业人员根据有关人员对被评价者的评价，对比被评价者的自我评价，向被评价者提供反馈，以帮助被评价者提高其能力水平和业绩。

360度反馈评价法的操作流程如图6-1所示。

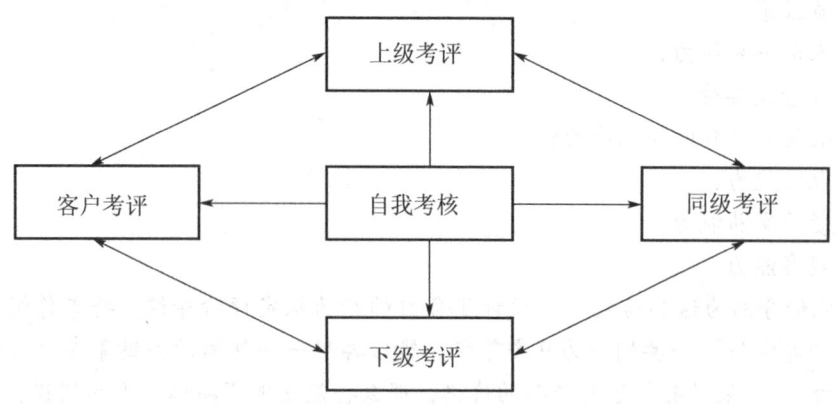

图6-1　360度反馈评价的操作流程

案例

摩托罗拉的360度与270度评价

在摩托罗拉公司，360度评估，说得更准确一点是270度评估——他们对此做了调整，拿掉了同事的评估这一维度。人力资源经理解释说，这是因为觉得同事之间都挺客气的，这一维的评估没有特别实际的作用。所以最后形成了上司（由于实行矩阵式管理还包括非直接上司）、下属、自己的评估。摩托罗拉公司不是不让同事来参与评估个人的绩效，而是单独就此设立了一个叫作"相对绩效评估"的方法，请来和某个员工相关联的，平常工作有交叉、合作比较多的同事来评估，给这位员工打分。这样就摆脱了把员工局限于窄小的纵向范围内，而是放到了更广的横向范围内进行评估，客观反映其相对绩效。

（八）关键绩效指标法

关键绩效指标法（key performance indicator）是对传统的绩效评估理念的创新，是将企业宏观战略目标经过层层分解产生可操作性的战术目标，是一套衡量、反映、评估企业业务状况的、可量化的关键性指标，通过KPI的牵引，使员工个人工作目标、职能工作目标与公司战略发展目标之间达到同步。

关键绩效指标法的操作流程如图6-2所示。

图6-2 关键绩效指标法的操作流程

（九）平衡记分卡

平衡记分卡管理法是一个新的管理理念，它能够帮助组织把战略转化为行动。传统的绩效评估关注外部财务数据，已经失去了作用，不能为信息时代的企业提供有效的规划工具。为此，平衡记分卡引入四个不同的维度评估组织的活动：①财务维度；②顾客维度；③过程维度；④学习与创新维度。了解平衡计分卡的具体内容可阅读后文知识拓展部分。

表6-3 员工通用项目考核表

编号：　　　　任职人：　　　　　　　　　　　　　　年　　月　　日

考核项目	考核要素	考核内容	标准分	加、扣分		
				自评	考核小组	考核得分
职业道德（20）	忠于职守	热爱本岗位工作	4			
	工作素质	热爱集体，尊重领导，配合支持工作	4			
	团结精神	关心他人，团结协作	4			
	业务学习	钻研业务，勤奋好学，要求上进	4			
	服务态度	对内、外用户服务周到、热情	4			
工作态度（20）	遵守制度	遵守公司规章制度	4			
	出勤情况	满勤	4			
	工作积极性	对高标准做好职务范围内的业务的热情	4			
	工作责任性	完成本职工作的持续性和责任性	4			
	工作协调性	与同事、上司合作的情况	4			
工作成果（32）	完成任务	有否完成任务的具体计划安排	10			
	成本意识	努力减少时间、物质上的损失	8			
	创新能力	提出改进工作的建议情况	5			
	特殊成果	给公司在某方面解决重大问题	5			
	培养人才	参加培训或对他人进行培训	4			
其他管理（18）	能源管理	节约能源（水、电等）	3			
	设备管理	爱护设备，保养好	4			
	财务管理	节约开支，精打细算，遵守财务制度	4			
	物资管理	按计划领用物资，节约，杜绝浪费	4			
	安全防火	安全防火意识强，能主动做好工作	3			
合计			100			

资料

某公司绩效考评方案

一、目的

1. 通过绩效考评实施目标管理，保证公司总体目标的实现和任务的完成；
2. 规范员工行为，同时激励员工，将员工行为引向企业的总体目标，在企业内部保持竞争机制，通过优胜劣汰，保持企业的竞争优势。

二、适用范围

本考核办法适用于公司内所有员工。

三、考核体系的构成

1. 考核体系依据

(1) 基层考核侧重目标管理（60%），工作态度及出勤为辅（40%）。

(2) 部门考核由三部分组成：

①部门职能发挥、部门管理、团队建设（35%）；

②月度目标完成情况、月度临时工作完成情况（45%）；

③部门间协同工作情况（20%）。

(3) 管理层考核采用多种方式加权计分，即管理层月度考核得分（30%）、部门月度考核（70%），综合核算计分。

(4) 目标管理（月度关键工作目标、月度重要临时工作）考评依据：

①各部门针对各自制定的年度计划，分解到月度，填写月度关键工作目标卡，上报计划管理员；

②计划管理员审核上报工作目标，最终修改批准，交综合部备案，作为考核期间依据，组织部门及管理层考核；

③部门经理参照上述考核办法对部门员工进行考核。

2. 考核原则

(1) 客观性：以部门工作计划为基础，客观评价完成的实际工作情况；

(2) 必须坚持"公平、公正、公开"的原则；

(3) 对考评结果进行量化分析、综合修正，以避免主观偏见等带来的误差。

3. 绩效考评评分表的填报

(1) 各部门和个人根据月度关键工作目标卡和本月公司安排的重点临时工作填写目标考核内容，由上级主管统一配分（部门考核评分表由主管副总审核配分，个人考核评分表由部门经理审核配分）；

(2) 部门月度绩效考评评分表由部门经理、主管副总、总经理分别评分（权重分别为30%，30%，40%），其中部门间协同工作情况表由其它关联部门评分，最终核算

计分;

（3）个人绩效考评评分表由个人、直接上级、隔层上级分别评分（权重分别为30%，30%，40%）。

4．考核周期与考核时间

每月度进行阶段性考核，每年度组织年度考核，每季度进行绩效工资核算，季度考核汇总时间为当季过完的第7日。

四、考核流程

（1）每月2日前各部门将上月部门绩效考评评分表及本月关键工作目标卡（计划）自评后报至计划管理员，由计划管理员进行统一评分、审核；个人上月绩效考评表及本月关键工作目标卡（计划）自评后报至主管上级评分、审核。

（2）每月4日前计划管理员审核各部门和个人绩效考评评分表，将审核后的评分表交综合行政部汇总、备案。

（3）每月5日公布绩效考评成绩，各部门针对考核成绩一周内与个人进行考核面谈，提出改进意见。

（4）每季度7日前各部门及个人可对考核成绩进行申诉，报至综合行政部处理。

（5）经批准后，综合行政部每季度将最终绩效考评结果报送财务部，由财务部核算部门员工绩效工资。

（6）年终（12月）进行年终考核，依据全年月度考核成绩和年终考核成绩相加，最终评出优秀员工和最差员工。

五、考核结果及应用

绩效工资核算采用强制分布法：

月度考核分数统计后记入个人档案，每季度取个人三个月平均成绩，进行排名（管理层、基层员工分两组进行），排名按3:4:3的比例划分：前30%员工为A等，发放绩效工资的130%；占中间40%的员工为B等，按实际绩效工资全额发放；排名后30%员工为C等，发放绩效工资的60%。

【知识拓展】

BSC 平衡计分卡

BSC（balanced score card）即平衡计分卡，是常见的绩效考评方式之一。BSC是由哈佛商学院罗伯特·卡普兰和戴维·诺顿于1992年发明的一种绩效管理和绩效考评工具。20世纪90年代初，美国诺顿研究所主持并完成了"未来组织绩效衡量方法"研究计划。该计划启动的原因是认为现有的以财务会计计量为基础的绩效计量方法变得越来越模糊，目的在于找出超越传统以财务计量为主的绩效衡量模式，以使组织的"战略"能够转变为"行动"。该研究包括制造业、服务业、重工业和技术行业的公司。通过研究到实践，平衡计分卡终于成为一种战略实施的工具，将公司的战略落实到可操作的目标、衡量指标和目标值上。

平衡计分卡被誉为"75年来最伟大的管理工具",已广泛应用于西方国家。围绕企业的战略目标,利用BSC可以从财务、顾客、内部过程、学习与创新这四个方面对企业进行全面的测评。在使用时对每一个方面建立相应的目标,以及衡量该目标是否实现的指标。

(1) 财务方面。其目标是解决"股东如何看待我们"这一类问题。告诉企业管理者他们的努力是否对企业的经济收益产生积极的作用。财务方面指标包括传统的财务指标,如销售额、利润额、资产利用率等。

(2) 顾客方面。其目标是解决"顾客如何看待我们"这一类问题。通过顾客的眼睛来看一个企业,从时间(交货周期)、质量、服务和成本几个方面关注市场份额以及顾客的需求和满意程度。其指标可以是送货准时率、顾客满意度、产品退货率、合同取消数等。

(3) 内部过程方面。其目标是解决"我们擅长什么"这一类问题,报告企业内部效率,关注导致企业整体绩效更好的过程、决策和行动,特别是对顾客满意度有重要影响的企业过程,如生产率、生产周期、成本、合格品率、新品开发速度、出勤率等。

(4) 学习和创新方面。其目标是解决"我们是在进步吗"这一类问题,将注意力引向企业未来成功的基础,涉及雇员问题、知识资产、市场创新和技能发展。在当前市场环境下,光有竞争优势是不够的,必须能够保持这种优势,这就需要不断地创新、改进和变化。只有通过发布新产品,为顾客增加新的价值,不断改进运行效率,企业才能够进入新的市场,增加收入和利润。

BSC就是要对上述四个方面进行平衡,各项测量指标并不是孤立地存在的,它们与一组目标相联系,而这些目标自身又相互关联,并最终都以基本的直接或间接的形式与财务结果相关联。

【网上练习】

结合所学绩效考评的方法寻找相关案例,详细分析,并在班上和同学分享。

【思考与讨论】

1. 企业如何选择适当的绩效考评方法?
2. 如何运用平衡记分卡来开展企业的绩效考评工作?
3. 关键绩效指标法有什么特征和优势?

任务2 实施绩效管理

【任务情境】

吴理先生的绩效考评原则

吴理先生是昆仑电子公司的生产总监,奉行与人为善的原则,平时总是尽自己所能帮助下属，因而倍受下属爱戴。快到年底了，又到了一年一度考核的时候，今年的考核应该怎样进行呢？看着考核表，下属的面孔一个一个地从脑海中掠过。

李秀丽半年来经常请假，据了解，李秀丽的丈夫去年得了重病，至今仍在家里休养，前不久，儿子又染上肺炎，尚在医院，对债台高筑的李秀丽来说，无疑是雪上加霜。吴理决定尽可能地帮助李秀丽，借考评给李秀丽找点钱。虽然李秀丽在各方面表现都不突出，但吴理还是在每一项考核等级上选了"优"。由于公司的报酬制度与业绩评价紧密挂钩，所以除了正常的生活补贴及福利提高外，李秀丽将会得到一笔丰厚的业绩奖金，下一年度还有可能加薪。

其他几个下属目前没有什么难处，对他们考核相对容易些。

王子川，业务熟练，勤学好问，脑子好用，但经常"突发奇想"，独出心裁，总是想着法子简单化工作。不过小伙子有点狂妄自大、目中无人，经常搞得别人下不了台。打一个低分，给一个不合格，让他受点挫折，也是帮助他成长嘛！

钱江，王总的亲戚，今年要进行高级工程师的资格认定，给一个"优"对其极其重要。钱江已经几次在自己面前提起此事，尽管小钱平时工作不尽如人意，还是给个"优"吧，也算是给王总一个交代。

老郝，虽然工作吃力些，但在公司干了一辈子，不容易，明年春季就该退休了，给个"优"吧！以后怕是没机会了，也算是自己对启蒙老师的心意吧。

小赵，硕士研究生，工作积极，业绩突出，来公司才一年多，受到同事的好评，他还年轻，以后有的是机会，先委屈一下，给个"良"，也考察一下他对身外之物的看法和反应。

不多时，吴理已经把绩效评价表填好，整理妥当，打算明天人不知、鬼不觉地送到人力资源部，所谓的绩效沟通和绩效谈话，大家工作都忙，就免了，再考核就是遥远的明年的事了。吴理脸上露出了轻松的微笑，一年一度的考核难关终于过去了。

【任务要求】

阅读案例，思考以下问题：
1. 吴理先生的绩效管理工作存在哪些问题？
2. 如果要改进企业的绩效管理工作，昆仑电子公司应该做些什么工作？请针对绩效管理流程设计、绩效考评方案设计、绩效管理技能培训等方面进行分析，并为该公司制定绩效管理制度。

【任务目标】

掌握绩效管理的流程，绩效管理的实施等相关内容；能够初步诊断企业绩效管理存在的问题；能够按照绩效管理的工作流程设计绩效管理制度。

【任务考核】

教师参考以下标准对学生学习成果进行评价：
(1) 对于具体的绩效管理情境中存在的问题分析较为透彻，形成解决问题的思路；

（2）所拟定的绩效管理制度符合绩效管理流程理念（系统性）；
（3）能提出体现时代要求（创新性）的管理举措。

【核心概念】

绩效计划；绩效考评实施；绩效反馈与面谈；绩效改进。

【知识精讲】

一、绩效管理的基本流程

（一）绩效计划

1. 绩效计划的含义及内容

绩效计划是绩效管理体系的第一个关键步骤，也是实施绩效管理的主要平台和关键手段。绩效计划是被评估者和评估者双方对员工应该实现的工作绩效进行沟通，并将沟通的结果落实为订立正式书面协议即绩效计划和评估表。绩效计划的设计从公司最高层开始，将绩效目标层层分解到各级子公司及部门，最终落实到个人。

绩效计划的内容主要包括：本岗位在本次绩效周期内的工作要项；衡量工作的关键业绩指标；关键业绩指标的权重；工作结果的预期目标；工作结果的测量方法；关键业绩指标的计算公式；关键业绩指标的计分方法；关键业绩指标统计的计分来源；关键业绩指标的考评周期；在达成目标的过程中可能遇到的困难和障碍；各岗位在完成工作的时候拥有的权力和可调配的资源；组织能够为员工提供的支持和帮助以及沟通方式。

2. 制订绩效计划的原则

不论是对于公司进行经营业绩计划的制订，还是员工进行绩效计划的制订，在制订绩效计划时应该注意以下原则：

（1）价值驱动原则

要与提升公司价值和追求股东回报最大化的宗旨相一致，突出以价值创造为核心的企业文化。

（2）流程系统化原则

与战略规划、资本计划、经营预算计划、人力资源管理等管理程序紧密相连，配套使用。

（3）与公司发展战略和年度绩效计划相一致原则

设定绩效计划的最终目的，是为了保证公司总体发展战略和年度生产经营目标的实现，所以在考核内容的选择和指标值的确定上，一定要紧紧围绕公司的发展目标，自上而下逐层进行分解、设计和选择。

（4）突出重点原则

员工担负的工作职责越多，所对应的相应工作成果也较多。但是在设定关键绩效指标和工作目标设定时，切忌面面俱到，而是要突出关键，突出重点，选择那些与公司价值关联度较大、与职位职责结合更紧密的绩效指标和工作目标，而不是整个工作过程的具体化。

通常，员工绩效计划的关键指标最多不能超过6个，工作目标不能超过5个，否则就会分散员工的注意力，影响其将精力集中在最关键的绩效指标和工作目标的实现上。

（5）可行性原则

关键绩效指标与工作目标，一定是员工能够控制的，要界定在员工职责和权利控制的范围之内，也就是说要与员工的工作职责和权利相一致，否则就难以实现绩效计划所要求的目标任务。同时，确定的目标要有挑战性，有一定难度，但又可实现。目标过高，无法实现，不具激励性；过低，不利于公司绩效成长。另外，在整个绩效计划制定过程中，要认真学习先进的管理经验，结合公司的实际情况，解决好实施中遇到的障碍，使关键绩效指标与工作目标贴近实际，切实可行。

（6）全员参与原则

在绩效计划的设计过程中，一定要积极争取并坚持员工、各级管理者和管理层多方参与。这种参与可以使各方的潜在利益冲突暴露出来，便于通过一些政策性程序来解决这些冲突，从而确保绩效计划制订的科学合理。

（7）足够激励原则

考核结果与薪酬及其他非物质奖惩等激励机制紧密相连，拉大绩效突出者与其他人的薪酬比例，打破分配上的平均主义，做到奖优罚劣、奖勤罚懒、激励先进、鞭策后进，营造一种突出绩效的企业文化。

（8）客观公正原则

要保持绩效透明性，实施坦率、公平、跨越组织等级的绩效审核和沟通，做到系统地、客观地评估绩效。对工作性质和难度基本一致的员工的绩效标准设定，应该保持大体相同，确保考核过程公正，考核结论准确无误，奖惩兑现公平合理。

（9）综合平衡原则

绩效计划是对职位整体工作职责的唯一考核手段，因此必须通过合理分配关键绩效指标与工作目标完成效果评价的内容和权重，实现对职位全部重要职责的合理衡量。

（10）职位特色原则

与薪酬系统不同，绩效计划针对每个职位而设定，而薪酬体系的首要设计思想之一便是将不同职位划入有限的职级体系。因此，相似但不同的职位，其特色完全由绩效管理体系来反映。这要求绩效计划内容、形式的选择和目标的设定要充分考虑到不同业务、不同部门中类似职位各自的特色和共性。

3. 绩效计划的制定流程

步骤一：绩效计划的准备

绩效计划通常是通过管理人员与员工双向沟通的绩效计划会议得到的，为了使绩效计划会议取得预期的效果，事先必须准备好相应的信息。这些信息主要可以分为三种类型。

（1）关于企业的信息

为了使员工的绩效计划能够与企业的目标结合在一起，管理人员与员工将在绩效计划会议中就企业的战略目标、公司的年度经营计划进行沟通，并确保双方对此没有任何歧义。

（2）关于部门的信息

每个部门的目标是根据企业的整体目标逐渐分解而来的，不但经营的指标可以分解到生产、销售等业务部门，而且对于财务、人力资源部等业务支持性部门，其工作目标也与整个企业的经营目标紧密相连。例如公司的整体经营目标是：将市场占有率扩展到60%；在产品的特性上实现不断创新；推行预算，降低管理成本。人力资源部作为一个业务支持性部门，在上述的整体经营目标之下，就可以将自己部门的工作目标设定为：建立激励机制，鼓励开发新客户、创新、降低成本的行为；在人员招聘方面，注重在开拓性、创新精神和关注成本方面的核心胜任素质；提供开发客户、提高创造力、预算管理和成本控制方面的培训。

（3）关于个人的信息

关于被评估者个人的信息中主要有两方面的信息，一是工作描述的信息；二是上一个绩效期间的评估结果。在工作描述中，通常规定了员工的主要工作职责，以工作职责为出发点设定工作目标可以保证将个人的工作目标与职位的要求联系起来。工作描述需要不断地修订，在设定绩效计划之前，对工作描述进行回顾，重新思考职位存在的目的，并根据变化了的环境调整工作描述。

步骤二：绩效计划的沟通

绩效计划是双向沟通的过程，绩效计划的沟通阶段也是整个绩效计划的核心阶段。在这个阶段，管理人员与员工必须经过充分的交流，对员工在本次绩效期间内的工作目标和计划达成共识。绩效计划会议是绩效计划制订过程中进行沟通的一种普遍方式。以下是绩效计划会议的程序化描述。但是绩效计划的沟通过程并不是千篇一律的，在召开绩效计划会议时，要根据公司和员工的具体情况进行修改，主要把重点放在沟通上面。

管理人员和员工都应该确定一个专门的时间用于绩效计划的沟通，并且要保证在沟通的时候不被其他事情打扰。在沟通的时候气氛要尽可能宽松，不要给人太大的压力，把焦点集中在开会的原因和应该取得的结果上。

在召开绩效计划会议时，往往需要回顾一下已经准备好的各种信息，在讨论具体的工作职责之前，管理人员和员工都应该知道公司的要求、发展方向以及对讨论具体工作职责有关系和有意义的其他信息，包括企业的经营计划信息，员工的工作描述和上一个绩效期间的评估结果等。

步骤三：绩效计划的审定和确认

在制订绩效计划的过程中，对计划的审定和确认是最后一个步骤。在制订绩效计划过程结束时，应达到以下结果：员工的工作目标与企业的总体目标紧密相连，并且员工清楚地知道自己的工作目标与企业的整体目标之间的关系；员工的工作职责和描述已经按照现有的企业环境进行了修改，可以反映本绩效期内主要的工作内容；管理人员和员工对员工的主要工作任务以及各项工作任务的重要程度、完成任务的标准、员工在完成任务过程中享有的权限都已经达成了共识；管理人员和员工都十分清楚在完成工作目标的过程中可能遇到的困难和障碍，并且明确管理人员所能提供的支持和帮助；形成了一个经过双方协商讨论的文档，该文档中包括员工的工作目标、实现工作目标的主要工作结果、衡量工作结果的指标和标准、各项工作所占的权重，并且管理人员和员工双方要在该文档上签字确认。

（二）绩效考评实施

进行绩效考评可遵循以下步骤：

（1）召开会议，正式宣布绩效考评开始

绩效考评开始时，一般要召开绩效考评会议，由公司高层领导和各个部门负责人参加，会上将由人力资源部向各个相关人员发放绩效考评表单，同时讲明绩效考评注意事项。公司总经理一般应该在会上发言，强调绩效考评工作的重要性并要求各个部门给予高度重视。

（2）相关部门搜集整理绩效考评数据资料

相关部门及时搜集整理相关考核数据资料，涉及其他部门的考核数据一定要全面、公正；涉及自己部门的考核数据，一定要公正客观，同时提供证明资料。要将各相关数据资料及时提交人力资源部，由人力资源部汇总各方面的资料，并将相关绩效计划上交各相关绩效考评者。

（3）绩效考评人根据绩效考评数据对被考核者进行初步评价

绩效考评者应熟练掌握绩效考评工具和技巧，熟练掌握相关绩效考评表、绩效计划表、考核注释表等考核表单，逐项对照被考核者的工作绩效，对各个指标进行初步打分。

（4）绩效考评者和被考核者进行绩效考评沟通

初步打分后，绩效考评者应和被考核者进行沟通，对存在不一致见解的地方取得一致意见，对存在的问题分析原因，绩效考评者应该充分听取员工的意见和解释。但是考核不是讨价还价，最终绩效考评分数由绩效考评者确定，不一定非要取得被考核者的同意，但要让被考核者知晓绩效评价高或低的原因。

（5）绩效考评者确定被考核者相关指标得分

考核者和被考核者经过充分沟通后，如果对某些指标存在重大分歧，考核者可以根据情况决定是否向上一级请示处理结果，也可以自己决定评价结果。只要做到考核结果的公正公平，被考核者一时的不理解是不会影响绩效管理的最终成效的。

（6）人力资源部统计分析考核结果

人力资源部要及时统计分析绩效考评结果，对绩效考评明显不重视或打分明显不合理的地方，人力资源部应该责令相关人员改正。人力资源部应对绩效考评结果做出初步分析后将考核结果提交上级领导，为领导的决策提供依据。

（7）上级领导调整平衡绩效考评结果

上级领导首先应该平衡各个部门之间的分数，如果某些部门领导打分标准太高或者太低，可以和相关绩效考评者进行沟通，重新对相关指标进行考核评价。如果绩效考评有明显不合理之处，上级领导应该详细分析原因，并和绩效考评者进行充分沟通，必要时可以对考核结果进行修改，但不能修改原始考核记录。

（8）绩效考评分数统计处理

人力资源部负责对绩效考评分数进行统计处理，确定最终的绩效考评结果。人力资源部负责绩效结果的使用，包括绩效工资、奖金计算、岗位工资晋级调整，培训计划制定和绩效改进计划制定等。

（9）公布绩效考评结果

公司应该将绩效考评结果在公司局域网或以适当形式公布，对绩效考评存在疑义的员工可以在规定期限内对考核结果提出上诉，超过上诉期限视为接受绩效考评结果。

（三）绩效反馈与面谈

1. 绩效面谈目的

通过沟通，消除认知差异，达到提升组织效率的目的：

（1）检讨过去，建立绩效改善方案，发现问题；

（2）把握现在，维持现有绩效，给予认同，肯定激励；

（3）展望未来，建立绩效发展计划，了解期望，设定目标。

2. 绩效面谈的原则

（1）直接具体原则

面谈交流要直接而具体，不能作泛泛地、抽象地、一般性的评价。对于主管来说，无论是赞扬还是批评，都应有具体、客观的结果或事实来支持，使员工明白哪些地方做得好，差距与缺点在哪里。如果员工对绩效评估有不满或质疑的地方，向主管进行申辩或解释，也需要有具体客观的事实作基础。只有信息传递双方交流的是具体准确的事实，每一方所作出的选择对另一方才算是公平的，评估与反馈才是有效的。

（2）互动原则

因为思维习惯的定向性，主管似乎常常处于发话、下指令的角色，员工是在被动地接受。为了获得对方的真实想法，主管应当鼓励员工多说话，充分表达自己的观点。对员工好的建议应充分肯定，也要承认自己有待改进的地方，一同制定双方发展、改进的目标。

（3）基于工作原则

绩效反馈面谈中涉及的是工作绩效，是工作的一些事实表现，如员工是怎么做的、采取了哪些行动与措施、效果如何；而不应讨论员工个人的性格。性格特点本身没有优劣好坏之分，这些不应作为评估绩效的依据。对于关键性的影响绩效的性格特征需要指出来，必须是出于真诚地关注员工发展的考虑，且不应将它作为指责的焦点。

（4）分析原因原则

反馈面谈需要指出员工的不足之处，但不需要批评，而应立足于帮助员工改进不足之处，指出绩效未达成的原因。出于人的自卫心理，在反馈中面对批评，员工马上会作出抵抗反应，使得面谈无法深入下去。但主管如果从了解员工工作中的实际情形和困难入手，分析绩效未达成的种种原因，并试图给以辅助、建议，员工是能接受主管的意见甚至批评的，反馈面谈也不会出现攻守相抗的困境。

（5）相互信任原则

没有信任，就没有交流，缺乏信任的面谈会使双方都会感到紧张、烦躁，不敢放开说话，充满敌意。主管人员应多倾听员工的想法与观点，尊重对方；向员工沟通清楚原则和事实，多站在员工的角度，设身处地为员工着想，勇于当面向员工承认自己的错误与过失，努力赢取员工的理解与信任。

3. 绩效面谈的步骤

（1）事前准备

主要是了解部属的个性，了解自己管理或沟通方面的能力限制，详读部属的绩效自评表，了解部属需要给予指导的行为事宜，回顾公司绩效与人事相关管理规章，规划部属的个别发展。

（2）进行晤谈

建立隐秘、无压力的晤谈气氛；倾听部属的陈述；不要对部属的防御发动攻击；以积极态度讨论需要纠正或改进的行为，与部属商议其他可运用的资源。

（3）追踪结果

如决定部属之晋升、调薪或调职，依公司管理规章办理；设定部属工作改进计划及时间表；继续辅导、追踪计划实施的情形；部属若达成目标，勿忘记兑现承诺。

进行绩效面谈时，可以在准备好的绩效考评面谈表（见表6-4）上进行必要的记录。

表6-4 绩效考评面谈表

部门：	职位：
姓名：	考核日期：
工作成功的方面	
工作中需要改善的地方	
是否需要接受一定的培训	
本人认为自己的工作在本部门和全公司中处于什么状况	
本人认为本部门工作最好、最差的是谁？全公司呢？	
对考核有什么意见	
希望从公司得到怎样的帮助	
下一步的工作和绩效的改进方向	
面谈人签名：	日期：

说明：
1. 绩效考评面谈表的目的是了解员工对绩效考评的反馈信息，并最终提高员工的业绩；
2. 绩效考评面谈应在考核结束后一周内由上级主管安排，并报行政人事部备案。

（四）绩效改进

绩效改进是绩效考评的后续应用阶段，是连接绩效考评和下一循环计划目标制定的关键环节。绩效考评的目的不仅仅是作为确定员工薪酬、奖惩、晋升或降级的标准，员工能力的不断提高以及绩效的持续改进才是根本目的，而实现这一目的的途径就是绩效改进。

绩效改进的形式多种多样，但其过程大致可分为以下步骤：首先，分析员工的绩效考评结果，找出员工绩效中存在的问题；其次，针对存在的问题，制定合理的绩效改进方案，并确保其能够有效实施，如个性化的培训等；再次，在下一阶段的绩效辅导过程中，落实已经制定的绩效改进方案，尽可能为员工的绩效改进提供知识、技能等方面的帮助。

尽管绩效改进是各级主管要为员工考虑的事，但人力资源部在绩效改进工作中也应该完成其配合的工作：

（1）整理、汇总、分析员工的绩效考评结果，指导各级主管开展绩效改进工作员工绩效考评结果的初步分析，需要人力资源部来完成。在各级主管对绩效改进尚不了解的情况下，就需要行政人事部牵头，给出相关分析，指导各级主管开展绩效改进工作。

（2）组织相关培训

一方面，需要人力资源部组织各级主管进行培训，以提高其对绩效改进理论的认识；另一方面，根据各级主管制定的员工改进方案，有针对性地组织员工培训，以提高员工的专业知识水平、技能。

（3）评估绩效改进工作

由于各职能部门是绩效管理工作的主要推动部门，因此，人力资源部要配合各级主管，及时评估改进工作的实施情况，以便于查漏补缺，在下一阶段修正绩效改进方案。

二、实施绩效管理应注意的问题

（1）考评目标不明确

在企业中，往往存在考评的目的不明确，甚至为了考评而考评的情况。绩效考评只是一种管理的手段，是对员工阶段性的工作表现进行评估，并不是管理的目的。由于不明确，往往在设计绩效考评体系的时候表现出非科学性，如考核原则混乱；在考核内容、方案设定等方面无相关性；经常只体现长官意志和个人好恶；绩效考评体系更改随意，缺乏政策的连续一致性。

（2）考核标准不清晰

在实践中，存在绩效考评的标准过于模糊，表述不清晰，标准不齐全、走样，以主观代替客观等情况。将欠缺甚至是不相关的标准对员工进行考核，得到的结果也必然是不全面、缺乏客观公正的，其考核结果是不会得到被考核者认同的。

（3）考核方式不科学

企业进行绩效考评，往往是单向的考核，即上司对下属的审查式考核。考核者与被考核者的私人感情或冲突、偏见等许多非客观的因素将势必影响绩效考评的结果，这样是很难得出被考核者客观公正的考核结果的，最终会引起部门内部的关系紧张。因此需要全方面、多角度地对员工进行观察和考核。在绩效考评中应用较多的360度评估反馈法和平衡记分卡等方式，可以对被考核者作出相对客观公正的考核。

（4）绩效考评培训不足

企业在建立起绩效考评体系后，未及时对员工进行充分的沟通、宣传，临时凑合，草草了事，以致员工对于考核对公司和个人的重要意义认识不足。在绩效考评中还有一些需要注意的技巧和考核的准则，由于没有做好培训，造成考核中出现矛盾激化甚至标准不统一的现象。

（5）考核结果不反馈

考核者基于主观和客观上的原因，不愿意将考核的结果和对考核结果的解释反馈给被考核者，形成了"暗箱"操作，使被考核者无所适从，不知自己的工作表现哪些需要改进，哪些需要加强。究其原因一般分两种：一种是考核者进行考核时仅凭长官意志，考核时不依据客观事实，这样的结果反馈，势必引起下属的严重不满，自己也无颜面对被考核者；第二种是考核者不了解绩效考评的意义和目的，公司没有良好的沟通习惯和民主的氛围。

(6) 考核者行为不专业

对于定性指标，由于有赖于考核者的主观判断，常常会产生以下偏差：

①晕轮效应。被考核者在某项工作上表现突出，就认为其他方面也突出，给予较高的评价。反之某方面表现不佳，就会有整体不佳的错误判断。

②过宽偏误。考核者习惯了做"老好人"，为了避免冲突，给被考核者高于实际表现的评估。

③近因效应。由于考核者不做经常性的观察和纪录，将对最近的印象和表现的评估作为整体阶段的评估。

石城公司的绩效考评困境

石城公司是一家以开发、生产和销售电动工具为主要业务的公司。在2008年以前，主要是从事出口贸易，即从国内有关厂家采购产品卖到国外。随着欧美市场开拓和出口量的逐年增大，为保证产品质量、供货及时和降低采购成本，该公司又相继成立了产品设计开发部门和生产制造厂，企业发展势头很好，人员也从最初的几十人发展到300多人。随着企业规模的扩大和复杂性的增加，公司管理也遇到一些问题，其中比较突出的是考核问题。

该公司以前没有系统的绩效评估制度。到了年底，各部门让员工回顾一下本年度的工作，每人写一份书面总结，然后由部门主管就每个人的小结签个意见（尽管有优、良、中、差的等级，但大多数人得的都是"良"），最后交给人力资源部就算完事。至于奖金（红包）的多少，基本是总经理张三平一人说了算。原先人少的时候倒也相安无事，一是他对每个人的情况都比较了解，评价大体还算公正；二是原先只有贸易这一块，大家干的事差不多，矛盾并不突出；三是虽然声称奖金发放是根据贡献，可实际上主要还是依据每个人的职务和资历，而且差距不是很大。尽管张三平要求大家不要互相打听各自的奖金数，可私底下谁都心知肚明。这种方法实行了几年，虽然谁对它都不满意，可大家也不太把它当回事。近年随着企业规模的扩大，部门的增多，考核方面的问题就变得突出起来。首先是各个部门都对现行的考核方法有意见，都觉得对自己不公平，而且常常为此闹矛盾。其次是似乎各个层面的人都对考核和"红包"发放不满，去年年底接连发生骨干跳槽的事情，有人甚至公开说，"什么贡献、业绩，干好干坏还不都是老板一句话？没想到，这里的大锅饭比国企还厉害。"

张三平觉得这样下去也是个问题，于是找来了新上任的人力资源部经理王海丽："你了解一下目前公司考核的主要问题到底在哪里？然后搞一套绩效评估方案。要求是三个：一是能够测量出每个人工作的真实情况并做出实事求是的评价；二是能调动大伙儿的积极性，拉开差距；三是要让各部门主管有压力，别把矛盾都交到我这里。"

王海丽刚刚MBA毕业，虽然才到公司，情况不大了解。但凭着以往对企业的了解和学校学的知识，她对做好这项工作还是有信心的。为使考核方案有针对性，她决定先做一番调查。

她首先来到公司设计部。她知道这是公司的核心部门，也是老板最重视的部门之一。可最近这里跳槽的人不少，成了老板的一块心病。设计部主任李钢一听到她的来意就发起了牢骚："咱们公司的考核制度早该改了，再不改人都跑光了。"王海丽笑着说："不改对你有什么影响？谁不知道设计部的红包是全公司最大的。"李钢说："你以为多发钱就没事了？关键是怎么发。我给你举个例子，我们设计部一共五个设计师，王欢年龄最小、到公司最晚，工资也最低，可他去年一个人就开发了4个新品，是全设计部最多的，卖的都不错。可到年底发奖金所有的人都一样。我去找老板，老板说这已经对他破例了，如果根据级别和进公司的年限他还拿不到这么多。你说这是什么话？王欢现在跟我提出要走，不然就加工资。你说我怎么办？"王海丽说："那就按每个人设计新产品的数量发奖金就得了……""没这么简单，"李钢打断她的话，"产品设计不能光看数量，还要看市场销路，看它带来的利润，评价起来比较复杂。还有，咱们公司是低工资、高奖金，表面看起来刺激力度很大，可这么低的工资水平根本找不到好的设计师。我这里都是大学生，招聘的时候他们最看重基本工资是多少，与其他公司相比有没有竞争力，人家可不是跟车间的工人比。工资低就把奖金看得特别重，如果奖金波动太大，大家无法接受；可不拉开差距，分配不公平又难以留住人。你是MBA专业毕业的，帮我们出个主意吧。"

王海丽哑然了，她一时还真想不出该怎么办。

从设计部出来，王海丽找到了生产部经理老宋。老宋原是一家大型国企的副厂长，抓生产很有一套。他说："我现在统统采取计件工资制，一个月考核一次，对前10%给双奖，后5%黄牌警告，连续两次都在最后就走人，实行末位淘汰。哈哈，实行下来效果不错。还是民营企业机制好，辞退人员没那么多麻烦。多劳多得，不劳不得，谁都无话可说。"他大手一挥，很自信的样子。王海丽知道老宋的绰号是"大吹"，便长了个心眼，又去找了生产部的几个班组长和工人了解情况。谁知大伙儿对目前的考核办法都是一肚子意见。班组长的意见主要集中在工时定额上。石城公司产品的特点是多品种、小批量，以出口为主，一旦有订单，工期就特别紧。要确定每个产品、每道工序的工时定额特别麻烦，有时根本来不及。标准定高了，工人不接受；定低了，老板不满意，弄得两头受气，各工种还经常为此闹矛盾。工人们的意见则又加上一条，实行计件工资，奖金占了很大一块，可有没有活干，却不取决我们。忙的时候忙死，闲的时候闲死，各个工序、班组情况也不一样，都用一个标准衡量，还搞什么末位淘汰，不仅不合理，工人压力也太大。

"这事你们向老宋反映过么？"王海丽问。"反映过，可没用。为定额的事情找到老宋，他就应付，随意性很大；但考核时又卡得很死，让人没法接受。""那你们说应该怎么办？"大伙儿面面相觑，似乎也没什么好办法。

王海丽带着一堆问号离开了生产部，她开始感到老板交办的事并不像开始想的那么简单。她知道公司副总兼国际部经理许宁是当年与张三平一起打天下的元老，对公司的情况最清楚，或许他能给自己出些主意。为使谈话有的放矢，王海丽决定先找国际部其他人了解情况。

国际部对外称石城贸易公司，有30多人。内部又分为欧洲部、北美部、亚洲及澳洲部等。公司的客户大部分在欧洲和美国，近年来由于产品开始打入美国的连锁超市，出口增长很快，去年的出口额达到3 000多万美元，其中大部分产品是从国内采购的，少部分是自己生产的。因此，国际部的人很"牛"，觉得公司有今天主要是靠他们。国际部除一些销售经理外，还有不少文员（主要是大专毕业的女孩子）负责传真信函、联系客户、接听电话、打字录入等工作。按说国际部的收入是全公司最高的，可跳槽最多的也是他们。近两年有好几个骨干跳槽，或是到竞争对手那里，或是自己成立公司，这是让张三平最头痛的。王海丽曾私下问过那些走的人究竟为什么离开公司，得到的答案归结起来主要有，一是国际部的收入虽然在公司内部算高的，但与其他公司相比并不高；其次，对现行的考核方式不满，不知道评价的依据是什么，既不是根据各部门的业绩（比如欧洲、北美部的销售额是全公司最高的，但年终奖差距并不大），好像又不是看每个人的辛苦程度（比如加班加点，公司根本没有加班这一说）；还有他们没说出口，但又是促使他们离开的主要原因，就是公司的主要领导都是有公司股份的，而他们辛辛苦苦干了这么多年，只拿工资和奖金，心理上有些不平衡。"我们不知道自己在这里干究竟为什么？"一个离开公司的骨干这样说。

王海丽把了解到的情况向许宁作了汇报，许宁听了笑笑说，"他们说的是有些道理。可你想过没有，我们公司的市场主要在欧美，客户比较稳定，而其他市场还处在开拓阶段，销售量很小，如果考核完全根据销售额，谁愿意做市场开拓工作呢？说到没有加班费也是这样，由于时差关系，我们的许多工作必须在晚上进行，白天反而可能没什么事。我们只是要求他们必须在规定期限完成任务，每天工作时间长短倒不重要。还有一点我可以告诉你，正是因为欧美市场特别重要，我们投入的时间、精力也最多，老实说主要的市场和客户都是张总和我亲自跑的，一些大订单也是我们亲自谈的，他们只是做一些联络、单据等方面的辅助工作。你说业绩究竟应该算他们的，还是我们的？这就是我们在考核和奖金发放上一直采取模糊办法的原因，有时考核太细未必效果就好。至于股份，这好像不属于考核问题。其他部门的情况我不是太了解，不好说什么。不过现在的绩效考评方法确实有问题，是应该做些调整。你先出个方案我们再商量"。

王海丽转了一大圈，觉得公司问题多多，谁的话似乎都有道理，但又好像都有偏颇。究竟怎样才能制定一个合理和有效的绩效评估系统，完成老板交给的任务，她一时有些茫然。

思考：

1. 石城公司的绩效考评系统存在什么问题？
2. 为什么过去的一些考核方式现在行不通了？
3. 王海丽应该怎样考虑和设计石城公司的绩效考评系统？
4. 如果是你，你会怎么做，为什么？

【网上练习】

上网搜集有关绩效管理流程的案例，并在班里和同学们一起来交流讨论。

【思考与讨论】
1. 绩效管理的基本流程是怎样的？
2. 企业实施绩效管理应该注意哪些问题？
3. 如何做好企业的绩效改进工作？

新知新技：OKR、移动社交化……绩效管理新趋势解析

绩效管理是企业战略落地的重要抓手，绩效管理的创新本身就是企业创新的重要内容之一。从 2015 年开始，绩效管理再次成为企业管理的焦点，以 KPI（关键绩效指标）为代表的经典绩效管理模式一统天下的局面被打破，OKR（目标与关键成果法）被更多企业关注和追捧，企业会更关注如何利用工具和系统帮助公司发挥绩效管理的最大价值，从而助力企业战略目标的实现。

趋势一：绩效管理再次成为企业管理的焦点

2015 年伊始，北森公司一篇《KPI 要下课了？》的文章在人力资源圈掀起了轩然大波，各大媒体纷纷转载，之后又有更多人发表观点，加入这场热议。调查结果显示，超过 80% 的被调研企业仍然把绩效管理作为重点工作；超过半数的被调研企业计划在年内建立、修改和优化内部绩效管理方案。这说明绩效管理依然是企业管理的焦点，企业面临着管理升级、提高业绩和人效的多重挑战。

趋势二：以 KPI 为代表的经典绩效管理模式的局限性愈发明显

1. KPI 绩效管理模式的应用局限

关键绩效指标是一种衡量员工表现优劣并推进公司整体绩效管理的工具，与公司的整体策略和目标联系密切。如：公司的目标如果是赚更多钱，那么其 KPI 体系就会包括销售增长率、销售利润率和营业成本等具体指标。

局限 1：由于 KPI 考核往往和激励结果相关联，因此具有很强的导向性。一旦领导层选了错误的 KPI，就意味着员工会执行错误的指令，后果显然很严重。

局限 2：有些事情值得做，但在做出来一部分之前无法衡量，也因此无法制定精确的 KPI，这就是很多人起初不愿意制定挑战性目标的根本原因——害怕考核，利益攸关。

局限 3：KPI 的完成结果与每个员工的利益紧密相关，因而在制定目标和评价时容易存在人情世故和公平性的问题，严重的还会影响公司士气和内部团结。

2. BSC 绩效管理模式的适用场景

平衡记分卡（BSC）是围绕企业的战略目标，从财务、顾客、内部运营、学习与创新这四个方面对企业进行全面评测的绩效管理工具。据调查，世界 500 强企业中有 70% 的企业已运用 BSC，可见其对企业绩效管理和运营的积极作用。

但 BSC 的不足之处也很明显：

（1）实施难度大，工作量也大

BSC 的考核要素很完整，工作量很大，实施的难度极高。一般而言，如果企业不具备

完整、规范的管理平台，没有高素质的管理者和 HR 专业人员（战略制定及战略解码能力），则很难推广 BSC。

（2）适合组织绩效考评，但不能有效地考核个人

BSC 是以岗位为核心的目标分解，很难分解至个人。个人关键素质要求体现得不明显，会在一定程度上造成岗位职责和任职资格要求不明确。

（3）BSC 系统庞大，短期很难体现其对战略的推动作用

战略属于长期规划的范畴，所以 BSC 的实施周期也相对较长，准确来说是一个系统工程，短期内很难见效，而且需要调动整个公司的资源。

（4）KPI 和 BSC 的发展趋势

其实 BSC 是在 KPI 的基础上，按 4 个维度进行战略分解与执行评测，实质上也是 KPI。因为 KPI 在实践过程中表现出上述局限，可以肯定其必将被升级和优化，甚至被新的绩效管理模式所取代，但新的管理思想会发展和继承 BSC 和 KPI 的优点和精髓，比如：组织绩效管理仍会发扬 4 个维度、量化目标等。

需注意的是，在企业里推行绩效管理升级，不是要什么和不要什么那么简单，绩效管理涉及企业的方方面面，特别是企业文化、管理者风格和各种配套机制，需要慎重决策。

趋势三：OKR 绩效管理模式将会被更多企业所青睐

OKR（objectives and key results）即目标和关键成果，是一套定义和跟踪目标及其完成情况的管理工具和方法。OKR 由英特尔公司于 1999 年首创，后来被逐步推广到 Google、Oracle、LinkedIn 等企业中，现在被广大 IT 及创意项目为主要经营单元的企业所关注。Google 现在不仅将其发展成为十分精密严谨、完全数值化的内部目标考核制度，更视其为各部门任务协作的重要手段。

相比 KPI，OKR 模式在逐级分解公司目标的基础上，细化了每个目标的关键任务和产出成果，具体到时间和数量。这些成果在考核期内可以调整，只要符合目标方向，就从本质上解决了 KPI 的局限。OKR 更强调每一位员工当下的任务是什么，而不是想着怎么完成已不符合业务实际的 KPI 指标。

趋势四：目标执行与过程管理将使绩效管理发挥最大价值

绩效管理循环有四个阶段，其中绩效达成过程的沟通和辅导是最重要的一环。而很多企业往往忽略了，甚至根本没有这个过程。把绩效管理简化成了绩效考评，是很多企业绩效管理没有发挥出价值的关键原因。

领先的企业更倾向于利用先进的系统工具来帮助员工和经理改善绩效实施的过程管理。先进的绩效管理系统能够让员工在绩效执行过程中，随时对目标的实现情况、遇到的问题、资源需求、工作思路等与经理进行沟通和互动；直观地展现和时刻提醒员工当下（今天、本周、本月）的任务是什么及完成的情况；经理可随时了解员工目标执行的进展，并给予指导、反馈，在任务完成后即时进行评价或鼓励；在评估打分时，也可参考目标执行过程中的全部沟通痕迹和工作成果，更有理有据、公平客观地评估员工。

趋势五：能力和价值观成为绩效管理的重要组成部分

随着人才流动的加快和人才竞争的加剧，企业比以往更加关注应该吸引、培养和保留

什么样的员工。当企业发现价值观有问题的员工，能力越强对公司的危害越大时，对员工价值观的考核将成为企业绩效管理的重要组成部分。

当然，对员工能力发展目标的考核也越来越为企业所重视，有些企业甚至把员工发展平台作为一项关乎企业未来的重点项目来建设。一个员工如果能力不够全面，有明显的弱项，不仅不能支撑绩效的稳定表现，还会给企业人才的选拔和梯队培养带来诸多风险。

趋势六：移动社交化的绩效管理工具将大受欢迎

绩效管理是一件非常复杂的工作，涉及全体员工，包括高层，没有一个好的系统工具支撑根本行不通。但绩效管理系统还应该具备移动社交能力，让各级员工基于目标任务执行情况的沟通、评估及反馈可以更自然、更人性。以下列举几个具体的应用场景。

（1）经理和员工须随时沟通和反馈目标和任务的执行情况，这种沟通以前更多依靠打电话或当面口头沟通，最大的问题是"过程不留痕"，在季度或年度考核时找不到足够的"证据"；

（2）间接经理无法完全了解直接经理对员工沟通辅导的过程，仅凭直接经理的口头汇报来了解一二，造成许多信息的不对称；

（3）经理评价员工时，有时需要了解前任经理对员工的评价，有时需要了解项目经理对参与项目工作的员工的评价，HR人员无法提前知道这些反馈，也无法提前设定个性化的反馈流程，所以给经理一个可以随时邀请他人对被评估人进行评估反馈的工具是非常有价值的。

上述场景的需求应当在绩效管理系统中得到很好的满足，才能大大提高绩效管理的应用效果，提高员工和经理的满意度，特别是高层领导的满意度。

总结

绩效管理是永恒的话题，也会不断发展、变化。理解绩效管理的发展趋势，并选择优秀的绩效管理系统来促进企业的绩效管理业务，提升绩效管理价值，促进绩效管理模式不断优化，是企业人力资源管理必须完成的课题。

学习情境七

薪酬与福利

岗位描述

【岗位名称】

薪酬福利专员。

【岗位职责】

人力资源薪酬福利专员的主要职责是协助上级进行薪酬管理体系的设计与完善,开展薪酬调查,进行日常薪酬福利管理。具体职责包括以下几个方面:

1. 薪酬制度的制定与实施
(1)协助上级主管制定并完善公司薪酬福利制度;
(2)负责员工薪酬福利制度的贯彻、宣传、咨询工作。
2. 进行薪酬调查
(1)收集相关政策及行业薪酬福利状况的信息,为薪酬决策提供参考;
(2)调查分析员工薪酬福利需求,为制定薪酬福利制度提供依据;
(3)进行员工薪酬满意度调查。
3. 做好薪酬福利管理
(1)汇总、统计各部门员工的考勤、休假、加班情况;
(2)负责员工各项社会保险的统计、基数核定、缴费等工作;
(3)根据公司薪酬方案编制公司员工工资表,保证员工工资的按时发放;
(4)负责员工工资、奖金的核发和各项福利的发放工作;
(5)解答员工关于保险、休假、工资等方面的问题;
(6)负责企业薪酬管理各项报表、文件、表单的整理和归档。

任务解析

亲爱的同学们,相信你们都非常关心自己的工作到底能够得到多少薪水。确实,对员工而言,薪酬关系到自己的切身利益;但是,对企业而言,薪酬管理绝不是"分蛋糕"那么简单。薪酬分配的过程及其结果所传递的信息有可能激发员工更高的工作热情、更强烈的学习与创新的愿望,也有可能导致员工工作懒散、缺乏学习与进取的动力。和绩效管理专员工作类似,薪酬福利专员是负责具体的事务性工作,但是作为一个有着发展潜质的薪酬福利专员,高处着眼、低处着手将对你的职业发展大有裨益。因此,本学习情境期待你在掌握薪酬调查、薪酬福利的计算与发放等工作技能的基础上,还能思考效率、公平、合法的薪酬管理原则，理解岗位评价、薪酬策略、薪酬水平、薪酬结构、薪酬构成等专有名词，熟悉薪酬与福利方案的制定与实施这一动态管理过程。本项目包含以下任务：

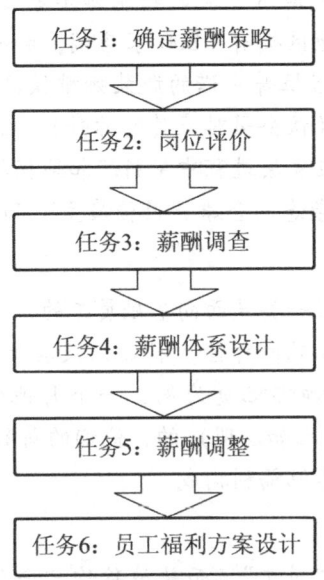

学习目标

【知识目标】
☞ 了解薪酬管理的基本操作流程；
☞ 掌握薪酬管理体系设计的主要内容及其理论知识点；
☞ 了解福利体系的主要内容。

【技术技能目标】
☞ 能够设计薪酬调查问卷；
☞ 能够编制工资表；
☞ 能够设计员工福利方案。

任务1　确定薪酬策略

【任务情境】

星巴克的全面薪酬体系

一、公司简介

星巴克公司创建于1987年。现任董事长兼首席执行官是霍华德·舒尔茨，他于1982

年至1985年间与公司的最初创始人共事，后来买下了这家公司。在1987年时，星巴克公司有11家店。1982年至1992年间，该公司仍是私营企业，但却以令人震惊的年均80%的增长速度增加到150家店。在1992年6月，该公司上市并成为当年首次上市最成功的企业。今天，星巴克公司是北美地区一流的精制咖啡零售商、烘烤商及一流品牌的拥有者。在北美、英国及北太平洋地区拥有1 800家店铺，和布瑞尔公司（生产咖啡冰淇淋）及百事可乐公司（生产一种叫富拉普希诺的瓶装咖啡饮品）达成了战略伙伴关系。公司雇用了25 000多名"合伙人"（该公司对雇员的称呼）。公司的使命是使自己成为世界上最好的咖啡的主要供应商，并在发展过程中不折不扣地保持商业原则。星巴克一直被称为用人典范，多次入选《财富》杂志的全球"最佳雇主"和"最受欢迎的企业"排行榜。

二、基础薪酬与福利

星巴克的薪酬分为两类：第一类是面向基础员工的，包括兼职员工与正式员工，基础员工以小时计工资，同时配有基础的保险、补贴以及其他福利，如咖啡券等（星巴克的员工有一定数额的咖啡券，以咖啡吧员为例，一个月他们可以免费喝250元左右的咖啡）。第二类是面向管理人员（比如经理）的，他们的薪酬由一定数额的基础工资、五险一金、补贴、股票期权激励和其他福利构成。

三、合作人制度

在星巴克公司，员工不叫"员工"，而是被称作"合伙人"（partners）。这不是一种文字游戏，而是以实在、实惠而又丰富多彩的股票期权计划为支撑的战略安排。在这种安排之下，每一个员工都有机会成为星巴克的股东，因此被称为"合伙人"并不为过。

1. 股票投资计划（S. I. P.）

根据该计划，星巴克员工在每个季度都有机会以抵扣部分薪水的方式，以一定的折扣价格购买公司的股票。

申购者需具备的条件：在申购季开始之前，被星巴克连续雇用90天以上，且每周的工作时间不少于20小时。在申购即将开始前，公司会将申购资料邮寄到雇员家里，每个员工的申购资金限额为其基础薪酬的1%～10%。

折扣及交易方式：在每个季度结束后，在该季度第一个和最后一个工作日（business day）中，选择一个较低的星巴克股票公开市场价格（应该是这两天的"收盘价"中较低的一个——作者注），将员工所抵扣的工资以低于市场价15%的折扣购买，即我们通常所说的"八五折"。

2. "咖啡豆"（bean stock）期权计划

该计划赋予了更多员工购买并拥有星巴克股票的权利，目的是使员工充分分享公司的经营成果。申购者需具备的条件：自每年4月1日起至财政年度结束，或者自每个财政年度开始（一般为10月1日左右）至次年的3月31日，或者自4月1日开始至该计划当年被正式执行之前，连续被星巴克雇用且被支付了不少于500个小时的工资。主管（director）及以上职位的人员不参加"咖啡豆"期权计划，但可以参加专门针对"关键员工"（key employee）的股票期权计划。

3. 股票期权奖励（stock option award）

在综合考虑公司年度业绩的基础上，公司董事会每年会考虑给予符合条件的人员一定的股票期权作为奖励。员工个人应获得的股票期权数量由三个主要因素决定：当年（财政年度）的经营状况及收益率；个人在该财政年度的基础薪酬；股票的预购价格（exercise price）或公司允诺的价格（grant price）。

丰富多彩的股票期权计划，既是对员工基础薪酬的有益补充，也是对长期为公司服务并做出相应成绩的员工的奖励，又巧妙地将员工的利益和企业的利益结合在了一起。其背后的潜台词是：如果想发财，那就好好干吧！

事实证明，星巴克这种通过主动与员工建立"利益共同体"，从而激发员工充满激情地为顾客服务的做法，要比我国一些企业单纯强调员工对企业的"无私奉献"和"任劳任怨"，要人性化得多，有效得多，快乐得多，也持久得多。

【任务要求】

请讨论：
1. 您是否愿意到星巴克这样的平台工作？吸引您的主要原因是什么？
2. 星巴克薪酬和福利有什么样的特点？请谈谈您的观点。

【任务目标】

了解薪酬水平策略的类型；理解影响企业薪酬政策的主要因素；能够运用相关知识分析、解决实际问题。

【任务考核】

教师参考以下标准对各小组学习表现进行评分：
（1）小组活动中，学生的外在表现（参与度、讨论发言积极程度）；
（2）案例分析是否言之有理，分析透彻，逻辑严密，观点明确。

【核心概念】

薪酬策略；领先型薪酬策略；跟随型薪酬策略；滞后性薪酬策略；混合型薪酬策略。

【知识精讲】

薪酬管理无疑是人力资源管理的一个重要工具。良好的薪酬制度对公司来说，可以吸引到大量优秀人才，并激励其努力工作，进而提高公司利润；对于员工来说，薪酬是维持其生活质量的保证，并可以提高工作积极性和归属感。高级管理人员每天都在思考薪酬问题：怎样采取有效的薪酬政策，才能达到既能合理控制人工成本，又能提高员工工作热情的目的。

薪酬通常特指经济报酬，包括直接薪酬和间接薪酬。直接薪酬（direct compensation）主要有职位薪酬、技能薪酬、绩效薪酬、奖金、股权、红利、津贴等。间接薪酬（indirect compensation）是指组织向员工提供的各种福利（benefits），如各种保险、补助、优惠、服务和带薪休假等。

薪酬管理是指企业在经营战略和发展规划的指导下，综合考虑企业内外因素的影响，确定自身的薪酬水平、薪酬结构和薪酬形式，并进行薪酬调整和薪酬控制的整个过程。其目的在于吸引和留住符合企业需要的员工，激发他们的工作热情和各种潜能，最终实现企业的经营目标。下面，我们从薪酬水平策略开始学起，探讨如何进行薪酬管理与设计。

一、薪酬水平策略选择

薪酬水平策略是指在薪酬体系设计过程中，确定企业内部各类职位和人员平均薪酬水平在劳动力市场中的相对位置。它反映了企业薪酬相对于当地市场薪酬行情和竞争对手的薪酬绝对值高低，体现企业薪酬在劳动力市场上竞争能力的强弱程度。它对人才的吸引力和薪酬的外部竞争力有着直接的影响。

常见的企业薪酬水平策略有以下四种。

1. 领先型薪酬策略

领先型薪酬策略是本企业薪酬水平高于竞争对手或市场平均薪酬水平的策略。其表现为企业内部总平均工资水平高于本地市场和竞争对手，即高薪。此种策略在吸引、留住人才，保持高效率员工队伍，节省监督管理成本，提高企业形象和知名度等方面都具有明显优势，并且将员工对薪酬的不满降到一个相当低的程度；这一策略的主要缺点是增加企业劳动力成本。

采用这种策略的企业往往具有以下一个或多个特征：

（1）处于垄断地位的行业

处于垄断地位的行业意味着该行业内竞争对手较少，企业的经营相对稳定，经济效益相对较高。在这种情况下，企业有能力支付高工资，选择领先的薪酬策略是切实可行的。

（2）投资回报率较高

投资回报率较高的企业之所以能够向员工支付较高薪酬，主要是因为其回报率高，能够获得高额利润。

（3）人力成本在企业经营总成本所占的比率较低

当人力成本在企业经营总成本中所占的比率较低时，薪酬支出在总成本支出中不再处于敏感的地位。

位于深圳的民营企业华为公司是我国选择薪酬领先策略的代表之一，公司在发展初期就明确提出让公司员工拿到与在外企甚至国外工作的同类员工等值的收入。实践证明，高薪政策帮助该公司获得了大量的创造性人才，从而为公司在产品市场上与同类外资企业竞争起到了重要的作用。

2. 跟随型薪酬策略

跟随型薪酬策略是本企业薪酬水平等于或接近竞争对手的薪酬水平，按照市场平均薪酬水平来进行薪酬定位，以使本组织吸引人才的能力接近竞争对手吸纳人才的能力，这种策略是目前大多数企业所采用的策略。选择这种策略能使企业的人力成本与竞争对手保持一致，降低成本支出压力，又能对企业员工产生一定的吸引力，具有保持员工稳定和降低风险的作用，但在吸引优秀的求职者方面没有优势。

3. 滞后型薪酬策略

滞后型薪酬策略是本企业的薪酬水平低于竞争对手或市场薪酬水平的策略。采用滞后型薪酬策略的企业,大多处于竞争性的产品市场上,边际利润率比较低,成本承受能力很弱,规模相对较小。受产品市场上较低的利润率所限制,没有能力为员工提供高水平的薪酬,是企业实施滞后型薪酬策略的一个主要原因。当然,有些时候,滞后型薪酬策略的实施者并非真的没有支付能力,而是没有支付意愿。选择这种薪酬策略可使企业减少薪酬支出,降低成本费用,有利于增强企业有限资源的利用率,但会使企业难于吸引高素质人才,员工的离职率会上升,工作的积极性难以提升。

从某种角度看,如果这种低薪酬策略是和未来收益结合起来,即以短期性的低收入来换取长期的高额回报,比如低价购买公司股票、股票期权或承诺,则可提升员工的工作积极性,凝聚员工,使之为企业和个人的共同目标而努力工作。这种将薪酬与未来高收入组合在一起的薪酬策略不仅会激励员工更加努力工作,而且能吸引人才和保留企业现有员工。

4. 混合型薪酬策略

所谓混合型薪酬策略,是指企业在确定薪酬水平时,根据职位类型或者员工类型来分别制定不同的薪酬水平的策略。例如,针对核心层采用市场领先的薪酬策略,针对基层员工实行市场追随型或相对滞后型的薪酬策略,而并不是采取单一的薪酬水平定位策略。混合型薪酬策略具有灵活性和针对性的优点,能根据人才稀缺情况和职位的重要程度综合选择不同的薪酬水平策略,有利于企业合理控制人力成本支出,也有利于企业对外保持吸引人才的竞争力,促进企业的发展。

总体而言,企业在确定薪酬水平策略时基本上是对核心骨干人才,例如高级管理人员、技术人员,提供高于市场水平的薪酬;对普通员工实施匹配型的薪酬政策,对随时可以找到替代者的员工提供低于市场价格的薪酬。

二、影响薪酬水平策略选择的因素

企业薪酬水平决策要考虑多方面的影响因素。从企业外部看,宏观经济、通货膨胀、行业特点和行业竞争、人才供给状况甚至汇率的变化都对薪酬定位和增长水平有不同程度的影响;在企业内部,决定薪酬水平的关键因素包括工作的价值、企业的盈利能力和支付能力、人员的素质要求等。而在企业发展阶段,人才稀缺度、招聘难度、企业的市场品牌和综合实力也是重要的影响因素。企业在综合考虑薪酬调查数据和以上影响因素的基础上,进一步确定自身的薪酬水平定位。

1. 外部因素

(1) 市场薪酬水平

市场薪酬水平是衡量企业薪酬水平是否具有外部竞争性的重要参照对象,是人才选择流向企业的比较因素,所以,企业确定薪酬水平策略时要结合市场薪酬水平。如果企业的薪酬水平总体低于市场薪酬水平,那么人才将流向薪酬水平高的企业,使企业失去市场竞争能力;反之,企业在吸引和招纳人才时具有很大的选择空间。

(2) 劳动力市场状况

劳动力供给与薪酬水平之间的关系是:当劳动力供给大于需求时,薪酬水平下降;反之,则薪酬水平上升。劳动力需求与薪酬水平之间的关系是:当市场对企业产品需求增加从而生产规模扩大,使劳动力需求增加时,企业就会为了获得足够的所需劳动力,提高薪酬水平;反之则会降低薪酬水平,导致所雇劳动者离开企业。

(3) 市场竞争态势

竞争激烈的环境需要企业具备很强的竞争能力,特别需要高素质员工的工作和努力;而如何吸引和留住高素质人才,则会影响薪酬水平的策略选择。

2. 内部因素

(1) 企业经济效益

企业经济效益是决定企业薪酬水平策略选择及其变动的最重要因素,它表明企业的薪酬支付能力。显然,经营效益好的企业,支付能力强,能保持薪酬的适当增幅;而经营状况差的企业,不得不考虑人力成本的因素,薪酬整体水平和增幅会受到影响。

(2) 员工资质

员工资质是指员工的岗位胜任能力。资质高的员工,应该给予较高的工资;资质不够的员工,应该给予较低的工资。否则,在公司内部,高素质员工可能会由于待遇不公而积极性不高,最终选择离职。员工资质主要从学历、工作经验、工龄和发展潜力等方面进行衡量。

(3) 职位价值

职位价值是组织内的一职位相对于其他职位在所需的工作技能、承担的工作责任、承受的工作强度和所处的工作环境而言的,是根据职位分析和职位评价的结果而定的。职位价值高,对企业影响重大,其薪酬水平应高于市场水平;职位价值一般,不会影响企业的正常运营,则可采取灵活的薪酬策略。

【知识拓展】

薪酬设计术语 "25P,50P,75P"

薪酬水平高的企业应注意75%点(75P)甚至是90%点处的薪酬水平;薪酬水平低的企业应注意25%点(25P)处的薪酬水平;一般的企业应注意中点处(50P)的薪酬水平。一个采用75P策略的企业,必须拥有雄厚的财力、完善的管理制度和过硬的产品。因为薪酬是刚性的,降薪几乎不可能,一旦企业的市场前景出现危机,就会影响人才的去留。

表7-1所示为某咨询公司调查所得的人力资源经理岗位薪酬调查数据,从该表中可以找到25P,50P,75P处的人力资源经理的薪酬水平。

表7-1 人力资源经理薪酬调查数据

企业名称	平均月工资(元)	排 列
A	5 250	1
B	5 000	2 90%点处=5 000元

续上表

企业名称	平均月工资（元）	排　列
C	4 900	3
D	4 800	4　75%点处=4 800元
E	4 700	5
F	4 700	6
G	4 650	7
H	4 650	8　中点或50%点处=4 650元
I	4 650	9
J	4 500	10
K	4 400	11
L	4 300	12　25%点处=4 300元
M	4 200	13
N	4 200	14
O	4 000	15

【网上练习】

利用网络资源做一份某行业的薪酬水平设计。

【思考与讨论】

1. 不同类型的薪酬水平策略会对企业的运营产生什么样的影响？
2. 企业在进行薪酬水平设计时要考虑哪些因素？

任务2　岗位评价

【任务情境】

佳宝丽公司是由原来的三家企业合并而成的中型汽车配件企业，近些年来，该公司的经济效益迅速提高，财务实力明显增强，但由于领导层重视生产而轻视管理，使公司各项管理的基础工作十分薄弱，规章制度也不够健全完善，特别是在人力资源管理方面，绝大部分员工对公司目前的薪资制度怨声载道，人员流失率较高，严重影响了公司生产经营活动的正常运行。为此，公司董事会决定对员工薪资制度进行一次全面调整。

公司人力资源部认为，要做好此次薪酬调整工作，有必要先对公司现有主要岗位进行一次全面的评价。通过岗位评价，明确各岗位的本身价值及其对公司贡献度的大小。

【任务要求】

假设要对总裁、销售主管、生产主管、电气维修工程师、采购人员、人事专员、工人这几个岗位进行评价,请分别用排序法、分类法、要素计点法确定它们的排序。

【任务目标】

把握岗位价值(岗位工资)和岗位等级的确定方式,厘清岗位评价在薪酬体系设计中的位置。

【任务考核】

教师参考以下标准对学生的学习成果进行评价:
(1) 对于概念、术语理解的准确程度;
(2) 岗位评价思路清晰,方法使用正确。

【核心概念】

岗位评价;排序法;岗位分类法;要素计点法。

【知识精讲】

一、岗位评价的概念

企业薪酬水平策略一旦确定,则应考虑企业薪酬的具体水平以及薪酬在企业内部如何实现公平性和激励性。薪酬具体水平确定需要通过外部市场调查获取市场薪酬水平情况,并以此作为参照进行对比分析,在此基础上综合权衡企业内部各岗位的薪酬水平。但在进行市场薪酬调查之前,必须对企业内部的岗位进行分类、评价并确定相应等级,只有完成此步工作,方可在调查时有的放矢,有针对性地开展。否则,仅凭职位名称,而不考虑职位工作内容、承担的责任、需具备的技能、工作环境等指标,那么其调查结果将可能误导企业薪酬额度的确定。例如,大公司和小公司的销售经理的工作内容可能完全不一样;行政经理有的主管人事,有的负责后勤。因此,在调查之前,必须对企业内部的岗位进行分析和评价。只有当公司岗位与外部岗位的工作内容重叠度达到 70% 以上时,才能根据所调查岗位的结果来确定公司相应岗位的薪酬水平。

在一个企业中,岗位名称很多,常常需要确定一个岗位的价值,比如一个财务人员与一名营销人员相比,究竟谁对企业的价值更大?谁应该获得更好的报酬?为了协调各类岗位之间的关系,进行科学规范和管理,就必须进行岗位评价,使岗位级别明确。岗位评价,又称职位评估或岗位测评,是在岗位分类分析的基础上,对岗位的责任大小、工作强度、所需资格条件等特性进行评价,以确定岗位相对价值的过程。其核心工作是对岗位本身价值及其对组织贡献度的大小进行评价,以帮助企业确定不同岗位在企业中的价值。

依照定义,它的评价对象是岗位,而非任职者,即"对岗不对人"原则。而且,岗位评价反映的是职位的相对价值,而不是岗位的绝对价值。通过评价,可以明确各个岗位的门类、系统、等级的高低，把工作性质、工作职责一致，工作上所需资格条件相当的岗位都归于同一等级，这样就能保证企业对员工进行招聘、考核、晋升、奖惩等管理时，具有统一尺度和标准。岗位评价的结果将直接应用在薪酬体系的建立中，是确定岗位薪酬等级的依据，是建立内部公平合理的薪酬结构的基础和关键环节，可以更好地体现同工同酬和按劳分配的原则。

二、岗位评价的方法

岗位评价的方法主要有四种：排序法、分类法、要素计点法和因素比较法。因为因素比较法比较复杂，这里将不予阐述。

1. 排序法

排序法是一种最简单的岗位评价方法，通常由负责岗位评价的人员，根据各种岗位的相对价值或它们各自对企业的相对贡献由高到低进行排序。从理论上讲，排序应当是针对企业内部所有的岗位来进行，但是在实际操作中很难做到这一点，更常见的是按照部门或者职务类别来进行排序，如表7-2所示。

表7-2 直接排序法举例

	岗位
重要性高 ↑ ↓ 重要性低	总裁
	首席建筑师
	设计师
	高级技师
	技师
	接待员

2. 岗位分类法

岗位分类法是将所有的工作岗位即职位，按其业务性质分为若干类别，如管理类、行政系列、技术类、厂线类、营销类等，根据所判断的岗位价值与几种分类描述的关系，把一种工作岗位划入特定类别。此方法需要有工作说明书和岗位等级的说明。

岗位分类法的工作程序是：

（1）确定岗位类别的数目；

（2）对各岗位类别的各个级别（职级）进行明确定义；

（3）将被评价岗位与所设定的等级标准进行比较，将它们定位在合适岗位类别中的合适的级别上，编制岗位分类表（见表7-3）。

（4）将各类岗位职级进行比较，确定各职级所对应的职等，编制公司岗位等级表（见表7-4），在此基础上就可以进行薪资等级的设计了。

岗位分类法较为简单，适合在大公司的管理人员和专业技术人员中应用。但等级说明过于一般化，容易引起被评价岗位的工作者与岗位评价者的争论。

表7-3 公司岗位分类表

职类	职级	岗位
领导	2 总经理级	总经理
	1 副总经理级	副总经理、总工程师

续上表

职类	职级	岗位
管理	5 部门经理	行政部经理、财务部经理、品保部经理
	4 主管级	行政主管、人事保卫主管、计划主管、信息中心主任、办公室主任
	3 专管级	
	2 计划级	计划员、销售计划员
	1 监督级	工艺监督、层压工艺监督、工艺监督、质量监督、卫生监督
技术	4 专家级	副总工程师
	3 管理级	QA 主管、QM 主管、技术改造主管、QC 主管、工程主管、工艺主管、维修工程师主管
	2 主事级	安技环保工程师、产品开发工程师、工艺工程师、软件工程师、质量工程师、设备管理工程师、备件开发工程师、电气维修工程师、资料管理工程师、采购工程师
	1 辅助级	产品审核员、质量管理员、工艺员、抽样检验员、过程控制实验员、过程控制员、税务会计、往来核算会计、成本会计、物理测试员
营销	3 高级	销售主管、采购主管、报关主管
	2 中级	销售专管、外销专管、发货专管
	1 初级	外销专管助理
行政	3 高级	
	2 中级	警卫班长、出纳员、人事管理员、质量统计员、资料管理员、工卡管理员、人事培训员、设备库管理员、文件管理员、资料审核员、成品管理员、全检外观检验员、统计员
	1 初级	警卫员、接待员
厂线	3 高级	
	2 中级	专职司机、厨师长、锅炉班长
	1 初级	光板测试操作工、胶片检验操作工、曝光操作工、行政维修电工、层压操作工、维修电工、暗室操作工、板镀线操作工、镀金操作工、湿膜操作工、图形转移操作工、制板操作工、仓库运输工、层压操作工、插针操作工、电气维修工、夹具操作工、丝印刷片操作工、贴膜操作工、图转显影操作工、总检水冲洗操作工、钻头修磨操作工、V槽操作工、水处理操作工、黑化操作工、铣床操作工、板材开料下料操作工、包装操作工、编程操作工、沉镍金操作工、沉铜操作工、电镀操作工、浮石操作工、腐蚀揭膜操作工、机械维修工、磨边操作工、配钻头操作工、热风整平操作工、数控钻操作工、显影操作工、制板操作工、字符操作工、酸蚀操作工、热固操作工、上销钉操作工、碱蚀操作工

表7-4 公司岗位等级表

职等	领导	管理	技术	营销	行政	厂线
Ⅹ	2 公司总经理					
Ⅸ	1 公司副总经理级					
Ⅷ			4 专家级			
Ⅶ		5 部门经理级				
Ⅵ		4 部门主管级	3 管理级	3 高级业务		
Ⅴ		3 部门专管级	2 主事级	2 中级业务		
Ⅳ		2 计划级	1 辅助级	1 初级业务	2 中级事务	
Ⅲ		1 监督级				2 中级工
Ⅱ					1 初级事务	
Ⅰ						1 初级工

3. 要素计点法

要素计点法是运用得较为普遍的一种岗位评价法。它要求确定几个薪酬要素，对每个薪酬要素进行等级划分和界定，并赋予不同的点值。一旦分别确定了每一种岗位中的每一个薪酬要素实际处于的等级，评价人员就只需把该岗位在每一个薪酬要素上的点值进行加总，就可以得出该岗位的总点值，最后再根据每一个岗位的总点值大小对所有岗位进行排序，即可完成岗位评价过程。

下面结合范例（表7-5）来说明要素计点法的具体操作。

（1）确定要评价的岗位系列。如生产、销售、研发、行政、财务等。

（2）收集岗位信息。包括岗位分析、岗位说明书等。

（3）选择薪酬要素。

常用的薪酬要素包括责任范围、专业技能、任职资格、监督管理、工作强度、环境体能等内容。本范例选取了责任、知识技能、努力程度、工作环境四大要素作为薪酬要素，同时对每一个薪酬要素进行了分解，细分为若干子要素。

（4）界定薪酬要素。仔细界定每个薪酬要素，以确保评价人员在应用这些要素时能保持一致。

（5）确定要素等级，并对各要素等级进行界定和说明。

（6）确定各要素及各要素等级的点值。

组织各评价要素的总点数及其分配遵循的原则，以容易转换成货币工资为宜，一般为400～1 000点，其中以500点居多，本范例采用的总点数是1 000点。

通过上述工作可以编制出"岗位评价要素与定义分级表"。

（7）确定每一岗位各评价要素汇总的点数之和。

我们设计"岗位评价要素与定义分级表"的目的是想得出组织中每一岗位的评价要素点数之和，以便计算出该岗位在组织中的价值，从而确定该岗位的岗位工作（基本工资)。

(8) 编写岗位评价指导手册。

制定岗位点值方案的最后一步是编写"点值指南"或"岗位评价指导手册"。这一步只是把各要素及其等级的定义、点值汇编成一本便于使用的指导手册。

表7-5 岗位评价要素与定义分级表

等级	1 责任要素	分数
	1.1 风险控制的责任	
	要素定义：指在不确定的条件下，为保证贸易、投资、产品开发及其他项目顺利进行，并维持我方合法权益所担负的责任，该责任的大小以失败后损失、影响的大小作为判断标准。	
0	无任何风险。	0
1	仅有一些小的风险。一旦发生问题，不会给公司造成多大影响。	20
2	有一定的风险。一旦发生问题，给公司所造成的影响能明显感觉到。	40
3	有较大的风险。一旦发生问题，会给公司带来较严重的损害。	60
4	有极大风险。一旦发生问题，对公司造成的影响不仅不可挽回，而且会致使公司经济危机甚至倒闭	80
	1.2 直接成本/费用控制的责任	
	要素定义：指在正确工作状态下，因工作疏忽而可能造成的成本、费用、利息等额外损失方面所承担的责任。	
1	不可能造成成本费用等方面的损失。	5
2	造成较小的损失。	15
3	造成较大的损失。	20
4	造成重大的损失。	25
5	造成不可估量的损失	40
	1.3 指导监督的责任	
	要素定义：指在正常权力范围内所拥有的正式指导监督职责。其责任的大小根据所监督指导人员的数量（所有下属的数量）决定。	
0	不监督指导任何人，只对自己负责。	0
1	监督指导下属3人以下。	10
2	监督指导下属4～10人。	15
3	监督指导下属11～20人。	20
4	监督指导下属21～35人。	25
5	监督指导下属36～50人。	30
6	监督指导下属50人以上	40

续上表

	1.4 内部协调责任	
	要素定义：指在正常工作中，需要与之合作共同顺利开展业务的协调活动。其责任的大小以所协调对象的所在层次、人员数量及频繁程度和失调后果大小作为判断基准。	
0	不需要与任何人进行协调；若有，也是偶尔与本部门的一般职工协调。	0
1	仅与本部门职工进行工作协调，偶尔与其他部门进行一些个人协调，协调不力一般不影响自己和他人的正常工作。	7
2	与本部门和其他部门职工有密切的工作联系，协调不力会影响双方的工作。	15
3	几乎与本公司所有一般职工有密切的工作联系，或与部分部门经理有工作协调的必要，协调不力对公司有一定的影响。	22
4	与各部门的经理及负责人有密切的工作联系，在工作中需要保持随时联系和沟通，协调不力对整个公司有重大影响	30
	1.5 外部协调的责任	
	要素定义：指在正常工作中需维持密切工作关系，以便顺利开展工作方面所负有的责任，其责任大小由对方工作的重要性作为判断标准。	
0	不需要与外界保持密切联系。	0
1	需要与外界保持日常性、常规性联系。	10
2	需要与外界发生特别性联系。	20
3	需要与外部单位负责人保持密切联系，联系的原因往往涉及重大问题或影响决策	30
	1.6 工作结果的责任	
	要素定义：指对工作结果承担多大的责任。以工作结果对公司影响的大小作为判断责任大小的基准。	
1	只对自己的工作结果负责。	10
2	需要对自己和所监督指导者的工作结果负责。	15
3	对整个工作组的工作结果负责。	20
4	对整个部门的工作结果负责。	30
5	对整个公司的部分部门工作结果负责。	40
6	对全公司的工作结果负责	55
	1.7 组织人事的责任	
	要素定义：指在正常工作中，对人员的考核、工作分配、激励等具有法定的权力。	
0	不负有组织人事的责任。	0
1	仅对个别职工有分配工作任务、考核和激励的责任。	10
2	对一般职工具有分配工作任务、考核和激励的责任。	25
3	对基层的负责人有分配工作任务、考核和激励的责任。	40
4	对中层领导具有分配工作任务、考核和激励的责任	50

续上表

	1.8 法律上的责任	
	要素定义：指在正常工作中需要拟定和签署具有法律效力的合同，并对合同的结果负有相应的责任。其责任的大小视签约、拟定合同的重要性及后果的严重性作为判断基准。	
0	不参与有关法律合同（技术协议）的制定和签约。	0
1	需要偶尔拟定具有法律效力的合同条文（技术协议），并对结果负部分责任。	10
2	需要经常拟定具有法律效力的合同条文（技术协议），并对结果负部分责任。	15
3	工作经常需要审核各种业务或其他具有法律效力的合同（技术协议），并对结果负有全部责任。	20
	1.9 决策的层次	
	要素定义：指在正常的工作中需要参与决策，其责任的大小根据所参与决策的层次高低作为判断基准。	
1	工作中常做一些小的决定，一般不影响他人。	6
2	工作中需要做一些大的决定，只影响与自己有工作关系的部分一般职工（相当于组长级）。	12
3	工作中需要做一些对所属人员有影响的决策（相当十副部长级）。	18
4	工作中需要做一些大的决策，但须与其他部门负责人共同协商方可（相当于部长级）。	24
5	工作中需要参加最高层次决策（相当于副总以上级）	30
	2 知识技能要素	
	2.1 最匹配学历要求	
	要素定义：指顺利履行工作职责所要求的最适宜的学历要求，其判断基准按正规教育水平判断。	
1	高中、职业高中或中专毕业。	5
2	大学专科。	10
3	大学本科（重点大学）。	15
4	硕士。	20
5	博士	30
	2.2 知识多样性	
	要素定义：指在顺利履行工作职能时需要使用多种学科、专业领域的知识。判断基准在于广博而不在精深。	
1	不需要涉及其他学科知识。	7
2	需要相近专业知识的支持。	14
3	需要两门以内跨专业学科知识支持。	22
4	需要两门以上跨专业学科知识支持	30

续上表

	2.3 熟练期	
	要素定义：指具备工作所需的专业知识的一般劳动力需多长时间才能胜任本职工作。	
	3 个月之内。	4
1	3～6 个月。	8
2	6～12 个月。	12
3	1～2 年。	16
4	2 年以上	20
	2.4 工作复杂性	
	要素定义：指在工作中履行职责的复杂程度。其判断基准根据所需的判断分析、计划等水平而定。	
1	简单的、独自的工作。	8
2	只需简单的提示即可完成工作，不需计划和独立判断。	16
3	需进行专门训练才可胜任工作，但大部分时候仅需一种专业技术，偶尔需要进行独立判断或计划。	24
4	工作时需要运用多种专业技能，经常做独立判断和计划。	32
5	工作要求高度的判断力和计划性	40
	2.5 工作经验	
	要素定义：指工作在达到基本要求后，还必须运用某种必须随经验不断积累才能掌握的技巧。判断基准是：掌握这种必需的技巧所花费的实际工作时间。	
1	3 个月以内。	5
2	3～6 个月。	10
3	6～9 个月。	15
4	9～12 个月。	20
5	1～2 年。	28
6	2～5 年。	36
7	5 年以上	40
	2.6 工作的灵活性	
	要素定义：指工作需要灵活处理事情的程度。判断基准取决于工作职责要求。	
0	属于常规性工作，很少或不需要灵活性。	0
1	大部分属于常规性工作，偶尔需要灵活处理一些一般性问题。	10
2	工作中一般属于常规性的，经常需要灵活性处理工作中所出现的问题。	20
3	工作中一大半属于非常规性，主要靠自己灵活地按具体情况进行妥善处理。	30
4	工作非常规，需要在复杂多变的环境中灵活地处理重大的偶然性问题	40

续上表

	2.7 语言应用能力	
	要素定义：指工作所要求实际运用的文字知识程度。	
1	一般信函、简报、便条、备忘录和通知。	10
2	报告、汇报文件、总结（非个人）。	15
3	公司文件或研究报告，或一般使用外语。	20
4	合同或法律条文，或熟练使用外语	25
	2.8 数学或计算机知识	
	要素定义：指工作所要求的实际数字运算或计算机知识的水平。判断以常规使用的最高程度为基准。	
1	只需使用整数加减。	5
2	使用基本工具软件（办公自动化软件）。	10
3	使用计算机开发工具软件	25
	2.9 专业技术知识技能	
	要素定义：指为顺利履行工作职责具备的专业技术知识素质和能力的效能要求。	
0	基本不需要专业技术知识。	0
1	只需要常识性的专业技术知识，该知识很容易被大家掌握。	10
2	工作所需要的专业技术知识要求较高，该知识很难被掌握。	20
3	该岗位所需要的专业技术知识要求非常高，该知识涉及公司的竞争能力	40
	2.10 管理知识技能	
	要素定义：指为顺利履行工作职责具备的管理知识素质和能力的要求。	
0	工作简单，基本不需要管理知识。	0
1	工作需要基本的管理知识。	10
2	需要较强的管理知识和管理能力来协调各方面关系。	20
3	需要非常强的管理能力和决断能力，该工作影响到公司正常生产与经营	35
	2.11 综合能力	
	要素定义：指为顺利履行工作职责具备的多种知识素质、经验和能力的总体效能要求。	
1	工作单一、简单，无需特殊技能和能力。	10
2	工作规范化、程序化，仅需某方面的专业知识和技能。	20
3	工作多样化，灵活处理问题要求高，需综合使用多种知识和技能。	35
4	非常规性工作，需在复杂多变的环境中处理事务，需要很高的综合能力	50

续上表

	3 努力程度要素	
	3.1 工作压力	
	要素定义：指工作本身给任职人员带来的压力。根据决策迅速性、工作常规性、任务多样性、工作流动性及工作是否被时常打断进行判断。	
1	极少迅速作决定，工作常规化，工作很少被打断或者干扰。	10
2	很少迅速作决定，工作速度没有特定要求，手头的工作有时被打断。	20
3	要求经常迅速作出决定，任务多样化，手头的工作常被打断，或工作流动性强。	30
4	经常地迅速作出决定，任务多样化，工作时间很紧张或工作流动性很强	40
	3.2 脑力辛苦程度	
	要素定义：指在工作时所需注意力集中程度的要求。根据集中精力的时间、频率等进行判断。	
1	工作时以体力为主，心神、视力与听觉等随便。	6
2	工作时不需高度集中精力，只从事一般强度脑力劳动。	12
3	少数工作时间必须高度集中精力，从事高强度脑力劳动。	20
4	一般工作时间必须高度集中精力，从事高强度脑力劳动。	25
5	多数工作时间必须高度集中精力，从事高强度脑力劳动	30
	3.3 工作地点稳定性	
	要素定义：指工作时是否经常变换工作地点，主要根据出差时间的长短进行判断。	
0	累计出差时间小于1个月/年。	0
1	累计出差时间1～3个月/年。	4
2	累计出差时间3～6个月/年。	8
3	累计出差时间6～9个月/年。	14
4	累计出差时间大于9个月/年	20
	3.4 创新与开拓	
	要素定义：指顺利进行工作所必需的创新与开拓的精神和能力的要求。	
0	全部工作为程序化、规范化，无需开拓创新。	0
1	工作基本规范化，偶尔需要开拓创新。	15
2	工作时常需要开拓和创新。	30
3	工作性质本身即为开拓和创新的	40

续上表

	3.5 工作紧张程度	
	要素定义：指工作的节奏、时限、工作量、注意力转移程度和工作所需对细节的重视所引起的工作紧迫感。	
1	工作的节奏、时限自己掌握，没有紧迫感。	10
2	大部分时间的工作节奏、时限自己掌握，有时比较紧张，但时间持续不长。	20
3	工作的节奏、实现自己无法控制，明显感到工作紧张。	30
4	为完成每日工作需要加快工作节奏，持续保持注意力的高度集中，每天下班时经常明显感到疲劳	40
	3.6 工作均衡性	
	要素定义：指工作每天忙闲不均的程度。	
1	一般没有忙闲不均的现象。	7
2	有时忙闲不均，但有规律性。	14
3	经常有忙闲不均的现象，且没有明显的规律。	21
4	工作经常忙闲不均，而且忙的时间持续很长，打破正常的作息时间	30
	4 工作环境要素	
	4.1 职业病或危险性	
	要素定义：因工作所造成的身体疾病，或工作本身可能对任职者身体所造成的危害。	
1	无职业病的可能，或没有可能对身体造成危害。	0
2	会对身体某些部位造成轻度伤害，或不注意可能造成人体轻度伤害。	6
3	对身体某些部位造成能明显感觉到的损害，或发生意外可造成明显伤害。	12
4	对身体某部位造成损害致使产生痛苦，或工作危险大，有可能造成很大伤害	20
	4.2 工作时间特征	
	要素定义：指工作要求的特定起止时间。	
1	按正常时间上下班。	7
2	基本按正常时间上下班，偶尔需要早到迟退。	14
3	上下班时间视工作具体情况而定，但有一定事实上的规律，自己可以控制安排。	21
4	上下班时间根据工作具体情况而定，并无规律可循，自己无法安排控制	30

【知识拓展】

因素比较法举例

北京 ABC 公司在进行岗位评价时，将评价因素设定为脑力劳动强弱（20%）、体力劳动强弱（25%）、技能水平高低（30%）和责任大小（25%）等 4 个因素，对材料搬运工、卡车司机和油漆工的工作岗位进行了评价，如表 7-6 所示。

表7-6 各岗位因素等级比较表

等级（低到高）	因素等级			
	脑力20%	体力25%	技能30%	责任25%
1	材料搬运工	油漆工	材料搬运工	材料搬运工
2	油漆工	卡车司机	油漆工	油漆工
3	卡车司机	材料搬运工	卡车司机	卡车司机

计算不同工作岗位因素值如下：

材料搬运工因素值 = 1×20% + 3×25% + 1×30% + 1×25% = 1.5

油漆工因素值 = 2×20% + 1×25% + 2×30% + 2×25% = 1.75

卡车司机因素值 = 3×20% + 2×25% + 3×30% + 3×25% = 2.75

说明：各岗位由低到高排序为材料搬运工、油漆工和卡车司机。

【网上练习】

请上网查找"因素比较法"的操作步骤，了解该岗位评价法在现实中是如何使用的。

【思考与讨论】

岗位评价的方法有哪些？

任务3 薪酬调查

【任务情境】

为了做好佳宝丽公司的此次薪酬调整工作，公司委托了一家管理咨询公司进行外部市场薪酬调查和内部员工薪资满意度调查。调查显示，该公司员工的平均薪酬处于市场水平的25P处，公司的员工一致认为自己的薪资水平低于市场水平，公司现行的工资制不能最大限度地调动他们的积极性，薪酬满意度较低。

【任务要求】

1. 请思考：佳宝丽公司还可以采取哪些方法进行薪酬调查？

2. 每位学生进行一次薪酬调查，了解调查对象的薪酬情况（薪酬水平、薪酬结构、薪酬福利形式等）。薪酬调查问卷可见本节范例。

【任务目标】

熟悉薪酬调查的内容、渠道、步骤，能够根据组织需要开展薪酬调查工作，获取薪酬信息，形成薪酬报告，为组织的薪酬决策提供参考依据。

【任务考核】

教师参考以下标准对学生的学习成果进行评价：
（1）薪酬调查的样本数量、调查渠道的丰富程度；
（2）薪酬调查内容的完整程度；
（3）文件资料（调查文件、调查报告等）制作的完整与适用程度。

【核心概念】

薪酬调查。

【知识精讲】

薪酬调查，即通过一系列标准、规范和专业的方法，对市场上的相关职位进行分类、汇总和统计分析，以获取相关企业各职务的薪酬水平及相关信息，形成能够客观反映市场薪酬现状的调查报告，为企业薪酬设计提供有效的决策依据及参考。薪酬调查是薪酬管理的重要组成部分，重点解决的是薪酬的对外竞争力和对内公平性问题。薪酬调查报告能够帮助企业达到个性化和有针对性地设计薪酬的目的。

一、调查的内容

薪酬调查的内容包括：
（1）了解企业所在行业的工资水平；
（2）了解本地区的工资水平；
（3）调查同行企业的工资结构；
（4）调查同行企业的福利情况及劳动政策。

二、调查渠道

调查渠道主要有如下几种：
（1）企业之间的相互调查

由于我国的薪酬调查系统和服务还没有完善，所以最可靠和最经济的薪酬调查渠道还是企业之间的相互调查。相关企业的人力资源管理部门可以采取联合调查的形式，共享薪酬信息。这种相互调查是一种正式的调查，也是双方受益的调查。调查可以采取座谈会、问卷调查等多种形式。

（2）委托专业机构进行调查

现在，在一些城市均有提供薪酬调查的管理顾问公司或人才服务公司。通过这些专业机构调查会减少人力资源部门的工作量，省去了企业之间的协调费用。但它需要向委托的专业机构付一定的费用。

（3）从公开的信息中了解

有些企业在发布招聘广告时会写上薪金待遇，调查人员稍加留意就可以了解到这些信息。另外，某些城市的人才交流中心也会定期发布一些岗位的薪酬参考信息。但由于此方面信息覆盖面广、薪酬范围大，所以对有些企业参考作用不大。

（4）从流动人员中了解

通过其他企业来本企业应聘的人员可以了解一些其他企业的薪酬状况。

三、调查的步骤

1. 成立人力资源调查工作小组

人力资源调查工作小组由公司总裁和各部门主管、人力资源规划专职人员组成，总裁担任组长，人力资源部经理任执行副组长。

2. 确定调查目的，制定人力资源调查计划

人力资源部门应该首先明确调查的目的和调查结果的用途，再开始制定调查计划。一般而言，调查的结果可以为以下工作提供参考和依据：

（1）整体薪酬水平的调整；
（2）薪酬结构的调整；
（3）薪酬晋升政策的调整；
（4）某具体岗位薪酬水平的调整。

3. 确定调查范围

根据调查的目的，可以确定调查的范围。明确调查的范围需要回答以下问题：

（1）需要对哪些企业进行调查？
（2）需要对哪些岗位进行调查？
（3）需要调查该岗位的哪些内容？
（4）调查的起止时间。

4. 设计薪酬调查问卷

薪酬调查一般采用问卷调查法，由企业直接发放问卷，或者委托有关部门进行调查，后一种形式比较便利。因此，根据委托调查企业的要求，设计科学、高效的调查问卷是非常重要的。

调查问卷一般设计两套，一套用于综合性调查；一套用于典型调查。综合性调查问卷的项目数量多，且比较复杂，主要包括：基本薪资、红利、加班费、参观费、夜间加班费等辅助薪资；养老金、员工股息、假期规定、医药补助等各种福利和保险待遇等。综合性薪酬调查表的范例如表7-7所示。

范 例

表7-7 薪酬市场调查表

调查项目	职位名称						
	IT总监	营运总监	HR总监	销售总监	分公司经理	分公司部门经理	分公司基层主管
年薪							
年度奖金							

续上表

调查项目	职位名称						
	IT 总监	营运总监	HR 总监	销售总监	分公司经理	分公司部门经理	分公司基层主管
公司福利年度成本							
社会保险							
住房公积金							
附加商业险							
交通补贴							
免费工作餐							
带薪年假							
带薪病假							
加班费							
节日发放礼品							
年度调资（%）							
公司股票							

典型调查项目相对简单，主要包括：基本薪资、实际收入、工作时间等项目。除此之外，收集企业的薪酬管理政策、方式和制度规定等一些定性的信息，也是薪酬调查的重要内容。

以下为典型调查问卷范例。

某行业薪酬调查问卷

声明：本次调查对客户所提交的所有信息数据绝对保密，所有用户看到的最终报告是基于参与调查的所有行业样本的统计分析结果，贵单位的信息数据绝不外泄！

1. 您的性别？
   A．男　　B．女
2. 您的年龄？
   A．20 岁以下　　B．21～25 岁　　C．26～30 岁　　D．31～35 岁
   E．36～40 岁　　F．41～45 岁　　G．46～50 岁　　H．50 岁以上
3. 您的学历水平？
   A．博士　　B．硕士　　C．本科　　D．大专　　E．中专　　F．中技

G. 高中　　H. 初中
4. 您的计算机操作能力？
   A. 无　　B. 较差　　C. 一般　　D. 良好　　E. 精通　　F. 优秀
5. 目前贵公司在行业之中的竞争地位？
   A. 前三名　　B. 第三至第五　　C. 第六至第十　　D. 第十一至第二十
   E. 第二十一以后
6. 您目前所在企业的性质？
   A. 国有企业　　B. 民营企业　　C. 中外合资　　D. 台资企业　　E. 港资企业
7. 您目前在该公司所任职务？＿＿＿＿＿＿＿
8. 您目前的职称？
   A. 暂无　　B. 高级　　C. 中级　　D. 初级　　E. 其他
9. 您目前所在公司的所在地区？＿＿＿＿＿省＿＿＿＿市（县）
10. 您的相关工作经验（工龄）？
    A. 6个月以下　　B. 6～12个月　　C. 1～2年　　D. 2～3年
    E. 3～5年　　F. 5～10年　　G. 10～15年　　H. 15～20年
    I. 20年以上
11. 请输入你目前的月薪数目（含月度津贴）：＿＿＿＿＿＿元
12. 请输入你目前的年终奖或分红或双薪数目；如果无此项收入，可不填：＿＿＿＿＿元（人民币）
13. 请输入你目前的年薪数目（年薪：含奖金、津贴及各项现金收入）：＿＿＿＿＿＿元（人民币）
14. 您的第一外语能力？
    A. 精通　　B. 中等　　C. 一般
15. 您对目前的薪酬满意吗？
    A. 非常满意　　B. 满意　　C. 一般　　D. 不满意
16. 您是否有海外高等教育？
    A. 是　　B. 否
17. 贵公司的福利项目包括：
    A. 五险一金　　B. 培训　　C. 晋升、岗位轮换　　D. 旅游等集体活动
    E. 有薪假期　　F. 其他（请填写）

5. 整理、统计分析相关资料信息

在进行完调查之后，人力资源部负责对收集到的数据进行整理、统计与分析。在整理中要注意将不同岗位和不同调查内容的信息进行分类，并且在整理的过程中要注意识别是否有错误的信息。最后，根据调查的目的，有针对性地对数据进行分析，将以上获取的数据整理为数据模型、图表或其他电子数据库形式，直观、清晰地描述所调查职位的薪酬情况，为撰写薪酬调查报告做准备。

6. 撰写薪酬调查分析报告

薪酬调查报告的具体内容包括所在行业、企业性质、规模、具体职位、学历、工作内

容、岗位资格要求、薪资总额、薪资结构、福利体系等。

某市酒店业薪酬调查分析报告

一、酒店业的调查结果

根据详细调查结果，编制某市有代表性的四、五星级酒店的工资情况表，如表 7 – 8 所示。

表 7 – 8　工资情况表

星级	饭店名称	部门经理（元）	主管级（元）	领班级（元）	员工级（元）
五星级	索菲特	5 000 以上	1 700 ~ 2 300	900 ~ 1 200	550 ~ 900
	金花豪生	4 000 ~ 5 000	1 400 ~ 3 000	900 ~ 1100	700 ~ 1 000
	香格里拉	5 000 以上	1 500 ~ 2 800	1400	650 ~ 800
	喜来登	5 000	1500 ~ 1 800	1 000 ~ 1200	688 ~ 800
	凯悦饭店	4 500 以上	2 500	1 200	750 ~ 800
	城堡酒店	4 500 以上	1 400 ~ 2 800	1 200	650
	金石酒店	3 500 以上	1 500 ~ 1 800	1 000 ~ 1 300	700 ~ 900
四星级	建国饭店	3 400 ~ 4 400	1 300 ~ 2 100	1 000 ~ 1 200	600 ~ 900
	钟楼饭店	4 500 以上	1 500 ~ 2 200	1 000 ~ 1 600	800 以上
	古都饭店	4 000 以上	1 800 ~ 2 500	1 000 ~ 1 600	600 ~ 640
	万年饭店	4 000 以上	1 600 ~ 2 000	1 200	600 ~ 800
	凯莱酒店	4 000 以上	1 500 ~ 2 000	900 ~ 1 400	650 ~ 750
	骊苑酒店	3 700 ~ 5 000	1300 ~ 1 600	800 ~ 1 200	600 ~ 740
	君安王朝	3 000 ~ 6 000	1 700	1 400	700 ~ 1 000
	天龙商务	3 000 ~ 5 000	1 300 ~ 1 500	1000 ~ 1 200	700 ~ 900
	紫薇山庄	4 000 ~ 4 500	1 800 ~ 2 000	1 000 ~ 1 200	700 ~ 900
曲江周边酒店	唐华宾馆	3 500 以上	1 300 ~ 1 800	1 100 ~ 1 300	580 ~ 980
	大唐芙蓉园	3 500 ~ 4 500	1 500 ~ 2 000	1 200 ~ 1 400	750 ~ 900
	惠宾苑	3 500 以上	1 500	1 000	650
	曲江生态园	3 500 以上	1500 ~ 2 000	1 000 ~ 1 200	700 ~ 800
	曲江宾馆	3 500 以上	1 260 ~ 1 560	860 ~ 1 060	560 ~ 910

现今酒店业的工资福利结构组成为：月薪+社保五金+月奖金+年终奖。以上大部分酒店基本上为五天工作制，月奖金为当月效益奖，年终奖根据全年经营状况额外发放一或多个月工资。

二、调查结果与我司现况的对比分析

（一）优劣势对比

劣势：其他餐饮及服务员多为底薪（一般为600～700元）+酒水类提成，而我司与之相比缺少提成激励，致使员工月度总收入相对要低一些，其他部分岗位相对来讲没有绝对优势甚至还略低一点，这是员工流失的因素之一；我司地处朱雀大街，公交线路不是很方便，很多人要到南侧门或别处倒班，如果晚上下班超过十点半便影响乘车，这也是目前员工流失的因素之一；

优势：我司有系统的员工培训，有丰富的员工活动；另一方面，企业发展前景较好、企业经营定位"健康"等方面相对其他一些同行略具优势。

（二）分析

1. 在常规情况下，大部分人员在应聘另外一家公司时，主要目的是为了谋求更高的薪水及福利待遇，或谋求长期的稳定和个人发展。因此，如果在员工薪资待遇方面没有一定的吸引力，会在一定程度上影响员工队伍的稳定和人员的招聘。

2. 我司部分一线岗位存在"同工不同酬"现象，而薪酬公平与否比薪酬高低更为重要，这种现象在一定程度上影响了这部分员工的工作积极性。

三、建议

花巨额资金投资，目的是产生经济效益。在硬件投入已定的情况下，人员素质成为酒店经营成功与否的关键因素，其中管理人员的素质更是决定因素。

一线人员的流失将直接影响酒店的服务质量和培训成本，提高待遇、加强福利建设和营造和谐良好的工作氛围至关重要。故就薪酬方面提出以下建议：

对于一线共性岗位减少薪资级差，体现"同岗同薪、多劳多得"的原则。例如：服务员原来可定为D1，D2或D3，现确定为一个档。个人能力及表现的优劣不再由薪资级别来调整体现，而改由绩效表现工资（或提成奖金）来激励及体现。

调整员工薪资结构，部分岗位提升薪酬总额，但加大绩效考核基数部分和考核力度。例如：服务员岗位表现工资（基本工资600元+表现工资150元），调整为：基本工资±月度服务质量奖惩累计额+提成（保证平均水平不低于同行业标准及社会平均工资）；其他非一线岗位的绩效工资部分一方面与自己的工作综合表现情况挂钩考核，另一方面则与公司整体经营盈利水平挂钩考核兑现。

对于一线岗位（如：服务员、洗碗工、公卫等）缩短原来三个月的试用期，对此很多员工都有不同程度的想法和意见；从另一方面来说，这些基础岗位我们在试用期里主要考察的是员工的工作态度、能否很快适应环境、熟悉工作流程等一些基础的方面，而这些在一个月内完全可以考察出来，故此，为使新进一线员工尽快融入企业，建议将试用期限进行调整：有经验的试用期限一个月，无经验的试用期限两个月。

给领班级及主管级以上人员缴纳五金（可按低保基数846元缴纳），预算（大概按80

人核算）每月公司承担费用为：80人×单位承担334.17元/（月·人）＝26 733.6元。这将是有别于同行业一个吸引人才的最大亮点，同时也响应了劳动政策。

【知识拓展】

如何审查薪酬调查数据

大部分企业是通过委托专业公司进行薪酬调查或直接从专业公司购买薪酬数据。在审查这些数据时应当注意以下几个方面问题：
（1）对职位的描述是否清楚；
（2）薪酬调查数据是否在有效期以内？时间不得超过半年；
（3）选择的劳动力市场是否合适？调查的地区应与本地区类似；
（4）哪些公司提供了薪酬调查数据？要注意调查公司、部门的权威性，公司的调查和分析经验与能力；
（5）是否报告了数据采集方法？应当是大规模的数据采集；
（6）是否报告了数据处理方法？需要了解使用了哪些统计手段和方法。

【网上练习】

学生做一份薪酬调查报告。

【思考与讨论】

企业员工的薪酬满意度调查可以调查哪些项目？

任务4　薪酬体系设计

【任务情境】

某公司人员分类为两个系列：管理系列和厂线操作系列。

管理系列工资结构为：基本工资＋岗位工资＋绩效考核奖金＋各类补助（伙食补助、交通补助、通讯补助、住宿补助、特殊补助）＋工龄工资；出差补贴：市内补助50元/每天，省内补助500元/每天，省外补助根据实际情况确定（交通补助费＋住宿＋伙食＋其他活动经费）。

管理系列的绩效考核分为两种：经理以下以月度作为考核周期，绩效奖金额度为本月总利润额的0.01%；经理以季度作为考核周期，正副职总经理以年度作为考核周期，绩效奖金额度为本季度、本年度的总盈利额度的0.1%。

本月度公司总经理在省内出差5天，业务经理在市内4天，省内出差2天。研发经理（工号8号）本月在市内出差1天，人力资源部招聘经理（工号7号）、人力资源经理助理（工号22号）和研发部经理（工号8号）本月省内出差4天，人力资源经理助理（工号

22号)本月市内出差2天。

厂线系列工资核算结构为：基本工资+加班工资（加班1天100元）+工龄工资，月上班时间统一为20天，每天工作8小时。如无紧急订单情况，车间基本每星期工作6天。

按照公司出勤管理规定，员工在正常上班时间内迟到1次扣10元，请假1天扣除当天工资（基本工资/20），本月人事文员、前台文员各迟到1次，业务经理迟到1次，培训主管迟到2次，业务助理（工号28、29）各迟到2次，车间1线47号、49号、53号各迟到1次，车间2线70号、74号、81号各迟到1次。人力资源部经理请假1天、总经理请假1天、业务主管请假2天，车间1线52号、64号各请假2天，车间2线71号、78号各请假1天。

另外，假定社会保险和住房公积金的缴费基数为：管理系列4 000元，厂线系列2 000元。社保缴费率以广州市的社保费率为准。公积金个人缴存率假定均为10%。

【任务材料】

任务材料如表7-9～表7-15所示。

表7-9 基本工资构成表

1	学历	高中及以下	中专	大专	本科	硕士	博士
2		900	1 200	1 700	2 500	3 500	4 500
3	职称	初级	中级	高级			
4		700	1 200	2 000			

表7-10 工龄工资

工龄	1年	2年	3年	4年	5年	6年及以上
金额	100	150	200	300	400	500

表7-11 公司福利补助等级表

职位等级	伙食补助（元）	交通补助（元）	通讯补助（元）	住宿补助（元）	出差补助（元）
20	1 000	1 000	500	1 000	
19	1 000	1 000	500	1 000	
18	1 000	1 000	500	1 000	
17	800	500	500	800	见任务情境规定
16	800	500	500	800	
15	800	500	500	800	
14	800	500	500	800	
13	500	200	300	500	

续上表

职位等级	伙食补助（元）	交通补助（元）	通讯补助（元）	住宿补助（元）	出差补助（元）
12	500	200	300	500	
11	500	200	300	500	
10	400	200	150	500	
9	400	200	150	500	
8	400	200	150	500	
7	300	50	50	200	见任务情境规定
6	300	50	50	200	
5	300	50	50	200	
4	300	50	50	200	
3	200	50	50	200	
2	200	50	50	200	
1	200	50	50	200	

表7-12 公司管理序列薪酬等级及岗位工资　　　　　　　　　　　　　　　　单元：元

职位等级						
21					总经理	
20					S2-3	7 500
19					S2-2	7 000
18				副总经理	S2-1	6 500
17					S1-4	5 900
16					S1-3	5 600
15					S1-2	5 300
14				经理	S1-1	5 000
13					M5-3	4 600
12					M5-2	4 300
11				主管	M5-1	4 000
10					M4-3	3 500
9					M4-2	3 000
8				专员	M4-1	2 500
7					M3-3	2 000
6					M3-2	1 800

续上表

职位等级				
5		助理	M3－1	1 500
4			M2－2	900
3		文员	M2－1	800
2			M1－2	700
1			M1－1	600

表7－13　2015年第二季度利润额统计表

月份	4月份	5月份	6月份
利润额	340万元	320万元	350万元

表7－14　2015年第四季度利润额统计表

月份	10月份	11月份	12月份
利润额	340万元	320万元	350万元

表7－15　公司员工基本情况统计表

工号	系列	职位/级别	学历	职称	工龄
1	管理	总经理2级	本科	高级	20年
2	管理	副总经理1级	硕士	高级	12年
3	管理	副总经理2级	硕士	高级	10年
4	管理	生产经理1级	本科	中级	8年
5	管理	业务经理3级	大专	中级	5年
6	管理	行政经理2级	大专	中级	9年
7	管理	人力资源经理3级	本科	中级	7年
8	管理	研发经理3级	硕士	高级	10年
9	管理	业务主管1级	大专	初级	3年
10	管理	生产主管1级	本科	中级	5年
11	管理	业务主管2级	本科	中级	3年
12	管理	研发1组主管1级	博士	中级	6年
13	管理	研发2组主管2级	博士	中级	5年
14	管理	研发3组主管3级	硕士	高级	8年
15	管理	薪酬主管1级	本科	初级	3年
16	管理	招聘专员3级	本科	初级	2年

续上表

工号	系列	职位/级别	学历	职称	工龄
17	管理	培训主管2级	硕士	初级	3年
18	管理	岗位分析专员1级	硕士	初级	3年
19	管理	车间1主管3级	本科	中级	5年
20	管理	车间2主管3级	本科	中级	6年
21	管理	后勤专员2级	本科	中级	4年
22	管理	人力资源经理助理1级	本科	初级	1年
23	管理	人力资源经理助理2级	本科	初级	2年
24	管理	人力资源经理助理3级	本科	初级	3年
25	管理	业务经理助理1级	本科	初级	1年
26	管理	业务经理助理2级	本科	初级	2年
27	管理	业务经理助理1级	大专	初级	1年
28	管理	业务经理助理1级	大专	初级	2年
29	管理	业务经理助理1级	大专	初级	1年
30	管理	业务经理助理1级	大专	初级	2年
31	管理	业务经理助理1级	大专	初级	1年
32	管理	研发经理助理1级	本科	初级	2年
33	管理	研发经理助理2级	本科	初级	1年
34	管理	研发经理助理2级	研究生	初级	1年
35	管理	研发经理助理2级	研究生	初级	1年
36	管理	研发经理助理2级	研究生	初级	2年
37	管理	前台文员1级	大专	初级	2年
38	管理	生产文员2级	大专	初级	2年
39	管理	人事文员1级	大专	初级	1年
40	厂线	车间1	中专	无	2年
41	厂线	车间1	中专	无	2年
42	厂线	车间1	中专	无	3年
43	厂线	车间1	中专	无	1年
44	厂线	车间1	中专	无	2年
45	厂线	车间1	中专	无	2年
46	厂线	车间1	中专	无	3年

续上表

工号	系列	职位/级别	学历	职称	工龄
47	厂线	车间1	中专	无	1年
48	厂线	车间1	中专	无	2年
49	厂线	车间1	中专	无	2年
50	厂线	车间1	中专	无	1年
51	厂线	车间1	中专	无	2年
52	厂线	车间1	中专	无	2年
53	厂线	车间1	中专	无	3年
54	厂线	车间1	高中及以下	无	1年
55	厂线	车间1	高中及以下	无	2年
56	厂线	车间1	高中及以下	无	2年
57	厂线	车间1	高中及以下	无	1年
58	厂线	车间1	高中及以下	无	1年
59	厂线	车间1	高中及以下	无	2年
60	厂线	车间1	高中及以下	无	2年
61	厂线	车间1	高中及以下	无	1年
62	厂线	车间1	高中及以下	无	0年
63	厂线	车间1	高中及以下	无	1年
64	厂线	车间1	高中及以下	无	2年
65	厂线	车间1	高中及以下	无	1年
66	厂线	车间1	高中及以下	无	1年
67	厂线	车间2	中专	无	3年
68	厂线	车间2	中专	无	4年
69	厂线	车间2	中专	无	3年
70	厂线	车间2	中专	无	2年
71	厂线	车间2	中专	无	6年
72	厂线	车间2	中专	无	3年
73	厂线	车间2	中专	无	2年
74	厂线	车间2	中专	无	1年
75	厂线	车间2	中专	无	0年
76	厂线	车间2	中专	无	1年

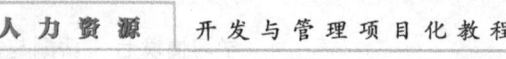

续上表

工号	系列	职位/级别	学历	职称	工龄
77	厂线	车间2	中专	无	2年
78	厂线	车间2	中专	无	3年
79	厂线	车间2	中专	无	4年
80	厂线	车间2	中专	无	2年
81	厂线	车间2	高中及以下	无	1年
82	厂线	车间2	高中及以下	无	1年
83	厂线	车间2	高中及以下	无	1年
84	厂线	车间2	高中及以下	无	1年
85	厂线	车间2	高中及以下	无	1年
86	厂线	车间2	高中及以下	无	1年
87	厂线	车间2	高中及以下	无	1年
88	厂线	车间2	高中及以下	无	3年
89	厂线	车间2	高中及以下	无	1年
90	厂线	车间2	高中及以下	无	1年
91	厂线	车间2	高中及以下	无	2年
92	厂线	车间2	高中及以下	无	1年
93	厂线	车间2	高中及以下	无	1年
94	厂线	车间2	高中及以下	无	1年
95	厂线	车间2	高中及以下	无	1年
96	厂线	车间2	高中及以下	无	1年
97	厂线	车间2	高中及以下	无	4年
98	厂线	车间2	高中及以下	无	1年
99	厂线	车间2	高中及以下	无	2年
100	厂线	车间2	高中及以下	无	1年

【任务要求】

任务选择1：请编制5月份工资表；

任务选择2：请编制6月份工资表；

任务选择3：请编制10月份工资表。

【任务目标】

理解薪酬体系的设计原则与思路，熟悉常见岗位的薪酬结构，理解各薪酬组成要素的含义与计算方法，能够正确编制工资表，能够准确计算薪酬。

【任务考核】

教师参考以下标准对学生的学习成果进行评价：
（1）工资表项目的完整程度；
（2）计算结果的准确性；
（3）文件资料的完整性与适用程度。

【核心概念】

薪酬结构；基本工资；岗位工资；固定工资；浮动工资。

【知识精讲】

一、薪酬体系设计原则

企业在进行薪酬体系设计与安排时应注意四个原则，如图7-1所示。

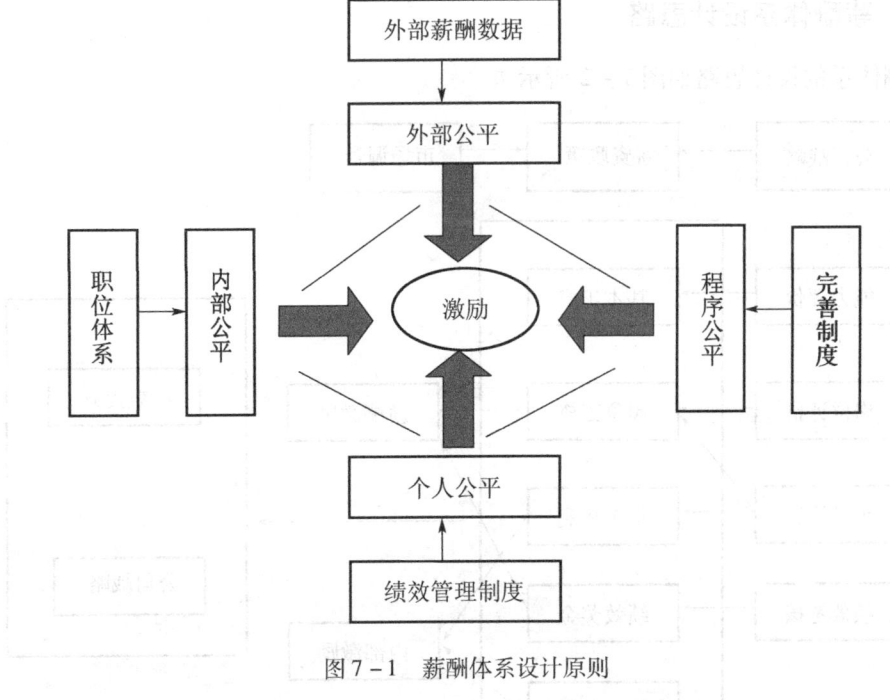

图7-1 薪酬体系设计原则

（1）外部公平

外部公平要求薪酬体系设计时应充分掌握外部的薪酬数据，特别是公司核心部门的骨干职位（如研发技术员），否则，一旦公司的薪酬低于其他公司，那么优秀的员工就会选择跳槽以提高收入水平，导致公司经营的不稳定性，进而影响公司的正常运行。

（2）内部公平

内部公平要求进行薪酬体系设计时要考虑公司内部各部门之间的相对平等性，主要是对各个部门对公司总体贡献价值进行评定。另外也可以收集同行业的其他公司各部门的薪酬情况，以此作为本公司薪资策略的参考资料。

（3）个人公平

个人公平旨在使同一个部门相同职位或相近职位之间的报酬相对公平，这要求企业的绩效考核制度要切实可行，否则给多给少就失去有说服力的理由，难于使员工安心工作，不满情绪将会影响工作效果和效率。

（4）程序公平

假定公司新招进两名应届毕业生，职位同是营销员，其中一名（甲）是中专学历，一名（乙）是大专学历。甲因为公司的总经理是他的亲戚，所以，人力资源部确定甲每个月领取的工资与乙一样，那么对于乙来讲在心理上就会产生不公平和不满情绪。按常理讲，甲应该经过两年的工作时间，才能领取一名大专毕业生的工资。乙的这种不公平心理就是因为工资提升和确定并没有按照合理科学的程序。程序公平需要人力资源管理部门加强企业薪酬制度的建设和完善，确保不同人员、不同职位在获得薪酬回报时的程序公平，避免由于此类程序的不公平而导致的不满情绪。

二、薪酬体系设计思路

薪酬体系的设计思路如图7-2所示。

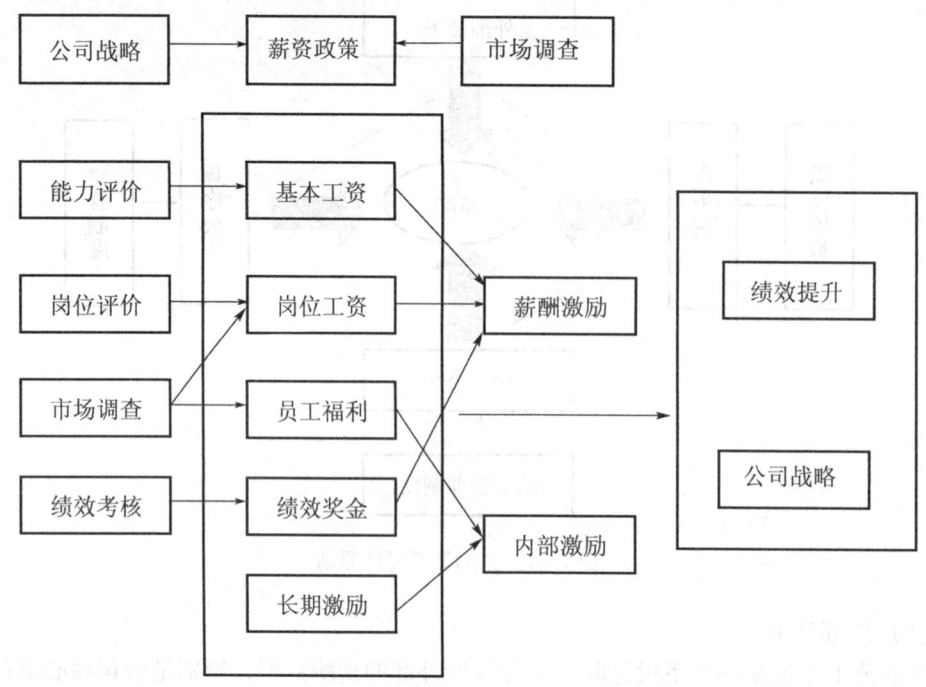

图7-2　薪酬体系设计思路框架

(一) 选择薪酬策略

根据企业的总体发展战略、经营效益、资金能力以及市场薪酬调查报告，企业可选择与实际能力相匹配的薪资政策，如领先策略、跟随策略或混合策略等。

(二) 设计薪酬结构

1. 薪酬结构的组成要素

薪酬结构是指薪酬由哪几部分组成，通常由基本工资、岗位工资、工龄工资、绩效奖金以及其他的福利补贴组成。

基本工资是根据员工的学历、职称、工作经验等综合能力来确定的，又称技能工资。

岗位工资是根据岗位分析和评价所得出的岗位价值，并结合行业薪酬调查的相关数据来确定的。

绩效奖金是根据公司的绩效考核规定以及行业绩效奖金情况而定的。绩效奖金是变化的金额，因此常称为浮动工资。

常见的福利补贴有交通补贴、通讯补贴、伙食补贴、住宿补贴、出差补贴、节假日补贴、生育补贴等，名目繁多；福利补贴的具体项目选择、金额确定以及工龄工资则取决于公司回馈员工的能力和价值观，由公司自行决定。

基本工资与岗位工资组合成固定工资；基本工资和福利补贴主要承担适应劳动力市场的外部竞争力的功能；而浮动工资则主要通过薪酬内部的一致性达到降低成本与刺激业绩的目的。薪酬结构设计的目的在于通过细化薪酬组合，使报酬金额有针对性和激励性，调动各岗位、各层次员工的工作积极性，增强责任感。

2. 常见的薪酬结构

(1) 管理序列薪酬结构的整体框架

月工资收入 = 月固定工资（基本工资 + 岗位工资）+ 月绩效工资 + 工龄工资 + 各类补贴或补助

(2) 职能序列薪酬结构的整体框架

月工资收入 = 月固定工资（基本工资 + 岗位工资）+ 月绩效工资 + 工龄工资 + 各类补贴或补助

(3) 技术序列薪酬结构的整体框架

月工资收入 = 月固定工资（基本工资 + 岗位工资）+ 月绩效工资 + 项目奖金 + 工龄工资 + 各类补贴或补助

(4) 销售序列薪酬结构的整体框架

月工资收入 = 月固定工资（基本工资 + 岗位工资）+ 销售提成 + 销售奖金 + 工龄工资 + 各类补贴或补助

(5) 操作序列薪酬结构的整体框架

月工资收入 = 月固定工资（基本工资 + 岗位工资）+ 计件工资 + 工龄工资 + 各类补贴或补助

目前，绝大部分公司的管理序列、职能序列、技术序列和操作序列的固定工资在岗位的薪酬结构中所占比重较大，而销售序列的浮动工资在岗位的薪酬结构中所占的比重较大,即业绩提成比重较大。基本工资、岗位工资、绩效奖金、福利补贴等各部分所占的比例则结合市场薪酬调查而定,在各职位的薪酬总额上与外部形成竞争型,在各部分比例上则需要考虑内部工资的公平性和激励性,形成内部激励。

（三）确定薪酬等级标准

根据企业内部岗位分析与评价所形成的职位序列和职位等级表,并结合企业总体薪酬策略的选择,可以确定企业内部的薪酬等级及各等级的薪酬额度区间。设计薪酬等级表的相关知识见"知识拓展"。

三、编制工资表

编制工资表时,要求把工资的所有数据全部设计并包括在工资表中。工资表的范例如表7-16所示。

表7-16 某公司工资表　　　　　　　　　　　　　　　　　　单位：元

序号	姓名	基本工资	加班工资	工资合计	请假扣款	住房公积金	失业保险	养老保险	医疗保险	扣款合计	计税工资	个人所得税	实发工资
1	曹肖海	4 000	300	4 300		320	20	290	60	690	3 610	5.5	3 604.5
2	丁晓力	4 500		4 500	80	360	22.5	315	67.5	845	3 655	7.8	3 647.2
3	刘 鹏	2 500	400	2 900	100	200	12.5	175	37.5	525	2 375	0	2 375
4	黎 明	3 000		3 000		240	15	210	45	510	2 490	0	2 490
5	丁秀全	1 800	300	2 100		144	9	126	27	306	1 794		1749
6	家 景	1 000	100	1 100		80	5	70	15	170	930		930
7	黄 正	2 000		2 000		160	10	140	30	340	1 660	0	1 660

其中,工资合计为员工的所有收入,包括基本工资、绩效工资、利息、股息、红利所得等；直接扣款如事假扣款、迟到扣款等；代扣款如住房公积金、社会保险费等。

应发工资 = 工资合计 - 直接扣款

征缴个人所得税的计算方法,个税起征点是3 500元,使用超额累进税率(适用税率和速算扣除数见表7-17)的计算方法如下：

应纳个人所得税税额 = (应纳税所得额 - 扣除标准) × 适用税率 - 速算扣除数

全月应纳税所得额(计税工资) = 应发工资 - 代扣款(四金)。其中四金包括：养老、医疗、失业、生育四个保险,特殊行业应补交工伤保险。如果企业福利较好,会缴纳住房公积金。

实发工资 = 全月应纳税所得额 - 个人所得税

将上述公式进行合并可得：实发工资 = 工资合计 - 扣款合计 - 个人所得税

以表7-16中员工曹肖海为例：

应纳税所得额(计税工资) = 应发工资 - 四金 = (工资合计 - 直接扣款) - 四金 = 工资

合计 – 扣款合计 = 4 300 – (320 + 20 + 290 + 60) = 4 300 – 690 = 3 610（元）

应纳个人所得税税额 =（应纳税所得额 – 扣除标准）× 适用税率 – 速算扣除数 =（3 610 – 3 500）× 5% – 0 = 5.5（元）

实发工资 = 3 610 – 5.5 = 3 604.5（元）

表 7-17 工资、薪金所得税率

级数	全月应纳税所得额（含税级距）	全月应纳税所得额（不含税级距）	税率（%）	速算扣除数
1	不超过 1 500 元	不超过 1 455 元的	3	0
2	超过 1 500 元至 4 500 元的部分	超过 1 455 元至 4 155 元的部分	10	105
3	超过 4 500 元至 9 000 元的部分	超过 4 155 元至 7 755 元的部分	20	555
4	超过 9 000 元至 35 000 元的部分	超过 7 755 元至 27 255 元的部分	25	1 005
5	超过 35 000 元至 55 000 元的部分	超过 27 255 元至 41 255 元的部分	30	2 755
6	超过 55 000 元至 80 000 元的部分	超过 41 255 元至 57 505 元的部分	35	5 505
7	超过 80 000 元的部分	超过 57 505 元的部分	45	13 505

【知识拓展】

薪酬等级的设计

1. 薪酬等级的类型

薪酬等级一般有分层式薪酬等级类型和宽泛式薪酬等级类型两种。

（1）分层式薪酬等级类型

该薪酬等级类型的特点是企业具有的薪酬等级比较多，呈金字塔形排列，员工薪酬水平的提高是随着个人岗位级别向上发展而提高的。这种等级类型在成熟的、等级型企业中常见。表 7-18 所示即属于分层式薪酬等级的类型。

表 7-18 甲公司岗位工资等级标准表   单位：元

档次等级	1	2	3	4	5	6	7	8
一	10 400	11 400	12 400					
二	8 200	8 800	9 400					
三	6 700	7 000	7 300	7 600				
四	5 200	5 500	5 800	6 100	6 400			
五	3 700	4 000	4 300	4 600	4 900			
六	2 900	3 000	3 100	3 200	3 300	3 400		

续上表

档次等级	1	2	3	4	5	6	7	8
七	2 300	2 400	2 500	2 600	2 700	2 800		
八	1 700	1 800	1 900	2 000	2 100	2 200		
九	1 300	1 350	1 400	1 450	1 500	1 550	1 600	
十	900	950	1 000	1 050	1 100	1 150	1 200	1 250
十一	500	550	600	650	700	750	800	850

（2）宽泛式薪酬等级类型

该薪酬等级类型的特点是企业具有的薪酬等级少，呈平行形，员工薪酬水平的提高既可以是因为个人岗位级别向上发展而提高的，也可以是横向工作调整而提高的。这种等级类型在不成熟的、业务灵活性强的企业中常见。表7-19所示即属于宽泛式薪酬等级的类型。

表7-19 乙公司岗位工资等级标准表　　　　　　　　单位：元

档次等级	1	2	3	4	5	6	7
一	5 400	7 000	8 600	10 200	11 800	13 400	15 000
二	3 000	3 800	4 600	5 400	6 200	7 000	7 800
三	1 800	2 200	2 600	3 000	3 400	3 800	4 200
四	1 200	1 400	1 600	1 800	2 000	2 200	2 400
五	900	1 000	1 100	1 200	1 300	1 400	1 500

2. 薪酬级差

划分薪酬等级后，还要确定不同等级之间薪酬相差的幅度，即薪酬级差。主要是确定企业内最高等级与最低等级的薪酬比例关系以及其他各等级之间的薪酬比例关系。

其中，最高等级与最低等级的薪酬比例关系，决定了企业内员工薪酬拉开差距的大小。差距太小，不能体现薪酬分配的激励性原则，会影响员工积极性；差距太大，可能会造成员工的不团结，也可能会使薪酬成本超过企业支付能力。

3. 薪酬浮动幅度

为了反映在同一岗位级别上的员工在能力上的差别，企业在实际薪酬管理中往往在同一薪酬等级中划分若干个档次。也就是说，在确定了员工所在岗位对应的薪酬等级后，可以根据员工个人能力水平的不同进入该薪酬等级的不同档次，并可以根据绩效考核结果逐年调整。但员工薪酬的变动范围一般不超过该薪酬等级的上、下限，除非员工的岗位发生变动。

薪酬浮动幅度是指在同一个薪酬等级中，最高档次的薪酬水平与最低档次之间的薪酬差距，也可以指中点档次的薪酬水平与最低档次或最高档次之间的薪酬差距。

【网上练习】

请上网查找一份某企业的薪酬制度。

【思考与讨论】

在当前时代背景下,高新技术企业的薪酬制度应该如何设计?

任务 5　薪酬调整

【任务情境】

某公司薪酬调整建议方案

一、总体思路与原则

此次薪资调整为三个重点:其一,调整企业内部的薪资结构;其二,调整员工的薪资构成比例,体现以岗位和职务为基础,按照贡献和绩效支付劳动报酬的原则;其三,简化企业和员工薪资等级和结构,增大薪资机制的作用弹性。本着保证员工原有的报酬水平,特别是低薪人员的收入水平不降低的原则,主要通过增量工资进行两个薪资结构的调整。

- 明确以岗位工资 + 津贴补贴 + 绩效工资为主的薪资制度。

岗位工资是主干工资制度,实施分类定级方式,即管理、专业、业务、事务和操作人员分别制定薪资级别,企业薪资结构为分类别的梯度等级结构。

- 调整后的员工薪资结构为:

员工薪资 = 岗位薪资 + 技能津贴(学历、职称、工龄)+ 补贴(法定补贴、企业福利)+ 奖励(月奖、业绩奖)

- 视各公司效益情况,固定工资(岗位工资、技能津贴和补贴)与浮动工资(奖金、佣金、分红)比重应控制在60%~70%和20%~30%区间内。

二、岗位(职务)等级工资

采用统一的五类定级法,即打乱公司行政隶属界限,将所有企业的正式员工的岗位统一划分为管理、专业、业务、事务和操作人员,分别定级,并纳入一张企业薪资表(见前面表7-3、表7-4)中,具体为:

- 管理人员分为5个职务等级;
- 专业人员分为4个岗位等级;
- 业务人员分为3个岗位等级;
- 事务人员分为2个岗位等级;
- 操作人员分为2个岗位等级;
- 各类岗位职务之间经对应交叉后,合并为10个薪资等级。

三、技能津贴

有两个因素促使本次薪资调整必须降低技能因素在薪资中的作用:其一是突出岗位薪资和绩效薪资的比重;其二是原有薪资中,政策性补贴占的比重很大,不宜降得过低,故只能适当降低技能工资的比重。为此,采取以下方式调整:

- 将技能薪资分为两部分,50%左右纳入岗位薪资中;另50%作为技能津贴处理。
- 技能津贴中包括学历、职称和工龄三个因素,分别确定等级和工资级差。
- 工龄工资每年为××元,按日历年累积增加。
- 学历和职称本着"二择一,就高不就低"的原则,不重复计算。技能津贴等级确定如表7-20所示。

表7-20 学历、职称津贴标准表

学历等级	津贴	职称等级	津贴
		正高	
博士		副高	
硕士		中级	
本科		初级	
大专			

四、补贴

本着尊重历史的原则,除水电、书报补贴在岗位薪资中考虑不计之外,其余的洗理费、物价补贴、开发费、交通补贴、独生子女费、住房补贴和医疗补贴同归入补贴一项,数额不变。

五、奖金

适当扩大奖金的比重。公司的月奖按岗位奖金系数法分配,主要体现岗位和职务间的差别;季度末或年末应结合业绩考评,按照业绩和贡献分配奖金。

【任务要求】

讨论:

1. 为什么该公司人力资源部会出台本薪酬调整建议方案?
2. 薪酬调整建设方案之中包含哪些内容?涉及薪酬的哪些方面?该方案是如何调整的?为什么进行如此调整?

【任务目标】

理解薪酬调整的必要性,熟悉薪酬调整的方式与内容,理解薪酬调整行为背后的管理出发点。

【任务考核】

教师参考以下标准对学生的学习成果进行评价：
(1) 小组活动中，学生的外在表现（参与度、讨论发言积极程度）；
(2) 对概念理解的准确性；
(3) 案例分析是否言之有理，分析透彻，逻辑严密，观点明确。

【核心概念】

薪酬调整；员工薪酬调整；特殊调整。

【知识精讲】

企业薪酬体系在运行一段时间以后，企业经营业务及外界环境因素的变化会影响现有的人事政策效果，使得现行的薪酬体系难以适应业务运营的需要，这要求企业必须对现有的薪酬体系进行全方位的分析和薪酬调整，以适应环境变化，激励员工的工作积极性。薪酬调整主要包括两个内容：一是薪酬体系本身的调整；二是相对应于员工薪酬的调整。

一、薪酬调整原因

薪酬调整的原因包括：企业发展战略转变；企业竞争力变化；企业经营效益变化；薪酬策略变化；行业竞争对手薪酬策略变化；区域经济发展水平变化等。

二、薪酬体系调整

（一）薪酬水平调整

薪酬水平的调整是指薪酬总额的调整。假如，原来每月工资总额为 3 000 元，现调整为每月 3 500 元或每月 4 000 元，而薪酬结构比例、薪酬等级和薪酬构成要素等保持不变。

薪酬水平调整的幅度和范围应结合薪酬调整目的和薪酬调查报告，要到达薪酬水平的外部竞争力和内部激励的作用。

（二）薪酬结构调整

薪酬结构调整主要是对薪酬构成要素进行增减或变动，由于在薪酬构成的不同部分中，不同的薪酬要素起着不同的作用，通过对薪酬构成部分的调整和变化，对员工可能产生新的激励作用。

薪酬结构调整有两种：一是构成部分所占比重的变化。如原有的薪酬结构是由"基本工资＋岗位工资＋福利补贴＋工龄工资＋绩效奖金"组成的，可根据具体的调整目的对其中的构成部分进行调整，如减少基本工资、岗位工资的比重，加大绩效考核奖金的比重，这将激发员工工作的积极性，以获取更多的奖金，当然这种调整更多适合于销售部门或绩效考核比较容易的部门和职位。另一种是构成部分的增减，如在原有的工资结构中增加浮动工资，或将福利工资调整为具体的补贴项目。

（三）薪酬等级的调整

1. 增加薪酬等级

增加薪酬等级是指在原有的薪酬等级上，增加某序列或全部序列的薪酬等级，如销售序列原有的等级有助理、销售代表、主管、经理四个等级，现将销售助理分为初级、中级和高级三个级别，销售代表细分为销售代表和高级销售代表两个级别，这样销售序列就由原来的四个级别变成现在的六个级别，其主要目的是为了将岗位之间的差别细化，更加明确级别和能力差异付薪，以达到公平报酬的目的。

2. 减少薪酬等级

这与增加薪酬等级相反，如由原来的7个等级变成4个等级；薪酬等级减少的直接结果是薪酬等级"矮化"，即合并和压缩等级结构，其优点在于：第一，使员工工作更具动力和积极性，缩短职业发展路径；第二，等级减少，职业发展的竞争强，有利于增强员工的创造性和全面发展；第三，等级减少，职位工作内容有可能相对增加，有利于工作扩大化和丰富化。

（四）调整不同等级的人员规模和薪酬比例

公司可以在薪酬等级结构不变动的前提下，定期对每个等级的人员数量进行调整，即调整不同薪酬等级中的人员规模和比例，实质是通过岗位和职位等级人员的变动进行薪资的调整。例如减少高管级的人员数量和薪酬，即减少高薪人员的数量和薪酬总额；其目的一是降低薪酬成本；二是增强企业内部的公平性；三是加大晋升和报酬激励。

三、员工薪酬调整

员工薪酬调整主要是指针对员工个人的表现情况及工作变化而对其薪酬进行变动。员工薪酬调整有以下几种类型：

（1）业绩性调整。业绩性调整也称奖励性调整，是为了奖励员工做出的优良工作绩效，鼓励员工继续努力。

（2）职位晋升（技术等级晋升）引起薪酬调整。

（3）岗位调换引起薪酬调整。

（4）试用期满调薪。

（5）工龄调整。工龄调整要体现对公司贡献积累的原则，鼓励员工长期为公司服务，增强员工对企业的归属感，提高企业的凝聚力。

（6）特殊调整。这里指企业根据内外环境及特殊目的而对某类员工进行的报酬调整。如实行年薪制的企业，每年年末应对下一年度经营者的年薪重新审定和调整，企业应根据市场因素适时调整企业内优秀人才的报酬，以留住人才。

【知识拓展】

薪酬调整"七步法"

涨薪，对于员工来说是一个喜讯，但对于企业的老板和人力资源部来说，却往往是一个充满技术和艺术的大课题。归结起来，这个课题包括三个方面：一是涨多少；二是给谁涨；三是涨薪的钱从哪来。一个让人尴尬的事实是：涨薪，并没有使得员工在"吃肉"的同时快乐起来，而由此引发的矛盾却大大增多。

由于担心"把好事办成坏事",很多企业采取了"稳健"的做法——普调或等比例调整,俗称"齐步走"。然而,"齐步走"也有齐步走的问题,一些有能力的、薪酬偏低的员工感觉受了委屈,觉得自己的价值没有得到尊重,否则,为什么薪酬的涨幅会跟不干事的张三、李四一样呢?

更多的企业(特别是民企)的老板主动担起了这个责任,根据自己对于员工贡献、岗位重要性、人才稀缺度和市场薪酬水平的认识,按照"心中的尺子"给员工涨薪。涨薪的结果往往是:企业投入了资源,却得到了完全不期望的结果。那么,该如何建立科学的涨薪体系?如何进行科学的规划和组织?

第一步:明策略

涨薪是一个企业资源再分配的过程,有限资源的分配,肯定不可能让所有人都满意,该让谁满意、该让谁绝对满意,都要有个明确的说法。

当前企业的薪酬策略,有三种病态表现:第一种是"木讷型",就是薪酬体系的导向不明确,激励的方向不清晰,所有人的绝对收入水平不低,但关键、核心人才的激励又不到位;第二种是"强心针型",为了生存乃至上规模,一些企业在关键岗位不惜重金投入,挖人才、强激励,企业的人工成本居高不下,引发了内部老员工的强烈不满;第三种是"精神错乱型",即所谓随意性的薪酬体系——今年松、明年紧,薪酬体系缺乏连续性和目标性,该激励的员工没有很好地激励,不该花的钱又花了不少。

要把涨薪的工作做好,首先需要调整或明确的就是薪酬策略。薪酬水平保持在市场的何种分位、哪些是企业的骨干人才、对上述人才准备采取什么样的激励组合和激励措施、涨薪的人工成本从哪里来、企业的经营情况能否承受等问题解决以后,才能从迷乱而纠结的薪酬体系中找到明确的方向,这样,不但有利于把当次涨薪工作做好,也有利于向着期望的方向改造和推进企业的薪酬体系。

第二步:定水平

定水平,是涨薪的基础性工作。具体有三个方面的工作:一是确定本次涨薪之后的薪酬总额或人均增薪幅度;二是明确增薪之后在可比劳动力市场的竞争力水平;三是确定公司内部不同层级、不同序列、不同岗位类别人员的增薪幅度和相互关系。

定水平的操作看似简单,其实也有很多技巧。首先要明确薪酬总额,其次是确定在可比劳动力市场的竞争力水平。

第三步:改模式

归纳起来,短期激励的模式,常用的无非计时/计件制、佣金制、年薪制三种主要类型,分别对应于一线作业、销售、管理等岗位类别。而很多企业在多年的经营活动中,已经形成了自己的薪酬体系,有的还存在一刀切的情况,没有根据岗位的工作特点进行薪酬模式的设计,或者形似而力度不到。

比如,某农化研发和生产企业,研发活动多以项目的形式存在,但在薪酬体系中却没有把对项目的考核和激励作为一个重要的内容固化下来,大家拿的还是年薪,项目做得好不好只是在年终奖的时候有微小的差别,大大影响了大家做项目的积极性,公司出现了有项目大家都向外推的局面，项目的进度、成本等也得不到很好的控制。在2011年的增薪中，针对与项目密切相关的研发人员，新的分配方案没有简单地给员工涨固定工资，而是彻底调整了研发人员的分配模式，变年薪制为"固定工资+项目绩效奖"的模式，预期的涨幅部分调整为固定工资，部分纳入新建立的项目绩效奖模块，使得项目人员的总薪酬跟研发项目的完成情况和产生的效益关联起来。这一模式的改变，大大调动了研发人员的积极性，在研发人员数量不变的情况下，承接研发任务的数量比前一年增加了50%，项目的完成质量和进度控制也有了很大的提高。

第四步：动结构

动结构，是指在涨薪的同时调整薪酬科目的设置，使得薪酬模式更为简洁，管理更为简单，激励指向更为明确。

很多企业存在这样的情况：由于历史原因，某些薪酬科目设置起来了，但随着公司的发展，这一科目已经没有积极意义；更有甚者，由于这一科目的存在，对现有的管理工作反而产生负面影响。例如某银行的电子银行部，在过去总行严控工资水平的时候一直有一个薪酬科目叫作"加班费"，设立这个科目的初衷是为了补贴员工偏低的收入，甚至作为对一些基层管理岗位的变相津贴。现在总行把薪酬管理权限放开了，而这个叫作加班费的科目还存在，甚至在全年的人工成本中占到了20%～30%的额度。同时，对于近千人的机构来说，由于没法甄别必需的"加班"和为了获取加班费的"加班"，这个成本实际上处于失控状态，也引起了员工很大的不满。在后来的涨薪调整中，该部门彻底取消了"加班费"这一过时的科目，代之以基本工资和绩效工资的提高，也从根本上解决了加班费所带来的管理难题。

第五步：调弹性

薪酬的弹性，也称为"固浮比"。低弹性的模式，薪酬的稳定性好，员工的忠诚度高、流动性低，但企业的刚性成本高；高弹性的模式，薪酬的激励性好，但波动大，引起员工的不安全感、忠诚度降低，但对企业控制成本有利，几乎所有企业都试图在薪酬弹性的调整中找到最佳的平衡点。

在涨薪的过程中，也同样存在把增薪的比例加在固定部分还是浮动部分的问题，加在固定部分，大家的感受是实实在在的增薪；而加在浮动部分，则可以加大激励的力度。也有不少企业在增薪的同时，实现了对薪酬体系弹性的再设计，起到了不错的效果。

例如，某客车制造公司，原高管的年薪是固定值，没有浮动部分，在2011年增薪的过程中，董事会给每位高管的平均增幅是15%，但要求将每位高管年薪的30%拿出来，与年度公司级KPI（每人承担2～3项重要的公司级KPI指标）挂钩。这一弹性调整的方案，使得高管们的收入与公司的战略绩效考核关联起来，对该公司年度目标的实现起到了很好的促进作用，企业也连续实现了3年业绩翻番的目标。

第六步：变差距

作为一个市场化的企业，由于不同层级人员的责任、能力要求不同，高、中、基层人员的薪酬应当有一个合适的比例（一般情况下，应服从1:3:9或1:2:4:8的等比序列）。

比例若不合理，会为企业带来很多管理问题。

例如，北京某创业板上市公司，老总们都是股东，给自己定的工资标准一直都比较低，而中层的收入怎么说也不好意思超过老板们，这就使得职业化的、高水平的中层团队迟迟建立不起来，部门经理形同虚设。

第七步：讲公平

薪酬分配的原则一般是"效率优化、兼顾公平"，这里的"公平"有着丰富的含义，除了技术上的公平之外，还有一个心理感受上的公平。具体到涨薪的实践来说，在水平、模式、结构、弹性、差距等技术环节都基本确定的情况下，最后一个需要考虑的因素是特定历史原因的影响，以及员工的心理公平感和企业、社会的和谐与稳定。

例如地区差问题。这是一个很多全国性经营的企业都必须面对的问题：没有涨薪，大家呼吁不公平；涨薪，如何定、差距多少，又会为人员的调动带来麻烦。再比如：许多企业内部存在多种身份的人员，比如某校办企业就存在学校编制、校企编制、聘任制、派遣制、临时工等多种劳动契约形式，不同形式的人员在从事同一工作时，收入差距可能是数倍，这是不符合《劳动合同法》要求的，这就存在如何向统一的方向调整的问题。类似的问题还有很多，因此，许多企业在增薪的过程中，也要提前把这些问题纳入考虑。

七步走下来，就是一个完整的涨薪体系的运行过程。有了这样一个系统、科学的过程，相信可以很好地解决涨多少、给谁涨、涨薪的钱从哪来的问题了。

【网上练习】

请上网查找所在区域（市）近五年职工平均工资水平的相关数据。

【思考与讨论】

当物价指数发生较大变化，特别是通货膨胀比较厉害时，需不需要对员工薪酬进行调整？应该怎样调整？

任务6　员工福利方案设计

【任务情境】

佳宝丽公司的会议室里热闹非凡，原来公司的人力资源部员工正在讨论下一年度公司要举办哪些活动。公司希望通过这些活动来营造"家"的感觉，增加员工的归属感，增强公司的凝聚力。

【任务要求】

1. 以小组为单位，从以下任务中任选1个作为小组项目。

选择1：为整个公司每个员工的生日庆贺制定一个通用的福利方案（物质或精神），

尽可能让员工在公司有归属感和幸福感。

选择2：为公司员工在节假日（端午、中秋、元旦）策划一个活动方案，使大家在活动中增进凝聚力和群体的归属感。

选择3：为公司年终总结会策划一个晚会和晚宴的活动方案，共同总结和表彰公司全体员工一年来的付出和成绩。

2. 每组提交一个活动方案，并派代表作策划演讲。

3. 所设计方案有助于改善人力资源管理工作，而且要兼顾成本控制，尽量切合实际。

【任务目标】

理解福利的内涵、内容、作用，能根据法律要求和组织政策制订福利制度，能策划体现企业文化的福利活动方案并组织实施。

【任务考核】

可由学生组成评委团，参考以下标准对各小组学习成果进行评价：

(1) 福利（活动）方案的科学性、吸引力、可行性；

(2) 演讲时表达是否清晰、生动；

(3) 资料文案制作的完整与美观。

【核心概念】

员工福利；法定福利；企业福利；福利活动策划。

【知识精讲】

一、员工福利工作

员工福利是企业为员工提供的除工资之外的各种待遇，与员工业绩无关，它多以保险、服务、休假、实物等灵活多样的形式支付。

福利重在为员工营造一种"家"的氛围，以此稳定工作情绪，增强工作归属感和责任心，降低员工流失率，激发员工的工作热情和潜力。另一方面，企业可以通过员工福利等多种形式增加员工的无形收入，从而减少加薪所造成的年度所得税率向上调整而增加的赋税负担。企业福利也能为有效缓和员工内部关系，和谐社会劳动，维护企业、社会稳定，以及企业经济效益提升创造良好的环境。

企业福利按照其规定来源可分为两大类：法定福利和企业福利。

法定福利可分为：社会保险福利（养老保险、工伤保险、基本医疗保险、失业保险、生育保险和住房公积金）、带薪假期和法定假期（五一、端午、中秋、国庆、元旦、春节）。

(1) 社会保险

社会保险目前分为：养老保险、医疗保险、生育保险、工伤保险和失业保险等。社会保险各险种的概念、缴费基数和缴费率在学习情境四已有具体介绍。

（2）有薪假期

有薪假期包括年休假、婚假、产假、病假、丧假、工伤假及其他法定节假日。

年休假根据工龄和公司制度而定，国家建议全国工薪阶层每年平均可享受两周的带薪假期，工作 1～3 年、3～5 年和 5～10 年的劳动者分别可享受 6 天、10 天和 14 天的带薪假期。工作 10 年以上每年增加 1 天，最多可达 30 天。

2008 年 1 月 1 日起施行的《职工带薪年休假条例》第二条规定："机关、团体、企业、事业单位、民办非企业单位、有雇工的个体工商户等单位的职工连续工作 1 年以上的，享受带薪年休假（以下简称年休假）。单位应当保证职工享受年休假。职工在年休假期间享受与正常工作期间相同的工资收入。"《职工带薪年休假条例》第三条规定："职工累计工作已满 1 年不满 10 年的，年休假 5 天；已满 10 年不满 20 年的，年休假 10 天；已满 20 年的，年休假 15 天。国家法定休假日、休息日不计入年休假的假期。"

法定假期包括五一、端午、中秋、国庆、元旦、春节等；《中华人民共和国劳动法》第四十条进一步规定：用人单位在元旦、春节、国际劳动节、国庆节、法律法规规定的其他休假节日，应当依法安排劳动者休假。用人单位安排劳动者在法定休假日工作的，应依法支付加班工资，不得以补假代替加班工资，以切实保护劳动者的休息权。

（3）企业福利

企业福利是由企业自主决定给员工的福利，包括免费工作餐、交通服务或交通补贴、住房福利、购车福利、补充养老保险、寿险、意外险、财产险、带薪假期、卫生设施及医疗保健、文娱体育设施、教育福利、子女教育辅助计划、法律和职业发展咨询、休闲旅游、员工股票所有权计划（ESOP）等。

各个企业的福利体系设计并不一样，主要要考虑的问题是这些福利项目要达到什么样的效果，其投入与产出的对比情况能否达到福利工作的预期目的。

某公司有薪年假/体检/旅游福利规定

第七章　有薪年假

工作年限	年假天数（工作日）
当年 7 月 1 日前加入公司	当年 5 天
当年 7 月 1 日后加入公司	当年无年假
加入公司的第二年	10 天
加入公司的第三年	11 天
加入公司的第四年	12 天
加入公司的第五年	13 天

加入公司的第六年　　　　　14 天
加入公司的第七年　　　　　15 天

第八章　体检

第十六条　为了保障公司员工的健康，特别是没有补休的办公室员工的健康，公司每年为办公室的正式员工安排体检 1 次，费用由公司承担。对于门店员工，如需要体检，可以提交申请并随公司安排进行，费用由个人承担。

第十七条　体检的具体事宜由人事部统一安排。

第九章　集体旅游活动

第十八条　为了缓解工作压力，公司每年组织 2 次集体活动，集体活动的主要形式为旅游，分别在每年的春季（3～5 月）和秋季（10～12 月）进行，办公室员工均可随同参与，门店员工则视公司的经营状况安排。

二、福利活动策划

目前，大多数企业的大部分福利项目已经形成制度性的文件和政策，人力资源管理者只需执行此类福利项目的规定即可，如法定福利、年度体检、各种补贴等，而其中需要人力资源管理者结合实际情况进行策划组织的，也是人力资源管理者经常要面对的工作内容，即福利活动策划，如旅游、年终联欢会、节假日活动等。

福利活动文案策划的主要内容包括：

（1）活动目的。

（2）活动主题。

确定活动主题主要是结合具体的活动时间和内容，如中秋节活动可引用古诗文（"九州升明月·××贺金秋"；"月满××·普天同庆"等）；如是年终联欢会，则是庆祝总结这一年所取得的成就，同时也将传达要与公司同仁携手共创更加美好明天的意愿，因此主题语要注意承前启后，注重增强信心和归属感。

（3）活动时间。

（4）活动地点。

如果活动内容丰富，规模较大，参加人数较多，则要结合实际情况对活动地点进行提前安排和布置。若是游戏活动或是猜灯谜则要提前布置好场地。

（5）活动流程/内容/形式。

活动内容是策划的核心环节，是活动效果的考量点，也是上级领导审核时的重要部分，必须将此部分内容清楚地体现在策划案里。此部分内容可结合活动的整体时间安排情况将活动过程罗列出来。

（6）活动组织及安排。

活动组织及安排考虑的要素有：责任人、任务、时间、附加说明等，目的是确保活动之中的所有内容在规定的时间内有人员负责落实执行，按照预定的时间安排，有条不紊地进行（可参见表 7-21）。

学习情境七 薪酬与福利

表7-21 联欢会活动组织与安排

序号	责任团队	工作内容	责任人	进度要求(元月27日 PM14:00-17:30)										
				15	16	17	19	20	22	23	24	25	26	27
一	规划组	1. 组委会责任分工及部门资源协调分配	××	●	●	●	●	●	●	●	●	●	●	●
		2. 各责任团队工作进度掌控	××	●	●	●	●	●	●	●	●	●	●	●
		3. 大会规划(费用预算/奖项设立)	××	●										
		4. 大会议程排配(含颁奖作业流程细节)	××	●			●		●					
三	报告组	1. 王董、李总致辞	××											●
		2. 嘉宾、客户、供应商代表致辞	××											●
		3. 公司骨干工作报告	××							●	●	●		
四	会务组	1. 奖品采购与制作	××				●		●	●				
		2. 其他物品临时采购(依各组需求)	××				●		●	●		●	●	●
		3. 会场布置:场外/主席台/舞台)	××							●	●	●	●	●
		3.1 场外:拱门/气球/鲜花/灯饰/指示牌	××							●				●
		3.2 主席台	××							●	●	●	●	
		3.3 舞台:横幅/背景/灯光音响	××							●	●	●	●	
		3.4 现场音乐控制(颁奖与文娱节目):与行政协调	××											●
		5. 抽奖所需物品准备:红包/实物投影仪	××			●		●		●		●		●

(7)活动预算

活动预算就是针对活动过程中的各种开支进行预先的估算,不仅可以使高层领导清楚此次活动的开支情况与年度活动总体预算之间的平衡,也便于相关人员从公司财务部支取相关的采购费用,保证活动的顺利开展。

(8)附节目单/采购单/活动说明等。

三、企业福利体系设计原则

企业在进行福利体系设计时应遵守以下原则：
（1）遵守法律规定；
（2）协助满足员工的生活需求，并能产生激励作用；
（3）不让员工产生理所当然、不花白不花的心态；
（4）若非法定，尽量给员工选择的机会；
（5）符合组织财务能力。

【知识拓展】

薪酬模块外包服务

一、薪酬外包定义

薪酬外包是指企业与其外部服务承办机构之间建立合作伙伴关系，由外部专家负责企业薪酬部门的日常管理工作。通常，外包管理的工作类型包括职位评估、市场数据管理（进行调查、市场定价工作）、协助进行工资规划（结构调整及奖励预算提案）以及进行汇报。

薪酬外包出现的背景：随着薪酬职能的变化，薪酬方案日益纷繁复杂，用于支持这些方案的管理系统日趋强大和繁琐，其维护成本也日趋昂贵。因此，一些企业的人力资源部门开始与第三方服务机构签约，寻求薪酬外包管理。

二、薪酬外包优势

薪酬外包具有以下优势：
（1）从日常琐事中"解套"；
（2）保证公司的薪酬机密；
（3）转移操作失败风险；
（4）引进"外脑"的智慧；
（5）提供多种正确可靠的服务项目；
（6）高效独特的系统配置。

三、外包服务内容

薪酬外包服务通常包括以下内容：薪酬管理规划；专业咨询；建立健全薪酬体系及制度、规范企业内部政策，原始数据的收集、整理与规范；代发工资；代缴个人所得税；薪资计算；薪资发放；代缴社保公积金；个人所得税计算、申报缴纳等。

四、外包服务步骤

（1）用人单位办理好相关劳动合同签订手续后，方可办理代发工资业务。由外包公司统一去银行制作工资卡和存折，统一支付，外包公司负责联系银行等金融机构，处理工资卡遗失、补办等相关手续。

(2) 代理业务中的工资奖惩决定权由用人单位掌握。按照劳动合同规定，结合本单位考核办法，确定工资应发数。代发工资业务原则上每月代发工资一次，除工资、薪金以外，奖金、年终加薪、劳动分红、津贴补贴等均确定为工资薪酬范畴。

五、外包风险

1. 来自企业自身的风险

(1) 企业自身能力的不足

企业自身的能力包括外包决策能力、外包市场变化的适应能力、与外包服务机构的谈判能力、外包合同的管理能力以及实施有效外包的监控能力等。企业由于自身能力的局限性，在实施人力资源管理外包活动中往往会面临能力不足、监督失控的风险，从而导致外包失败。

(2) 来自员工方面的风险

外包对于企业及员工而言确实是一种变革，但外包后员工"大家庭"的感觉会逐渐消失，产生外部人控制内部人的感觉，心生抵触情绪，直接或间接地影响员工的工作情绪，从而加剧企业内部人员的流动，影响企业的整体利益。

(3) 外包成本错误估计的风险

企业进行薪酬外包，最主要原因是缩减管理成本，聚焦核心价值。管理成本又分为显性成本和隐性成本。显性成本即企业外包业务直接花费的成本，主要是支付给外包服务机构的费用；隐性成本即外包后，企业为了进一步达到理想目的，克服其中一些风险而支出的费用，包括维护与外包商关系的成本、疏导员工情绪的成本、解决文化冲突的成本等。企业在做成本估计的时候很容易对隐性成本这部分忽略考虑或者考虑不完善，造成外包成本大于自身管理下的成本，给企业带来决策上的损失。

(4) 企业商业机密的泄露风险

企业在和外包商合作时，向外包商提供企业内部的信息是不可避免的，这样外包商才能够选择合适的方式来管理外包业务。其商业信息可能会泄露给竞争对手，从而使企业面临潜在的风险。

2. 外包服务商选择方面的风险

(1) 外包服务机构的专业性不强的风险

人力资源外包业务在国内刚起步，行业进入门槛低。国内外包服务商的素质参差不齐，专业技术水平较低。多数外包商的专业性不如成熟企业里的人力资源部门，在这种情况下，企业在外包时要谨慎地识别哪些是有能力提供完善的服务的机构。如果选择不当，将达不到理想的结果。

(2) 信息不对称的风险

目前人力资源外包合作方是个参差不齐的市场。国内许多咨询公司和服务机构从业人员素质、专业化程度等方面颇受质疑，难以满足外包主体的要求；国外比较有名气的咨询公司或专业机构则通常要价太高，使外包主体难以看到明显的控制成本的效果。所以，外包商有可能向企业提供不充分或不真实的信息。

(3) 文化差异、文化冲突风险

跨文化沟通的风险是企业人力资源管理外包中的最大障碍。每个企业都有自己独特的

文化和价值观念，企业文化的形成是一个长期的过程，但是一旦形成就很难改变。企业与外包企业在合作时，由于外包服务机构对企业文化背景、价值观、行为方式及用人理念等认识不足，文化的异质性必然导致相互之间的摩擦。

（4）外包服务机构经营状况发生变化

如果外包服务商的经营状况在企业与其合作期间发生重大变化，如发生财务危机甚至破产等情况，极有可能引发企业无法挽回的损失，所以外包商的经营状况也会存在风险。

【网上练习】

请在网上搜索美国、日本和中国的企业员工福利体系，并进行比较。

【思考与讨论】

福利的项目有哪些？应如何进行分类管理？

新知新技：员工持股时代到来了吗

【热门话题】

一位女士10多年前加入了一家互联网初创公司，公司老板分配股权，给了她0.2%的股份。其间，她的岗位从前台到行政、客服、人力资源等部门的管理工作，最终升为资深副总裁。10多年过去了，当这家公司最终在纽约证券交易所成功上市的时候，她瞬间成了亿万富豪。这家公司叫阿里巴巴，公司的老板叫马云，而这位女士就是有着"最牛前台"之称的童文红。阿里巴巴能够成功，原因自然有很多，最让人感兴趣的是这个员工持股计划，这个计划给了童文红梦想，而她也坚持着这个梦想，最终造就了这段职场上的传奇。

那么，员工持股时代到来了吗？

【员工持股计划】

员工持股计划（employee stock option plan，ESOP）是指通过让员工持有本公司股票和期权而使其获得激励的一种长期绩效奖励计划。在实践中，员工持股计划往往是由企业内部员工出资认购本公司的部分股权，并委托员工持股会管理运作，员工持股会代表持股员工进入董事会参与表决和分红。

员工持股计划是为了吸引、保留、激励员工，是通过让员工持有股票而使员工享有剩余价值索取权的利益分享机制和拥有经营决策权的参与机制。它是一种特殊的报酬计划，是企业激励机制的一种形式。

常见的股权类型包括如下几种：

（1）干股：员工虽然不实际出资，但因奖励/赠予而获得公司的股份；

（2）股票期权：员工被授予在一定期限内以一种事先约定的价格购买公司股份的权利；

（3）限制性股票：员工被授予一定数量的公司股票，在满足激励计划规定条件后，可出售限制性股票并从中获益；

（4）股票增值权：员工就公司股票增值的部分（约定时点公司股价与事先约定价格之间的差额）获得一定的报酬；

（5）虚拟股票：员工被授予一定数量的虚拟股份，并据此享受一定数量的分红权和股价升值收益。

据同花顺统计数据，自 2015 年以来，截至 2016 年 1 月 28 日，A 股总计有 371 家上市公司推出了总计 399 次员工持股计划，其中有 197 家上市公司实施了总计 202 次员工持股计划。

【案例学习】

1. 华为技术有限公司——虚拟股票 + 股票增值权

华为技术有限公司由华为投资控股有限公司 100% 持有，而华为投资控股有限公司任正非与华为投资控股有限公司工会委员会分别持有 1.01% 和 98.99% 股权，其中华为技术投资控股有限公司工会委员会（以下简称"华为工会"）即为华为员工的持股会。华为工会负责设置员工持股名册，对员工所持股份数额、配售和缴款时间、分红和股权变化情况进行记录，并在员工调离、退休以及离开公司时回购股份，将所回购的股份转作预留股份。华为股权激励模式：虚拟股票 + 股票增值权。授予激励对象分红权及净资产增值收益权，但没有所有权、表决权，不能转让和出售虚拟股票，在激励对象离开公司时，股票只能由华为工会回购。

特别值得一提的是：华为通过这种股权激励模式，只是将原股东的利润分享权转移给了员工，而华为的控制权却一直掌握在任正非手中，从华为的股权架构和人事任命上来看，在决定华为所有重大决策的股东会决议上，一直只有 2 个人的签名，即任正非和孙亚芳。

2. 阿里巴巴——股票期权

阿里巴巴（上市前）授予员工及管理层的股权报酬包括了受限制股份单位计划、购股权计划和股份奖励计划三种，其中受限制股份单位计划是主要的股权激励措施。

员工一般都有受限制股份单位，每年随奖金发放至少一份受限制股份单位奖励，每一份奖励的具体数量则可能因职位、贡献的不同而存在差异。员工获得受限制股份单位后，入职满一年方可行权。每一份受限制股份单位的发放则是分 4 年逐步到位，每年授予 25%；同时由于每年都会伴随奖金发放新的受限制股份单位奖励，员工手中所持受限制股份单位的数量会滚动增加，这样员工手上总会有一部分尚未行权的期权，进而帮助公司留住员工。

3. 奇虎 360——限制性股票

奇虎 360 于 2011 年向纽交所递交的上市文件中披露，雇员购股计划于 2006 年制定，主要面向公司（含子公司）员工、董事及顾问，当时奇虎 360 公司 1 000 名左右员工全员持股。其中董事购股价格为每股 5.2 美元，员工购买价格为每股 2.8 美元。该股份不得转让、抵押，可分四次兑现：每隔12个月允许员工出售所持股份的25%，4年后可全部套现，由 CEO 提前进行评估并敲定价格。

【适合采用股权激励的企业类型】

1. 处于初创期的公司

　　创业初期的公司缺乏品牌影响力，且因资金短缺难以给出高薪。这时股权作为一种薪酬补偿，可以有效地起到激励、留人的作用。其中期权作为一种不参与分红的激励工具，不会导致账上现金的流失，因而被很多初创互联网公司采用。其次，初创公司抵御风险的能力较弱，团队的稳定性决定着公司的成败，把股权分给员工可以很好地凝聚人心，让他们愿意留下来与企业一起共担风险。

2. 对人才依赖性强的公司

　　例如，高新技术企业或者培训、咨询公司等，人才是公司发展的核心竞争力，能否留住关键人才关系到公司的生死存亡，因此对于这类企业来说，利用股权激励留住人才是非常必要和紧迫的。相反，对于那些垄断型、资本密集型企业或者对国家政策依赖性大的企业来说，实行股权激励的意义就不明显。

3. 处于激烈竞争的公司

　　若主要的竞争对手率先实施了股权激励，那么对这样的企业来说，紧跟竞争对手实施股权激励就显得尤为重要。第一，可以防止高管团队因股权吸引，跳槽到竞争对手那里；第二，将激励做到位可以有效激发团队人员的积极性，树立主人翁意识，从而让企业在激烈的竞争中生存下来。

4. 处于快速发展上升期的公司

　　在这类公司实行股权激励能起到锦上添花的作用，可以稳定建设人才梯队，为企业的长远发展储备人才。另外，员工对公司发展前景预期好，就不会认为老板是在给他们画大饼，也就更愿意出资成为公司的持股者，从员工转换成事业合伙人。

5. 民企比国企更适合做股权激励

　　国有企业所有者缺位，两权分离不明确，管理层权力很大，容易成为内部的实际控制人，在这种情况下推行股权激励容易对其产生利用股权为自己谋求福利的怀疑，所以在国有企业推行股权激励需要经过严格的制度设计，否则效果会大打折扣。然而在民营企业两权分离的前提下，实施股权激励效果就明显很多。

学习情境八　人力资源日常事务管理

岗　位　描　述

【岗位名称】

行政人事助理。

【岗位职责】

行政人事助理的主要职责是协助人事行政经理完成公司行政事务管理，参与公司招聘、培训、绩效管理、考勤等工作。具体职责包括以下几个方面：

1. 行政工作

（1）负责做好公司文件打印、复印、文件收发、资料整理、文档的归类、印章的使用和保管等行政工作；

（2）负责企业资产配置（包括办公设备、办公用品）的管理工作，包括清点、维护、登记等；

（3）按标准定额，做好添购办公用品的计划编制和申购手续工作；

（4）负责低值易耗办公用品的发放、使用登记和离职时的缴回；

（5）负责公司办公场所的室内外绿化、盆景状况的检查监督，保证舒适良好的工作氛围；

（6）协助各部门做好节假日期间工作安排，包括值班安排、检查门窗、关闭电源电脑等工作；

（7）负责与其他部门的协调工作，做好信息的上传下达。

2. 人事工作

（1）负责协助上级制定、监督及执行企业管理规章制度、行政人事管理制度以及工作流程、绩效考核制度；

（2）负责协助各部门进行人员招聘工作，包括招聘流程、面试记录与筛选推荐等；

（3）负责办理员工的入职、请假、调动、辞职手续；

（4）负责员工劳动合同的签订、续签与管理；

（5）负责管理劳动合同、保密协议、房屋租赁协议以及各类人事行政文档；

（6）负责考勤及工资绩效的核算；

（7）负责社会保险的投保、申领；

（8）建立员工的档案资料，完善员工人事档案的管理，严格借档手续；

（9）协助上级制定各部门岗位职责说明书，报批后监督并执行；

（10）协助上级制定员工培训计划，包括新员工培训以及所有员工的培训计划；

（11）负责对新员工进行企业制度与文化的培训工作，建立企业形象；

（12）负责组织企业文化建设工作，包括公司庆典、年会安排、会务组织、文体活动安排等。

任务解析

亲爱的同学们，大部分有志于从事人力资源管理工作的同学，都是从"行政人事助理"岗位做起的。中小型企业"行政人事不分家"，行政人员也要兼顾人力资源管理助理的工作。细节决定成败，如果你能够将行政人事工作做好，一样会获得认可并得到晋升机会。本学习情境期待你本着耐心、细致、认真负责的态度，熟练掌握 Excel 等办公软件，熟悉办公用品管理要求，学习档案管理技术，掌握人事基础工作的工作要领，从而为迅速融入职场做好准备。本项目包含以下任务：

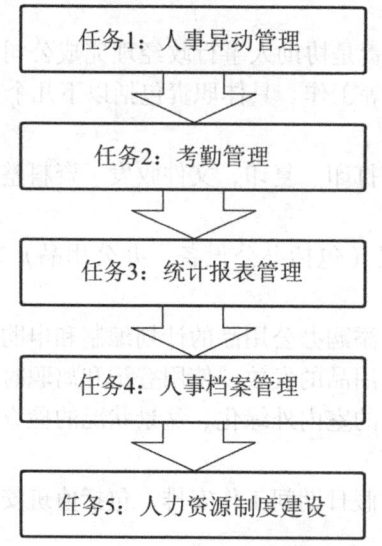

学习目标

【知识目标】

☞ 掌握人事异动管理的基本知识；

☞ 掌握考勤管理的基本知识；

☞ 掌握统计报表管理的基本知识；

☞ 掌握人事档案管理的基本知识；

☞ 理解人力资源日常事务管理的相关流程；

☞ 理解人力资源制度体系建设的要点及内容。

学习情境八 人力资源日常事务管理

【技术技能目标】
☞ 能够进行人事异动管理应用表格的编制与填写；
☞ 能够进行考勤管理应用表格的编制与填写；
☞ 能够进行统计报表的编制与填写；
☞ 能够进行人事档案管理应用表格的编制与填写；
☞ 能够进行人事制度的撰写与员工行为规范的拟定。

任务1 人事异动管理

【任务情境】

小王即将毕业，此时在学校的人力资源部担任实习生。最近，人力资源部经理交给小王一个任务，让他负责编制、完善学校人力资源日常事务管理的相关表格。

【任务要求】

请编制以下表格：
（1）调出申请表；
（2）调入申请表。

【任务目标】

领会人事异动、晋升与调用、辞职、退休等基本知识点的内涵，能够编制相关的应用表格。

【任务考核】

教师参考以下标准对学生的学习成果进行评价：
（1）概念理解的准确程度；
（2）编制与填写的表格项目是否完整；
（3）排版格式是否规范；
（4）表格实用性。

【核心概念】

人事异动；晋升与调用；辞职；退休。

【知识精讲】

人力资源管理部门进行员工日常事务管理的工作主要包括：人事异动管理、信息数据统计、员工档案管理、员工"五险一金"的办理、规章制度制定、员工劳动安全教育与

309

管理等。这些工作反映了在劳动关系存续期间，企业对员工一方事务的服务与管理。下面，我们从人事异动管理开始，了解人力资源管理工作者的日常事务性工作。

人事异动管理主要包括员工的变动调整（晋升与调动）、辞职、退休等内容。

一、员工变动调整

企业可根据员工的能力与岗位的要求进行人员的调整，可根据相应岗位的职业标准对员工进行考察，合格的员工将进行一定的晋升，以此作为激励的手段。当然，也可以在相应的部门之间进行岗位的合理调配。

（一）员工晋升

企业应为员工的发展提供相应的机会。员工的晋升一般来讲指的是"内部晋升"，是指将符合条件的员工从现有的岗位晋升到更高层次岗位的过程。比如说小王由于工作出色，由原来的销售部副经理晋升到销售部总经理的岗位。

当企业内岗位出现空缺时，企业就会考虑从"内部员工"中选拔出优秀的、能够胜任此工作岗位的候选人，作为晋升考评的重点对象。在企业里，员工晋升多为同部门晋升。

晋升的目的在于人才的培养、选拔和任用，推动基层管理人才水平不断提高；同时能激励基层员工不断提高业务水平，引导广大员工终生学习，努力改进，保持企业的持续发展。

晋升的原则：要求各部门必须本着"开发人才、储备人才"的观念去培养和开发员工；必须坚持公平、公正、公开的原则；必须坚持以工作业绩、工作能力为准绳，杜绝论资排辈。

员工晋升的流程一般可概括为：拟晋升员工提交《员工晋升申请表》；经部门经理批准，人力资源部审核，主管副总审批后，人力资源部发布公告，进入岗位实习阶段。

表8-1所示为员工晋升申请表。此外，员工晋升常用表格还包括员工晋升推荐表、员工晋升审核表等。

表8-1 员工晋升申请表

姓名		性别		年龄		学历	
所在单位、部门		入职日期		目前岗位（职务）		拟任岗位	

自我鉴定（对现有的工作业绩的说明，以及对新岗位的任职资格说明）：

晋升后的工作开展计划：

（二）员工调动

员工调动是指当员工自身的能力与现任岗位不协调时，企业人力资源部门根据该员工的实际情况，将其调到同层次其他岗位或下一层岗位上去的过程。

员工调动是企业经常性的人事管理活动，调动的目的是为了使全体员工能够更好地适应本职工作,充分发挥每个员工的特长,做到人尽其才。通过正常的人事调动,可以激发员工的创造性、积极性,更好地为企业生产经营活动服务。员工调动是企业内平行的人事异动,包括同一单位部门间的平行调动和不同单位间的平行调动。为保证员工调职工作的顺利进行,企业需要制定相应的规章制度。从制度上把员工的正常调动工作纳入规范化管理,指导人事部门依章做好人员的调动工作,确保既有利于人才的流动,又有利于企业的人力资源管理。

员工的晋升或者是调动,目的都是要做到按岗位与人才相匹配的原则来安排工作,同时也要根据员工的实际情况进行思想教育,以便于新工作的顺利开展。

员工的调动都需要得到部门负责人的批准,并要有现任部门负责人的意见和拟被调派主管的意见。得到人力资源部批准后,要将申请表和意见表送达人力资源部备案。

表8-2所示为员工调整申请表。此外,员工调用常用表格还有人员借调申请表、员工调职申请表和员工岗位异动通知书等。

表8-2 员工调整申请表

姓名:	员工号码:	性别:	出生日期:	编号:
调用理由(雇用、升级、调动、辞职)			申请日期:	期望到职时间:
原职位名称: 服务部门: 部门代号:			新职位名称: 服务部门: 部门代号:	
(如果雇用人员请将此栏填妥) 需要人数:　　　　　　　　　　性别: 所担任之工作: 资历要求: 年龄: 教育程度: 经验或特殊技能: 其他:				
申请人: 电话号码:	批准人(部门经理):		人力资源部:	

二、员工辞职、辞退

市场经济这只"看不见的手",通过供需来合理调节资源,使得资源达到有效配置。在人才市场上,企业希望招聘到他们所需要的员工,而员工也希望找到能实现他们价值的岗位。

辞职是指职工根据劳动法规或劳动合同的规定,提出辞去工作从而解除劳动关系。辞职一般有两种情形,一是依法立即解除劳动关系,如用人单位对职工采用暴力或威胁行为强迫其劳动、不按合同约定支付工资等,职工可以随时向用人单位提出解除劳动合同的要求;二是根据职工自己的选择,提前30日以书面形式通知用人单位解除劳动合同关系。

当企业主动解除与员工的劳动关系时,我们称之为"辞退"。辞退分两种情况,一是违纪辞退,二是正常辞退。违纪辞退在我国目前一般是指用人单位对严重违反劳动纪律或犯有严重错误,但不够开除、除名条件,经教育或行政处分仍然无效的职工,决定解除其工作从而终止劳动关系的制度。正常辞退是指用人单位根据生产经营状况和富余职工的情况,按照有关规定与职工结束劳动关系的一种行为。例如按照《中华人民共和国劳动法》第二十六条、第二十七条规定,用人单位与职工解除劳动合同的情形应属于正常辞退职工的情况。

表8-3所示为员工辞退通知书,表8-4所示为员工辞退、辞职结算汇签表。此外,辞职、辞退的常用表格还包括员工辞职申请表、员工辞职申请书、部门经理批复单和部门处理结果单等。

表8-3 员工辞退通知书

姓　名		部　门		职　务	
到职日期	年　月　日	离职日期	年　月　日	工　资	
辞退(辞职)原因					
上级主管意见	签字:				
人事主管意见	签字:				
人事副总经理意见	签字:				

注:此通知书一式三份,个人、上级主管、人事部门各一份

表8-4 员工辞退、辞职结算汇签表

年　月　日

姓名		所在部门		职务		是否转正	
离岗时间						□辞退　□辞职	
业务结算	部门负责人签字: 年　月　日		办公用品结算	总经办负责人签字: 年　月　日			
财务结算	主管会计签字:			盖财务章: 年　月　日			

续上表

公司领导意见	业务、办公用品、财务均已结清，同意离职结算工资。 总经理签字： 年　月　日
工资结算	财务部负责人签字： 辞退（辞职）人签字： 年　月　日
人力资源部结算	解聘手续已办理齐全，人力资源部可以办理退档手续。 负责人签字： 年　月　日
说明	1. 在收到辞职（辞退）报告批复后，7日内按此表结算，交人力资源部。 2. 部门经理、总经办负责人、主管会计必须对结算的真实性负责。 3. 员工的解聘手续办理齐全后，此表由人力资源部备案。

方正公司的"离职面试"

如何保持拥有一个永远健康稳定的团队，一直是困扰每个IT企业的难题。方正是如何解决这个问题的呢？方正没有"固定淘汰率"，保持团队稳定有"三保险"。

（1）无论对待辞职者还是被辞退者，方正人力资源部都会对他（她）做最后一次面谈，称为"离职面试"。

这样做的目的主要有：①表示公司对个人的一种尊重；②第三方人事经理可以直接从离职者那里了解一些情况，避免一些沟通不足造成的误解。如果确实是公司做得不妥，公司也希望通过"离职面试"能够留下这些人。

（2）方正对职业经理人也有相关培训，培训他们怎么来保持自己团队的稳定。

（3）方正每年都要对离开公司的人做一些统计和分析，找出可能存在的一些共性问题，然后采取针对性政策去调整。方正没有类似某些公司每年"固定淘汰率"那样的做法，但方正的员工激励体系中包含了淘汰的内容。

三、员工退休

退休是指员工到一定年龄,从工作岗位上退职,与企业解除劳动关系的人事活动。员工退休管理是企业管理的一项内容,体现企业对员工的尊重和关爱。对于退休员工,企业要在生活上和精神上多照顾他们,使之老有所养,安度晚年。因此,制定员工退休管理办法应当充分体现这一精神。

制定员工退休管理办法应当注意以下问题:

(1) 制定该制度的目的是为了保障员工的合法权益。因此,规章中要充分考虑退休人员对企业的贡献以及国家相应的退休政策,为职工的晚年生活提供保障。

(2) 明确退休的条件和退休金的种类和给付方法。现在大多数退休金的发放都通过银行,因此要告诉职工领取退休金的具体途径。

(3) 企业应当设立相应的退休人员管理部门,使退休职工的生活有人负责,体现社会主义企业的优越性。

以下是相关的退休制度表格举例。

(1) 退休申请书(见表8-5)

表8-5 退休申请书

填写日期: 年 月 日

姓名	性别	出生年月日		籍贯	住址	身份证号
		年 月 日		省 县		
历任职务		部门职位	起止年月			
			自 年 月到 年 月			
			自 年 月到 年 月			
			自 年 月到 年 月			
			自 年 月到 年 月			
			自 年 月到 年 月			
		以上各职务合计年限				
申请退休日期	年 月 日起退休		申请法规或制度依据		《 》第__条第__款	
工作、物品移交情况		部门主管核章			退休人签名盖章	
审核情况		核实责任人: 年 月 日				
总经理		分管总监		人力资源部		

(2) 工作移交清单（见表8-6）

表8-6 工作移交清单

离职人姓名		性别		工号	
所在部门及职务			离职原因		
文件物品移交情况					
接收部门	物品名称	数量	接收时间	接收人	备注
未完及代办情况					
接收人： 核实情况： 核实人：					

【知识拓展】

员工降职管理注意事项

作为一种带有处罚性质的管理行为，降职影响到被降职员工的切身利益，甚至会打击其自尊心。降职通常使一个人的情绪激动，感到失去了同事的尊重而处于尴尬、愤怒、失望的状态，生产效率可能进一步降低。所以，人力资源管理部门在处理员工降职问题时，应该慎之又慎。员工降职管理应注意以下事项：

(1) 人力资源管理部门在采取降职措施时应该慎重审核，不轻易动用降职手段。

(2) 应该征求本人的意见，努力维护当事人的自尊心，强调当事人对组织的价值，使其保持一种积极的心态。

(3) 如果由于员工本人工作原因确实需要降职处理时，也不能"一棍子打死被降职的员工"，要让其感到只要努力工作，仍然有希望恢复到原来的岗位或级别。

(4) 对于确实不能胜任工作岗位，甚至由于品德等原因对该岗位工作产生破坏作用的员工，要坚决降职。

【网上练习】

请上网查找员工人事异动管理制度，具体包括员工调动管理办法、员工辞退与辞职管理办法、员工退休管理办法。参考网址：http://club.hr.com.cn/bbs/forum-69-15.html。

【思考与讨论】

1. 人事异动的主要内容有哪些？各自的特征是什么？
2. 试填写相关的人事异动表格，并理解其内涵。

任务2　考勤管理

【任务情境】

小赵是学校人力资源部的实习生，人力资源部经理交给他一个任务，让他负责编制学校的人力资源月度考勤表格。

【任务要求】

1. 试拟定一份请假单。
2. 试为人力资源部编制一份部门的月度请假考勤记录表。

【任务目标】

理解日常事务管理流程、员工请假、休假等相关知识点，并能编制和填写相关表格。

【任务考核】

教师参考以下标准对学生的学习成果进行评价：
（1）概念理解的准确程度；
（2）编制与填写的表格项目是否完整；
（3）排版格式是否规范；
（4）表格的实用性。

【核心概念】

日常事务管理流程；请假；休假。

【知识精讲】

为了使企业考勤实施有章可循，维护企业正常、有序的工作秩序，企业根据《中华人民共和国劳动法》制定相关的考勤管理制度。同时，企业的考勤管理制度也应结合岗位的特点，制定相应的工作时间制度、轮休制度、加班制度、休假制度、津贴制度等。

员工的考勤管理主要包括：日常用工出勤、请假、休假、加班等。

一、日常用工出勤管理流程

人力资源部门在员工的考勤管理中，应认真严格地按流程做好相关的考勤工作。图8-1所示是员工日常用工出勤管理的流程图。

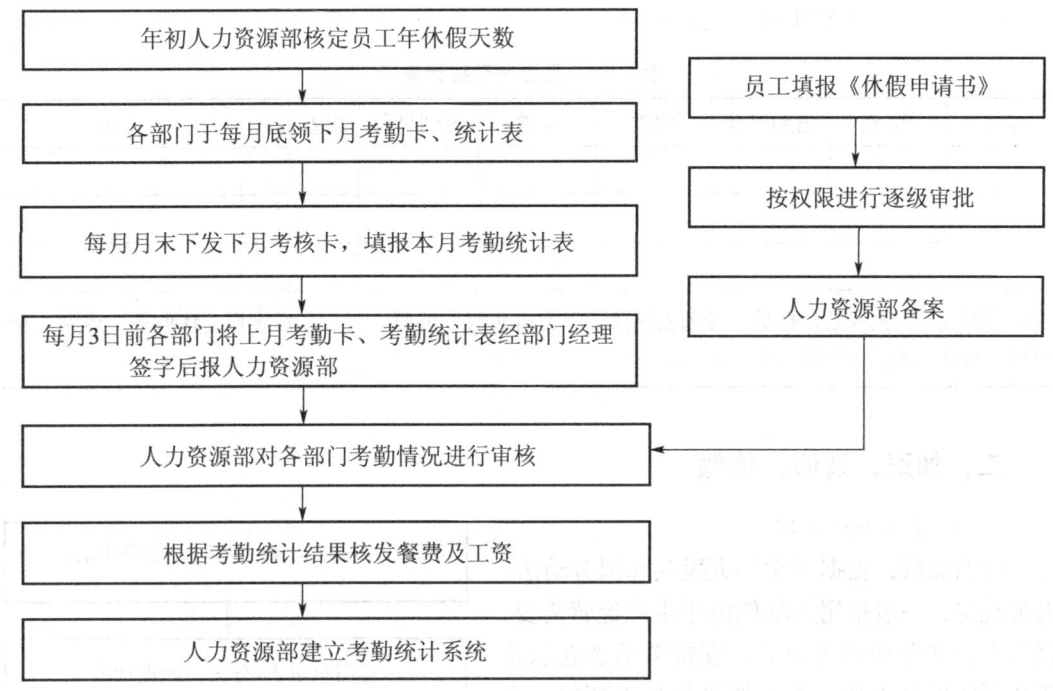

图8-1 员工日常事务考勤管理流程图

以下是相关的日常考勤表格。
(1) 员工考勤签到表（见表8-7）

表8-7 员工考勤签到

月　　日　　星期（　　）

顺序	姓名	签到	上班时间	备注	顺序	姓名	签到	上班时间	备注
1					11				
2					12				
3					13				
4					14				
5					15				
6					16				
7					17				
8					18				
9					19				
10					20				
行政部统计	请假人员			出差人员				迟到	
	旷工人员			应出勤人数				实出勤人数	
	出差人数			请假人数				出勤率	

(2) 月度考勤统计表 (见表8-8)

表8-8 月度考勤统计表

序号	姓名	出勤天数	假类	天数	迟到早退	出差天数	备注

填写要点：出勤天数依据员工考勤表统计；假类指病假、事假、公假、婚丧假、休假等；迟到、早退以次数计；备注主要填写未尽事项。

二、加班、请假、休假

（一）员工加班管理

所谓加班，根据《中华人民共和国劳动法》有关规定，一般指用人单位由于生产经营需要，经与工会和劳动者协商后，安排劳动者在法定工作时间以外工作。由于加班是员工超出正常工作时间，在原本应该休息的时间内进行的工作，是工作时间在休息时间中的延伸，为了保护员工的休息权，国家对加班加点进行了严格的限制：一般每日不得超过 1 小时；特殊情况下每日不得超过 3 小时，且每月不得超过 36 小时。需要注意的是，加班是建立在用人单位与劳动者协商基础上的，用人单位不得强迫员工加班，员工也无权单方面决定加班。

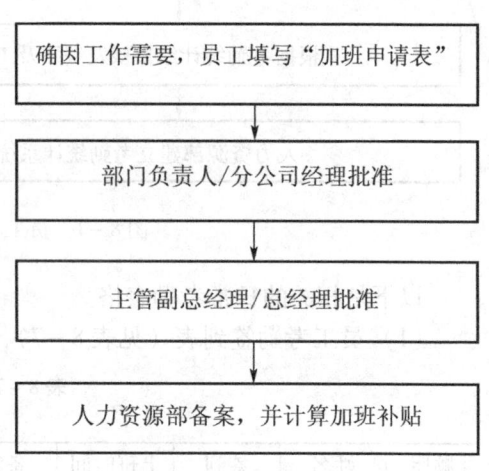

图8-2 员工加班流程管理

有下列情形之一的，用人单位应当按照下列标准支付高于劳动者正常工作时间工资的工资报酬：

（1）安排劳动者延长工作时间的，支付不低于工资的150%的工资报酬；

（2）休息日安排劳动者工作又不能安排补休的，支付不低于工资的200%的工资报酬；

（3）法定休假日安排劳动者工作的，支付不低于工资的300%的工资报酬。

图8-2所示是员工加班流程管理。

常用的加班管理人事表格：

（1）员工加班申请表（非生产类人员适用）（见表8-9）

表 8-9 员工加班申请表(非生产类人员适用)

编号	姓名	预定加班时间			实际加班时间			工作内容	地点
		起	讫	时数	起	讫	时数		
申请日期					核准人				
申请人					申请部门				

(2)员工加班审批表(见表8-10)

表 8-10 员工加班审批表

年　月　日

姓名		部门		职务		加班人数	
加班时间		年　月　日　时———　年　月　日　时共　小时					
原因							
意见		部门经理签字: 年　月　日		副总经理签字: 年　月　日		总经理签字: 年　月　日	
说明		1. 员工加班须按此表填写,逐级审批。 2. 两人以上的附加班人员表。 3. 批准后将此表交人力资源部。					

(二)请假流程管理

员工在遇事时不能正常上班,离开工作岗位,都必须向部门提出请假申请。

员工请假一般流程如图 8-3 所示。

常用的加班管理人事表格有员工请假单(见表 8-11)、员工出差申请单、员工出差派遣单、员工差旅费清单、员工差旅费报销清单和员工请假考勤记录表等。

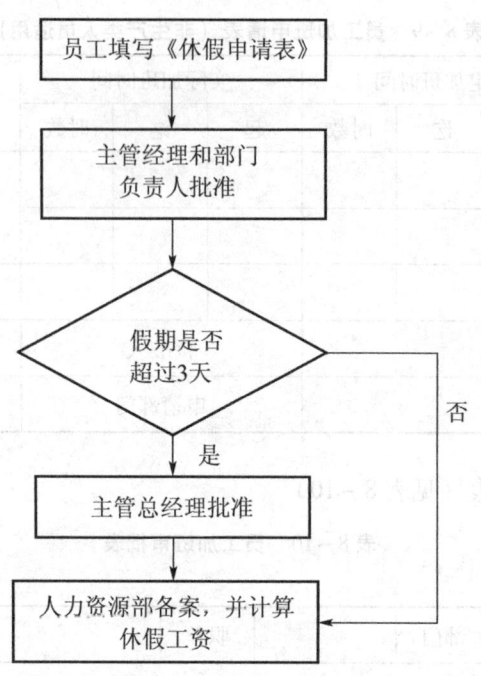

图 8-3 员工请假流程

表 8-11 员工请假单

部门		职务		姓名	
请假类别					
□休假（或 假） □公假 □病假 □其他（请说明） □事假					
请假时间					
自 年 月 日 时至 年 月 日 时总共请假 天 小时					
主管部门意见					
□准 主管签字 □不准（请述明理由） 职位 日期					

（三）休假管理

企业休假管理制度是企业管理的重要组成部分，更是企业劳动规章制度中不可或缺的环节，集中体现了企业各种法规或约定假期以及相应待遇的规定，使员工能够感受到企业的福利与人性化关怀，感受到企业民主化管理，达到劳逸结合的目的，对于员工来说可以提高工作效率。

以下是人事管理中常用的特别休假请假单（见表 8-12）。

表8-12 特别休假请假单

所属单位		部 组 班		职称			姓名	
期间	自	年	月	日	星期		共	天
	至	年	月	日	星期			
职务代理人			盖章					
报到或到职日期			年 月 日 有效工龄 年					
全年特别休假日数			天					
已请特别休假日数			天		人事主任		人事经办	
本次申请日数			天					
尚剩休假日数			天					
申请时间								
审核意见								
班长					组长			
主管					经理			

【知识拓展】

考勤管理与文化建设

我国考勤制度起源很早，但是当时所谓的考勤，主要是对国家官吏而言的。至于考勤表的使用，根据记载，应当不早于清代，国家官吏实行坐班制，每日办公都在衙署。到了乾隆时期，这种制度逐渐松弛下来。后来许多官员也待在家里办公，不坐班了。于是，清政府在国家机构中设置"画到簿"考司考勤。这就是考勤的重要凭据之一，它与红本一起存入内阁大库，以备查验。但是由于它反映不出迟到、早退，所以没有多大约束力。到了清咸丰年间，成立了总理衙门，为了防止前朝的这个弊端，提高办事效率，就规定对官员的迟到、早退现象给予惩处，这就是历史上考勤的开始。

随着企事业单位管理制度的进一步加强，考勤管理的重要性日益为人们所认识：通过考勤制度的完善，不仅可以增强员工的时间观念，提高工作效率，更重要的是，可以大大改善单位的精神面貌，提升单位的整体形象。

考勤制度虽然很重要，但其重要性也不能被无限夸大。因为光有制度的规范是不够的，原因很简单，制度是死的，人是活的，再严格的考勤制度也不可能没有弹性的部位，没有高度自觉的人，这些制度就可能成为一纸空文。新制度经济学认为，人是有限理性的，不是每一位员工都能理解考勤管理对企业经营管理的重要性。在这种情况下，要想真正实现考勤管理的目的，提高团队绩效，需要企业文化的引导。

企业的考勤管理制度在面对企业文化时，有些苍白。管理需要制度的约束力，但并不是制度的机械化；中国人讲究的是儒家思想、中庸之道，考勤的真正意义是要提升企业效益，提高员工绩效，维护企业规范化管理的良好形象。与制度相比，企业文化带给员工的是宽松、朴素的心灵相约。企业文化是一种无形的力量，有着潜移默化"润物细无声"的魔力，并不需要过多流于形式的约束或依附制度。如果一个企业不能在真正意义上运转正常，没有让员工认同的经营理念，仅凭严格的考勤管理去约束员工行为，只能解决表面问题，即管理中提到的有"时效"而非"实效"。而企业文化建设过程恰恰可以充当管理的调和剂，可以支持员工颇有争议的考勤管理制度，可以在企业生产经营活动的方方面面防微杜渐，使员工逐渐认同并领悟企业文化的精髓，采取积极的心态遵守考勤管理，认为遵守考勤管理就是在为企业文化的精髓服务。泰戈尔有一句哲理名言："幸福的家庭是相似的，不幸的家庭有着各自的不幸"，我们是否可以形成这样的认识：问题员工产生的原因是多方面因素作用的结果，管理者需要做的是加强与问题员工的沟通，找寻这部分员工的心理契约点，以企业文化为基础，正确引导其行为符合文化要求。

【网上练习】

请上网查找并阅读《员工考勤管理规定》。参考网址：http://www.manaren.com/data/1090884176/。

【思考与讨论】

你认为考勤管理对于企业的重要性有哪些？

任务3 统计报表管理

【任务情境】

又快到年终考核的时候了，人力资源部经理正在准备述职材料。为了更好地说明这一年来人力资源部所做的工作，经理要求你迅速准备好学校人员配置方面的统计材料。

【任务要求】

1. 试编制一份按技术职称汇总的教职工报表。
2. 试填写一份员工调职调岗统计报表，内容自拟。
3. 试填写一份奖励统计表格，内容自拟。

【任务目标】

能根据实际情况填制基本人力资源统计报表、人事异动统计报表、其他统计表格（保险、奖励、处罚、福利统计、培训、宿舍入住统计表格）。

【任务考核】

教师参考以下标准对学生的学习成果进行评价：
(1) 概念理解的准确程度；

(2) 编制与填写的表格项目是否完整；
(3) 格式排版是否规范；
(4) 表格的实用性。

【核心概念】

基本人力资源统计报表；人事异动统计报表；其他统计表格。

【知识精讲】

人力资源统计报表是关于人事管理方面的报表，是组织在一定时期内对员工各个方面的管理所涉及的统计表格。以下列举一些人力资源日常事务管理中经常用到的统计表格。

一、基本人力资源统计报表

基本人力资源统计报表包括员工按性别汇总报表、员工按民族汇总报表、员工按部门汇总报表、员工按政治面貌汇总报表、员工按学历汇总报表、员工按技术职称汇总报表、员工按职工类别汇总报表、员工按总工龄汇总报表、员工按岗位汇总报表、员工按工作经历汇总报表和员工按学习经历汇总报表等。表8-13所示为员工按性别汇总报表。

表8-13 员工按性别汇总报表

时间：从　　年　　月　　日至　　年　　月　　日

职工性别	数量	总计
男		
女		
总计		

二、人事异动统计报表

人事异动统计报表包括员工增减汇总报表、员工调职调岗汇总报表等。

(1) 员工增减汇总报表（见表8-14）

表8-14 员工增减汇总报表

月份	月初人数	本月新增	本月辞职	本月退休	本月辞退	月末人数
1月						
2月						
3月						
4月						
……						

(2) 员工调职调岗汇总报表（见表8-15）

表8-15 员工调职调岗汇总报表

时间：从　　年　　月　　日至　　年　　月　　日

姓名	工号	异动日期	异动类型	部门	原部门	部门岗位	原部门岗位	岗位级别	原岗位级别	单据号	员工状态	离职方式	离职原因

三、其他人力资源统计表格

其他人力资源统计表格包括员工保险统计报表、员工奖励统计报表、员工处罚统计报表、员工培训记录统计报表、员工福利统计报表和员工宿舍入住汇总表等。

(1) 员工保险统计报表（见表8-16）

表8-16 员工保险统计报表

开始月份	部门	工号	姓名	身份证	入本单位日期	性别	出生日期	保险类型	基数/元	单位金额/元	个人金额/元
				总计							

(2) 员工奖励统计报表（见表8-17）

表8-17 员工奖励统计报表

员工工号	姓名	奖励种类	奖励方式	奖励日期	奖励批准人	奖励金额
			总计			

【知识拓展】

人力资源部报表统计工作要求

一、职责

1. 按照有关规定，按时报送各种统计报表。
2. 对所报统计资料的真实性负责。
3. 对单位各项统计数据保密。
4. 对有关部门或个人强令或授意篡改统计资料或编造虚假数据的行为坚决拒绝、抵制。

二、权限

1. 具有独立行使统计调查、统计报告、统计监督的权利。
2. 有权检查统计资料的准确性，对不正确的统计资料提出质疑。
3. 有权揭发、检举统计调查工作中的违法行为。

三、岗位要求

1. 身体健康，熟练使用各种常用办公软件。
2. 熟悉计划安排及编制情况。
3. 熟练操作相应软件。

四、工作内容与要求

1. 认真执行《中华人民共和国统计法》和有关统计法律、法规，在部长领导下坚持实事求是的原则，建立健全统计制度，认真完成上级统计部门和各级领导交办的统计任务。
2. 负责搜集、整理、汇编、装订各类统计资料，准确及时地编制上报有关统计报表和统计分析，保存一套完整的统计原始资料，及时做好统计台账。
3. 经常深入现场或第一线，及时掌握第一手资料，以保证统计资料的准确性、真实性，不断提高统计分析的质量，一旦发现问题，及时提出改进措施、意见和解决办法，更好地发挥统计工作的职能。
4. 严格保密制度，坚持统计报送原则，实事求是地提供统计资料，自觉维护统计资料的严肃性，勇于同虚报、瞒报、伪造、篡改等违法行为作斗争。
5. 按照企业要求及时、准确、如实地报送统计报表，做到数字准、情况明、问题清，不得虚报、瞒报、迟报、拒报；不得伪造、篡改和编造虚假数据。

【网上练习】

请上网查看网页 http://www.onlyit.cn/soft_hrm，了解人力资源管理信息中的考勤管理功能。

【思考与讨论】

你能列举出 Excel 软件中哪些常用的功能可用于处理人力资源管理日常事务吗?

任务4 人事档案管理

【任务情境】

小李即将毕业,在学校的人力资源部担任实习生。今天,来了两个人向小李咨询调档事宜。一位是已经和学校签约的硕士毕业生,她即将入职学校担任专职教师,需要办理档案调入手续;另一位是已经离职的员工张某,他想要办理档案调出手续。

【任务要求】

1. 请说明档案调转流程和手续;
2. 说说要找到需要调出的员工档案,你可能要查看哪些档案管理表格。

【任务目标】

理解和掌握人事档案的主要内容,人事档案整理的相关知识点,以及人事档案调转的基本流程,并能使用相关的表格。

【任务考核】

教师参考以下标准对学生的学习成果进行评价:

(1)对概念与知识的理解准确;
(2)逻辑严密,方法、流程正确;
(3)表达清晰。

【核心概念】

档案管理;档案文本。

【知识精讲】

人事档案管理是对人事活动中所涉及的有关记载个人经历、绩效、工作能力表现相关资料的一种管理活动。人事档案材料是以个人为单位集中保存起来的以备查询、调用的文件材料。人事档案是组织、人事等部门考察、任用员工的重要依据。

一、人事档案的主要内容

企业员工人事档案是企业的劳动、组织、人事等部门在招用、调配、培训、奖惩、选拔和任用工作中形成的有关员工个人经历、政治思想、业务技术水平、工作表现以及工作异动情况下的文件资料,是对员工进行全面考察的依据。

1. 履历材料

履历材料是以反映员工个人的自然情况、经历、家庭和社会关系等基本情况为主要内容的表格材料。

2. 自传材料

自传材料主要叙述了员工学习成长、从业所涉及的生平经历材料，集中体现了员工人格素质、技能水平的形成过程。

3. 员工技能鉴定、奖惩考核、考察材料

技能鉴定涉及员工职称评定、个人发展问题的材料。奖惩考核、考察是对员工的基本情况、工作、业绩、不足等方面所进行的评价性材料。

4. 政治思想表现材料

这一类材料是对员工的政治、出身、社会关系以及参加各类党派的记载性材料。

5. 人事管理材料

人力资源管理材料是指有关职工录用、任免、聘用、劳动合同、人事异动、转业、工资福利、出国、退休、继续教育等的材料。

二、人力资源档案归档

归档的人事材料应当符合以下要求：

1. 真实、有效的文件材料

人事档案材料必须齐全、完整、真实，所涉及的材料一定要明确、明白。对于不真实、无效的文件材料，应当予以销毁。

2. 手续完备

凡是档案所要求的相关材料一定要完备，该盖章的一定要盖章，该签字的一定要签字。对于手续不齐备和内容尚需查对核实的材料，应当将材料退还有关单位或部门，提出具体修改意见，让其修改补充后再交回来。

3. 格式规范、准确

企业在进行人事档案管理中，都有一套相对规范的格式，为了资料收集、整理、加工的方便性，必须按照一定的格式来收集与整理。

三、人事档案的整理

企业应做好员工档案的整理工作，使得档案的管理清晰、准确。因此必须做好以下工作：

1. 分类归档、排序编号、编制目录

对于有效的人事档案管理，首先必须对相关资料进行核查，确保其完备性；其次是对资料进行分类，按照不同的类别进行归档。资料在归档之后，每一类的材料应按一定的顺序进行排列。在排序时，应注意保持材料本身的系统性、连贯性，以便于日后查找、利用和补充新的材料。编号之后，应编制卷内目录，以供查阅之用。目录应置于文件的首页，编制目录时，应注意文件标题的简洁与准确性。

通常情况下，当这些工作完成之后，都应打孔并装订起来。

2. 技术加工、检查验收

技术加工是指对那些破损的档案进行修复，以使档案实体恢复正常的状态；同时还要对规格不符合要求的档案材料进行剪裁、折叠或装裱等，以使档案外观规范、便于保管。

检查验收时，应对档案卷皮的书写、目录登记情况、分类排序的准确程度、技术加工的质量以及外观等逐项进行检查，不符合要求的要重新整理，以保证归档的质量。

四、人事档案的调转

人事档案的转递是指人事档案管理部门之间、人事档案管理部门与人事档案的形成部门及利用部门之间转出和接收人事档案的活动。实际工作中，随着员工职业的调整与变动，人事档案经常会发生转递的情况。

（一）人事档案调转流程

人事档案调转流程包括人事档案调入流程（见图8-4）和人事档案调出流程（见图8-5）。

图8-4　人事档案调入流程　　　　图8-5　人事档案调出流程

（二）人事档案转递工作注意事项

第一，人事材料必须通过单位内部派专人取送，或通过机要交通转递，不允许公开邮寄或让本人自带。人事档案转递时，应包装严实，按规定的密级发出，保证档案的安全。

第二，转递档案必须办理转递手续。转递单位必须按规定填写"转递档案材料通知单"，通知单的项目包括档案涉及人姓名、转递原因、正本册数、副本册数等。

第三，县级以上的组织、人事部门才能直接转递人事档案。

第四，收到人事档案的单位应在核对无误后签名、盖章，并及时返回回执。

第五，转出的人事档案必须保持完整，不允许分批转出或留存部分档案。

第六，严格执行转递制度，避免产生"无头档案"。"无头档案"是由于不知干部、员工去向而积存在人事档案部门的人事档案。对已出现的"无头档案"应认真查转。确属查不到下落的，凡有保存价值的档案材料可移交干部原籍档案馆保存。

人事档案管理中常用的表格包括员工人事资料记录表（见表8－18）、员工人事资料卡、临时工人员雇用资料表、档案索引图表和人事档案卷内目录（见表8－19）、员工档案信息简表（见表8－20）、企业档案存放表、企业档案管理表、从业人员人事资料调整报告单、员工档案调阅登记簿、档案借阅单、档案查阅登记簿、企业档案调阅单、档案利用登记表、转递人事档案材料通知单和人事档案代理卡等。

表8－18　员工人事资料记录表

人事资料卡编号	入厂编号	姓名	建卡日期	更新日期	更新卡号	建卡日期	更新卡号	卡片归类		
								1	2	3

表8－19　人事档案卷内目录

编号	文件类别	文件名称	页数	建档位置	建档时间			备注
					年	月	日	

表 8-20　员工档案信息简表

单位名称：　　　　　　　部门名称：　　　　　　　填表日期：　　年　　月　　日

	姓名		性别		民族		
基本情况	出生日期			身份证号码			
	政治面貌			婚姻状况		□未婚	□已婚
	毕业学校			学历			
	专业			户口所在地			
	籍贯			城镇户口		□是	□否
	地址			邮编			
	备注						
雇用情况	所属部门			担任职务			
	入企业时间			转正时间			
	合同到期时间			续签时间			
	是否已调档	□是	□否	聘用形式			
	如未调档，档案所在地						
	备注						
档案情况	文件名称		情况	文件名称		情况	
	个人简历			应聘者登记表			
	应聘者面试结果表			身份证复印件			
	学历证书复印件			劳动合同书			
	员工报到派遣单			员工转正审批表			
	员工职务变更审批表			员工工资变更审批表			
	员工续签合同申报审批表						
	备注						

【知识拓展】

完善人事档案管理，促进人力资源开发与管理

人事档案是人力资源管理过程中产生各种信息的有效载体，人事档案的内容（包括个人简历，德、能、勤、绩等）是人力资源管理过程中识别人才、选拔人才、使用人才的重要依据。人力资源管理与人事档案管理相互作用、相互促进，人力资源的广泛使用能促进人事档案的发展，而人事档案的科学化管理，又会推动人力资源的开发。

一、人事档案管理对人力资源开发的促进作用

1. 有助于最大限度地发挥组织内人力资源的效力

人事档案全面记录了员工的个人经历、德才表现及发展过程，通过档案可以了解员工的过去，掌握现在，从而预测其发展潜力，及时发现人才，避免压制、埋没人才；依据人事档案提供的信息，可以使各类人才扬长避短，各司其职，最大限度地发挥人才效用。

2. 促进人力资源的合理配置

利用人事档案能够进一步了解员工的相关信息，从而对其进行科学管理，根据不同人才的能力和各类人才的不同特点，在组织内进行合理配置，因事而择人，因人以治事，把人才配置到最能发挥其作用的地方和岗位，充分发挥人才的特长，促进部门之间、系统之间、组织与组织之间人才合理有序地流动，避免人才挤压和用非所学的现象产生，为企事业的发展迅速、合理地配置人力资源。

3. 有利于人力资源需求预测的科学化与规范化

影响人力资源需求的因素主要来自组织内部，有效的人事档案对分析组织内部人力资源状况是否适应组织的变革与发展要求，制定科学的人力资源计划起着重要作用，脱离人事档案管理而做的人力资源需求预测必然是盲目的。

二、人事档案管理不足对人力资源开发的负面作用

人力资源管理随着时代的发展出现了新的趋势，对人的管理更加精确化、人性化，提倡人力资源潜力的深度开发。而目前人事档案管理存在的不足，已经不能适应人力资源发展的需求，并对其发展产生了负面影响，主要表现在以下方面：

1. 档案材料失真现象妨碍了人力资源的合理配置

真实性是档案的基本特性，没有真实性，人事档案也就失去了利用价值，失真现象削弱了人事档案的严肃性。我们在工作中发现有的档案材料中年龄越填越小，学历越填越高，工龄越填越长，有的档案材料甚至出现涂改痕迹。这些情况的出现，使档案丧失了真实性、权威性、严肃性，使得人力资源计划中的配置计划、退休解聘计划、补充计划不能正确制定，必将对当前配置及未来人力资源的供求造成负面影响，从而有可能使组织错过发展机遇。

2. 档案材料内容简单雷同，降低了人事档案对人力资源开发的参考价值

人事档案是一个人在社会实践活动中成长的真实写照，本应全面、客观地反映一个人的真实面貌，使考察者在翻阅档案时能够一目了然，如见其人。然而，如今人事档案材料单一，内容抽象，鉴定、考察材料中套话、空话多，体现不出个性特色，失去真正意义上的参考价值，进而影响到员工的正常晋升和选拔，挫伤了员工的积极性，导致组织蒙受不必要的损失。

3. 个人档案材料分散、缺失，破坏了人事档案的整体性，进而降低了人力资源的效用

人事档案归档过程应是一个前后衔接、有机统一的整体，但长期以来，由于宣传力度不够，个人不够重视，致使档案材料分散、缺失。如由于工作调动，致使一部分材料滞留在原单位；学生参加工作，档案留在学校；取得学历文凭，学历材料存放在自己手里，等

等。现阶段人才流动性大,各单位为引进高素质人才,采取一系列措施吸引人才,包括为引进人才重新建档。弃档、重新建档现象,破坏了人事档案内容的完整统一,进而降低了人力资源的效用。

4. 人事档案管理手段落后,制约了人力资源的开发

现代人力资源管理要求人事档案管理科学化,及时有效地提供各种信息,为人力资源管理提供服务。但现阶段人事档案管理仍采用传统的管理模式,以手工操作、检索为主,管理人员满足于看摊守点,缺乏创新精神和竞争意识,无法为人力资源开发提供有效的服务。

三、改进人事档案管理,为现代人力资源管理服务

人事档案管理必须适应现代化管理的要求,积极拓展管理职能,使人事档案工作真正适应人力资源管理的新要求,为人力资源开发提供强有力的保障。

1. 切实提高档案管理人员的素质

在知识经济时代,随着现代化水平的不断提高,旧有的管理模式已不能适应现代人力资源管理的需要。在引进高素质人才充实到档案管理部门的同时,要注重对现有人员进行培训,全面提高档案管理人员的素质,使他们能够适应新形势下的新要求;要让他们端正思想,摆正位置,增强服务意识,改变过去坐等上门的被动服务方式,积极主动地与各部门沟通协作,及时有效地提供各种信息,更好地为人力资源管理服务,为高层决策服务。档案管理人员要肩负起宣传档案法、普及档案知识的重任,提高全民档案意识,形成人人关心档案的局面。

2. 建立健全合理的人事档案管理制度

在人事档案管理活动中,对于不适应新形势、新情况的规章制度,必须进行改革,及时建立新的、更为科学合理的人事档案管理制度,使得人事档案工作更加制度化、规范化。在材料的收集上要做到及时、完整;在材料的鉴别上必须做到去伪存真,确保材料的真实性;在材料归档中要做到分类准确,装订整齐;在递转档案中要做到按章办事,确保档案材料安全可靠;在别人查阅、传阅档案时,要热情服务而又不失原则,注意档案的保密和安全。档案管理人员还要积极主动地跟有关部门联系,及时更新、补充档案新材料。这一切,都离不开严格合理的规章制度。

3. 加快人事档案工作科学化、现代化进程

随着时代的发展,档案材料越积越多,传统的管理模式势必会给查找档案带来诸多不便,容易延误时间,而且出错率较高。建立人事档案现代化信息管理系统势在必行。人事档案现代化信息管理系统是以员工个人人事信息为基础的信息联网系统,通过微机终端和系统互联,可以实现个人信息微机检索和联网查询,及时更新档案信息,为育才、用才、激才、留才提供优质高效的服务,更好地为单位各项事业的发展做出贡献。

【网上练习】

请上网查找并阅读人事档案管理的相关工作要求。参考网址:http://www.studyjob.cn/Department/gonggong/danganguanli.html。

【思考与讨论】

1. 请查阅相关的资料，了解一下各类人员档案的保管制度（如在职人员、退休人员等）。
2. 你认为在企业人事档案管理过程中应注意哪些事项？

任务5　企业管理制度建设

【任务情境】

由于公司业务的不断开展，现公司新增了两条产品线，设置了五个部门，新开拓了三个市场。假如你是该公司的人事副主管，就目前公司的现状，要求你对公司的人力资源制度作一个新的评估，请你设置一套制度体系，并形成合理的文字说明。

【任务要求】

1. 请说明企业管理制度体系通常包括哪些内容；
2. 结合案例情境尝试编写员工行为规范。

【任务目标】

理解和掌握人事制度体系的构成内容，结合不同企业的现状，设计出合理的员工行为规范准则。

【任务考核】

教师参考以下标准对学生的学习成果进行评价：
（1）对概念知识理解的准确程度；
（2）员工行为规范设计内容完整，符合管理需要，体现企业文化精神；
（3）逻辑性强、表达清晰。

【核心概念】

企业制度体系；行为规范。

【知识精讲】

一、企业管理制度体系

（一）企业管理制度的概念

制度是为规范人们行为而设定的约束，是要求组织成员共同遵守的、按一定程序办事的规程。企业管理制度是企业员工在企业生产经营活动中共同遵守的规定和准则的总称，是企业赖以生存的体制基础，是企业员工的行为规范，是企业经营活动的体制保障。成功的企业背后一定有着一套健全的管理制度在规范性地执行。合理、科学的人力资源制度可以降低用人成本，提高人力资源配置的效率，增进秩序合理高效，使责任边界明确、权利纷争减少。

案例

青海电力积极完善规章制度体系

为了确保公司规章制度体系方案更加科学合理和贴近实际，推进体制机制建设稳步开展，青海省电力公司在对规章制度进行全面清理的基础上，依据国家法律、法规、各项政策和上级组织规定，为实现公司经营管理和发展战略目标，结合企业实际，按照不同层次、不同内容、结构合理、相互协调的原则，对企业规章制度进行集合分类汇总，编制完善了公司规章制度体系。青海省电力公司制度体系以公司章程为主体，以基本管理制度、核心管理制度、专业管理制度为基础，形成四个规章制度层次。同时，又包括省、地、县公司三级规章制度。公司规章制度体系的内容涵盖组织结构、生产经营、专业管理、监督保障的各个方面。体系框架一经确定，今后，规章制度的制修订均须在框架内进行，增强规章制度权威性、稳定性和可操作性，为全面规范公司制度建设打好基础。

（二）构建企业管理制度的关键流程

建立企业管理制度体系的关键流程包括：

1. 制度诊断

通过制度诊断确认公司在制度化、规范化管理方面的进展程度，发现制度建设工作中存在的问题。

2. 制度梳理

清理目前已颁布实施的制度，调查各项制度的发布时间和执行效果，形成制度清单。

3. 建立制度管理办法

明确公司各级部门在制度管理中的角色，制订制度管理办法，明确提出制度拟定任务、制度草拟、制度修订、制度审批、制度发布、制度解释的主体部门和岗位。

4. 制度体系架构设计

通常而言，组织高层需协同部门负责人根据公司经营管理需要搭建制度体系框架。首先，在战略管理层面，通过对企业战略的了解，确定为实现战略目标应该建立哪些制度。第二，在企业文化层面，通过对企业价值观的了解，将企业文化的理念作为制定制度的源头，将企业文化核心价值思想渗透到各项管理制度中，并通过制度固化下来。第三，在组织架构层面，通过梳理和分析组织结构，建立企业职责管理体系，确保企业内部各岗位责任明确，工作关系清晰。最后，在业务流程层面，以工作流程为主要运营基础，通过对现有制度的梳理、分析、诊断，协助企业建立科学、规范的管理制度。

5. 标准化的制度文本

在构建制度体系架构的基础上，对于具体的制度应形成标准化的制度文本。组织拟定制度文本时，应当注重与企业文化价值理念相融合，注重以业务流程为基础，与企业的发展阶段相结合、相适应，形成具有全面性、系统性、可操作性的制度体系。

（三）企业管理制度的构成内容

通常而言，企业存在以下管理模块：①组织与流程管理；②战略与计划管理；③营销管理；④技术管理；⑤生产现场管理；⑥质量管理；⑦采供与物料管理；⑧财务管理；⑨人力资源管理；⑩企业文化建设；⑪风险与危机管理；⑫后勤保卫管理。因此，企业可以围绕这些模块进行相应制度设计，通过可目视的制度化建立有形的管理标准体系。在搭建企业管理制度体系时，要注意：不必事无巨细地罗列，而是有重点地选择关键点，其主要内容应围绕企业经营管理活动的绩效达成及关键驱动因素的控制，只关注有价值的领域，避免不必要的管理引起的员工反感情绪，以及不必要的管理导致的成本增加。

二、员工行为规范

员工行为规范是指企业员工应该具有的共同的行为准则和道德标准。它带有明显的导向性和约束性，是企业文化的重要支撑和保证。通过倡导和推行行为规范，在员工心目中形成自觉意识，起到规范员工的言行举止和工作习惯的作用。执行力是行为规范的灵魂，企业强调行为规范就是要突出建设行为规范执行力，以整体提高员工素质，使其能够真正为企业文化建设保驾护航。

（一）行为准则

建立行为准则的目的在于提高员工整体素质，规范员工日常行为，树立企业良好形象。企业应当在遵守国家法律法规的前提下，制定适合本企业的规章制度及工作守则。其内容大致包括以下几个方面：

（1）尽忠职守，维护企业利益，保守企业机密；

（2）企业对员工私自将企业机密泄漏的惩处措施（对员工进行调岗、辞退等）；

（3）爱护企业财物，不浪费、不私吞企业财产，以及是否给企业财产造成损失；

（4）维护企业信誉。

（二）工作态度

工作态度是企业员工在工作过程中呈现的企业文化行为表现，可以从企业、个人、团队、客户四个角度方面进行规范，其内容大致包括以下几个方面：

（1）满怀激情地投入到工作中，勇于面对竞争与挑战；

（2）爱岗敬业，努力提高自己的工作技能和工作效率，对自己的工作全面负责；

（3）对待合作，同事间应互相配合，不能相互拆台或搬弄是非；

（4）面对困难，应勇往直前，百折不挠；

（5）待人接物态度谦和，以获得企业同仁的支持和客户的支持为荣；

（6）服从企业领导工作调动与安排。

（三）工作环境

工作环境维护是企业员工为塑造一个良好的工作环境而遵守的行为准则，其目的是提高工作效率。其内容大致包括以下几个方面：

（1）员工应自觉维护公共环境的卫生，保持施工场所、会议室、办公室及卫生间的整洁；

(2) 企业对吸烟区域的规定及对违反者的处罚；

(3) 工作期间的 6S 管理：整理（seiri）、整顿（seiton）、清扫（seiso）、清洁（seiketsu）、素养（shitsuke）、安全（security）；

(4) 工作所在区域的门窗、水、电、气等公共设施的安全行为准则。

（四）工作纪律

工作纪律是强调员工行为规范性的重要准则，其目的是提高工作服务水平与质量。其内容大致包括以下几个方面：

(1) 工作时间内确保工作环境的安静有序；

(2) 工作时间内确保不同的工作岗位员工到岗；

(3) 非工作时间、非工作人员、特殊工作时间（如法定假日）在办公区域的相关纪律。

（五）商务礼仪

(1) 仪表礼仪。仪表者，外观也。仪表是综合人的外表，它包括员工的形体、容貌、健康状况、姿态、举止、服饰、风度等方面。它反映出一个员工的精神状态和礼仪素养，代表了企业的形象。企业可按实际情况对员工的仪表进行相关的制度约束。

(2) 仪态。又称"体态"、举止，是指人的身体姿态和风度。姿态是身体所表现的样子，风度则是内在气质的外在表现。体态是无声的语言，通常包括站姿、坐姿、行姿三个方面。企业可按实际情况对员工的仪态进行相关的制度约束。

(3) 语言礼仪。标准、规范的语言表达方式与用语，是企业整体形象的一种传递，是处理企业业务与接触客户的标准用语。企业可按实际情况对员工的语言礼仪进行相关的制度约束。

【知识拓展】

人力资源制度体系设计的主要内容

人力资源制度体系的设计，要以有限的资源争取到稀缺的人才资源，同时对人才资源进行优化配置，使其效用最大化。人力资源制度体系设计主要包括制度设计、制度创新、制度执行三个方面。

一、人力资源制度的设计

制度设计就是利用不同的制度安排产生不同的激励，从而导致人们产生不同的行为反应。对于制度设计工作来说，一项制度是否成功就在于它对人们提供的激励是否取得了预期的效果。

第一，制度设计要服务整体战略。人力资源管理制度的设计要围绕企业发展的战略目标、战略规划、组织建设与员工队伍建设规划，确立人才岗位的工作目标。

第二，制度设计要追求效率，也要兼顾公平。制度应有利于激励员工的工作积极性，提高工作效率，同时制度也应该追求公平，以有利于形成良好的企业秩序和环境。

第三，制度设计要科学。在人力资源管理工作中，人力资本与一般产品和生产要素既有相同的地方，又有特殊性，人力资源管理中的成本收益往往比生产管理中的成本收益要模糊得多。因此制度设计首先要了解制度需规范的领域，了解制度适用的对象，只有这样才能做到有的放矢、对症下药。

二、人力资源制度的创新

随着经济发展和人才观念的变化，人力资源管理方式、规章制度会在不同程度上失去其存在的合理性，这就产生了对制度创新的需求。当企业的人力资源制度不健全、缺乏基本的制度约束时，管理部门的任务就是要完善制度，让其从无序走向有序。当制度完善、秩序良好时，管理部门的任务就是如何通过制度的优化提高员工的工作效率和效益。人力资源制度创新的宗旨不在于设置或设计几条新的规章制度，而在于以制度创新为企业人才的培养和引进人才创造竞争优势。

三、人力资源制度的执行

人力资源制度体系的设计，除了科学性、可操作性外，制度执行时的严肃性、公正性是保证制度能够有效的重要一环。企业人力资源管理是一项非常复杂的系统工程，它涵盖了员工职业生涯的整个过程，涉及企业上上下下、里里外外等多方面的利益。在制订完善的制度的前提下，还应对其执行情况及当时客观条件作一个合理的评价，并对不足之处进行改进、调整、补充，经过不断完善最终编制出适于本企业的、行之有效的管理制度，形成制度思维，这样才能使企业的管理工作变得高效、合理、科学。

【网上练习】

请上网查找并阅读相关的员工行为规范内容。参考网址：http://www.chinadmd.com/file/coatpw3zwwuutoeevpwzzoiv_1.html.

【思考与讨论】

1. 请查阅相关的资料，了解一下我国著名的电器企业的人事制度内容。
2. 你认为在企业员工行为规范制定方面应注意哪些要点？

新知新技：人力资源管理信息系统之应用

在信息技术充分渗透到人力资源管理工作之前，企业的人力资源管理工作被束缚在繁杂的行政事务中。随着IT技术变革、人力资源管理方案的日渐成熟，从束缚中解放出来的人力资源管理开始了"飞翔"的历程。现代企业越来越需要一套专业的、集成的并且是协同化、网络化的信息系统来进行人力资源管理，支持企业的日常运作和战略发展。

具体而言，人力资源管理信息系统通过以下功能实现对组织人力资源管理工作的支持。

一、信息处理功能

传统的人力资源管理技术主要依靠纸、笔及以其为载体的档案文件。据统计，信息处理在管理系统中占有70%左右的资源，耗费了大量的人力资源和物质资源，且效率低下。人力资源管理信息系统通过提供各种信息服务，使广大管理人员从繁琐的工作中解放出来。

1. 档案信息处理

档案信息包括人员基本信息、薪金待遇、奖惩信息、教育培训等数据。人力资源管理信息系统可以对人员档案中的信息进行记录、查询和统计，对每个员工的信息数据如年龄、工龄、学历、职务级别、完成的培训项目等进行维护和管理；还可以记录人事变动情况，管理职员的考勤，形成大量的文字、声音、图像等各种形式的信息，并保存在信息库中。它拥有人员履职前的资料、履职登记及培训资料、薪资、奖惩、职务变动、考评、工作记录、健康档案等丰富的信息，可以按照部门人数、职称、薪资、学历、院校、籍贯、年龄、性别等进行分类统计。根据这些档案信息并利用众多的检索途径，人力资源管理信息系统可以直接提供满足企业实际需求和发展需要的信息，如在员工试用期满、合同期满时，自动通知人力资源部门处理相关业务。

2. 数据处理

数据处理是通过对大批数据的处理，实现信息记录及业务报告的自动化。人力资源管理信息系统拥有丰富的人力资源数据，能灵活地完成对数据的收集、存储、传输或变换等过程，还具有灵活的报表生成功能和分析功能。它通过对原始数据的加工整理，提供从不同角度反映人力资源状况的信息报表和分析报表，供人力资源管理者日常管理使用和决策参考，如生成按岗位汇总的平均历史薪资表，员工配备情况的分析表，个人绩效与学历、技能、工作经验、接受培训等关系的综合性分析报表等。人力资源管理信息系统提供的不是简单的数据，而是依赖于常规的人力资源管理与分析方法，从基本的数据入手，形成深层次的综合数据，客观地反映管理活动的本质，指导管理活动。

二、业务管理功能

1. 招聘管理

招聘管理是指为实现企业目标和完成任务，各部门根据自身情况预测需求计划，人力资源部对其进行汇总分析，选拔岗位所需人员的人力资源管理过程。人力资源管理信息系统可以优化招聘过程，减少业务工作量，降低招聘成本，根据当前和未来的发展需要选拔和调整人才，为选择聘用人员的岗位提供辅助信息，并有效地帮助企业进行人才资源的挖掘。人力资源管理信息系统能够根据企业发展的状况，通过职位控制系统作出职位需求的分析和计划，建立备选人才数据库，从人才库中挑选出合适的人选填补空缺。它还可以编制招聘计划，收集应聘人员的请求，跟踪求职者信息（如应聘者的技能、资格要求和招聘费用等），招聘过程跟踪，并通过信息系统将应聘者的基本信息转入信息库，录用后将应聘人员的信息自动转入新员工信息库等。

2. 薪资管理

人力资源管理信息系统可以根据基本数据，利用可靠、灵活的大容量处理工具，在职务职能设计的基础上，进行岗位分析，确定薪酬体系。还能够根据目前已有的现状进行自我调整，详尽的薪酬体系表和薪级对照表便于薪资变动的处理，如可以根据实际情况制定基本工资、岗位津贴、效益津贴和个人所得税等多种条目，调整时还可以实现批量处理，自动计算单位及各部门的薪酬总额、各种人事费用比例、各级别的薪酬状况，及时形成薪酬报表、薪酬通知单等单据。人力资源管理信息系统实现了企业薪酬方案、项目的灵活设置和管理，合理控制薪酬发放以及各部门闲余资金，促进了员工工作数量和质量的提高，调动了员工的工作积极性。

3. 绩效管理

绩效管理是对员工工作绩效的综合评估，但是要实现对绩效的全面管理却是一个难点。人力资源管理信息系统根据各类被考核对象灵活而又有针对性地设置考核指标和标准，选择适当的考核方法，对月份、季度、年度考核进行统计分析。它对员工每项工作计划、完成过程、处理结果、绩效评价进行数据库管理，实现了过程控制网络化；对平时考核进行经常化、动态化管理，实现了考核记录信息化；同时汇总计算考核对象的绩效考核年终总分，自动进行综合排名，实现年终考核汇总计算高效化。人力资源管理信息系统能充分调动管理层的工作积极性，又能实现工作过程的可控制性，促进具体工作的落实，达到方便员工的效果，还能最大限度地减轻管理层开展绩效考核的工作量，实现管理形式和内容的科学结合，从而有效地提高工作效率，节省行政办公成本。

4. 培训管理

人力资源管理信息系统根据企业实际情况确定培训需求，制定培训计划，对培训进行人、财、物的全面统筹规划，并在资金投入、时间安排等方面实施控制，还可以根据职位中的培训要求及员工对应的职位，自动生成培训安排。如员工职位改变，其培训需求自动更改，可直接增加培训计划，也可由培训需求生成培训计划，通过系统能够获取培训过程中的各种信息材料，使个人的培训档案能够直接与职业生涯规划紧密联系在一起，为企业人力资源的合理配置包括升迁等提供科学的依据。

5. 整合优化管理

整合优化管理是人力资源管理信息系统根据客观系统中信息处理的全面实际状况，通过各种系统分析和系统设计的方法与工具，合理地改善信息处理的组织方式与技术手段，以达到提高信息处理的效率、提高管理水平的目的。人力资源管理信息系统按照所面向的管理工作的级别，能够实现用户组和用户设置，进行用户权限管理，对各登录者的各项操作动作进行日志记录，以便监控登录者操作过程，及时发现非法或错误操作，并保证系统使用的安全性。

三、决策支持功能

决策支持功能是依靠专用模型产生的专业数据库，针对某些具体的决策需要，专门为各级、各层、各部门决策提供信息支持，以提高决策的科学性。人力资源管理信息系统能充分利用已有的信息资源，运用适当的数学方法和合理的预测模型，预测企业未来的发展情况。同时，根据工作中的各种要求，它能及时、准确、完整地对人力资源管理全过程进行有效的控制，协助决策者制定和分析决策。人力资源管理信息系统还能对人力资源管理的各个业务环节的运行情况进行监测、检查，比较计划与执行情况的差异，从大量信息中挖掘出具有决策价值的数据、模型，及时发现问题，并共享系统提供的各种信息，使其不受空间和时间的限制，提高决策质量和可靠性，降低决策成本。如通过对行业信息、人才市场信息等做出测评，针对不同的岗位，按照一定人力资源规划的方法进行综合计算，预测某一时期单位及各职能部门的需求人数，并对人员的学历、资历、专业、工作、行业背景、毕业院校等基本素质进行规划，最终自动生成详细的人力资源规划表，对人员、组织结构编制多种方案，作出专业的招聘决策。特别是当决策数据变量发生改变时，人力资源管理信息系统可以分析变化带来的结果，帮助管理者调整决策，保证管理工作的效果。

参 考 文 献

[1] 杨东辉. 企业人力资源开发与管理 [M]. 大连：大连理工大学出版社，2008.
[2] 李立轩. 人力资源开发与管理 [M]. 北京：高等教育出版社，2007.
[3] 杨顺勇，王学敏，查建华. 现代人力资源管理 [M]. 上海：复旦大学出版社，2006.
[4] 彭剑锋. 人力资源管理概论 [M]. 上海：复旦大学出版社，2008.
[5] 赵永乐. 工作分析与设计 [M]. 上海：上海交通大学出版社，2006.
[6] 安鸿章. 企业人力资源管理师（四级）[M]. 北京：中国劳动社会保障出版社，2007.
[7] 李岚. 人力资源应用心理学 [M]. 北京：高等教育出版社，2007.
[8] 王丹. 人力资源管理实务 [M]. 北京：清华大学出版社，2006.
[9] 廖三余. 人力资源管理 [M]. 北京：清华大学出版社，2006.
[10] 张爱卿，钱振波. 人力资源管理 [M]. 北京：清华大学出版社，2015.
[11] 胡勇军. 绩效考核与管理 [M]，北京：机械工业出版社，2008.
[12] 刘希珍，王梅. 人力资源开发与管理 [M]. 天津：天津大学出版社，2008.
[13] 德斯靳，曾湘泉. 人力资源开发与管理 [M]. 北京：中国人民大学出版社，2007.
[14] 蒋蓉华. 人力资源管理基础 [M]. 北京：清华大学出版社，2008.
[15] 刘大卫. 劳动合同法背景下企业人力资源管理必备文书大全 [M]. 上海：华东师范大学出版社，2008.
[16] 陈关聚. 人力资源管理信息化全攻略 [M]. 北京：中国经济出版社，2008.
[17] 王国颖，陈天祥. 人力资源管理 [M]. 广州：中山大学出版社，2008.
[18] 孙永波. 跨国公司的跨文化管理 [J]. 商业研究，2008（5）：46－48.
[19] 李玫. 企业人力资源管理信息化的风险评估及控制研究 [D]. 辽宁科技大学，2008.
[20] 周晓珥. 谈企业人力资源信息化管理的措施 [J]. 科技创新导报，2008（26）：118－119.
[21] 李晓宏，余再东. 人力资源管理 [M]. 合肥：中国科学技术出版社，2007.
[22] 邓国取. 人力资源管理 [M]. 南京：南京大学出版社，2007.
[23] 葛玉辉. 人力资源管理 [M]. 北京：经济管理出版社，2007.
[24] 赵铁. 人力资源管理实务 [M]. 北京：机械工业出版社，2016.
[25] 李仁苏，李春侠. 人力资源管理 [M]. 青岛：中国海洋大学出版社，2013.
[26] 王树印. 人力资源管理 [M]. 北京：北京邮电大学出版社，2012.
[27] 朱飞. 人力资源管理 [M]. 北京：机械工业出版社，2013.
[28] 王金华. 人力资源管理 [M]. 广州：暨南大学出版社，2012.
[29] 孙世玄. 人力资源管理实用必备全书（案例版）[M]. 南昌：江西人民出版社，2014.
[30] 李志畴. 新型员工关系管理实务 [M]. 北京：清华大学出版社：2015.
[31] 陈国政，张燕娣，刘荣. 企业人力资源管理师（四级）[M]. 北京：中国劳动社会保障出版社，2014.
[32] 刘明宇. 一本书读懂人力资源管理：HR超级管理实用指南 [M]. 北京：中国华侨出版社，2014.
[33] 刘静，葛海良. 人力资源管理场景式案例教程 [M]. 北京：中国财富出版社，2015.
[34] 郑兰先. 人力资源管理 [M]. 北京：清华大学出版社，2008.